本书荣获2013年第四届中华优秀出版物奖图书提名奖

本书为国家艺术科学『九五』规划项目成果

中国戏曲文物通论

黄竹三 延保全 著

山西出版传媒集团
山西教育出版社
三晋出版社

图书在版编目（CIP）数据

中国戏曲文物通论 / 黄竹三，延保全著.
—太原：山西教育出版社，2017.6
ISBN 978-7-5440-9098-8

Ⅰ.①中… Ⅱ.①黄… ②延… Ⅲ.①古代戏曲—历史人物—研究—中国
Ⅳ.① K875.54

中国版本图书馆CIP数据核字(2017)第031885号

中国戏曲文物通论
ZHONGGUO XIQU WENWU TONGLUN

选题策划：梁宝印　雷俊林　张继红
责任编辑：郭志强　薛勇强
复　　审：刘晓露
终　　审：薛海斌
装帧设计：张世伟
印装监制：贾永胜
排　　版：太原翌超文化传媒有限公司

出版发行：山西出版传媒集团・山西教育出版社・三晋出版社
（地址：太原市水西门街馒头巷7号 电话：4729801 邮编：030002）

经 销 者：山西出版传媒集团・山西教育出版社・三晋出版社
承 印 者：山西人民印刷有限责任公司

开　　本：787mm × 1092 mm　1/16
印　　张：25
字　　数：434千字
版　　次：2017年7月第1版
印　　次：2017年7月第1次印刷
书　　号：ISBN 978-7-5440-9098-8
定　　价：158.00元

内容简介

此书是我国第一部全面、系统研究戏曲文物的学术专著。它阐述了戏曲文物的定义、类型和研究意义，概括了戏曲文物研究的分期和各阶段的成就、特点，详述了戏曲孕育期演艺文物、形成期演剧文物、成熟期戏曲文物的性质、种类、数量、形态、价值，在此基础上揭示戏曲发展不同时期演出场所、脚色行当、服饰、化装、道具、乐器等表演形态的衍变，并放置于历史发展和文化层面上来认识。全书资料丰富，图文并茂，论从图出，收入各时期珍贵戏曲文物图片近400帧，并附有详细说明；对不同时期戏曲的演出状况论说周详，见解多有卓异之处，如戏曲产生的多元性、戏曲形成时期的泛戏剧形态、戏曲表演的多样性等，对我们重新认识中国戏曲发展颇有启发。特别需要说明的是，有些戏曲文物是作者在田野考察中的首次发现，具有很高的资料价值。此书为戏曲文物学的建立奠定了基础。

作者简介

黄竹三，广东省开平市人，1938年出生。1961年中山大学中文系本科毕业，考取中山大学中国文学史研究生，师从著名学者王季思先生攻读中国古代戏曲，1965年毕业后长期在山西高等院校从事教学与研究工作。1980年任山西师范大学讲师，1986年破格晋升为教授。曾任山西师范大学戏曲文物研究所所长、中国戏曲学会常务理事、中国傩戏学研究会副会长、《中华戏曲》主编。1992年被评为有突出贡献专家，获国务院特殊政府津贴。1999年获曾宪梓教育基金会普通高等师范学校教师奖。2013年获第八届全国戏剧文化奖“中国戏曲教学与研究终身成就奖”。曾应邀赴美国、日本等国和中国台湾地区多所大学讲学。著有《宋金元戏曲文物图论》（主编）、《元杂剧故事新编》、《石君宝戏曲集校注》、《山西省曲沃县任庄村〈扇鼓神谱〉调查报告》（合著）、《戏曲文物研究散论》、《六十种曲评注》(主编)、《牡丹亭评注》、《浮生诗草》、《黄竹三学术论文自选集》等。另在海内外刊物发表论文百余篇。

延保全，1964年生，山西省昔阳县人。1985年山西师范大学中文系毕业，留校戏曲文物研究所工作。1988-1991年在职攻读硕士学位，师从黄竹三教授专攻中国古代戏曲。2003年任戏曲文物研究所副所长，并晋升为教授。2006年任戏剧戏曲学博士点首批博士生导师，《中华戏曲》副主编。2010年任文学院院长。现任戏剧与影视学院党委书记、院长。同时兼任中国傩戏学研究会副会长、中国俗文学学会常务理事。承担并完成全国艺术科学规划项目和国家社科基金重点研究项目各一项。出版《李行道孔文卿罗贯中集校注》、《六十种曲评注·鸣凤记评注》、《戏曲文物通论》（中国台北）、《中国戏曲文物通论》等专著，主编《平阳宋金元戏曲文物研究》，参编《山西戏曲碑刻辑考》、《洪洞介休水利碑刻辑录》、《全元曲校注》等著作，并在《文艺研究》、《文物》、《文献》、《民族文学研究》、《戏剧》、《戏剧艺术》、《民俗曲艺》（中国台北）第刊物发表论文60余篇。

序

寒假过后，黄竹三、延保全教授托人带来了《中国戏曲文物通论》的书稿，嘱我作序。我得到一次学习的机会，自然欣然领命。

记得前几年我到山西师大同学，竹三以及保全诸位，领着我和康保成、欧阳光同学，驱车前往参观山西各地古戏台的遗址。竹三诸位一路为我们指点解说，让我们眼界大开，也让我们了解到山西师大戏曲文物研究所的学者们工作是多么的勤奋出色、多么的劳累艰辛。当日情景，至今依然在目。我翻开了书稿，清新的文字、严谨的论述、丰富的资料、多彩的插图，扑入眼帘。我一面展读，一面重温在三晋大地参访学习的点点滴滴，实在倍感亲切。

中国戏曲，历史悠久，但把它作为一门人文和社会科学的学科进行系统的研究，却只是近百年的事。

当年，王国维对研究中国历史，提出了一个很重要也很著名的主张，即所谓“二重证据法”。他指出：“吾辈生于今日，幸于纸上之材料外，更得地下之新材料。由此种材料，我辈固得据以补正纸上之材料，亦得证明古书之某部分全为实录。即百家不雅驯之言，亦不无表示一面之事实。此二重证据法，惟在今日始得为之。”（《古史新证·总论》，北京：来薰阁手稿本1935年版）确实，文献资料只能记录历史情况的一部分，而且记录者对历史的认识还会包含主观臆想的成分，只有通过发现地下之新材料，与之参证，才能准确判断历史的真实、看清历史的全貌。

戏曲是综合性的艺术，其演出是“一次过”的艺术。过去，文献资料对戏曲演出的情况虽然也有所记录，但是，且不说记录是否真实、完整，如果研究者描述戏曲的发展，单凭文献中抽象的文字符号去再现生动活泼的戏曲演出情况，而找不到直观的可供理性认识的材料与之印证，那么，这些描述也往往如瞎子摸象，近于臆测。所以，王国维提出的“二重证据法”，对戏曲史的研究，尤为重要。可惜，开辟了戏曲史研究学科的王国维，却没有条件把“二重证据法”运用到这个领域中来。其后，各地有关戏曲的古代建筑、碑刻、壁画被陆续发现，也有一些学者著文描叙，但他们都不是从戏曲史的角度去研究这些“地下之新材料”。直至 20 世纪 50 年代，各地兴建农田水利，刨山掘土，从地下发现的戏曲文物越来越多。当丰富的戏曲文物资料重见天日，便强烈地吸引着戏曲研究者的眼球，并开始有研究戏曲文物的论文面世。遗憾的是，或是由于材料掌握的不足，或是理论水平的局限，一些学者对戏曲文物的研究，仍属零敲碎打，浅尝辄止。到 20 世纪 80 年代，真正全方位、有系统地通过田野考察，结合文献资料，对戏曲文物进行深入研究的，是以竹三为首的山西师范大学一批有见识的学者。

在 20 世纪 80 年代，学界正冒出什么“新三论”的争吵之风，有些人热衷于把五颜六色的理论颠来倒去，“空”对“空”地胡编乱造成了时髦的风气。而竹三则和山西师大戏曲文物研究所诸位老师，带着景李虎、延保全等同学，脚踏实地，跑遍三晋大地，发现了许多古戏台，搜集到大量与古戏曲有关的文物、碑刻。经过多年勤勉沉潜，由竹三主持编写的《宋金元戏曲文物图论》终于问世。记得先师王季思教授和我们一起展阅这本皇皇巨著时，他兴奋地说：“真不容易，竹三的努力没有白费！”我们也意识到，戏曲史研究的新领域从此真正地萌茁新枝！山西的戏曲史学者以刻苦、坚韧的精神，做出了王国维当年想做而没法完成的业绩。现在，又经过 20 多年的探索，竹三、保全把多年考察的心得，写成了我国第一部全面系统地研究戏曲文物的学术论著，这是继《宋金元戏曲文物图论》之后，对戏曲文物研究的一次深化和发展。

竹三、保全把不同时期的戏曲文物梳理清楚，通过精美的图片和细致的描述，结合文献记载，分析论证，让我们对戏曲发展的历史有了具体可感的真实的认识。有些悬而未决的问题，经过文物资料的印证，变得豁然开朗。在研究了大量戏曲文物资料的基础上，竹三、保全提出了诸如戏曲产生的多元性、戏曲表演的多样性以及泛戏曲形态等许多独到的见解，这些理论问题的阐发，对认识我国戏曲的特点及其发展的历史，有重要的启示意义。

我对戏曲文物的认识十分肤浅，阅读这部论著，既增长了知识，也促使我去重新思考自己过去弄不清楚的问题。我觉得，如果结合竹三、保全考察搜集的资料，观照我国古代戏曲发展的情况，那么在戏曲史研究中有好些已属众所周知并且成为共识的论题，便有必要重新审视，重做结论。举例来说，关于中国戏曲形成和繁荣的问题，许多学者把它与宋元时期的城市发展联系起来，往往认为由于商品流通，居住在城市的市民商贩和手工业者需要有夜间生活，需要娱乐，于是戏曲便应运而生。当然，戏曲的勃兴，确也与此有关。但从竹三、保全诸位考察到的文物来看，情况似乎并非如此。《中国戏曲文物通论》让我们看到，在山西农村的许多地方，至今还有不少元代的古戏台遗址，特别是，这些古戏台都和神庙建筑有着密切联系。这说明，在元代农村，戏曲演出十分频繁，已经成为农民生活的一个组成部分，它在农村早已形成了。在农村，不存在商业和手工业繁荣的问题，可见，戏曲的形成、发育，就社会条件的层面而言，其主因未必要归结为市民阶层的出现。而从古戏台和神庙的关系所呈现的态势看，我们甚至可以推测：戏曲的形成、发育乃至繁盛，也与戏曲的起源一样，主要和农村祭祀有关。根据文献资料的记载，城市勾栏多有“神楼”，它或大或小，总置于戏台对面。演员演戏，既是娱人，也是娱神。也许可以说，“神楼”实际上是农村神庙的缩影。换言之，城市勾栏保存着农村戏台与神庙勾连的胎记。此说法如能成立，那么，戏曲的形成和发育，似始于农村，其态势也是“农村包围城市”，是农村祭祀活动的频繁带动了戏曲活动的繁荣，当农村观众和演员流入城市，也就促进了戏曲在城市进一步的发展。

以上一得之见，是学习了《中国戏曲文物通论》所获的启发。此外，书中许多精警之处，像对“竹竿子”的详细叙论、对元代演员“挂髯”化装的发现等，都能发人之所未发，为戏曲史研究提供有用的鉴证。

竹三早年曾求学于中山大学中文系，师从王季思教授。王老师一贯强调青年学者要有过硬的基本功，要求研究生在戏曲文本注释、校勘方面狠下功夫。竹三勤奋刻苦，谦逊好学，一直受到季思师的器重和嘉许。毕业后，竹三分配到山西工作，他根据山西地区具有大量戏曲文物的优势，克服了种种困难，终于在戏曲史研究领域闯出了新的天地，缔造出一门新的学科，也带出了一支独具特色的学术队伍。他和保全师生合著的《中国戏曲文物通论》，正是他工作成就的新的见证。去年，中山大学中文系和非物质文化研究中心邀请保全南来讲学，我在下面听课，很受教益，同时也为年轻一代学者扎扎实实的成长感到高兴。青出于蓝，而胜于蓝，竹三不负季思师的厚望，在这里，衷心祝愿保全诸君，在学术上有更进一步的开拓。

黄天骥

2010年6月于广州中山大学

自　序

一个学人，他的多年研究成果能够面世，自然会心潮澎湃。同样，我们在这本小书即将付梓的时候，也是思绪万千。我们不禁回想起从事戏曲文物研究和写作此书的缘起和经过。

那是在40多年前的20世纪60年代，当时竹三在中山大学师从王季思先生攻读中国古代文学和古代戏曲，在研究生毕业、即将离开广东北上山西工作的前夜，竹三向恩师辞行。季思先生谆谆教导说，近年来山西发现许多戏曲文物，到那里是可以从事这方面的研究工作的。竹三当然铭记在心，但到山西后，却被安排到一所工科院校任教，给学生讲授如何写应用文和工厂使用的生产报告、总结，真是用非所学。随后发生了"文化大革命"，接着他又被下放到山庄窝铺劳动，自然难以实现恩师的嘱咐。直到1976年"文化大革命"结束，竹三重新被安排到山西师范学院工作，这才回归自己原来的专业。1981年，吴晓铃先生到山西考察，竹三因在中大时曾聆听过吴先生讲学，便专程前往拜访。晓铃先生同样嘱咐竹三，既在山西扎根，不妨从事戏曲文物研究。两位恩师的睿智点拨，指明了后学的研究方向，于是竹三便走上这条当时未被学术界重视的治学之路。

保全大学毕业后，来到竹三任所长的戏曲文物研究所工作，后来又跟随竹三学习，攻读戏剧戏曲学硕士学位，毕业后自然从事戏曲文物研究，这样便成了同事。

早在20世纪90年代，我们就有撰写《戏曲文物通论》的想法。当时考虑的是，经过20多年考古、文物、戏曲研究工作者的努力，已经发现众多的戏曲文物，学术界也发表了为数不算太少的研究文章和专著，戏曲文物研究已进入一个新的阶段，似乎有必要对这些文物资料和研究成果做一阶段性的整理和小结，并从历史发展与理论角度予以概括和探索，以便为今后戏曲文物学的建立做一些基础工作。但是，由于资料准备不够充分，理论上还需提高，所以一直未敢动笔。

感谢王季思、吴晓铃等先生给我们指出了戏曲文物研究的新路，还有众多学术前贤给我们的大力支持和帮助，促使我们在戏曲文物研究方面取得了一定的成绩，并在此基础上，撰成这本《中国戏曲文物通论》。

当然，我们也知道，以我们目前的学识是难以圆满完成这项任务的。但毕竟这筚路蓝缕的工作，需要有人去做，我们不揣浅陋，甘愿去做这学术大厦基座的石子。

这本小书虽然写成，但我们深知，内中免不了有诸多缺点和错误，我们恳请方家学者予以指出，以便日后改正。

黄竹三　延保全

2009 年 10 月于山西临汾

目 录

绪　言

戏曲艺术，是我国独特的戏剧形式，是中华艺苑中一朵色彩艳丽的奇葩，也是世界剧坛上一颗光彩夺目的宝石。中国戏剧历史悠久，源远流长。早在先秦时期，已出现与戏曲有关的各种艺术因素，如歌、舞、乐、杂技等，同时也出现拟人、拟兽的装扮和滑稽的故事表演，它们已具备构成戏剧的因子——两个以上的人物，存在矛盾冲突，形成简单的情节，在一定时间、一定场所表演给观众看。随着时代的推移，历经汉、晋、隋、唐，这些歌、舞、乐、杂技等艺术因素得到长足的发展，并初步融合到人物装扮和故事情节中，到宋金时期，终于形成了以唱、念、做、打的综合表演为中心的戏剧形式——戏曲。随后，又不断丰富、演变和提高，出现了不同的戏剧形态——南戏和元杂剧。明清两代，更演出了传奇和各种地方戏。许多知名和不知名的剧作家，为它们创作了无数优秀的剧目，真实地反映了各个时期的社会生活和人民的思想感情，获得了广大民众的喜爱。研究我国戏剧历史的发展，总结各时期戏曲形态的艺术经验，对增强我国人民的自信心和民族自豪感，为当今的戏剧创作提供借鉴，都有着重要的作用。

在 20 世纪，我国学术界对中国古代戏剧的研究取得了巨大的成绩，无论是戏曲史的创立，还是对古代戏曲作家作品的研讨、文献资料的搜集、曲谱的整理、舞台美术的探索和艺术规律的总结，都蔚为可观。但是，古代戏剧形成时期和以后发展的各阶段中的演出形态，包括表演的场所，表演时的服饰、化装、道具、乐器，以及其形成、发展原因等问题，却未能完全弄清楚。这是因为过去治戏曲史者，大多借助古代流传下来的文献史料进行研究，而这些史料，或者因为作者囿于传统观念，视戏曲为末技，记录时语焉不详；或者因为作者隅居于一地，只记载他所在地区的戏曲演出，而没有记载其他地方戏曲活动的情况，因而不完全准确。另外，史料中误记、讹传、错抄、遗漏之处也不少。再加上几百年来，朝代更替，水火兵革，一些重要的史乘文献遭到毁坏散佚。史料的缺乏、失实和偏颇，造成探讨的困难，因而戏曲史上一些疑难问题未能遽断，需要我们借助新发现的戏曲文物加以参订考证。

一、戏曲文物的定义

所谓戏曲文物，是指存留在社会上或埋藏在地下的有关戏曲的历史文化遗存，包括舞台建筑，与戏曲演出有关的绘画、雕刻、碑石题记，传抄或版印的剧本、资料，以及各种墓葬遗物等。这些实物资料，或者与史籍所载文字相印证，加深我们对原有文献史料的理解和认识；或者补充史载的不足，纠正某些记载的错误和偏颇，这都有助于我们正确认识中国戏剧发展的本来面目，了解戏曲艺术的历史成因，因而是不可或缺的。

二、戏曲文物的研究价值

戏曲文物的价值，首先是使我们加深对原有文献史料的认识。一些重要的戏曲文物，能与历史资料相印证。比如，关于宋杂剧的演出，据宋孟元老《东京梦华录》卷九“宰执亲王宗室百官入内上寿”条记载，当时宫廷杂剧的演出是“小儿班首入进致语，勾杂剧入场，一场两段”①。宋耐得翁《都城纪胜》“瓦舍众伎”条也记载：“先做寻常熟事一段，名曰艳段，次做正杂剧，通名为两段。”②“杂扮或名杂旺，又名纽元子，又名技和，乃杂剧之散段。在京师时，村人罕得入城，遂撰此端，多是借装为山东、河北村人，以资笑。”③一般学者据此认为，宋杂剧分三段演出，即“艳段”“正杂剧”和“杂扮”。这种看法是否正确呢？1958年，河南省偃师县酒流沟水库西岸的宋墓中，出土了六块砖雕，其中三块雕有杂剧演出图像，可与《东京梦华录》与《都城纪胜》的记载相印证。第一块砖雕为单人戏雕，刻绘一艺人，头簪花枝，宽袖长袍，双手向观众展示一幅轴画。所演似为“艳段”，即一个故事比较简单的段子，类似后世戏剧开场首演的《天官赐福》。第二块为双人戏雕，所刻二人均宽袖长袍，分别戴展脚幞头和垂脚幞头，手持笏及木杖，正相对交流。这显然是“正杂剧”演出。第三块砖雕刻绘两个市井人物，短衣打扮，一人左手举鸟笼，右手手指纳于口中，作吹口哨状；另一人头簪花枝，右脚叉步于左脚前，扭捏作态。这似乎是以资谈笑的“杂扮”。于此可以证明，

①《东京梦华录》（外四种），北京：文化艺术出版社1998年版，第60页。

②《东京梦华录》（外四种），北京：文化艺术出版社1998年版，第85页。

③《东京梦华录》（外四种），北京：文化艺术出版社1998年版，第86页。同书卷二十“旺”作“班”。

宋人的记载大概是可信的。

又如宋杂剧、金院本的脚色，宋耐得翁《都城纪胜》“瓦舍众伎”条记载：“杂剧中，末泥为长，每四人或五人为一场。……末泥色主张，引戏色分付，副净色发乔，副末色打诨，又或添一人装孤。”[①]元夏庭芝《青楼集·志》也载：

院本始作，凡五人：一曰副净，古谓参军；一曰副末，古谓之苍鹘，以末可扑净，如鹘能击禽鸟也；一曰引戏；一曰末泥；一曰孤。又谓之“五花爨弄”。[②]

元陶宗仪《南村辍耕录》所记与此基本相同。这五个脚色，今天在河南、山西各地发现的戏雕、戏俑中均可以看到，恰与耐得翁、夏庭芝、陶宗仪等人的记载相吻合，这就证明上述史料是可信的。河南省温县前东南王村宋墓杂剧砖雕、山西省侯马市董明墓金杂剧砖俑、山西省稷山县化峪金墓杂剧砖雕，均可窥见宋金杂剧五个脚色的具体形象。

又如，宋杂剧演出，由参军色引导，他所持仪物为一长竹竿，名曰“竹竿子”，因其顶端有冒头，上插若干细竹枝，故又称“竹竿拂子”。关于“竹竿子”，以往文献中多有记载，如《东京梦华录》卷九“宰执亲王宗室百官入内上寿”条载：

（第四盏）参军色执竹竿拂子，念致语口号，诸杂剧色打和，再作语，勾合大曲舞。……（第五盏）参军色执竹竿子作语，勾小儿队舞。……杂戏毕，参军色作语，放小儿队。[③]

宋吴自牧《梦粱录》卷三“宰执亲王南班百官入内上寿赐宴”条亦载：“参军色执竿奏数语，勾杂剧入场，一场两段。”[④]所记的“竹竿子”形象，可在河南省温县宋墓杂剧砖雕、山西省浮山县宋墓壁画、山西省高平市西李门二仙庙金代杂剧线刻图等戏曲文物中得到印证。

①《东京梦华录》（外四种），北京：文化艺术出版社1998年版，第85页。
②《中国古典戏曲论著集成》第二册，中国戏剧出版社1959年版，第7页。
③《东京梦华录》（外四种），北京：文化艺术出版社1998年版，第60页。
④（宋）吴自牧：《梦粱录》，北京：中华书局1985年版，第17页。

宋元时期戏曲演出中有一种道具叫“磕瓜”，俗称“皮棒槌”。它是副末用来击打副净的道具。元杜善夫散曲套数【般涉调】《庄家不识勾栏》【一煞】云：“太公心下实焦燥，把一个皮棒槌，则一下打做两半个。”① 这“皮棒槌”就是磕瓜。它的具体形状，元散曲中也有描写。请看元李伯瑜小令【越调·小桃红】《磕瓜》：

木胎毡观要柔和，用最软的皮儿裹。手内无他煞难过，得来呵，普天下好净也应难躲。兀的般砌末，守着个粉脸儿色末，诨广笑声多。②

戏曲文物中发现多种“磕瓜”图像，如河南省温县西关宋墓砖雕副末手中所持者、河南省温县博物馆藏宋杂剧砖雕副末手中所持者、河南省洛宁县宋杂剧砖雕副末手中所持者、山西省垣曲县后窑金墓砖雕副末手中所持者，还有山西省新绛县北王金墓砖雕副末手中所持者等。这都证明宋元时期戏曲演出确有“磕瓜”的存在。

此外，在戏曲孕育时期，泛戏剧形态的表演，有在固定的场所的，也有在不固定的场所的，亦即作流动性的演出。流动性的演出有一类是借助器具如车马于行进中表演的，文献中称之为“戏车”。关于戏车，汉代典籍多有记载，如张衡《西京赋》载：

尔乃建戏车，树修旃。侲僮程材，上下翩翻。突倒投而跟结，譬陨绝而复联。百马同辔，骋足并驰，橦木之伎，态不可弥。弯弓射乎西羌，又顾发乎鲜卑。③

晋代陆翙《邺中记》记载戏车表演更为详细：“设马车，立木橦其车上，长二丈，木橦头安横木，两伎儿各坐木一头，或鸟飞，或倒挂。”④ 这种于行进中马车上木橦进行的表演，在演艺文物中也有发现。1980年，在河南省新野县北约6.5千米的任营村南，出土一块高浮雕戏车画像砖。画像为横幅，上刻戏车杂技表演：

① 隋树森编：《全元散曲》上册，北京：中华书局1964年版，第32页。
② 隋树森编：《全元散曲》下册，北京：中华书局1985年版，第1222页。
③《文选》上册，北京：中华书局1977年版，第49页。
④ 文渊阁《四库全书》册四六三，上海：上海古籍出版社1987年版，第309页。

自右至左，一骑者肩旗援辔导行，似为戏车表演之前引；另一骑者飞马回首，弯弓遥射，似为《西京赋》所说的“弯弓射乎西羌，又顾发乎鲜卑”。两骑之后，为戏车上履索倒挂的杂技表演：前面一乘戏车，所驭之马飞驰向前，车上木橦顶端置横木，横木右端一伎倒挂，两臂前伸，掌心向上，两掌心各置一个如拳头大小的圆球，左手托一伎，叉腰半蹲于左边掌心圆球上；右手亦托一伎，单足立于右边掌心圆球上，作金鸡独立状。后面一乘戏车，车上木橦上端蹲一伎，右手向外斜伸，左手紧握一索，索之一端在前戏车乘伎手中，斜索上有一伎人，正向前迈步，极类《邺中记》所描绘的表演场景。这种于戏车上表演的杂技，堪称汉代百戏之精粹，而其于行进中表演，当为流动性演出形态的一种。[①]

行进中的戏车演出，还见于山东省沂南县北寨村东汉墓的画像石中。该画像石分为四组，其中第一组为戏车演出，上有二马相向奔驰，马上分别为一手持绳鞭的立伎和手持铁戟的倒立伎。下有一辆三驾龙（以马扮龙）车，车上立二橦木，一左一右，上面也有艺人翻腾倒立的表演，车上还有四人，分别持排箫、笛、鼓等乐器演奏。[②] 于此可见这种行进中演出的乐舞百戏，在汉魏是相当普遍的。这些文物恰好与文献记载相印证。

其次，戏曲文物还可以补充史载的不足，纠正某些文献史料的遗漏和错误。比如目前我们见到的宋元时期的笔记《东京梦华录》《都城纪胜》《梦粱录》《武林旧事》《南村辍耕录》等，它们只记载北宋京城汴梁和南宋京城临安杂剧的演出，至于农村地区的演艺情况，则付之阙如。过去治戏曲史者，据此得出戏曲形成是由于城市经济繁荣，市民人口增加，为了满足他们文化娱乐的需要，从而产生了戏剧的看法。近二三十年来，在河南、山西、四川、江西等地的农村地区陆续发现了大批戏雕、戏俑、戏剧壁画、戏剧碑刻碑记以及众多的戏台建筑及遗址，自然引起人们对这个问题的重新认识。比如山西省稷山县马村宋金墓群 2 号墓杂剧砖雕，所绘刻内容为一演出场面，说明此时农村已有成熟的戏剧演出。而山西省万荣县桥上村后土圣母庙碑，记载北宋初年（真宗天禧四年，即公元 1020 年）已修建舞亭，山西省沁县城关关侯庙的《威胜军新建蜀荡寇将□□□□关侯庙记》碑，记载北宋神宗元丰三年（1080）已建成舞楼，山西省平顺县东河村九天圣母庙碑，记载北宋元符三年（1100）建造舞楼，这些碑刻所记都比《东京梦华录》

① 魏忠策：《罕见的汉代戏车画像砖》，《中原文物》，1981 年第 3 期。

② 曾昭燏：《关于沂南画像石墓中画像的题材和意义》，《考古》，1959 年第 5 期。

等记载北宋末年汴京戏曲演出要早得多，从而使过去戏曲史界长期流传的戏曲源于城市的说法发生动摇。

另外，宋金时期除了杂剧院本外，是否还有别的戏剧形态，以往史籍记载不详。只在北宋刘斧《青琐高议》后集卷之五“隋炀帝海山记”和元杨维祯《东维子文集》卷六“送朱女士桂英演史序”中提到“队戏”。但队戏为何物，如何演出，则略而未载。1985 年在山西省潞城县崇道乡南舍村发现抄立于明万历二年（1574）的《迎神赛社礼节传簿四十曲宫调》（又名《周乐星图》），1989 年在山西省长子县东大关村发现抄立于清嘉庆二十三年（1818）的《唐乐星图》，均记载当地赛祭时献演的队戏剧目名称以及角色排场单，包括出场人物、服饰道具及简单情节。其后，又在山西省长治、长子、潞城、平顺、壶关、沁水和河北省涉县、武安、邯郸等地农村的赛社民俗活动中发现了队戏的演出，证实了这种初级戏剧形态确实存在，并流传至今。

以往学术界认为，元杂剧演出使用的乐器只有打击乐和吹奏乐，即只用大鼓、拍板和笛子。但戏曲文物则以具体物证证明此说有误。山西省运城市西里庄元墓杂剧壁画，所绘乐器计有四种，除上述三种外，还有一种是曲颈琵琶。它虽由女艺人背着观众弹奏，但从画面上完全可以看出是一种弹拨乐器，这就证明了元代戏曲演出是有弦乐伴奏的。山西省洪洞县霍山水神庙明应王殿的元代戏曲壁画中，后排艺人所持乐器，除大鼓、拍板、笛子外，还有一种类似长鼓的乐器，只是由于前排艺人遮挡，乐器两端的鼓面无法看到，但鼓的中间部分仍可看出，这也证明元杂剧演出使用的乐器不止大鼓、拍板和笛子三种。

再次，部分戏曲文物所展示的戏曲演出形态是以往文献史料中完全没有记录的。这类戏曲文物，其价值非同小可，因为它真实地反映一定时期戏曲演出的面貌。比如山西省洪洞县霍山水神庙明应王殿的元代戏曲壁画，所描绘的艺人的胡须，计有悬挂式、粘贴式、涂抹式三种，这是以往史载完全没有提到的。

以往文献史料中，对历代戏曲演出场所少有涉及，而今天我们在全国各地发现古代有多种多样的演艺场所，数量极丰，形态各异。比如在浙江省绍兴市坡塘战国墓中出土的铜屋模型中，即有伎乐演出。又如安徽省涡阳县大王店焦窑一号墓出土了绿釉陶戏楼一件，为东汉晚期之物；山西省运城市发现有百戏陶楼。这都证明堂屋演出源于戏曲孕育时期的室内、殿堂表演，它们早在先秦已经出现。

宋金时期，演艺场所有露台、舞亭、舞庭和乐楼等，它们从在没有顶盖的台子上演出，发展到在有顶盖的戏台上表演，从亭子式的四面可以观看，演变为把后面空间封闭，只可以三面观看，最后发展到一面观看，显示了表演场所的演进轨迹。明清时期，戏台的样式更多，除一面观看的镜框式戏台外，又出现过厅式戏台、过路戏台、过街戏台、“凸”字形戏台、连体戏台、并列戏台、对台、“品”字形戏台、鸳鸯台、叠式戏台等，它们大都建在神庙正殿前，与神殿处于同一中轴线上，距离神殿从较近到较远，使我们看到古代农村戏曲演出与祭祀活动的密切关系，以及娱神、娱人功能的变化。

古代文献中，对戏曲演出的化装记载不多。元杜善夫散曲【般涉调】《庄家不识勾栏》描写金元院本的演出，只说艺人“满脸石灰，更着些黑道儿抹”。徐梦莘《三朝北盟会编》卷三十一，也只记载当时优戏演出艺人“涂抹粉墨”。如何“涂抹粉墨”呢？文中语焉不详。今天在山西、河南各地发现的宋金时期的戏曲文物，为这些记载提供了实物佐证，如河南省温县前东南王村宋杂剧砖雕，所刻角色之左第四人，其面部化装为：眼圈和眉毛皆用墨染，一道黑墨自额贯右眼而下，右脸颊有一团墨迹；又如山西省侯马市董明墓金杂剧戏俑，左第一人眼圈涂成白色，鼻子及四周涂绘白色蝴蝶形图案。左第五人鼻眼间用白粉涂成三角形图案，一道黑墨自额头斜贯左面眉眼而下，两颊有不规则墨迹。根据史籍记载和戏曲文物实证，可以概括出宋金杂剧化装有以下特点：化装色彩多样，以黑白两色为主色；化装部位多在眉、眼、口、鼻间以及两颊；白色多涂成块状，形成图案，黑色多以点、线形式出现；黑白两色，对比鲜明；神怪人物，则多用彩色。应该注意的是，化装开始出现脸谱的雏形，同时已分俊扮和丑扮两类。俊扮用于正面人物化装，丑扮用于反面人物化装，表现出艺人对剧中人物的审美与道德评价，同时也影响了后世戏曲的化装。

还有一些戏曲文物，结合祭祀民俗活动和原生态戏剧演出，可以引发我们对戏曲发生发展历史的思索。这里举两个例子：一是 1985 年在山西省潞城县崇道乡南舍村发现的《迎神赛社礼节传簿四十曲宫调》。这一传抄的祭祀文范当属戏曲文物，它记载了当地赛祭时二十八宿值日的情况，每一星宿值日装扮不同，比如“牛金牛”的扮相为：

> 其宿女面人形，披发长角，身穿赤衣，绿袖白裙，白履。右手执金莲花而立。喜酉卯，怒寅时，好食咸硬物，置下大鼓。

又如“嘴火猴”的扮相为：

其宿人形男面，头戴青冠，赤衣黄袖，朱履。手执钢鞭，挽弓箭，骑坐青鸟，脚下有赤云，好食杂果物。[①]

这些星宿不仅容貌、服饰和手执物件不同，而且性格、喜好也各异。这是民众根据自己的想象赋予他们的。性格、喜好各不相同，他们和外界（包括神和人）自然会发生矛盾，这样就会衍生出故事，装扮就变成扮演。笔者曾到山西省潞城市南贾村碧霞宫考察赛祭，看到乐户装扮的星宿于头场（正赛）值日，竟可与其他神灵交谈，这是否意味着祭祀装扮可以衍生出戏剧扮演？这是值得我们思考的。

又如《上党古赛写卷十四种笺注》所收《赛场古赞》（丙）中的《八仙赞》，其文为：

则听得仙音响亮，见辉光罩定天涯。满天□□□□□，遍地下瑞气云霞。猿猴献仙桃仙果，麋鹿献配对仙花。金童执幢播宝盖，玉女掌宝印玉匣。西王母特来添寿，南极老人星遐算。彩云中诸仙下降，将神仙圣号开明：头戴着夹纱幞头，荔枝金冠绿罗袍，闹市常共儿童耍，拍板踏歌蓝采和。头挽丫髻宰相家，身穿破衲□绿纱，手内常提花篮儿，冬献仙景牡丹花。天地同生寿最高，白驴踏倒赵州桥，扬州度脱阳华如，大罗神仙张果老。功名富贵都参透，龙楼凤阁皆不就，白云深处学修仙，金枝玉叶曹国舅。律谙刑通无人比，不幸死在阴司里，焚烧□□□□□，借尸还魂铁拐李。头戴青纱一字巾，龙泉飞剑紧随身，□□□□□□□，乃是唐朝吕洞宾。沉醉黄粱梦转连，玄机奥妙有谁知？造□□□□□□，招财利市汉钟离。识得尘凡不坚牢，深山盘道学修仙，也曾俗□□□□，凤管龙笛张四郎。……[②]

从文字上看，这是一篇对八仙的诗赞体文辞，但实际上它是乐户装扮的表演。笔者于 2006 年 8 月曾到山西省潞城市南贾村考察碧霞宫赛祭，看到《八仙赞》的演出。原来它先由前行（由宋代参军色演化）登场诵念前面 12 句，然后由乐户戴假面装扮成八仙，分别吟诵有关自己身世的赞词，彼此间还有动作交流，显

① 参见《中华戏曲》第 3 辑，太原：山西人民出版社 1987 年版。

②《上党古赛写卷十四种笺注》，中国台北：民俗文化基金会 2000 年版。

然已是一种初级的泛戏剧形态。它同样可以引发我们对戏剧发生的思考。

另一例子是河北省武安市固义村的队戏《调掠马》，目前发现的脚本是词话本，由“掌竹”（即宋代宫廷演出的参军色，亦称“竹竿子”）念诵，其词第一段为：

一树梨花开满园，旌旗不动搅旗幡。若知太平无司马，太平人贺太平年。少打伤人剑，常磨克己刀。万物凭天理，灾祸自然消。打鱼人手执勾竿，遇樵夫斧掖腰间。二人相见到江边，说起了半天寒暄。说不尽古今心腑，且免二字饥寒。你归湖去我归山，劝君把闲事少管。一言未尽，探神来也。

第二段词为：

将军上阵纳姚期，浑身上下紧相随，两条腿一似追魂马，报与威灵上圣知。青铜刀银镈玉把，单行动神鬼皆怕。因为他正直无私，武安王当坛坐下。奉祭尊神，做一出《掠马》队戏。

第三段词是：

此段队戏出在何朝？出在《三国演义》。三国时里，这老爷家住蒲州，解良人氏，姓关名羽字是云长。老爷生来好抱（打）不平，一怒杀死雄护员外一十八口家眷，老爷云游天下逃命，行来行去行至涿州范阳郡，偶遇刘备、张飞，三人桃园结义，杀白马祭天，宰乌牛祭地：一在三在，一亡三亡。大破黄巾，徐州失散，老爷在土山屯兵，曹操用谋，张辽顺说，到至曹营。上马赠金，下马赠银，十二美女尽善，买不住老爷心肠。因此斩了颜良，灭了文丑。得到一书，这老爷欲上河北寻兄。老爷辞曹三次，不容见面。老爷无奈，印悬中梁，府库封金，不辞曹相，独行千里。过五关斩了六将，古城东斩了蔡阳，兄弟古城才得聚义。这话莫提。只因长沙府大战黄忠，七明七夜不分胜败，自回本帐夜看《春秋》。看来看去，看至楚平王行事无道，公公（？）儿妻，父纳子妻，越看越恼，将书案桌上击了一掌。书案桌下内出一个小小耍童，望着老爷就要行刺。老爷问道：你是何人？颜昭答道：“吾父颜良，吾乃颜昭，只因白马坡斩了我父，我前来子报父仇。”老爷说道：“你

> 脸上胎毛未退，咀嚼乳食未干，你敢与你父报仇？容我砍你三刀背不死，你再与你父报仇。”老爷说罢，就砍了三刀背，不死。颜昭身不动，膀不摇，气不发喘，面不改色。老爷代口之言，封他为铁髀颜昭，放他回去。行至东吴，东吴见喜，封他为领兵大元帅天下都招讨。颜昭领定人马，将老爷困至玉泉山，越宿而亡。后有妙赞云：有单刀为证：桃园结义生死同，大破黄巾显其能。虎牢关大战吕布，范阳关背斩华雄。斩颜良颜昭颜伯（疑为文丑），不辞曹千里独行。夏侯惇乡宿大战，有勇士来送文凭。古城东斩了蔡阳，华容道一失曹公。尽忠心赤心扶汉，封伏魔造存（？）天尊。龙凤辇从天降下，总备就酒果香茶。奏曲（疑缺一字）箫韶美乐，密松林关公掠马。[①]

从文辞上看，它只是一般的词话。笔者曾前往武安市固义村考察《调掠马》演出，看到它其实是类似戏剧的表演。其演出过程是：先是“掌竹”头戴王帽，身穿宽袖红袍上场，念完第一段词话后，移位于台口左侧，指挥探神、关公等上场。这时，探神头戴假面，上加额子，身穿无袖黄衫和黄裤上场，做舞蹈动作。关羽身穿绿袍，戴头套上场，由后台杂役搀扶（因戴头套辨不清方向）登上戏台正中后方用方桌椅子搭成的“神座”。探神做跪拜、上香、焚烧祭祀关公的表文。随后“掌竹”诵念第二段词话，接着，颜良之子颜昭上场，他身穿黑衣黑裤，持刀向关羽行刺。关羽走下“神座”，与之交锋，将颜昭打败，用青龙偃月刀将他压住。这时“掌竹”继续诵念第三段说词。这一表演，“掌竹”与其他演员合作，“掌竹”负责念诵，其他演员根据剧情装扮人物和做表演动作。“掌竹”念白为诗赞体，带有说唱文学痕迹，或者可以说，它本身就是一篇关于关羽人物传说的词话。表演者在讲述这个故事的时候，为了吸引听众，便让其他演员装扮故事中的人物并做一些动作，这样就使演出形态发生变化：“掌竹”的诗赞诵念成为其他演员表演动作的解说，它与后者相互配合，共同表达了剧情。从一定意义上说，这种表演还不是完整的戏剧，只能称作由说唱文学向戏剧的过渡。这种过渡形态表演的特点是：说唱仍为叙述体，但所说的内容，即人物动作已由其他演员用形体动作来表现。二者有所联系，但未完全结合，一旦说唱者退出表演，其他演员进一步用语言来完善其说唱内容，便演变为完整的戏剧了。

---

① 杜学德：《固义大型傩戏〈捉黄鬼〉考述》，《中华戏曲》，第18辑，太原：山西古籍出版社1996年版。

以上两例，充分说明戏曲文物是可以让我们通过实地考察，而对戏曲发生发展问题重新思索的。

从以上四个方面可以看出戏曲文物的收集、整理，对戏曲史的研究极其重要。

戏曲文物的重要意义是随时代的发展、文物发现数量的增多和人们认识的提高而逐渐显现出来的。最初，戏曲文物之被发现，往往是个别的、偶然的，开始并未引起人们的注意，只当作一般文物简单地予以介绍，并未把它放置于一定的历史时期与戏曲演出相联系来考察。随着戏曲文物发现数量逐渐增多，一些戏曲史研究工作者才开始将它们与相关的戏曲文献相印证，探索它们与历史上不同时期戏曲演出的关系，这样就扩大了视野范围，开辟了戏曲史研究的新领域。对戏曲文物重要性的认识，更使一些戏曲史研究者不再被动地等待戏曲文物发现之后才去研究，而是主动地进行田野考察，深入到民间去调查、搜集，经过整理之后，系统地进行专题研究，撰写论文和专著，从而使戏曲文物研究提升到一个新的阶段。

第一章 戏曲文物的发现与研究分期

我国戏曲文物十分丰富。戏曲形成后，它们的文字剧本、演出场所和演出形态，必定有实物留存，经过一段时间，这些历史遗存就成为戏曲文物。早在20世纪以前，已经有个别戏曲文物被发现，并在古代的一些著作，如元葛逻禄乃贤《河朔访古记》、清顾燮光《河朔访古新录》、胡聘之《山右石刻丛编》和各种方志的“祠庙”“古迹”“金石”“艺文”部分得到记载，但它们仅仅被作为一般文物简单地收录，并未特别揭示其在戏曲史研究上的价值。直到20世纪才开始自觉地发现和介绍戏曲文物、研究。概括起来，戏曲文物的发现与研究大致经历了三个阶段。

一、戏曲文物发现与研究的初发期

这一阶段是20世纪三四十年代，是戏曲文物发现与研究的初发期。1931年8月15日出版的《清华大学中国文学会月刊》第1卷第4期扉页上，刊登了“中央研究院”卫聚贤拍摄的山西省万泉（今万荣）县西景村岱岳庙金代山门和元至正十四年（1354）戏台（两帧），以及“施缘功”舞庭碑刻拓片等四帧照片。同年12月15日，卫聚贤又在该刊第2卷第1期上发表专文《元代演戏的舞台》，介绍了宋、元、明、清修舞亭（庭、厅）碑刻各一通，元代戏台两座，明代戏台一座，清代戏台三座。可以说，这是目前已知20世纪最早的戏曲文物的发现与研究。其后，北平国剧学会编辑出版的《国剧画报》，自1932年1月15日至1933年8月10日共2卷69期，几乎每期都刊登一至两帧戏曲文物照片，其中比较重要的有梅兰芳“缀玉轩藏明代脸谱”38种，“昇平署扮像谱”63种，齐如山等拍摄的元、明、清戏台27座及部分戏曲绘画，大多数戏台照片都配有介绍文字。1935年出版的《国剧简要图案》刊登明代脸谱22幅。20世纪30年代，张江裁编纂的《清代燕都梨园史料》收集了清代北京戏曲碑文九篇，铭刻六条。此外，中国营造学社的专家也从建筑学角度介绍了部分古代戏台和有关资料，如刘敦桢1937年在《中国营造学社汇刊》第6卷第4期撰写的《河南省北部古建筑调查记》，介绍了《大金承安重修中岳庙图碑》中的“路台”（即“露台”）；梁思成、林徽因在同刊第5卷第3期《晋汾古建筑预查纪略》中介绍了山西省中南部的古代戏台的建制等。可以说，20世纪30年代是20世纪戏曲文物发现和研究的肇端，其成绩颇为可观。1937年抗日战争全面爆发至20世纪40年代末，由于战乱，戏曲文物的发现与刊登处于停滞状态。这一时期仅发现《同光十三绝画像》，由朱复昌于1943年5月缩小影印发表，并附《同光朝名伶十三绝传略》，介绍了沈容圃所绘清同治、光绪年间梅巧玲等13名昆曲、京剧著名演员的剧中人物扮相。同期，在河北省井陉县柿庄6号墓发现了宋代乐舞壁画，但未来得及清理发表。①总的来说，20世纪三四十年代戏曲文物的发现不算太多，主要是社会上存留的戏台和戏曲绘画、戏曲碑刻，发现者大多是从事其他研究的学者，并非专业的戏曲研究工作者，对所发现的戏曲文物，仅仅作简单的说明或介绍，并未与有关戏曲文献史料相印证或从戏曲发展角度予以论析。

二、戏曲文物发现与研究的拓展期

这一阶段是20世纪50年代至70年代，是戏曲文物发现与研究的拓展期。这一时期，一方面是社会生产力迅速发展，农业兴修水利，工厂破土兴建，使地下文物得以大量出土；另一方面，随着人们对文化事业的重视，文物普查、考古工作全面展开，戏曲文物的发现大为增多。戏曲文物的种类，除了戏台、戏曲绘画、戏曲碑刻以外，又增加了戏曲雕塑（包括戏雕和戏俑）、出土的古代戏曲剧本和传世祭祀演出抄本等。这一时期新发现的戏曲文物有古代戏台13座，戏曲绘画230余幅，戏曲雕塑70余组370件，戏曲碑刻60余通，出土古代剧本三种，传世祭祀演出抄本一种。其中较为重要的有：

1. 戏台

山西省临汾市魏村牛王庙元至元二十年（1283）戏台，1954年发现。

山西省临汾市东羊村东岳庙元至正五年（1345）戏台，1957年发现。

山西省太原市晋祠明万历元年（1573）戏台（又称“水镜台”），1960年发现。

北京市清乾隆年间（1736—1795）三庆戏园，1960年发现。

---

① 此墓1960年才清理，1962年第2期《考古学报》正式发表河北省文化局文物工作队《河北省井陉柿庄宋墓发掘报告》。

北京市湖广会馆清道光十年（1830）剧场，1960 年发现。

江苏省苏州市清中叶钱江会馆戏台，1960 年发现。

2. 戏曲绘画

河南省禹州市白沙北宋 1 号墓乐舞壁画，1951 年发现。

山西省洪洞县霍山水神庙明应王殿元泰定元年（1324）杂剧壁画，1954 年发现。

北京市故宫博物院藏宋杂剧绢画（两幅），1959 年发现。

天津市杨柳青明清戏曲版画 120 余幅，1959 年发现。

江苏省苏州市桃花坞戏曲版画 60 余幅，1961—1962 年发现。

元明《戏曲叶子》版画，1960 年发现。

宋代傀儡戏《婴戏图》，1963 年发现。

山西省繁峙县岩山寺金大定七年（1167）酒楼说唱壁画，1974 年发现。

3. 戏曲雕塑

河南省禹州市白沙北宋墓杂剧砖雕，1951 年发现。

河南省偃师市酒流沟北宋墓杂剧砖雕，1958 年发现。

山西省侯马市金大安二年（1210）董明墓戏台模型及戏俑，1959 年发现。

四川省大足县石窟南宋淳熙六年至淳祐年间（1179—1252）杂剧石雕，1959 年发现。

山西省芮城县永乐宫潘德冲石椁元中统元年（1260）杂剧线刻，1960 年发现。

河南省温县前东南王村北宋墓杂剧砖雕，1970 年发现。

江西省景德镇市大石口南宋淳祐十二年（1252）查氏墓戏曲瓷俑，1965 年发现。

河南省焦作市西冯封村金代社火、杂剧砖雕，1973 年发现。

山西省稷山县马村金代段氏墓群杂剧砖雕、砖俑，1973—1979 年发现。

四川省广元县 401 医院南宋嘉泰四年（1204）杂剧石刻，1975 年发现。

河南省荥阳市豫龙镇槐西村北宋绍圣三年（1096）朱氏墓石棺杂剧线刻，1978 年发现。

山西省新绛县吴岭庄元至元十六年（1279）乐舞杂剧砖雕，1979 年发现。

4. 戏曲碑刻

广东省广州市清乾隆二十七年（1762）外江梨园会馆碑，1954 年发现。

江苏省苏州市老郎庙清雍正十二年（1734）戏曲碑刻，1956 年发现。

山西省万荣县太赵村元至元八年（1271）舞厅石，1957 年发现。

山西省万荣县庙前村金天会十五年（1137）后土祠庙貌碑（刻有露台），1963

年发现。

山西省沁县城关关侯庙北宋元丰三年（1080）修建舞楼碑，1972 年发现。

5. 出土古代剧本

广东省揭阳县西寨明嘉靖年间（1522—1566）袁姓墓中《蔡伯喈》戏文抄本，1958 年发现。

上海市嘉定区澄桥明成化年间（1465—1487）宣姓墓中《白兔记》戏文抄本，1967 年出土。

广东省潮安区书图村明宣德七年（1432）墓中《刘希必金钗记》戏文抄本，1975 年出土。

6. 传世祭祀演出抄本

山西省曲沃县任庄村清宣统元年（1909）《扇鼓神谱》抄本，1978 年发现。

这一时期戏曲文物发现甚夥，种类也较前一阶段丰富，发现者主要是考古、文物工作者，他们著文发表，对每一戏曲文物的发现过程、具体情况描述甚详，初步联系戏曲发展历史进行探讨。但因为他们并不专门研究戏剧，因而所述不完全准确。其中有些研究文章由戏剧史专家撰写，如刘念兹《元杂剧演出形式的几点初步看法——明应王殿元代杂剧壁画调查札记》、周贻白《侯马董氏墓中五个砖俑的研究》、赵景深《宣德抄本南戏〈金钗记〉的发现》等，从戏曲发展史角度论说，很有见地。这表明戏曲文物研究开始进入认真探索的阶段。

三、戏曲文物发现与研究的深入期

这一阶段是 20 世纪八九十年代，是戏曲文物发现与研究的深入期。80 年代以后，中国内地进入改革开放时期，随着经济的飞跃发展，文化学术也日臻繁荣。从 1983 年起，在全国范围内开始了大规模的戏曲文物普查工作，因而戏曲文物的发现与研究进入新的历史时期。这一时期发现的戏曲文物有古戏台 650 余座，戏曲雕塑 100 组，计 1 100 多件，戏曲碑刻 270 余通，戏曲绘画 1 000 多幅，舞台题记 200 余条，古代戏曲抄本十余种，其他杂类近 30 组 300 余件，蔚为大观。其中比较重要的戏曲文物有：

1. 戏台

河南省社旗县山陕会馆清嘉庆元年（1796）舞池，1980 年发现。

广东省佛山市祖庙清顺治十五年（1658）基座镂空戏台，1983 年发现。

四川省都江堰市二王庙清康熙四十五年（1706）斜坡戏台，1983 年发现。
山西省翼城县武池村乔泽庙元泰定元年（1324）戏台，1984 年发现。
山西省临汾市王曲村东岳庙元初戏台，1984 年发现。
山西省石楼县张家河村殿山寺元至正七年（1347）重修戏台，1984 年发现。
山西省阳城县下交村成汤庙金大安二年（1210）舞楼遗构，2000 年发现。
山西省沁水县海龙池天齐庙元至正四年（1344）戏台遗址，1988 年发现。
浙江省绍兴市土谷祠清代过街戏台，1988 年发现。
江苏省苏州市全晋会馆清光绪五年（1879）过路戏台，1989 年发现。
陕西省彬县城隍庙明宣德四年（1429）戏台，1989 年发现。
山西省高平市西李门村二仙庙金正隆二年（1157）露台，1991 年发现。
山西省高平市王报村二郎庙金大定二十三年（1183）舞楼，2000 年发现。
山西省高平市下台村炎帝祠金元风格舞亭，2001 年发现。

2. 戏曲雕塑

河南省偃师市宋杂剧演员丁都赛画像砖，1980 年发现。
江西省丰城县元代戏曲瓷枕，1981 年发现。
河南省修武县史平陵村金承安四年（1199）墓大曲演出石刻，1981 年发现。
河南省安阳市蒋村金大定二十六（1186）戏台模型和杂剧砖雕，1982 年发现。
河南省义马市金贞祐四年（1216）杂剧砖雕，1988 年发现。
河南省温县西关北宋末年杂剧、散乐砖雕，1990 年发现。
山西省高平市西李门二仙庙金正隆二年（1157）杂剧乐舞线刻，1991 年发现。
山西省襄汾县贾罕村金墓乐舞砖雕，1991 年发现。
山西省侯马市晋光药厂金大安二年（1210）杂剧砖雕，1995 年发现。
山西省洪洞县舜王庙金乐舞线刻，1999 年发现。

3. 戏曲碑刻

山西省阳城县崦山白龙庙金泰和二年 (1202) 修建舞庭碑，1987 年发现。
河南省孟州市元至元二十四年 (1287) 修戏台碑，1988 年发现。
山西省芮城县元延祐五年（1318）修建舞庭碑，1990 年发现。
山西省宁武县金泰和八年 (1208) 乐舞戏碑，1993 年发现。
山西省沁水县下格碑村元至治二年（1322）修建舞庭碑，1997 年发现。
山西省翼城县武池村乔泽庙修建宋代戏楼碑，2000 年发现。

4. 戏曲绘画

河南省新安县北李村北宋靖康元年（1126）杂剧壁画，1983 年发现。

北京市明人《南中繁会图》，1983 年发现。

江苏省常熟县明人《南都繁会景物图卷》，1983 年发现。

北京市清康熙三十三年（1694）《南巡图》，1983 年发现。

北京市清光绪年间《茶园演剧图》，1983 年发现。

南宋《灯戏图》，1986 年发现。

山西省运城市西里庄元墓戏曲壁画，1986 年发现。

南宋刘松年《婴戏图》，1988 年发现。

辽天庆元年（1111）韩师训墓乐舞壁画，1990 年发现。

南宋《百子杂戏图》，1991 年发现。

河北省宣化市辽大安九年（1093）张匡正墓乐舞壁画，1993 年发现。

山西省平定县姜家沟村宋墓乐舞壁画，1991 年发现。

陕西省宝鸡市凤翔县明正德九年（1514）戏曲版画，1995 年发现。

5. 祭祀礼仪及戏剧剧目抄本

山西省潞城县南舍村明万历二年（1574）《周乐星图》，1985 年发现。

山西省潞城县明清时期迎神赛社祭祀献演乐舞百戏前的前行词及礼节文范，1985 年发现。

山西省长子县东大关村清嘉庆二十三年（1818）《唐乐星图》，1989 年发现。

湖南省桃源县茶驿坪村清末《易公真人戏会簿》，1990 年发现。

上海市清乾隆三十九年（1774）《春台班戏目》，1996 年发现。

河北省涉县明清脸戏演出抄本（17 种），1998 年发现。

这一阶段的戏曲文物发现最多，也最有价值。首先是发现了众多的金元时期供演出的露台、舞亭、乐楼，让我们看到戏曲形成时期演出场所的风貌。其次是发现了更多的戏雕、戏俑以及戏曲绘画，让我们看到金元时代戏曲演出的脚色形象与演出形态。还有一点更为重要，这就是山西、河北等地发现了明清时期各种祀神戏剧演出程序和剧目抄本，引起我们对祭祀民俗活动中原生态戏剧的重视。特别值得注意的是，戏曲文物的发现不仅有各省基层文化工作者参与，而且还有高等院校的戏曲研究工作者有意寻访，因而成绩斐然。

在这一阶段，戏曲文物研究队伍不断扩大，一些学者专注于本领域的探索工作，撰写了众多的戏曲文物研究论文和专著。他们把具象的戏曲文物与历史文献、民俗文化结合起来，探索戏曲发展的历史与规律，以及与社会环境的关系，收获颇丰。其中，影响较大的专著有：

刘念兹《戏曲文物丛考》（北京：中国戏剧出版社 1986 年版），山西师范大学戏曲文物研究所编《宋金元戏曲文物图论》（太原：山西人民出版社 1987 年版），廖奔《宋元戏曲文物与民俗》（北京：文化艺术出版社 1989 年版），杨健民《中州戏曲历史文物考》（北京：文物出版社 1992 年版），周华斌《京都古戏楼》（北京：海洋出版社 1993 年版），黄竹三、王福才、景李虎《山西省曲沃县任庄村〈扇鼓神谱〉调查报告》（中国台北：财团法人施合郑民俗文化基金会"民俗曲艺"丛书，1994 年版），黄竹三《戏曲文物研究散论》（北京：文化艺术出版社 1998 年版），寒声、栗守田、原双喜主编《上党傩文化与祭祀戏剧》（北京：中国戏剧出版社 1999 年版），杨孟衡《上党古赛写卷十四种笺注》（中国台北：财团法人施合郑民俗文化基金会"民俗曲艺"丛书，2000 年版），车文明《20 世纪戏曲文物的发现与曲学研究》（北京：文化艺术出版社 2001 年版），车文明《中国神庙剧场》（北京：文化艺术出版社 2005 年版），冯俊杰主编《太行神庙及赛社演剧研究》（中国台北：财团法人施合郑民俗文化基金会"民俗曲艺"丛书，2000 年版），冯俊杰《戏曲与考古》（北京：文化艺术出版社 2002 年版），冯俊杰、王福才、延保全、车文明、曹飞《山西戏曲碑刻辑考》（北京：中华书局 2002 年版），冯俊杰、王志峰《平遥纱阁戏人》（太原：山西古籍出版社 2005 年版），车文明、王福才、延保全主编《平阳宋金戏曲文物研究》（延吉：延边人民出版社 2005 年版），冯俊杰《山西神庙剧场考》（北京：中华书局 2006 年版），黄竹三、延保全《戏曲文物通论》（中国台北：国家出版社 2008 年版），等等。

研究队伍中出现了专门的群体，如山西师范大学的戏曲文物研究所，从 20 世纪 80 年代开始，他们专注于戏曲文物的调查、考察、搜集、整理与探究，撰写了大量的学术论文和专著。这都表明，戏曲文物研究已进入崭新的阶段，戏曲文物学这一新学科诞生了。

第二章　戏曲孕育期的演艺文物

中国戏曲作为独特的戏剧形式，今天学术界一般认为它形成于宋金时期。在此之前，从先秦到隋唐五代，是构成戏曲的各种艺术因素长足发展并开始融合的时期，也就是戏曲的孕育形成时期；而宋、金以后的元、明、清三代，出现了元杂剧、明清传奇和地方戏相继繁盛的局面，说明戏曲已进入成熟阶段，也就是成熟繁盛时期。目前发现的戏曲文物，自先秦至明清，靡代不有，分属于戏曲的孕育时期、形成时期、成熟繁盛时期。这三个时期的戏曲文物，它们的存在各具不同的历史文化价值。

首先是戏曲孕育时期的文物。从秦汉到隋唐五代，戏曲尚未形成，因而宫廷和民间所表演的技艺主要是乐舞百戏、说唱和假面装扮，它们虽分别演出，但其中有一些相互融合，带有某些人物装扮或简单的故事情节，既蕴含有一些戏剧的成分，但又未成为真正的戏剧，我们似乎可以称之为泛戏剧形态。它们的历史遗存，还不能称之为戏曲文物，准确地说，应称之为演艺文物。这类演艺文物，计发现 70 多种。下面我们分类介绍。

第一节　乐舞百戏类

我国古代的先民，在创造物质文明的同时，也创造了精神文明，歌舞则是最早绽放的艺术之花。相传帝尧时即有《击壤歌》：“吾日出而作，日入而息；凿井而饮，耕田而食。帝力于我何有哉！”① 歌唱先民的生产和生活。《尚书·虞书·舜典》中“予击石拊石，百兽率舞”②，《吕氏春秋·古乐》中“帝尧立，乃命质为乐。质乃效山林溪谷之音以歌，乃以麋鞈置缶而鼓之，乃拊石击石，以象上帝玉磬之音，以致舞百兽”③，记载的都是先民以乐舞的形式表现狩猎和劳

①《通志》卷二，杭州：浙江古籍出版社 1988 年版，第 36 页。
②《十三经注疏》上册，北京：中华书局 1980 年版，第 131 页。
③《诸子集成》第八册，长沙：岳麓书社 1996 年版，第 59 页。

动的情景。周代，各地歌舞活动繁盛。《左传·襄公二十九年》记载吴公子季札称赞晋国魏地的歌谣："美哉，沨沨乎！大而婉，险而易行，以德辅此，则明主也。"[1] 春秋时晋国乐师师旷善辨音，精音律，"援琴而鼓"，可招玄鹤"延颈而鸣，舒翼而舞"。[2] 汉代乐舞更是发达，汉武帝于汾阴脽上立后土祠，用乐舞祭祀。南北朝时，鲜卑族建立北魏政权，带来了西北少数民族的音乐，与汉族音乐融合，更促进了乐舞的发展。

歌舞分抒情性歌舞和叙事性歌舞，其中叙事性歌舞与戏剧关系更密切。早在先秦时期，即有《大武》之舞，其舞蹈动作具有象征意义，表现了一定的叙事倾向。到了汉代，叙事性歌舞得到发展，汉乐府《相和歌辞》中部分歌舞即属此类。据《宋书·乐志三》记载："相和，汉旧歌也。丝竹更相和，执节者歌。"[3]其演出为一人弹弦，一人吹竹，一人执节而歌。所歌有简单故事情节，如《箜篌引》，《乐府诗集》只记载其四句歌词："公无渡河，公竟渡河，渡河而死，当奈公何？"那是因为诗集只收歌词而删去这个节目表演部分的结果，原来演出应当是有故事情节的。晋人崔豹《古今注》就记载《箜篌引》的表演："白发狂夫提壶渡河，失足而死，其妻追之不及，伤心而歌。"[4] 证明其演出除歌唱外，还有伴奏、表演、说白，已具有一定的戏剧因素。

到晋代，有的歌舞已包含装扮人物，如《宋书》和《隋书》中记载的《公莫舞》和《礼毕》。《公莫舞》相传是表演鸿门宴的故事。《宋书·乐志》载：

> 《公莫舞》，今之巾舞也。相传云项庄剑舞，项伯以袖隔之，使不得害汉高祖。且语庄云："公莫。"古人相呼曰"公"，云莫害汉王也。今之用巾，盖象项伯衣袖之遗式。[5]

《礼毕》又称《文康乐》，是扮演东晋大臣庾亮的歌舞。《隋书·音乐志》载：

> 《礼毕》者，本出自晋太尉庾亮家。亮卒，其伎追思亮，因假为其面，

---

①《批注春秋左传句解》下册，上海：广益书局中华民国三十七年（1948）年版。第 31 页。
②《史记·乐书第二》第十二册，上海：中华书局，据乾隆四年（1739）殿版校刊本，第 32 页。
③《宋书》，北京：中华书局点校本 1974 年版，第 603 页。
④ 余冠英：《乐府诗选》，北京：人民文学出版社 1953 年版，第 8 页。
⑤《宋书》，北京：中华书局点校本 1974 年版，第 551 页。

执翳以舞，象其容，取其谥以号之，谓之为《文康乐》。[①]

隋代也有类似的表演，它们多饰为妇人而歌舞。《隋书·音乐志》记：

于（洛阳）端门外，建国门内，绵亘八里，列为戏场……伎人皆衣锦绣缯彩。其歌舞者，多为妇人服。[②]

这类装扮妇人的歌舞，源于三国时的“辽东妖妇”和南北朝时的“作女儿子”表演。它们最初只装扮人物，后来才融入故事，逐渐衍变成歌舞戏。例如唐代的《踏谣娘》歌舞中融入故事，已然是雏形的戏剧了：

丈夫着妇人衣，徐行入场。行歌，每一叠，旁人齐声和之云：“踏谣和来，踏谣娘苦和来！”以其且步且歌，故谓之“踏谣”；以其称冤，故言苦。及其夫至，则作殴斗之状。[③]

这一类乐舞，其遗留便成为戏曲孕育时期的演艺文物，20 世纪多有发现，其中比较重要的有：

内蒙古自治区阴山岩刻。这是在大量古代岩画中最早发现的一处含有宗教乐舞内容的岩刻。它由瑞典考古学家贝格曼于 1927 年底在内蒙古阴山西段的狼山脚下发现。20 世纪 70 年代，盖山林在这里发现了更多的岩刻。阴山岩刻是我国北方游牧民族在数千年的漫长岁月中，以石器、金属为工具，在阴山崖壁上凿刻出来的原始艺术瑰宝，它被雕凿在露天的石壁、山崖和磐石上，虽历经千百年风雨剥蚀，但仍有一部分清晰可辨。岩刻的题材非常广泛，包括远古时代初民生活的各个方面，诸如种类繁多的动物和家畜，狩猎与放牧的场景，部落间的战争，充满日月星辰的神秘天体，规模宏大的神像壁画，怪异的拟兽舞蹈，以及各种记事符号等。其中有相当一部分是模拟鸟兽的原始舞蹈形象。例如凿刻在磴口县西北托林沟北山后石面上的四个舞人均带有长长的尾饰，相互拉手，成“一”字形

①《隋书》，北京：中华书局点校本 1973 年版，第 380 页。

②《隋书》，北京：中华书局点校本 1973 年版，第 381 页。

③（唐）崔令钦：《教坊记》，参见《中国古典戏曲论著集成》第一册，北京：中国戏剧出版社 1959 年版，第 18 页。

图1 宁夏贺兰山人面像岩刻（拓本）

图2 甘肃嘉峪关黑山祭祀乐舞岩刻

排列，手牵长尾，翩翩起舞。左侧不远处，还有一人扮鸟人形，张臂作飞翔状，正向他们走来。

宁夏回族自治区贺兰山岩刻（图1）。这是由李祥石于1969年在贺兰山口发现，20世纪80年代初公布的。其特点是雕凿有多种多样的人面像，几乎占全部岩刻的三分之二。所刻形象采用极其夸张的表现手法，面目怪异，各具特点。与上古驱傩活动中的傩面相类，又与后世的戏曲脸谱相似。这些图像应是先民们图腾崇拜的产物。在其他岩刻中除了人面像之外，还有描写狩猎、舞蹈、祈祷等的场景。

甘肃省嘉峪关市黑山岩刻（图2）。发现于1972年。1978年由甘肃省博物馆、嘉峪关市文教局、嘉峪关市文管所与当地驻军联合组成调查队，再次对黑山岩刻进行全面考察，前后共发现100多处。岩刻均裸露于黑山诸山沟两侧的崖壁上。图像通常雕凿在黑色发亮的岩面上，石质坚硬，表面光滑。图像雕凿技法不很复杂，以浅凿点组成，凿刻不深，刻痕多呈褐色。其中的一幅《祭祀乐舞图》再现了西北游牧民族祭祀与舞蹈的场面，创作的意图是祈求狩猎成功和畜牧兴旺。[①]图中分上中下三层，共29个人物，均头戴雉翎，腰系短裙。上一层一列七人，双腿分开，五人双手叉腰；二人一手叉腰，一手上举，均作踢踏状。队前有三人，中一人略大，头饰雉尾很长，双手叉腰，身体后倾，似为领舞。中一层九人一排，队前一人手

① 嘉峪关市文物清理小组：《甘肃地区古代游牧民族的岩画——黑山石刻画像初步调查》，《文物》，1972年第12期。甘肃省博物馆：《甘肃嘉峪关黑山古代岩画》，《考古》，1990年第4期。

执弓箭，后八人均一手叉腰，一手前伸。队前一人作马步状。下一层九人，中间六人，左手叉腰，右手前指；后面一人，双手叉腰；前面二人，亦似作领舞。总体看起来，场面宏大，队列阵势威武壮观。

新疆维吾尔自治区呼图壁岩刻（图 3、4）。该岩刻发现于 1983 年，位于呼图壁县西南天山深处的雀儿沟康家石门子。① 雕刻着巨幅岩刻的崖壁呈赭红色，岩刻画面东西长 14 米，上下高 9 米，总面积达 120 多平方米。整个岩面布满了大小不等、身姿各异、充满律动的人物形象。画面最上方是两列体形巨大的裸体女性舞蹈者，她们头戴饰物，细腰肥臀，两臂上下翻腾，腰肢扭动，双脚蹬踏，表现出女性的轻松与欢悦。其前部是密密匝匝的大片人群，男性的双臂或上下翻腾，或双手上举，也有的双手或单手握着硕大的生殖器。在表示男女交媾的画面中，男女人像平卧并列，表现出男女性爱的欢悦，另有数十个小人，表达出性爱对于生命繁衍、氏族昌盛的重要。大片人群的左下部仍然刻有两列与最上方无论是人数还是舞姿均相同的裸体女性舞蹈者，明显是两个舞队围绕着中间的交媾仪式进行表演。右下部前方的男性，生殖器画得特别大，并直指后面舞动中的女性的阴部。最下部则干脆表现一男一女在站立中交媾。这是典型的古老生殖崇拜仪式的再现，表达了先民对于异性的追求和子嗣繁衍的期盼和祝愿，其中有部分岩刻可视为舞蹈场面。

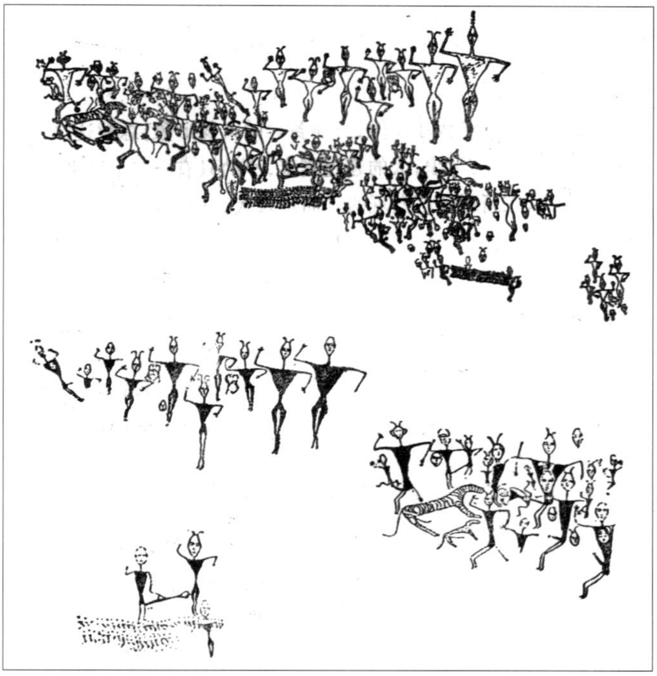

图 3 新疆呼图壁大型仪式舞蹈图（摹本）

青海省大通县上孙家寨墓葬中上古舞蹈纹彩陶盆（图 5），1973 年发现。该盆盆口内壁绘有相同的三组舞蹈，每组为手拉手之五人队列，面向一致，头侧及

① 王炳华：《雕凿在岩壁上的史页——新疆呼图壁县原始宗教舞蹈画面研究》，又《研究原始舞蹈的珍贵刻石》，《新疆艺术》，1983 年第 4 期。

图 4　新疆呼图壁大型仪式舞蹈图岩刻

图 5　青海大通县上孙家寨墓葬中上古舞蹈纹彩陶盆

臀部各画一斜道，摆向划一，当为发辫及尾饰。每组外侧两人的外臂画为两道，为五指张开的夸张形，或者表现两臂舞蹈动作的频繁。人物绘有尾饰，说明这是以狩猎为主的氏族成员在乐舞或祭祀活动中把自己打扮成狩猎的对象，如《尚书·益稷》所述的“击石拊石，百兽率舞”。这是研究我国原始艺术的珍贵资料。[①]

浙江省绍兴市坡塘战国时期墓葬中铜屋乐俑，1981 年发现。该铜屋模型在墓中南向壁龛中，屋内有六伎乐俑，跪式，分前后两排。前排东一人西向，右手执槌，左手前伸张指，前置鼓架，上悬一鼓，为正在按节击鼓之鼓师；中、西二人南向，双手交置于小腹，正在坐唱。后排三人均南向，一人双手捧笙，作吹奏状；一人膝上置长形四弦琴，左手抚弦，右手执琴拨；一人于身前置四弦琴（琴首立圆形小柱，尾部翘起），右肘依琴尾，拇指微曲作弹拨状，左手五指张开，正以小指抚琴。六人中，前排西、中二人有乳突，当为女伎，其余四人为乐师。这组铜屋

① 青海省文物管理处考古队：《青海大通县上孙家寨出土的舞蹈纹彩陶盆》，《文物》，1978 年第 1 期。

乐俑的发现，有助于了解战国时期室内乐舞演出的情况。

云南省晋宁县石寨山战国至西汉时期墓葬群中乐舞铜人，20 世纪 50 年代发现。乐舞铜人出土于 13 号墓中，为鎏金铜饰，上铸巫师八人，分坐上下两排：上排四人举手作祷告状，下排四人分别吹笙、吹笛和拍鼓等。另外在 17 号墓中出土铜舞伎四人，皆以长飘带束髻，带之两端垂于身后，身披有尾兽皮，手上戴四节圆镯，腰系带，腹前挂一圆形饰物。一人吹笙，三人拍手跳舞，脚下有环。这两组文物反映了巫师在古代社会的作用和少数民族乐舞演出的场景。①

湖南省长沙市马王堆汉墓乐俑，20 世纪 70 年代发现。在马王堆 1 号墓中，出土木俑 260 多件，有着衣、彩绘两类。着衣俑分歌舞俑、侍女俑两种。彩绘俑分立俑、跽坐俑两种。其中乐俑五件，皆男性，戴冠，穿右衽直裾青衣，前三人膝前置瑟，后二人吹竽，组成一个合奏场面。竽为 22 管，分前后两排；瑟弦粗细不一，由低到高，按五声音阶定位。此外，3 号墓中也出土瑟、竽、箫等乐器，皆保存完好。这些乐俑和乐器的发现，对研究汉初音乐演奏和乐器制作有一定的价值。②

山东省济南市无影山汉墓乐舞杂技俑（图 6），1969 年发现。该地出土汉墓 14 座，其中 11 号墓出土一组乐舞及杂技陶俑。这组陶俑置于长 0.67 米、宽 0.475 米的底盘上，共 21 件，分表演俑和观众俑两类。表演俑又分杂技、舞蹈、奏乐、主持四种。盘右前部为四个筋斗杂技俑，均为男性，缚袴褶，束带，其中三人两手后翻着地，双脚上翘翻起，依“品”字形排列；另一人作准备状。舞蹈俑为一女性，穿花布窄袖长衣，双臂曳袖，正翩翩起舞。其旁一男俑双手抱拳，面向左侧观众，当为主持者。乐俑位于底盘后侧，自左至右依次为：二吹笙者，一弹筝者，一击小鼓者，一击编钟者（编钟有门式架框，高与人齐），二击建鼓者。诸乐俑唯击编钟者站立，余皆跽坐。盘上右前侧另有一俑，穿窄袖长衫，束白带，双手外张，面露滑稽笑容，似为表演者。观众俑于盘之左右两侧排列，左四右三，均戴冕冠，穿长衫，双手拱于胸前。这组陶俑展现了汉代民间技艺的演出场面，有舞蹈、乐奏、杂技，百戏杂陈，各种艺术共同演出。③

河南省洛阳市烧沟汉墓乐舞陶俑，1965 年发现。该墓出土陶制乐舞俑一套六

---

① 冯白骥：《云南晋宁出土铜鼓研究》，《文物》，1974 年第 1 期。

② 湖南省博物馆、中国科学院考古研究所：《长沙马王堆二、三号汉墓发掘简报》，《文物》，1974 年第 7 期。

③ 济南市博物馆：《试谈济南无影山出土的西汉乐舞、杂技、宴饮陶俑》，《文物》，1972 年第 5 期。

图6 山东济南无影山汉墓乐舞杂技俑

件，置于墓内前室东南角。其中舞俑二，乐俑四。舞俑为一男一女，面对后室墓主，翩翩起舞。女舞俑高 0.15 米，头梳三发髻，着长袖襦衣，长筒裤，腰系短裙，身向前倾，左手前举，右手反旋身后，衣袖飘绕，左腿作弓步，脚踏拊鼓，右腿直伸于后，作旋转舞姿，所表演的当为汉代盛行的踏拊舞。男舞俑高 0.16 米，戴冠，上身赤裸，下穿喇叭形长裤，双手外张，向上曲举，右腿踏地，左腿上抬，作拍手踏足的舞蹈动作。四乐俑跽坐舞俑身后，戴冠，着右衽长袍，手执乐器作演奏状。其中二俑执排箫，一俑捧鸟形乐器吹奏，另一俑所执乐器难以判断。①

河南省唐河县电厂汉墓乐舞百戏画像石，1982 年发现。该墓时代可断为西汉末至新莽时期，墓内共有画像石 27 块，其中乐舞百戏画像石两块。一为伎乐图，高 0.44 米，宽 1.42 米。中绘四乐伎，皆戴尖顶小帽，着束腰宽袖长袍，席地跽坐奏乐：右一人吹埙，左三人分别摇鼗、吹排箫。另一画像石为乐舞百戏图，高 0.45 米，宽 1.37 米。图中左侧二人，一人拍手作节，一人击鞞鼓。右侧三人，一人轻舒长袖，迈步作踏鼓舞；一人右向跽坐，手抛三丸；一人双手在樽上倒立，两腿作 90 度弯曲状，当为杂技俑。该画像石现藏河南省南阳市汉画馆。②

河南省济源市泗涧沟汉墓乐舞杂技陶俑，1969 年发现。此墓年代大致为西汉

① 洛阳市文物工作队：《洛阳烧沟西 14 号汉墓发掘简报》，《文物》，1983 年第 4 期。
② 《南阳汉画像石》编委会：《唐河电厂汉画石墓》，《中原文物》，1982 年第 1 期。

末至新莽时期。墓中出土乐舞杂技俑八件，作三角形排列。杂技俑一人，居中，形体硕大，赤臂，有发辫垂于脑后，面涂粉彩，胡须直伸，突起的腹部有一圆孔，双足分立，张口招手作表演状。两侧二舞俑着红色长衫，仰面作伴舞状。杂技俑身后，并列跽坐四奏乐俑，均头梳顶髻，面涂粉彩，着红色长衫。由右向左，第一人双手外张，作鼓掌状；第二、三人吹排箫；第四人双手手指纳入口中作吹口哨状。指挥俑位于乐俑之后，脸、手、足皆涂粉彩，头戴圆顶冠，耳悬圆形饰物，穿绿色长衫、红裤，双手前伸作指挥状。该地另一汉墓亦出土乐舞杂技俑五件。一为杂技俑，居中，作左向侧身倒立状；两侧有二舞俑；二乐俑跽坐舞俑后，双手击掌作节。两组乐舞杂技俑现藏河南省博物馆。①

河南省南阳市王寨村东汉墓乐舞百戏画像石，1982 年发现。该墓内有乐舞百戏画像石两幅。一为乐舞百戏图，高 0.42 米，宽 1.5 米。画面右方挂有镈钟，两旁各一人执梃撞钟；另一人为俳优，头戴有尾饰的尖顶冠，两手叉腰作滑稽表演；中一人在樽上单臂倒立，另一臂托物。画面左方绘三人：一人表演吐火，一人左手摇鼗、右手跳弄十二丸，第三人跽坐，手中执物，未能辨认。另一幅画像石为乐舞图，高 0.4 米，宽 1.5 米。左面绘鼓舞，中绘一大建鼓，上有羽葆，鼓旁二人侧身作击鼓状。右面绘三乐伎：一人右手横置胸前，左手举于耳旁，作歌唱状；一人吹埙；一人边摇鼗鼓，边吹排箫。画面中央绘一女伎，轻舒长袖，翩然起舞。此画像石现藏河南省南阳市汉画馆。②

四川省郫县竹瓦铺东汉墓石棺乐舞杂技画像石（图 7），1972 年发现。该石棺用青石凿成，棺身四周均浅雕画像，乐舞杂技图刻于石棺一侧。画面左上方绘二乐伎，一人抚琴，一人端坐，席前置碗、鼎等餐具。画面下方绘二细腰舞伎：一人双足踏二鼓，身略弯曲后转，右手捻袖平伸身后，左手拖袖曲举近头，头随手回顾，依律而动；另一人右向，双足并拢，腿略弯曲，伸手张袖，踏节而舞。此为汉代盛行的踏拊舞表演场面。画面右上方绘二杂技人，一人坐于地上，头后仰，口含一竿，竿端有一盘形物，当为顶竿表演；另一人在九层叠案上，双手据案，上身向后，下身前曲，作倒立状。此画像石现藏四川省郫县文化馆。③

江苏省邳州市青龙山东汉缪宇墓乐舞百戏画像石，1982 年发现。该墓前室南

---

① 河南省博物馆：《济源泗涧沟三座汉墓的发掘》，《文物》，1973 年第 2 期。

② 南阳市博物馆：《南阳县王寨汉画像石墓》，《中原文物》，1982 年第 1 期。

③ 高文：《四川汉画像石初探》，《四川文物》，1985 年第 4 期。

图 7 四川郫县竹瓦铺东汉墓石棺乐舞杂技画像石

壁为一长石，高 0.52 米，长 2 米，以横线相隔为上下两部分。下部左面为乐舞百戏图：图左绘杂技表演，一人跽坐，前面一人以五丸相抛；图右为鼓舞表演，大建鼓居中，下有虎形基座，鼓上贯以长竿，上有两层方形幢，并有两条带节系缨羽葆，竿顶饰一鹭鸟。建鼓左右两乐伎执桴伐鼓，鼓之右侧二人相向投手倒立，另有六乐伎分两排跽坐，其中三人吹排箫。此画像石可供我们了解汉代建鼓的标准样式及乐舞百戏演出情况。[①]

四川省彭州市白祥村东汉墓乐舞百戏画像砖（图 8），1955 年发现。墓内出土画像砖六块，其中乐舞百戏画像砖一块，砖长 0.48 米，宽 0.28 米。砖上左面刻绘一杂技伎，倒立于相叠 12 层的案上，身躯呈弧形。砖的右面刻绘一跳丸伎，正抛弄数丸。砖的中间刻绘一盘舞伎，头梳双髻，手持长巾，踏鼓而舞；脚旁放置大盘，两两相对，分为三组，中间用两鼓隔开。画像砖所刻绘的艺人在叠案上作杂技表演，与四川郫县乐舞画像石所刻绘的相似，只是叠案数目不同。画面中的盘舞，与山东省沂南县北寨村东汉墓中画像石所绘相类，唯舞者性别有异。盘、鼓的数目不一，沂南画像石为七盘一鼓，此画

图 8 四川彭州市白祥村东汉墓乐舞百戏画像砖

① 南京博物院、郫县文化馆：《东汉彭城相缪宇墓》，《文物》，1984 年第 8 期。

像砖为六盘二鼓，而河南省南阳市东汉许阿瞿墓画像石则为五盘一鼓，可见盘的数量可随舞者的技术与舞蹈方式而增减，可能七盘是最普通或最高的数目。鼓之多少亦非定数，它只是在盘舞中起踏鼓为节的作用。此画像砖对研究东汉舞蹈有相当重要的价值，现藏四川省博物馆。①

内蒙古自治区和林格尔县红河北岸东汉墓乐舞百戏壁画（图 9），1971 年发现。壁画绘于墓中室北壁右角下，高 0.8 米，宽 1.1 米。画面右侧为乐队演奏图：上下共九人，七人皆戴红幨帻，着红衣；另一人戴冠，亦红衣；其后一人因色彩脱落，难以识认。所持乐器为箫、排箫、埙及打击乐器等。画面中央为百戏演出图：偏左有一红莲黄幢双色大建鼓，建鼓中有立柱，立柱下有双头兽形座，立柱上有伞形体盖，体盖上又有花形小幢顶，为一黑色圆球。建鼓两侧有两个戴冠、红衣白裤的乐伎，正在执桴奋击。建鼓四周，百戏伎人分别在叠案上倒立，其他伎人作顶竿、竿上翻飞、舞轮、飞剑、角抵、弄丸、反手倒立等技艺，各显其能。画面左上方为饮酒作乐的观赏者。这幅壁画反映了当时内蒙古地区普遍有乐舞百戏演出。②

图 9 内蒙古和林格尔东汉墓乐舞百戏壁画

山东省安丘市董家庄东汉墓乐舞百戏画像石，1959 年发现。画像石嵌于墓中室室顶北坡西部。画面所刻绘，自右至左依次为：六人左向席地而坐，似为乐伎；正在作飞剑跳丸表演，三剑腾空飞舞，11 个圆球轮回从手中和足下抛出；五人作顶竿表演，一人左向，双手紧握十字形长竿，两腿略弯，作支撑状，两人顺竿上爬，四人倒悬于横竿之上，其中居两端者单足倒挂，居中者则用双足倒挂。又有三人翻身倒立于横竿与竿顶之上。竿戏下方，有一骑奔驰，骑者头戴斜顶冠，后跟二侍从，皆一手执管，一手投殳。竿戏左上方为二人对舞，两侧有五人伴奏。舞伎

① 刘志远：《四川汉代画像砖反映的社会生活》,《文物》，1975 年第 4 期。

② 内蒙古文物工作队、内蒙古博物馆：《和林格尔发现一座重要的东汉壁画墓》，《文物》，1974 年第 1 期。

下方有六人玩“六博”，其右有二人跪地，前者姿势与博戏者同；其左亦有三人，一为羽人，两臂上举，手中持球，另二人面对羽人，一立一跪，作观看状。①

河南省邓州市学庄南朝墓横吹画像砖（图 10、11），1957 年发现。画像砖共两块，均长 0.38 米，宽 0.183 米。一块位于墓室东壁第二柱，刻绘乐伎四人，戴黑色荷帽，着裤褶，缚袴，前二人横吹胡角，角口系红绿两色彩幡，随风后扬。后二人腰后侧挂扁鼓，右手执桴敲击，左手执鼗鼓振摇。另一块刻绘乐伎五人，前一人吹横笛，第二人吹排箫，第三、第四人吹胡角，胡角横弯转向身体右下侧，角头饰以飘带，第五人吹筚篥。这两组徒步横吹图所绘乐器不尽相同，前一组吹奏乐与打击乐并存，后一组纯为吹奏乐，为南朝后期所盛行，显示了横吹乐的发展趋势。这两块画像砖展示了南北朝时期乐舞流动性演出的场景。②

山西省大同市云冈北魏乐舞伎石雕。云冈石窟建于北魏孝文帝迁都洛阳（493）之前，其中有大量乐舞伎造像和雕刻。如第 10 窟前窟北壁洞式龛内（计四排，每排三龛），雕有乐伎多人，皆跽坐，戴莲花冠，上身近裸，下身掩袍，所持乐器分别为腰鼓、筚篥、排箫、鼗鼓、横笛、琵琶、阮咸等。第 38 窟窟顶为方格棋式藻井，方格内刻绘乐舞飞天，乐伎所执乐器为横笛、胡笳、鼓、排箫、笙、筝、琵琶、竖箜篌等。方格外刻绘舞蹈飞天，形象生动，身段飘逸，

图 10　河南邓州市学庄南朝墓横吹画像砖之一

图 11　河南邓州市学庄南朝墓横吹画像砖之二

① 山东省博物馆：《山东安丘汉画像石墓发掘简报》，《文物》，1964 年第 4 期。

② 易水：《汉魏六朝的军乐——“鼓吹”和“横吹”》，《文物》，1981 年第 1 期。

彩带飞舞。其中吹横笛骑象乐伎及背鼓击鼓乐伎为世所罕见。①

河北省磁县东魏茹茹公主墓乐舞俑。茹茹公主为东魏时北方茹茹族谙罗辰可汗之女，嫁东魏丞相高欢第九子高湛，卒于武定八年（550），墓在河北省磁县大冢营村北。墓内随葬品丰富，其中乐舞俑41件，分骑马乐俑、乐伎站俑、舞女俑三类。骑马乐俑29件，均高0.27米，戴风帽，穿开领广袖衫，右手下垂，左手上举及肩，似作致敬状。马体施红彩。乐伎站俑七件，均高0.22米，戴风帽，着大口裤褶，双手置腰际，状似拍手伴唱。舞女俑五件，高0.185米至0.23米不等，绾高髻，着右衽衫，窄袖口，饰以斜线纹，长裙及地，腰际系带。右手置腰间，左手提裙作起舞状。另有击鼓俑23件，均高0.23米，戴风帽，穿圆领窄袖衫，外罩套衣，着裤褶，腹前置扁鼓，双手执鼓槌作敲击状。这些乐舞俑种类和数量众多，对研究当时北方乐舞规制有一定价值。②

图12 河南安阳市北齐范粹墓扁壶乐舞图

河南省安阳市北齐范粹墓扁壶乐舞图（图12），1975年发现。范粹为北齐骠骑大将军，其墓在河南安阳洪河屯村，出土黄釉瓷扁壶四件。壶形如袋，敞口短颈，壶身两侧皆模印乐舞图。图中绘五人，舞者在中，戴番帽，穿翻领窄袖长衫，袒胸，束带，着长筒靴，右臂高抬，勾手如月，左臂下垂后撇，作腾舞状。左右二人分别持乐器伴舞，乐器为琵琶、铜钹、胡笛等。图中人物皆深目高鼻，穿胡服，戴胡帽，说明南北朝时期西域乐舞已传入中原，胡、汉乐舞在汉民族地区同时演出并相互融合。③

安徽省亳州市隋墓乐舞俑。该墓出土乐舞俑五件，皆扎巾束发，穿窄袖右衽襦裙。左侧二人为舞女，前者右臂下垂，左臂已残，面露笑容，神情娴雅；右者披发，双手前提，掌向下，作舞蹈状。右侧二人跽坐，双手合置于腿腹之间，似为待舞

① 云冈古迹保养所：《云冈新发现的一块北魏石刻》，《文物》，1957年第9期。
② 磁县文化馆：《河北磁县东魏茹茹公主墓发掘简报》，《文物》，1984年第4期。
③ 李知宴：《谈范粹墓出土的瓷器》，《考古》，1972年第5期。

图 13 陕西三原县焦村唐李寿墓乐舞线刻一

图 14 陕西三原县焦村唐李寿墓乐舞线刻二

者或伴唱者。这五件乐舞俑组成一个表演场面，反映了隋代乐舞演出景况。①

陕西省三原县焦村唐李寿墓乐舞线刻，1973 年发现。乐舞线刻分为舞伎图、坐部伎图和立部伎图三部分。舞伎图位于椁内西北侧，舞女六人，分上、中、下三列，梳双环髻，穿窄长袖内衣，套方领宽袖襦，长裙曳地，两两相对起舞。坐部伎图（图 13）位于椁内北壁，计有女乐 12 人，均梳低螺髻，穿窄袖上衣，束长裙，跪坐，分上、中、下三排，每排四人，所执乐器从左至右依次为上排竖琴、箜篌、曲颈琵琶、筝；中排笙、横笛、排箫、筚篥；下排铜钹、答腊鼓、腰鼓、贝。三排乐器按其性质分属弦乐、管乐和打击乐。立部伎图（图 14）位于椁内东壁南侧，亦有 12 名女乐，穿着与坐部伎相似，乐器顺序为：上排笙、排箫、竖笛、铜钹；中排横笛、筚篥、琴、大筝；下排琵琶、曲颈琵琶、琵琶、竖箜篌。这三幅线刻对研究初唐乐器配置和二部伎的历史演变有重要参考价值。②

陕西省礼泉县马寨村唐郑仁泰墓乐舞俑，20 世纪 70 年代初发现。该墓出土三组乐舞俑，计 54 件。第一组为彩绘乐舞女俑，共 16 件，其中舞俑两件，高 27 厘米，梳双髻，脸涂粉，穿窄袖白衫，套红短襦，长裙曳地，身向右倾，挥袖而舞；跽坐女乐俑 14 件，高 0.08 米，梳单螺髻或双螺髻，穿窄袖长衫，套或白或红短襦，束裙，所执乐器可认者有鼓、长笛等。其中亦有双手置膝前而未执乐器者，似为伴唱或待舞者，与安徽亳州市隋墓乐舞俑之跽坐者相类。第二组为骑马

① 安徽亳县博物馆：《安徽亳县隋墓》，《考古》，1971 年第 1 期。

② 陕西省博物馆、文管会：《唐李寿墓发掘简报》，《文物》，1974 年第 9 期。

乐俑，计 31 件，俑高 0.3 米，戴笼冠，穿宽袖红袍，骑黄马，所持乐器有排箫、筚篥。也有未持乐器者，举手作吹奏状。第三组为骑马乐俑，共七件，均高 0.4 米，戴红风帽，穿窄袖红长袍，所持乐器与第二组大致相同。郑仁泰在唐代官居武职正三品，勋比二品，曾使持节都督凉、甘、肃、伊、瓜、沙等六州诸军事，卒于龙朔三年（663），先葬凉州，后陪葬昭陵。墓内乐舞俑当为其生前所用鼓吹仪仗之模拟，为研究唐代乐舞提供了珍贵资料。①

陕西省西安市经五路唐苏思勖墓乐舞壁画（图 15），1952 年发现。该墓东壁有一组乐舞壁画，彩绘乐舞伎 12 人，皆男性。左侧一黄毯上有乐伎六人，戴黑色垂脚幞头，穿圆领窄袖长袍，束带。其中跪者三人，分别持钹、竽、琵琶；立者二人，执拍板、横笛；后立一人，右手叉于腰间，左手伸向前方，张口作歌唱状。右侧黄毯上亦有乐伎五人，穿着同上。其中跪者三人，分执竖箜篌、挡筝、筚篥；立者一人，持排箫；后立一歌唱者，姿态与左侧歌唱者相同。中间黄绿相间的地毯上立一舞伎，戴尖顶胡帽，穿圆领宽袖长袍，束带，着黄色软底靴，深目高鼻，为胡人形象。其姿态为右臂高抬，左手曲置髋部，左脚着地，右脚提起，侧身扭项，俯视地面。此画描绘的是以胡人舞蹈与汉族音乐结合的胡部新声，反映了唐代乐舞的多民族特点。②

甘肃省敦煌市莫高窟唐张义潮夫妇出行图。此窟发现两幅有关乐舞的壁画，位于 156 窟南、东、北三壁的下部，高 1.2 米，长 16.4 米。第一幅为《张义潮出行图》，起自南壁西端，止于东壁南端。张义潮为唐代沙州人，宣宗大中初年为

图 15 陕西西安唐苏思勖墓乐舞壁画

① 周伟州：《从郑仁泰墓出土的舞俑谈唐代音乐和礼仪制度》，《文物》，1980 年第 1 期。

② 陕西考古所唐墓工作组：《西安东郊唐苏思勖墓清理简报》，《考古》，1960 年第 1 期。

沙州节度使兼观察使，卒于懿宗咸通十三年（872），此画描绘其生前生活情景。画面依次为鼓乐仪仗，八骑二排，每排二骑吹画角，二骑击鼓，面朝队后主帅方向奏乐；掌旗及持戟卫士，十骑二排；营伎位于阵中，十人横排，除击鼓者外，均戴幞头，穿窄袖长衫，束带。所持乐器为大鼓、琵琶、箜篌、箫、笛、腰鼓、钹等。舞伎八人二列，分着汉装及胡服，相对而舞。执戟仪仗及持刀卫士，二排六骑。最后是张义潮，骑白马，戴幞头，穿赭袍，作扬鞭过桥状。桥上方榜题“河西节度使检校司空兼御史大夫张义潮统军□除吐蕃收复河西一道（出）行图”。身后有奴婢侍从、侍卫、辎重队及追猎骑队。第二幅为《宋国夫人出行图》，起自北壁西端，止于东壁北端。起处为散乐及戴竿人物：乐伎四人，分别持横笛、拍板、大鼓、腰鼓；戴竿者头顶长竿，竿上四小儿正作表演。其后为乐舞伎：乐伎七人，所持乐器为竖笛、琵琶、腰鼓等；舞伎四人，排成方阵翩翩起舞，上题“音乐”二字。其后为宋国夫人，饰花钿，大袖裙衫，骑白马，随从捧奁、持镜、抱琴、执扇相随，榜题“宋国河西郡夫人宋氏出行图”。其后为追猎骑士及驮酒瓮骆驼。以上两壁画形象地展现了唐代鼓乐仪仗、乐舞、散乐、百戏的演出场面。①

山西省平顺县实会村大云院五代乐舞壁画及石雕，20 世纪 80 年代发现。大云院为五代后晋天福三年（938）始建，乐舞壁画绘于该院佛殿扇形墙背后。乐舞伎八人，宫装，高髻，穿宽袖对襟襦裙，腰系丝带曳地。其中舞伎二人，腰肢柔软，动作婀娜；伴歌一人，作拍手歌唱状；伴奏五人，所执乐器为腰鼓、横笛、拍板、钹等。壁画所绘歌舞与乐奏无固定位置排列，显示出五代时乐舞已逐渐打破唐代的严格规制，更富生活气息。大云院寺外石塔建于五代后周显德元年（954），其第二层八个壶形龛内刻有乐舞石雕，每龛雕乐舞伎二三人不等。舞伎穿窄袖襦裙，腰际饰旋转形花纹，裙摆飘逸，舞姿婀娜。乐伎所持乐器分别为筚篥、横笛、琵琶、方响、洞箫等。其中一组所雕二人，右侧一人手持方形打击乐器（状似木鱼），以短棒敲击；左侧一人双手曲拳作说唱状，这是八组石雕中最值得注意的。②

南唐顾闳中绢画《韩熙载夜宴图》。该绢画高 0.287 米，长 3.355 米，分“观舞”“听乐”“歇息”“清吹”“散宴”五部分。“观舞”部分（图 16），绘舞

① 暨远志：《〈张义潮出行图〉研究——兼论唐代节度使旌节制度》，《敦煌研究》，1991 年第 3 期。

② 杨烈：《山西平顺古建筑勘察记》，《文物》，1962 年第 2 期。

伎一人，梳高髻，穿窄袖襦裙，外套浅蓝色长衣，束带，背向，双手弯曲向后，右脚抬起，扭头面向右侧拍板男子，正表演舞蹈《六么》；其左侧为一伴歌女子，穿着与舞伎相似，作拍手伴唱状。“听乐”部分，画面左侧为一乐伎，高髻，穿窄袖衫，套短襦，系长裙，腰系丝带曳地，坐墩上抱琵琶弹奏。“清吹”部分，画面左侧为乐伎，一男子坐执拍板，五女子梳高髻，着彩色襦裙，分别执横笛、筚篥演奏，姿态各异。此画形象地展现了五代时贵族家宴中的乐舞表演场面，现藏北京故宫博物院。①

图 16 顾闳中《韩熙载夜宴图》之“观舞”部分

南唐周文矩绢画《合乐图》。该画画面右侧绘乐伎 18 人，均为女性，梳高髻，穿窄袖右衽襦裙，披帛束带，分两组，每组九人，分别坐于地毯两侧演奏。一组所执乐器为琵琶、竖箜篌、筝、方响、笙、钹、横笛、尺八、拍板；另一组所执乐器为曲颈琵琶、竖箜篌、筝、方响、笙、羯鼓、横笛、筚篥、拍板。两组乐器种类及排列顺序基本相同。其后侧居中置一建鼓，下有雕座，上有宝盖，击鼓者跪于鼓后作援桴欲击状。画面左侧为观乐者，皆衣着华丽，神情优雅，说明该画所绘为贵族家宴时的音乐演奏时的场景。②

戏曲孕育时期的歌、乐、舞，往往是合在一起表演的，和它们同时演出的还

①《中国美术全集·绘画篇·隋唐五代绘画》，北京：人民美术出版社 1986 年版，第 128 页。
②《中国美术全集·绘画篇·隋唐五代绘画》，北京：人民美术出版社 1986 年版，第 129 页。

有其他技艺，即百戏，因而上面所引用的演艺文物，乐舞大多与百戏在一起。乐舞中的歌唱、乐奏、舞蹈，在雕刻和绘画中比较容易表现，因而演艺文物中较多出现，而叙事性歌舞较难表达，是以演艺文物中较少展现。

第二节　假面装扮类

戏曲孕育期的演艺文物除乐舞类外，还有一类为假面装扮。一般来说，人在装扮别的人或物时，往往有两种方法，一是涂面化装，即用颜色涂抹面部以改变五官的结构或色彩；二是假面装扮，亦即用面具遮蔽自己本来的面目，以表现真面或涂面所不能表现的面容。

戏曲的形成与宗教祭祀活动、民众生活娱乐中的人物装扮有密切联系。

首先，是宗教祭祀活动中的人物装扮。古代社会，由于生产力水平低下，民众对自然界各种现象、变异以及人的生死祸福难以理解，由是产生鬼神观念，认为万物有灵。这种泛神观念进而创造出各种神灵，并对他们予以祭祀。祭祀的时候常常由“巫觋”装扮成“灵保”，作为神灵依附的实体。正如王国维在《宋元戏曲史》中所指出的：“灵之为职，或偃蹇以象神，或婆娑以乐神。”[①]偃蹇以象神，就是装扮成神灵的样子。古代的赛祭，常常以假面化装以显示神灵的形象、性格。同样，古代的傩祭也由方相氏“蒙熊皮，黄金四目，玄衣朱裳，执戈扬盾，帅百隶而时难（傩）”[②]。所谓“黄金四目”，即戴有四个眼睛的铜制面具。驱傩时又有“十二神兽”，即甲作、胇胃、雄伯、腾简、揽诸、伯奇、强梁、祖明、委随、错断、穷奇、腾根，其装扮者也戴兽头面具。[③]从先秦到汉唐，傩祭发展为傩舞，由人戴木雕或布制面具演出。到了宋代，方相和“十二神兽”衍变为将军、门神、判官、钟馗、小妹、土地、灶神以驱傩，同样也戴假面。[④]这些假面表演，属拟神一类，自周秦以降的驱傩活动中，靡代不有，绵延不断。其间，某些地区也有一些变化，如《荆楚岁时记》所记，江淮地区“戴胡公头，

①王国维：《宋元戏曲史》，北京：东方出版社1996年版，第3页。

②《周礼·夏官·方相氏》，参见《十三经注疏》上册，北京：中华书局1980年版，第851页。

③（唐）段安节：《乐府杂录》“驱傩”条，参见《中国古典戏曲论著集成》第一册，北京：中国戏剧出版社1959年版，第43页。

④（宋）孟元老：《东京梦华录》卷十之“除夕”条，参见《东京梦华录》（外四种），北京：文化艺术出版社1998年版，第69页。

及作金刚、力士以逐疫”[1]，但也不离假面装扮。在祭祀活动中，巫觋装扮神灵时，根据神灵的有关传说、故事，加上装扮者自身的生活体验，往往赋予神灵思想、性格，进而推想他们在与外界（其他人或神）发生联系时有怎样的表现，从而衍生出种种矛盾冲突和情节，这样，最初单纯的、呆板的装扮变成了活泼的、有生命的扮演。于是，宗教祭祀活动中的人物装扮就有了戏剧的因素了。

在民众生活娱乐中，也有人物装扮。早在初民时期，人类即有黥首、文身，也就是最早的涂面化装。《山海经》记载初民时有“雕题”，《淮南子》也记载初民的“被发文身，以象鳞虫”[2]，他们的黥首、文身，甚至作怪异装扮，或者是宗教祭祀的需要，或者是在与自然界和社会的斗争中保护自己，吓唬野兽，震慑敌人。例如《史记·田单列传》记战国时齐人田单让五千壮卒“五色涂面”[3]，跟在火牛后面冲锋陷阵，就是以怪异装扮吓唬敌人。开始这种装扮只是在身体某个部位进行修饰，到后来便出现了人物的整体装扮，亦即从面貌、神情、形体到衣饰的改变，最典型的是“优孟衣冠”的故事。据《史记·滑稽列传》记载：

优孟者，故楚之乐人也……楚相孙叔敖，知其贤人也，善待之，病且死，属其子曰：“我死，汝必贫困。若往见优孟，言我孙叔敖之子也。”居数年，其子穷困负薪，逢优孟，与言曰：“我孙叔敖之子也，父且死时，属我，贫困，往见优孟。”优孟曰：“若无远有所之。”即为孙叔敖衣冠，抵掌谈语。岁余，像孙叔敖，楚王及左右不能别也。庄王置酒，优孟前为寿，庄王大惊，以为孙叔敖复生也，欲以为相。优孟曰：“请归与妇计之，三日而为相。”庄王许之。三日后，优孟复来。王曰：“妇言谓何？”孟曰：“妇言慎无为，楚相不足为也。如孙叔敖之为楚相，尽忠为廉以治楚，楚王得以霸，今死，其子无立锥之地，贫困负薪，以自饮食。必如孙叔敖，不如自杀。”……于是庄王谢优孟，乃召孙叔敖子，封之寝丘……[4]

如果“优孟衣冠”仅仅是对具体人物的模仿，还没有表演成分的话，那么后

①《说郛》第一册，上海：上海古籍出版社 1988 年版，第 446 页。

②《淮南子》，北京：中华书局据武进庄氏本校刊袖珍本，第 6 页。

③《史记》第二十三册，上海：中华书局据乾隆四年（1739）殿版校刊本，第 2 页。

④《史记》第二十九册，上海：中华书局据乾隆四年（1739）殿版校刊本，第 3—4 页。

来的“东海黄公”“辽东妖妇”则是装扮人物而用于表演了。

关于“东海黄公”，晋葛洪《西京杂记》载：

> 有东海人黄公，少时为术，能制蛇御虎，佩赤金刀，以绛缯束发，立兴云雾，坐成山河。及衰老，气力羸惫，饮酒过度，不能复行其术。秦末，有白虎见于东海，黄公乃以赤刀往厌之，术既不行，遂为虎所杀。三辅人俗用以为戏，汉帝亦取以为角抵之戏焉。①

这一最初在民间的表演，分明有两个人物，一是黄公，一是虎形，二者都是人物装扮，其中虎形当为假面化装，亦即由艺人戴上虎头面具以装扮老虎。

而“辽东妖妇”则见于《三国志·魏书·齐王纪》裴松之注引司马师等《废魏君曹芳奏》的记载。该奏云魏齐王曹芳：

> 日延小优郭怀、袁信等于建始芙蓉殿前裸袒游戏。……又于广望观上，使怀、信等于观下作“辽东妖妇”，嬉亵过度，道路行人掩目。②

这里的“辽东妖妇”表演，当是郭怀、袁信等男优一个扮演男性，一个扮演女性，但是是涂面化装还是假面化装，没有说明。“嬉亵过度”，则是指做不堪入目的不雅动作，这就有表演的成分。比之“东海黄公”，则由扮演虎形变为以男扮女，故事表演有了明显的发展。

总之，上述的人物装扮，有涂面化装，也有假面化装。其中假面化装数量不少，如前引《荆楚岁时记》所记“胡公头”即属此类。胡公，即胡人，其面貌有胡人高鼻深目的特点，故以假面表现之。这种以假面装扮人物的表演，在隋唐时称之为“代面”。“代面”又称“大面”，是一种假面歌舞优戏，自南北朝至隋唐经常演出，其中一个著名的剧目叫《兰陵王》，描写北齐世宗高澄第四子兰陵王长恭英勇杀敌的故事。据唐崔令钦《教坊记》载：“大面，出北齐。兰陵王长恭，性胆勇，而貌若妇人，自嫌不足以威敌，乃刻木为假面，临阵著之。因为此戏，

①《笔记小说大观》第一册，扬州：江苏广陵古籍出版社1983年版，第5页。
②《三国志》，北京：中华书局点校本1959年版，第129页。

亦入歌曲。”[①]其假面今虽失传，但从东渡到日本的《罗陵王》面具中可以看出它鹰嘴钩鼻，深目高额，帽饰盘龙，形状可怖，一定程度反映了唐时《兰陵王》面具的风貌。

“代面”非止《兰陵王》一种，唐段安节《乐府杂录》专列“大面”戏一类，归入鼓架部中。在“戏有大面”句后，又记《钵头》。其故事为：

> 昔有人父，为虎所伤，遂上山寻其父尸。山有八折，故曲八叠。戏者被发素衣，面作啼，盖遭丧之状也。[②]

《通典》卷一四六和《旧唐书·音乐二》载其人为胡人，则此表演应从西域传入。《北史》载西域有国名“拔豆”，常演此节目，故传入中原后以其国国名名之。《旧唐书·音乐二》还载：“胡人为猛兽所噬，其子求兽杀之，为此舞以象之也。”[③]人虎相斗，乃角抵表演。“故曲八叠”“为此舞以象之”，则有歌有舞，而其又为胡人，当有假面装扮，三者融合为一了。这种假面装扮，在隋唐时的演出中应该不少，薛道衡《和许给事善心戏场转韵诗》之“假面饰金银，盛服摇珠玉”[④]，即描写这种扮人的假面装扮。

假面装扮还有一种是拟兽。演员饰扮动物，最早见于《尚书·舜典》的“予击石拊石，百兽率舞”[⑤]。其后至秦，则有蚩尤戏，因“头戴牛角而相觝”[⑥]，于是衍生出角抵戏来。汉代装扮动物的假面表演，还有“象人”。《汉书·礼乐志第二》载：“朝贺置酒陈殿下……常从倡三十人，常从象人四人。”[⑦]所谓“象人”，唐颜师古注：“孟康曰：‘象人，若今戏虾鱼狮子也。’韦昭曰：‘著假面者也。’”这类拟兽的假面表演，也称作“鱼龙曼衍”，盛行于两汉魏晋南北朝乃至隋唐时期。汉张衡《西京赋》记载当时表演者扮成巨大兽形，或鱼或龙，或熊或虎，李善注云熊虎等怪兽及神山等“皆伪所作”。《汉书·西域传赞》《晋书·乐志》

---

①《中国古典戏曲论著集成》第一册，北京：中国戏剧出版社1959年版，第17页。

②《中国古典戏曲论著集成》第一册，北京：中国戏剧出版社1959年版，第45页。

③《旧唐书》第四册，北京：中华书局点校本1975年版，第1074页。

④《文苑英华》，北京：中华书局1966年版，第1060页。

⑤《十三经注疏》上册，北京：中华书局1980年版，第131页。

⑥《通志·三皇纪第一》，北京：中华书局1987年版，第33页。

⑦《汉书》，北京：中华书局点校本1962年版，第1073页。

也载“鱼龙曼衍”的种种表演，《隋书·音乐志》亦记当时“鱼龙漫衍之伎，常陈殿前，累日继夜，不知休息”[①]。《隋书·柳彧传》所收柳彧上奏朝廷的奏章，也记当时外州各地每值正月望日“人戴兽面”的表演。[②] 这类拟兽的假面表演，有一些是带故事情节的，如“东海黄公”，又如张衡《西京赋》所记汉武帝时平乐观上“总会仙倡”的表演：

华岳峨峨，冈峦参差；神木灵草，朱实离离。总会仙倡，戏豹舞罴，白虎鼓瑟，苍龙吹篪；女娥坐而长歌，声清畅而逶迤；洪涯立而指麾，被毛羽之襳襹；度曲未终，云起雪飞，初若飘飘，后遂霏霏。[③]

李善注：“仙倡，伪作假形，谓如神也。罴、豹、熊、虎，皆为假头也。”可知其为艺人扮作神仙、灵兽等表演故事，而其装扮则为假面。

这一类假面装扮的演出，其遗留则成为戏曲孕育时期的演艺文物，20 世纪也有发现，主要有：

山东省临沂市金雀山西汉墓帛画角觝图（图 17），1974 年发现。角觝图为帛画的第五组图像，上绘三男子，居中者筋腱发达，头戴长冠和假面，身着肥大宽松罩衫，手持长剑，作欲击状；右边一人体格略瘦，头戴箭形慈姑叶饰，像牛角，身着长袍，双手佩红镯，头左向微扬，富有挑衅性。双方摆开架势，正准备格斗。左侧又一人文职装束，似为裁判或观战者。汉张衡《西京赋》云：“临回望之广场，程角觝之妙戏。”此图可视为西汉角觝戏演出的形象资料。[④]

河南省方城县东汉墓假面乐舞画像石刻，1977 年发现。此墓《方城县志》记载为“岳家冢”，民众则俗称为“岳王冢”。石刻刻于墓室南门双扉上，一为踏鞠图，一为鼓舞图。踏鞠图分为三层：上层三人，一人边吹排箫，边击鞞鼓；一人吹埙；一人左手执排箫，右手摇鼗。中层二人，相向踏鞠起舞，其中一人叉腰甩袖，脚尖踏球；另一人长袖轻舒，箭步向前。下层一人扶几而坐。鼓舞图分上下两组。上组有一方形鼓架，内系两小锣；另有一建鼓，鼓下垂双铃，鼓上为簨，

①《隋书》，北京：中华书局点校本 1973 年版，第 342 页。

②《隋书》，北京：中华书局点校本 1973 年版，第 1483 页。

③《文选》上册，北京：中华书局 1977 年版，第 48 页。

④ 曾昭燏：《关于沂南画像石墓中画像的题材和意义——答孙作云先生》，《考古》，1959 年第 5 期。

两端悬挂二筛锣，鼓之上端饰羽葆华盖。鼓两旁二乐伎束腰紧身，双手执槌，且击且舞。下组为三乐伎，一人击鞞鼓，一人吹排箫，一人边吹排箫，边摇鼗鼓。两块画像石所刻乐舞伎人均头戴假面。①

山东省济宁市喻屯镇东汉墓乐舞假面画像石，1973年发现。画像石共两块，其中一块分三段绘刻乐舞假面表演：第一段为乐舞，上五人着曳地长裙，徐徐起舞；中五人坐唱；下五人奏乐，乐器有竽、箫、笛、管等。第二段为鼓舞，中间置大建鼓，鼓之基座为一头怪兽，兽背上各坐一人相对击鼓，左侧一人双臂倒立，另一人拱手立于其旁；右侧一人单臂倒立，另一人作舞蹈状。第三段为戏兽图，诸乐伎假面装扮为各种动物。另一块画像石又分两段绘刻乐舞百戏表演：上段为乐奏，乐伎11人，所持乐器有排箫、笛、管、钹、鼓等；下段为百戏表演，十人分别表演倒立、抛剑、跳丸、滚圈、踏拊等技艺。②

河南省南阳市军帐营村东汉墓乐舞假面画像石，1982年发现。墓内有乐舞假面画像石两块，其一高0.44米，宽1.41米，绘刻乐舞假面表演。画面中间四乐伎端坐，三人吹埙，一人击鞞鼓；右方二人站立，似为歌者；左方三人，一人引长袖起舞，一人右手持一物，单臂倒

图17 山东临沂金雀山西汉墓帛画角骶图

① 南阳市博物馆、方城县文化馆：《河南方城东汉画像石墓》，《文物》，1980年第3期。

② 济宁县文化馆：《山东济宁县发现一组汉画像石》，《文物》，1983年第5期。

立樽上，第三人戴假面，裸腹，一臂前举，一臂置身后作滑稽表演。另一块画像石高 0.4 米，宽 1.45 米。画面左方绘刻二人击建鼓，建鼓基座为兽形，上有羽葆及圆幢，两边各垂二鞞鼓。右方绘刻四人奏乐，一人执梃撞镈钟，二人边摇鼗鼓，边吹排箫，另一人吹埙。此画像石现藏河南省南阳汉画馆。[1]

图 18　山东沂南北寨东汉乐舞百戏画像石拓片摹本

山东省沂南北寨东汉乐舞百戏画像石（图 18），发现于沂南县界湖北寨村，时代属东汉晚期。1954 年，华东文物工作队与山东省文物管理委员会联合对北寨村汉墓进行发掘。[2]墓室坐北向南，全部用石材筑成，通长 8.7 米、宽 7.55 米，由前、中、后三个主室，东、西四个耳室及东后侧室组成，共用石材 280 块。画像石保存较好，共 42 块，画像 73 幅，画面面积 44.2 平方米，画面以凸面线刻为主。主要内容有伏羲、女娲、西王母等神灵图，祭祀吊唁图，大傩驱鬼图，车骑出行图，乐舞百戏图，宴飨庖厨图，收获仓储图，胡汉战争图，以及表现墓主人的家居生活图等。乐舞百戏画像石嵌于墓中室东面横额上。画面从右至左可分为四组：第一组为马戏与鼓乐表演，上方有二马相向奔驰，马上分别为一手持绳鞭的立伎和手把铁戟的倒立伎。下方有一架三马大鼓车，车上竖一建鼓，鼓幢上有羽葆，一伎人倒立其上，车内坐吹排箫、笛及击鼓者四人；车厢右前方有一执辔赶车者；鼓车后立有三执长槌之击拊人。第二组为鱼龙曼衍之戏和绳技表演，上方三人，坐于长席上，左一人端坐，中一人打拍，右一人吹尺八；席前一人，头戴兽面，扮成兽形站立，手中挥动小旗；其前又有三人，右手摇鼗，作前行状。下方一人戏凤，一人肩鱼，一人手握长竿立于龙背之瓶上；龙之前方，也有一摇鼗者，可能有麒麟送子、年年有余、风调雨顺和龙凤呈祥的含义；龙戏

① 南阳市博物馆：《河南南阳军帐营汉画像石墓》，《考古与文物》，1982 年第 1 期。

② 华东文物工作队：《山东沂南古画像石墓》，《文物参考数据》，1954 年第 8 期。

图左上方有三走索女伎。第三组为乐舞表演，有三排乐伎，共 17 人，乐器有磬、钮中、建鼓、短节、拊、铙、排箫、埙、筝及葫芦笙。第一排乐队上方竖一建鼓，楹顶上有羽葆，上落一鸟。建鼓右侧一人双手执桴作击鼓状。第二、三排乐队上方，竖一钟架，上悬两件镈钟，右侧一人持槌击奏；击钟者的右侧是一编磬架，上悬编磬四件，右侧一人，应为演奏者，另一人袖手端坐，或为歌者。第四组为“七盘舞”和杂技表演。建鼓左侧一人额顶十字杆，杆上横木两端及杆顶有三女伎翻杆和旋转；左一人作手抛四刀并足踢四丸表演；其下一人舞动长袖作马步状，左脚前，前四后三放七个倒覆的盘。沂南画像石刻绘人物之众多，表演场面之宏大，技艺种类之繁富，为已发现汉画像石中最复杂和最完备的一种，是研究汉代百戏假面演出的珍贵资料。①

山东省安丘市东汉乐舞百戏画像石（图 19）。所刻图像与沂南北寨乐舞百戏画像石相类，而场面略小。该画像石 1959 年发现于山东省安丘县董家庄一大型石墓中，乐舞百戏画像石嵌于中室室顶北坡西部。画面自右向左分别是：六人左向席地而坐，似为乐队。飞剑跳丸者，三剑腾空飞舞，11 个圆球轮回从手中和足上抛出。杆戏表演，一人左向，双手紧握十字长杆，两腿微曲，作支撑状；两人顺杆上爬；四人倒悬于横杆之上。杆戏左下方，有一骑奔驰，骑者头戴斜顶冠，后跟两侍从，皆一手执管，一手投殳；左上方为二人对舞，两侧有乐队五人伴奏。舞伎下面有六人玩博，其右有二人跪地，前者的姿势与玩六博者同；其左亦有三人，一羽人两臂上举，手中持球，另二人面向羽人一跪一立，作观看状。画面中还有龙凤拟兽扮演等。

图 19 山东安丘东汉乐舞百戏画像石

① 曾昭燏：《关于沂南画像石墓中画像的题材和意义——答孙作云先生》，《考古》，1959 年第 5 期。

河南省南阳市草店村东汉墓乐舞假面画像石，1932年发现。墓内有画像石两块。一块高0.44米，宽1.37米，画面中绘刻一建鼓，上饰羽葆，下置连尾兽座，旁有二乐伎击鼓起舞。建鼓左方三人，一人执桴击鼗鼓，二人正襟危坐。建鼓右方有簨架，上挂镈，一人执梃撞钟，另一人端坐。另一块画像石高0.4米，宽1.6米，画面左方绘刻一人执金吾，一人端坐于方形物后，似为主人，一人鼓瑟。画面中央绘三人，为歌者。画面右方绘三人，一人头戴假面，作滑稽表演；一人右手执物，左手倒立樽上；一人挥长袖，右手执翟作蹴踘表演。①

《信西古乐图》是日本所存关于我国唐代乐舞散乐杂戏的图集，全名《信西入道古乐图》，收入我国唐代乐舞散乐杂戏古图34组，自右至左依次为坐奏乐器、按摩、皇帝破阵乐、苏合香、秦王破阵乐、打球乐、柳花苑、采亲老、返鼻胡童、弄枪、胡饮酒、放鹰乐、案弓子、拨头、还城乐、苏莫者、苏芳菲、新罗狛、罗陵王、林邑乐、新罗乐、入壶舞、猿乐通金轮、饮刀子舞、四童重立、柳格倒立、神娃登绳、弄剑、三童重立、柳肩倒立、弄玉、卧剑上舞、入马腹舞、倍胪等。坐伎乐乐伎14人，均系男性，所持乐器为腰鼓、揩鼓、羯鼓、筚篥、奚娄、箫、筝、横笛、五弦、尺八、琵琶、钥笙、箜篌、方盘，与《旧唐书·音乐志》所记乐器名称基本相同。除乐舞杂技外，其散乐部分如秦王破阵乐、苏合香、返鼻胡童、胡饮酒、苏莫者、罗陵王、新罗狛等，均为唐代盛行的胡人乐舞，大多戴面具，或化装拟兽，明显是假面表演。例如“新罗狛”，即狮子舞。画面中一人扮狮子，站立舞动，左侧二人扮行走之狮子，另一人立于二狮之间，以细绳牵之，以竿戏之。又一对童男女在二狮之间舞蹈。《信西古乐图》为研究唐代乐舞及假面表演等提供了重要的形象数据。②

戏曲孕育时期的人物装扮表演，分涂面化装和假面化装两种，在演艺文物中多为假面化装，这是因为涂面化装在文物中不易表现的缘故。同时，演艺文物中假面装扮往往和乐舞、百戏表演混合在一起，它恰好说明了假面装扮是这一时期百戏表演的一种，但并未分化出来成为独立的表演门类。

① 孙文清：《南阳草店汉墓画像记》，《国闻学报》，第10卷第41期。

② 内部数据《日本古典全集》，北京：音乐出版社1959年影印本。

第三节　说唱类

戏曲孕育时期的演艺文物，还有一类是说唱类。

说唱类的技艺表演，最早缘于古代的俳优，他们常以滑稽的语言逗人笑乐，故称“优笑之人”，如先秦时的优孟、优旃等。开始他们只以言辞调谑，后来加入故事情节，就变成了讲故事，亦即后世的说书。如果再加入吟诵和歌唱，便成了说唱。说书、说唱和泛戏剧形态有相似之处，它们都叙事，所叙之事都有人物、有情节，不同的是，说书、说唱用叙述体，泛戏剧形态用代言体。在实际演出中，如果将叙述改为代言，说书、说唱也就成了泛戏剧形态乃至戏剧。

古代的俳优，除了以滑稽的语言逗人笑乐外，有时还以声口动作模仿真人，用以劝谏君王，如前引的“优孟衣冠”故事。后来向装扮人物以表演故事的方向发展，由起初的单人模仿进而为双人、多人扮饰，说白的内容也由谏讽帝王变成讽刺臣下。这种演变始见于三国时的“许胡克伐”。据《三国志·蜀书第二·许慈传》记载：

> （许）慈、（胡）潜并为学士，与孟光、来敏等典掌旧文。值庶事草创，动多疑议，慈、潜更相克伐，谤讟忿争，形于声色；书籍有无，不相通借。……先主愍其若斯，群僚大会，使倡家假为二子之容，效其讼阋之状，酒酣乐作，以为嬉戏。初以辞义相难，终以刀杖相屈。①

《北齐书·尉景传》亦载优伶石董桶戏弄尉景的事。尉景贪财贿，高欢“令优者石董桶戏之。董桶剥景衣，曰：‘公剥百姓，董桶何为不剥公？’”② 这是对犯官的直接戏弄，同时开后来“弄假官”类以说白为主的泛戏剧形态的先绪。

“弄假官”在隋唐时期颇多演出。唐赵璘《因话录》记肃宗时“女优有弄假官戏”，《全唐文》卷四三三《陆文学自传》载陆羽“弄假吏”，《太平广记》卷二百五十引唐韦述《西京新记》载优伶装扮吏部令史与水部令史相逢倒地的表演，以及唐无名氏《玉泉子真录》所载崔铉家僮装扮崔铉周旋于妻妾之间以为笑

---

①《三国志》，北京：中华书局点校本 1997 年版，第 1023 页。

②《北齐书》，北京：中华书局点校本 1973 年版，第 194 页。

乐的扮演，皆属此类。

“弄假官”中，有一类为“弄参军”。“弄参军”最早见于南北朝时。唐段安节《乐府杂录》载：

开元中，黄幡绰、张野狐弄参军，始自后汉馆陶令石耽。耽有赃犯，和帝惜其才，免罪。每宴乐，即令衣白夹衫，令优伶戏弄辱之，经年乃放。后为参军。[①]

《太平御览》卷五六九引前燕田融《赵书》亦载类似表演：

石勒参军周延，为馆陶令，断官绢数万匹，下狱，以八议宥之。后每大会，使俳优着介帻，黄绢单衣。优问：“汝何官，在我辈中？”曰：“我本为馆陶令。”斗数单衣，曰：“正坐取是，入汝辈中。”以为笑。[②]

这两则记载有相似之处，犯官同为馆陶令，都做过参军，都因贪赃在宴会中被戏弄。不同的是任参军先后不同，前者真官被戏弄，后者假官被戏弄。看来所记本为一事，后来衍传不同，似乎后赵故事是东汉故事的发展。到了唐代，不仅专名单列，还有固定的“参军”“苍鹘”两个角色，以言辞相辩难，滑稽调笑，形成独特的表演形式，这样的例子很多，恕不一一列举。

除“弄参军”外，“弄假官”在唐代又衍生出“弄假妇人”“弄婆罗门”“弄神鬼”“弄三教”“弄孔子”种种，《乐府杂录》分类叙说，说明它们略有区别，但它们都装扮人物，以说白、动作相戏弄，因此都属说白类泛戏剧形态。

说白、说唱类的技艺表演也反映在演艺文物中，今天考古界发现的这类文物主要有：

江苏省扬州市邗江区胡场西汉墓乐舞说唱木俑，1979 年发现。该墓出土舞俑九件，分跪式和立式两类。跪式俑五件，高髻、腴面、细腰，臂微张，衣长裙；立式俑四件，体态修长，其中三俑平顶细腰，身体微向前倾，大臂下垂，小臂脱落，内一俑经复原，其小臂交叉于胸前作舞状，另一俑高髻，右臂向上弯曲，左臂微

①《中国古典戏曲论著集成》第一册，北京：中国戏剧出版社 1959 年版，第 49 页。

② 文渊阁《四库全书》册八九八，上海：上海古籍出版社 1989 年版，第 311 页。

向后摆。说唱俑两件，均坐像，喜形于色。一俑大腹，右手向上挥扬，左手支撑于右膝；一俑梳髻，髻上有簪，右臂弯曲向上，左臂支撑于腿上。说唱俑别具特色，对于研究汉代说唱表演艺术很有价值。①

四川省成都市天回山东汉墓说唱陶俑（图20），1957年发现。此陶俑原敷以彩色，现只残存白粉及褐色土痕。说唱者为一老年男子，坐于墩上，头扎方巾，上身赤裸，臂部戴环，下着长裤。左臂环抱一鼓，夹于腋下，右臂平举手握鼓槌横于额际，作击鼓状。左足赤裸，踏于墩上，右足上翘，露出足心。面部阔口张开，正在说唱，双眼微眯，额纹皱起，露出得意笑容。这尊说唱俑以大写意手法，表现艺人说唱到得意处时手舞足蹈的情状，说明东汉时期已有较成熟的说唱艺术。②

图20　四川成都天回山东汉墓说唱陶俑

四川省绵阳市河边镇东汉墓说唱陶俑（图21），1986年发现。该墓出土陶俑37件，有说唱俑、女舞俑、抚琴俑、听琴俑、执笙俑、吹箫俑、击鼓俑、跽坐俑、扶儿俑、袖手俑、庖厨俑、执箕俑、劳作俑等。其中说唱俑一件，为泥质红陶捏制，高0.58米，宽0.33米，立式。头顶花瓣形帻，平冠，面带笑容，张口嬉笑，作逗乐状。上身赤裸，双乳凸出，肚腹浑圆，双手敲击肚子作击鼓状。下身着大管裤，下部有皱褶，赤足，神态极其滑稽可笑。③

图21　四川绵阳河边镇东汉墓说唱陶俑

① 扬州博物馆、邗江县文化馆：《扬州邗江县胡场汉墓》，《文物》，1980年第3期。
② 《文物》，扉页插图，1959年第10期。
③ 何志国：《四川绵阳河边东汉崖墓》，《文物》，1987年第3期。

四川省绵阳市吴家镇孔雀村汉墓说唱陶俑（图 22），1988 年发现。该墓中也出土一件说唱俑，亦为红陶制作，高 0.32 米，俑额上有三条皱纹，似由欢笑所形成。胸腹裸露并凸起，肚脐凹陷，右手摸头，左手抚腹，双脚叉开着地，神态憨厚可笑。[①]

四川省成都市羊子山东汉墓说唱陶俑（图 23），1954 年出土于成都羊子山 2 号东汉画像砖墓。墓分三室，前室两壁砌长方形砖 13 层，再用楔形砖和长方形砖起券。两壁各嵌画像石四方，内容为“车子”“骑吹”“收获”“骑吏”等。中室最大，两壁下部砌两层石条，石条上各砌长方形画像石一方，内容为墓主出行图和宴饮乐舞百戏图等。后室为夫妇合葬处。该墓也出土一件说唱陶俑。红陶质，保存完好。俑高 0.53 米，短胖身材，头上着帻，上身袒裸，两肩高耸，大腹丰凸，下身着长裤，赤足，坐于圆榻上，左足蹲于前，右足屈于后。面带笑容，表情诙谐滑稽。左臂夹抱一鼓置于膝上；右手臂伸于胸侧，其手指弯曲，中指间有空隙，原应握槌，出土时已失落，唯食指向上伸出，以表达讲唱到内容精彩之时的情景。此陶俑现藏重庆市博物馆。[②]

图 22　四川绵阳孔雀村汉墓说唱陶俑

图 23　四川成都羊子山东汉墓说唱陶俑

① 巩发明、李兵：《绵阳市出土的汉代说唱俑》，《四川文物》，1991 年 9 月 25 日。

②《中国音乐文物大系·四川卷》，郑州：大象出版社 1996 年版，第 212 页。

四川省成都市市郊东汉杂技说唱画像砖（图 24），1949 年以前发现。该砖高 0.42 米，宽 0.46 米，上刻绘八人。左上方一男一女，跽坐于黑色地毯上，为观赏者。左下方两人为乐伎，亦坐于黑毯之上，前后排列，双手捧埙，正在吹奏。右上方两人，均袒胸露背，作杂技表演：一人手跳六丸；一人左手叉腰，肘上顶一瓶，右手握剑，剑上飞一丸，为剑舞“跳瓶”表演。右下方为一女性舞伎，头梳双髻，手持长巾，按节拍起舞。其左一人，前置鼓，右手挥舞鼓槌，左臂前伸，大口圆张，作击鼓说唱状。此画像石现藏四川省博物馆。①

图 24 四川成都东汉杂技说唱画像砖

四川省乐山市大湾嘴汉代崖墓说唱俑，1989 年发现。该墓出土陶制人物俑十多件，计有说唱俑、舞俑、吹箫俑、弹琴俑、武士俑、子母俑、执囊俑、镇墓俑、西王母俑等。其中说唱俑一件，高 0.53 米，头梳椎髻，瞪眼，歪嘴，舌头向外吐出。上身赤裸，双乳凸出，臀部翘起，使腹部凸起如鼓，肚脐内凹，与肚脐平行有一凹线绳纹。左手扶腰，右手上举，抓住椎髻作怪状。下身着一拖地长裙，裙腰于腹前打结，似有继续下坠之势。双足弯曲于裙内，露出脚趾。②

四川省忠县卧马凼山蜀汉崖墓群乐舞说唱陶俑，1981 年发现。该墓群出土乐舞陶俑 32 件，其中舞俑 13 件，皆女性。抚琴俑五件，三女二男，均跽坐，置琴于膝上，两手抚弦。女吹箫俑两件，一跽坐，一坐于圆凳上。男击鼓俑两件，跽坐，膝上置一小圆鼓，左手作拍击状。拍乐女俑一件，跽坐，左手执圆形乐器于膝上，右手作拍击状。说唱俑一件，戴帻，高鼻，长颈，束腰，亦跽坐，右手微曲，左臂前伸，正以手势帮助说唱。③

新疆维吾尔自治区吐鲁番市阿斯塔那唐张雄夫妇墓傀儡戏俑（图 25、26），

① 冯文骥：《四川的画像砖墓及画像砖》，《文物》，1961 年第 11 期。

② 四川乐山市文管所：《四川乐山市中区大湾嘴崖墓清理简报》，《文物》，1990 年第 1 期。

③ 四川省文物管理委员会：《四川忠县涂井蜀汉崖墓》，《文物》，1985 年第 7 期。

图 25、26 新疆吐鲁番阿斯塔那唐张雄夫妇墓傀儡戏俑Ⅰ、Ⅱ

1973年发现。该墓出土的傀儡戏俑，头部为木雕，面部敷彩，精工描绘眉眼；又将头粘接于长木柱上，纸捻作臂膀。其中男俑七件，五件残破。俑高0.37米，面部化装为斜眉吊眼，歪鼻撇嘴，作滑稽表演状，外罩黄色绢衣，白裤，系黑带。另有二俑为女扮男装，亦作表演状。其他15件女俑，眉间皆画细钿，朱唇两旁点星靥，发髻高低不一，穿窄袖曳地襦裙，披帛绕肩，作缓歌曼舞状。与戏俑同时出土的还有大量木构建筑模型残件，疑为木偶戏演出的舞台（祭盘）。《封氏闻见记》卷六“道祭”条载：

> 大历中，太原节度使辛云京葬日，诸道节度使使人修祭，范阳祭盘最为高大，刻木为尉迟鄂公与突厥斗将之戏，机关动作不异于生。祭讫，灵车欲过，使者请曰：“对数未尽。”又停车，设项羽与汉高祖鸿门之象，良久乃毕。①

可见唐代葬仪有随葬祭盘及木偶戏俑的习惯。该墓戏俑多达20余件，有歌舞，有表演，以滑稽调笑为主。戏俑罩黄色绢衣，与后赵参军戏“着介帻，黄绢单衣”相类，说明唐代木偶戏表演与参军戏关系密切。②

陕西省西安市西郊唐鲜于庭诲墓参军戏俑，1957年发现。该墓出土两件三彩男俑，皆戴软脚幞头，穿绿色圆领长衫，系带，足穿长筒靴。左一人袖手于胸前，噘嘴瞋目。右一人紧皱双眉，撇嘴视地，作愁苦状，双手袖于腹前。从二人穿着绿衣及袖手作态看，当是唐代参军戏的演出场面。唐赵璘《因话录》云：“肃宗

① （唐）封演著，赵贞信校注：《封氏闻见记校注》，北京：中华书局1958年版，第56页。

② 金维诺、李遇春：《张雄夫妇墓俑与初唐傀儡戏》，《文物》，1976年第12期。

宴于宫中，女优有弄假官戏，其绿衣秉简者，谓之‘参军桩’。”[①]同墓中还出土骆驼载乐俑，骆驼背上架平台，台上立一老年胡人俑，右臂向前屈举，左臂后撇，手藏袖内，作歌舞状。台左右两侧各坐二乐俑，左侧一俑弹琵琶，另一俑双手举至颈部，似持管乐演奏；右侧二俑均双手置胸前，作拍击状，乐器已毁，疑为腰鼓一类。[②]

新疆维吾尔自治区吐鲁番市阿斯塔那唐墓戏弄俑。该墓编号为初唐336号墓。墓中出土男女俑各一，均高0.13米。男俑着肥厚长袍，面红色，醉态十足，呈步履踉跄状；另一俑男扮女装，裹巾，系长裙，衣裳单薄，左臂袒露，表情苦寒，右手前举，左手右挥，扭腰踏足而舞。从二戏弄俑角色、表情、穿着来看，与唐崔令钦《教坊记》所载《踏谣娘》故事表演相符。[③]

乐舞、说唱、假面装扮，是构成戏曲的重要艺术因素。歌舞可分抒情性歌舞和叙事性歌舞，其中的叙事性歌舞本身带有故事情节，如果增加人物装扮，便可衍变为戏曲。百戏中的角抵戏有人物装扮、矛盾冲突，本身也可以认为是戏剧表演。说唱本身也有故事情节，说唱者模仿故事中人物的声口表演，如果由单人叙说改为多人代言，也就变成戏剧表演。假面本身即有装扮因素，如果装扮加上故事，也就成为戏剧演出。因此，乐舞、说唱和假面装扮三类文物，从单个个体来看，它们并非戏曲文物，只能说是演艺文物的一种；但从总体来说，却表明了构成戏曲的多种艺术因素已高度发展并开始走向融合，预示着一种新的综合性更强的艺术形式——戏曲即将产生。故而，上述演艺文物在戏曲史研究上是有重要价值的。

①（唐）赵璘：《因话录》，上海：上海古籍出版社1957年版，第69页。

② 田进：《唐戏弄俑》，《文物》，1959年第8期。

③ 吴震：《阿斯塔那336号墓所出戏弄俑五例》，《文物》，1987年第5期。

第三章 戏曲形成期的演剧文物

前面我们谈到，在戏曲孕育时期，宫廷和民间存在着众多的技艺演出，它们或以歌舞为主，或侧重说白，或戴假面，都有一些人物装扮和故事情节，却又未成为真正的戏剧表演，可以称之为泛戏剧形态。这些泛戏剧形态，各有其自身的渊源，分别演出，后来逐渐共处，相互影响，彼此吸收。于是，具有多种艺术因素的独特的戏剧形式——戏曲，便慢慢地产生了，这就是宋金时期的杂剧、院本。

泛戏剧形态的融合是漫长的，又是逐步的。早在隋唐时期，这种融合便已开始，但往往是在某一类泛戏剧形态演出中，增加另一些艺术因素，二者并未真正融为一体，如“参军戏”本以说白为主，但在后来的演出中增加了音乐伴奏，于是便出现唐薛能《吴姬》诗中所说的“女儿弦管弄参军”。“参军戏”还可增加歌唱，如唐范摅《云溪友议》所记女优陆采春善“陆参军”，歌声彻云，特别能唱《望夫歌》，而所歌与原来参军戏表演的内容并不完全一致。又如唐代的歌舞戏《踏摇娘》，其演出开始只是装扮妇人歌舞，后来增加了她的丈夫，与之殴斗，这就有了“角觝”的成分，再后来，原来故事中的丈夫“苏中郎”变成了“阿叔子”，另外又增加一个人物“典库”，彼此嘲弄调谑，这又有“参军戏”的因素了。这些泛戏剧形态的相互融合，在宋代以前是少量的、缓慢的，在宋代以后则是大量的和迅速的。

戏曲初步形成，宋金杂剧得以产生，除了泛戏剧形态漫长的历史发展和相互融合这一基本条件以外，也和宋金社会经济的发展有着密切的关系。

中唐以后，社会经济日益发达，特别是到了宋代，农业生产技术更为提高，粮食、棉花和其他农产品比之前的时代获得较大收成，从而促进了商品经济的发展。在宋金时期，从乡村到城市，出现了各种形式的贸易市场。在地处偏僻、人口分散的农村，有最初级的贸易市场——墟（集）市，农民逢五逢十或按日月干支排列在此进行交易；在人口较为集中的市镇，则有镇市，即固定的、长年存在而又没有具体规定交易日期的贸易场所；在城市，其外围则有临时设立，后来发展为长期的交易市场——草市；在城内，唐代以前形成的坊市制度被打破，大街小巷布满各种店铺，而且出现繁闹的夜市。经济的发展导致城市人口的增加，于是市民阶层逐渐兴起。市民在城市中生存、生活，需要娱乐，这又带来了市民喜爱的通俗文艺的繁荣。在这种商业发展和市场交流的大潮中，在市民娱乐的需求中，一种特殊的贸易市场——瓦舍应运而生了。

瓦舍又称瓦子、瓦肆，是宋金时期城市商品交易的一种市场，也是当时民间技艺集中演出的场所。它是城市中一个比较宽阔空旷的地方，艺人们在这里设棚卖艺，商贩也于此经营衣物和饮食，于是成为商业贸易和文化娱乐的集中地。在瓦舍中，建有许多勾栏，演出各种技艺，包括歌舞、说唱、杂技，以及种种泛戏剧形态，以供市民文化娱乐的需要。在宋金时期，这类瓦舍勾栏很多，据宋孟元老《东京梦华录》所载，北宋的汴京，即有保康门瓦子、梁门外瓦子、朱家桥瓦子、州西瓦子，其中“街南桑家瓦子，近北则中瓦，次里瓦，其中大小勾栏五十余座，内中瓦子莲花棚、牡丹棚，里瓦子夜叉棚、象棚最大，可容数千人”[①]。宋吴自牧《梦粱录》卷十九“瓦舍”条和宋周密《武林旧事》卷六“瓦子勾栏”条，也记载南宋临安有南瓦子、中瓦子、大瓦子、下瓦子、菜市瓦子、蒋桥门外瓦子等17处，其中“有勾栏甚多，北瓦内勾栏十三座”[②]。瓦舍勾栏的出现，使众多技艺能集中演出，彼此影响、吸收，为戏曲的形成准备了条件。

另外，由于城市经济的发展，城市人口也逐渐增加。城市人口除了达官贵人外，还有为他们服务的官府衙差、仆役，商人小贩，作坊工匠，烟花女子，无业游民等，他们是瓦舍勾栏技艺的观赏者，为戏曲的形成准备了观众基础。城市中有一些下层市民来自农村。农村由于土地兼并等多种原因，部分农民离开土地，流入城市，或为人奴仆，或为商贩，或依靠手工业和其他劳动手段谋生。其中一些擅长技艺者（农村庙会时神庙戏台上常有技艺演出，多为农民业余表演）便以卖艺为生，于是成为瓦舍勾栏的艺人。他们带来农村的技艺，既丰富了勾栏的演出，又使城乡的技艺得以融合，这样就促进了戏曲的形成。

宋金时期，初臻形成的戏曲称为宋杂剧、金院本。学术界一般认为，“宋”“金”是指这些技艺演出的时代，而“杂剧”则指这些技艺演出种类繁多、内容庞杂，“院本”却是“行院之本”的简称。所谓“行院”，亦即妓院。宋金时妓女常常参与技艺演出，而女性艺人在卖艺的同时，也偶尔卖身，是以“院本”喻指她们所演技艺。概而言之，宋杂剧和金院本，只是所演技

①《东京梦华录》（外四种），北京：文化艺术出版社1998年版，第15页。

②《东京梦华录》（外四种），北京：文化艺术出版社1998年版，第406页。

艺所处时代不同，从表演形态来看，二者并没有太大区别，因此，我们可以把它们合起来，名之曰“宋金杂剧”，予以论说。

过去一些研究戏曲史者，常常把宋金杂剧认作一种或两种戏剧形式，其实，它并未形成统一的艺术体制，而只是一个丰富的艺术综合体，其中包含有许多不同的艺术形态和不同风格特点的表演形式。它们表演的场所也多种多样，脚色的称谓也不统一，正处在筛选、定型过程中，道具、化装也刚刚使用，还没有固定规律。总之，宋金杂剧是处于初臻形成而又未达到成熟的状态之中的戏曲。

从艺术形态来看，宋金杂剧是多种多样的，有的偏重于歌舞，有的偏重于说白，有的偏重于假面装扮，还有的偏重于故事表演。与之相应，戏曲文物也展现出不同的艺术种类。

这部分演剧文物和戏曲繁盛时期的戏曲文物，我们部分参考了车文明先生的《20世纪戏曲文物的发现与曲学研究》的相关材料，并作了适当的补充和介绍。下面我们分类展开述说。

第一节　偏重于歌舞类

这类杂剧显然从前代以歌舞为主的泛戏剧形态发展而来。在南宋周密《武林旧事》卷十“官本杂剧段数”所收280种剧目中，这类杂剧占半数以上，它们的名称大多缀有大曲、法曲或词牌名，如《莺莺六么》《王子高六么》《裴少俊伊州》《崔护逍遥乐》《柳毅大圣乐》《棋盘法曲》《车儿法曲》《三教安公子》《醉花阴爨》《天下太平爨》等。在元陶宗仪《南村辍耕录》“院本名目”所收690种剧目中，这类杂剧较少，但也有一定数量，如《月明法曲》《烧香法曲》《上坟伊州》《病郑逍遥乐》《贺帖万年欢》《夜半打明皇》《斗鹌鹑》《少年游》《水龙吟》等。《莺莺六么》即以大曲中的《六么》曲叙说张生与莺莺的相爱故事，《裴少俊伊州》是以大曲中的《伊州》曲演唱裴少俊与李千金的爱情故事，《月明法曲》当是用法曲演唱月明和尚度柳翠故事，《病郑逍遥乐》则以《逍遥乐》演唱郑元和落魄故事。大曲、法曲是唐宋时大型的歌舞套曲，各部分用曲、歌唱、舞蹈及节奏快慢都有固定程序。缀有大曲、法曲名的杂剧，受程序的限制，一般偏重歌舞，从装扮人物的角度上看，它还不够标准，似乎还不是真正的戏剧。但其中也有一些是有较多扮演人物因素的，如宋史浩《鄮峰真隐漫录》卷四十六所载《剑舞》，是截取大曲中的“曲破”来表演鸿门宴故事。先由“竹竿子”上场念致语，然后舞者上场，对厅立，与之念致语问答，乐部唱《剑器》“曲破”，作舞一段。二舞者唱《霜天晓角》词，又唱《剑器》“曲破”，接着舞蹈，舞罢分立。其后两汉装者（分别装扮刘邦和项羽）出，对坐，桌上设酒果，“竹竿子”念致语，乐部唱曲子，又舞《剑器》“曲破”一段。左立舞者（装扮项庄）欲刺汉装者（刘邦），右立舞者（项伯）护卫。最后舞罢，分别退场。这种表演显然已有故事和人物装扮，但仍以歌舞为主，且歌舞与故事情节、人物装扮分离，未完全融合，而故事表演，只是大概的动作比划，从严格的意义上说，还不算真正的戏剧。至于连缀词牌名的杂剧，虽有故事，但其表演更多是歌唱。而带有“爨”字的杂剧，则多为舞蹈类表演。

图 27 河南安阳天禧宋墓散乐壁画

偏重于歌舞的杂剧，目前发现有众多文物留存，其中主要有：

河南省安阳市天禧宋墓散乐壁画（图 27），抗日战争全面爆发前发现，1954 年发表。该墓建于北宋熙宁十年（1077），位于今安阳市善应镇，为仿木构砖墓，平面呈方形。墓内有壁画三幅，一为墓主人饮宴图，另两幅为伎乐图。伎乐图中第一幅绘一人，戴展脚幞头，穿长袍，吹笛，并作舞蹈状；另一幅绘四人，前一人裹巾，穿长袍，双手相交于胸前，后三人戴东坡巾，穿圆领开衩衫，一人击鼓，一人击拍板，一人吹筚篥。[①]

河南省禹州市白沙宋墓散乐壁画（图 28），1951 年发现。该壁画绘于禹州市（原禹县）白沙北颍东墓区 1 号墓中，据墓中买地契所记，为北宋元符二年（1099）之物。壁画上绘 11 人，其中男装者五人，皆戴翘脚幞头，穿圆领窄袖长袍或宽袖长袍；女装者六人，五人戴团冠，一人戴花冠。中间一人右臂上举，

---

① 此墓抗战前已发现，20 世纪 50 年代才整理，发表专文《河南文化局调查安阳天禧镇宋墓》，《文物参考数据》，1954 年第 8 期。又见周到《安阳天禧镇宋墓壁画散乐图跋》，《中原文物》，1984 年第 1 期。廖奔《宋元戏曲文物与民俗》，北京：文化艺术出版社 1989 年版，第 55 页。杨健民《中州戏曲历史文物考》，北京：文物出版社 1992 年版，第 63 页。

图 28 河南禹州白沙宋墓散乐壁画

左臂前伸，绞袖作舞，其余十人于其后列为半圆形，执乐器伴奏，所用乐器有笙一、筚篥三、排箫一、琵琶一、拍板一、笛一、杖鼓一、大鼓一。一般学者认为壁画所绘乃大曲演出情景。①

河南省博爱县月山宋乐舞铜镜（图 29），1976 年发现。该铜镜出土于博爱县月山宋墓中，椭圆形，高 0.2 米，宽 0.095 米，背面铸乐舞浮雕：一人敲锣，一人击拍板，一小儿坐一人肩上作舞蹈状，后随一人执由柄伞盖护盖，另有二人于旁观看。背景为花卉栏杆。所描绘的可能是宋代有关文献记载的“乘肩小女鼓吹舞绾”。②

图 29 河南博爱县月山宋乐舞铜镜

河北省宣化辽张世卿墓乐舞壁画（图 30），1971 年发现。该墓在河北省张家口市宣化区下八里村，墓主人张世卿，官至国子监祭酒兼监察御史云骑尉。墓为仿木构砖墓，分前后二室，中有甬道相连。墓志记载为辽天庆六年（1116）建造。壁画绘 12 人，皆男装，头戴黑色无脚幞头，身穿圆领窄袖长袍，颜色六人为绯，三人为青，三人为白，腰束红鞓革带，足蹬高靴。其中奏乐者 11 人，分列两排，前排五人，吹筚篥

① 此墓 1951 年发现，宿白《白沙宋墓》最先公布，北京：文物出版社 1957 年版。又见廖奔《宋元戏曲文物与民俗》，北京：文化艺术出版社 1989 年版，第 152 页。

②《中国曲学大辞典》“曲伎 · 演艺文物”有关条目，杭州：浙江教育出版社 1997 年版，第 867 页。

者二，吹笙者一，击杖鼓者一，击大鼓者一。后排六人，击拍板者一，弹琵琶者一，吹笛者二，击杖鼓者一，吹十二管排箫者一。击大鼓、杖鼓者均戴臂鞲。舞者一人，双臂绞袖，作舞蹈状。从服装看，具有明显的宫廷服饰特点。而乐舞组合、舞蹈动作，又与河南禹州白沙宋墓杂剧壁画所绘相类，证明当时宋辽乐舞文化相通。除此之外，下八里村在1990年还发现辽天庆元年（1111）韩师训墓乐舞壁画，1993年发现辽大安九年（1093）张匡正墓乐舞壁画、辽天庆七年（1117）张氏古墓乐舞类杂剧壁画和两处无确切建造年代的辽墓乐舞壁画。[①]

内蒙古自治区翁牛特旗解放营子乐舞壁画。该壁画高0.43米，宽1.6米，上绘八人，一字排列，皆戴展脚幞头，长袍束带。其中奏乐艺人七人，所持乐器有筚篥二、笙一、笛一、杖鼓一、大鼓一、拍板一。另一人双手后背，足蹬高靴，跨步作舞。此画描绘了当时东北地区乐舞演出场面，乐伎所用乐器与中原地区完全相同，证明辽国统治地区与中原文化有广泛交流。[②]

图30　河北宣化辽张世卿墓乐舞壁画

四川省广元市罗家桥宋墓大曲石刻，1976年发现，出土于罗家桥村二宋墓中。有大曲石刻图三幅，出土时三石均已断为两截。大曲石刻Ⅰ（图31），长1.69米、高0.55米。图中雕八人，全部是女伎。其中舞旋一人，戴展脚幞头，着圆领窄袖袍服，腰束带，以手绞袖，屈膝挥袖作舞。奏乐者七人，皆梳高髻，着褙子，内束抹胸。除一人着双重短褙子、内衬长裙外，其余六人皆单重短褙子，内衬长裙至足面。所用乐器自左至右依次为：拍板、笛子、腰鼓、手鼓、杖鼓、笛子、拍板。大曲石刻Ⅱ（图32），长1.69米、高0.6米。图中共八人，亦全部是女伎。左起第一人头戴展脚幞头，身穿交领右衽长袍，腰束带，双臂绞袖，正扭腰扬手

① 河北省博物馆：《河北宣化辽代壁画墓发掘简报》，《文物》，1975年第8期。又见河北省文物研究所《宣化辽代壁画墓》，《文物春秋》，1995年第2期。

② 项春松：《辽宁昭乌达地区发现的辽墓绘画资料》，《文物》，1979年第6期。

作舞。另外七人正手执乐器表演，七人中除一人头部残损外，三人头梳双环髻，三人为高冠髻，发前际皆梳作广额式。所穿皆为对襟长衣，腰束带，内衬长裙掩足。所持乐器为三弦琴二、拍板二、笛二（一左吹，一右吹）、托鼓一。大曲石刻Ⅲ（图33），长 1.7 米、高 0.49 米。图中雕八人，皆男伎。右立五人正在演奏。头裹圆顶、方顶、砖顶、琴顶等，着圆领窄袖袍服，腰系绦带，下露足。所执乐器自右至左依次为笛子、拍板、筚篥、手鼓、腰鼓（残）。右立三人，一人戴幞头，着圆领四褛衫，衫角掖入腰带，下着裤，双手捧一方形物。另二人道扮，束发不冠，皆穿交领袍服，腰系绦带，左者叉手侍立，右者有髯，抄手站立，背负一囊装物。①

图 31　四川广元罗家桥宋墓大曲石刻Ⅰ

图 32　四川广元罗家桥宋墓大曲石刻Ⅱ

图 33　四川广元罗家桥宋墓大曲石刻Ⅲ

① 李成渝:《四川广元罗家桥一、二号墓伎乐石雕的研究》,《音乐探索》, 1985 年第 1 期。参见廖奔《广元南宋墓杂剧·大曲石刻考》，《文物》，1986 年第 12 期。

四川省广元市072医院南宋墓乐舞杂剧石刻（图34、35），1975年发现。该墓买地契中纪年为南宋嘉泰四年（1204）。墓中存乐舞演出图二石四幅，砌于东室两壁中，均长0.51米、 高0.43米。第一石有两图。第一幅图绘刻二艺人，左一人身材瘦小，戴展脚幞头，穿四褛衫，下着裤，腰系带，双臂绞袖，弓腰屈膝，侧身向右；右一人头部残缺，穿衲袍，衣袖较长，曲肘，身向左，似正在舞蹈。另一幅图绘刻乐奏艺人三人，皆面左，第一人左腋下夹杖鼓，右手执鼓槌敲击；第二人弯腰，正持筚篥吹奏；第三人双臂赤裸，击大鼓。第二石亦有两图，第一幅图中绘刻巨石，石后有修竹四竿，二人头裹软巾，身穿圆领长袍，背向坐大石之上。左一人以食指、中指并指向右一人，右一人右手握左脚腕置右腿上，作愤懑状。图中竹、石似为剧情专设，说明当时杂剧表演已有特定舞台道具和布景。第二幅图绘刻两人，均戴展脚幞头，穿宽袖长袍，腰束革带，双手执笏，相对弯腰打躬。这四幅图是当时蜀中演出杂剧的场景描绘，其中第一石上两图为偏重于歌舞类的表演。该杂剧石刻现存四川省广元市皇泽寺内。①

图34 四川广元市072医院南宋墓乐舞杂剧石刻Ⅰ

图35 四川广元市072医院南宋墓乐舞杂剧石刻Ⅱ

南宋朱玉《灯戏图》（图36）。此图为绢质墨绘工笔人物长卷，长1.98米，高0.33米，曾由清宫收藏。该图卷尾有双印，分别为“画院”“待诏”，又题款“臣朱玉写”，据此可知作者为南宋宝祐年间（1253—1258）临安宫廷画师朱玉。卷后附明天顺六年（1462）徐有贞题跋和明隆庆六年（1572）张申题跋。图中所

① 李成渝：《广元市南宋墓伎乐石雕管见》，《川剧艺术》，1986年第3期。参见廖奔《广元南宋墓杂剧·大曲石刻考》，《文物》，1986年第12期。另见廖奔《宋元戏曲文物与民俗》，北京：文化艺术出版社1989年版，第163—192页。

绘为南宋临安城中元宵夜舞队表演场景，共 25 人，其中表演者 13 人，乐奏者六人，祗应执事四人，另有儿童两人。图中绘一屏风，檐额上书“按京师格范舞院体诙谐”，奏乐处有灯檠两架，上各燃一烛。伴奏乐器有锣一、大鼓一、笛三、拍板一。表演者 13 人，一字排开，列队行进。第一人头戴簪花高冠，面部有一通黑墨自额贯眼而下，穿襕袍，腰侧插一纸帖，双手举一彩牌，上书“庆赏上元美景”六字。第二人幞头诨裹，嘴极大，以浓墨渲染，穿加肩补子襕袍，衣袖极长，举止张狂。第三、四人为一组，均执扇，前后呼应，后者脑侧有一蝴蝶，正以衣袖扑击。第五、

图 36-1　南宋朱玉《灯戏图》之一

图 36-2　南宋朱玉《灯戏图》之二

六人又为一组，皆村夫打扮，表情憨直，前者肩扛木杖，上系带索，后者扛竹杖，两人动作相类，步舞一致。第七、八人又为一组，前者表情呆痴，穿花布短衫，执团扇，头扎竖直发辫，后者持罗伞，罩于前者头顶上。第九人戴曲脚幞头，穿宽袖长袍，足蹬高筒靴，右目眇，挥袖作舞状。第十人软巾诨裹，着短褐，双手举一筒状物，作扑击状。第十一人穿短褐，双肩扛一交椅。第十二人头奇长，似为假面，双手举于右肩，作舞蹈状。第十三人戴簪花罗帽，穿中袖加边长袍，右手执团扇，回身向后。将图中所绘与南宋周密《武林旧事》卷二“舞队”所载名目对照，可作如下推测：第一人为班首，第二人为“李大口”或“洞公嘴”，第三、四人所演为《扑蝴蝶》，第五、六人所演为《村田乐》，第七、八人所演为《大憨儿》或《乔宅眷》，第九人为“瞎判官”，第十人为“夹棒”，第十一人为“交

椅”，第十二人为“长瓠脸（长头）”，第十三人似为“装态”。此舞队演出有人物，有化装，有故事，应属杂剧中偏重于歌舞的表演。①

山西省高平市二仙庙金代露台及乐舞杂剧线刻，20 世纪 80 年代发现。二仙庙建于高平西李门二仙岭上，南北向，依次为山门、露台、正殿、后殿。山门已毁，正殿门楣上刻有“晋城县莒山乡司徒村众社民户施门一合　正隆二年岁次丁丑仲秋二十日谨记”字样，可断其年代。正殿前有一露台，东西宽 13.2 米、南北长 7 米、高 1.05 米，台身石砌，须弥座式，周围嵌有花鸟灵兽及人物线刻图。台之北面与正殿殿基相连，其余三面均有台阶，以供上下之用。这是迄今为止所发现最早而又保存下来的露台，弥足珍贵。露台南面台阶东侧，嵌有一幅金人巾舞图（图 37），高 0.43 米，宽 1.25 米，阴线绘刻。图中所刻六人，身材粗壮彪悍，皆女真人形象。除左起第二、四人头戴浅毡帽，第三人上身穿窄袖短袄、下着袍裙外，其余诸人均头戴瓦楞帽，身穿窄袖袍，腰系蹀躞带，抱肚带花边，足蹬高筒靴。其装饰与动作为：右起第一人正面站立，双手持笛吹奏。第二人侧身立，戴耳环，脑后垂五条发辫，腰间左边挂箭壶，右边挂弓囊，右脚前跨，以掌击节伴奏。第三人为舞者，背向，脑后垂三条发辫，双手各持一布巾，右臂高扬，左臂下垂，右脚向前迈出，脚尖上翘，作舞蹈状。第四人亦为舞者，戴耳环，双手各执一布巾，左手高扬，身躯向前略倾，右脚脚尖点地作舞蹈状。第五人戴耳环，左腋下夹一腰鼓，右手击拍伴奏。第六人为观赏者，戴透孔瓦楞帽，透过帽孔可见其髡首，两鬓垂发辫，双耳戴耳环，坐于胡床上。图中六人之袍襟均向右飘卷，当为风吹所致，说明表演是在室外进行。此图为研究金人乐舞提供了不可多得的宝贵材料。露台东侧左方，嵌有一幅杂剧图（图 38），高 0.43 米，宽 1.25 米，亦为阴线绘刻。图中共刻十人，皆汉装，除右起第一人及第十人外，其余八人并排而立，成两纵队，且均左脚在前，右脚在后，步伐一致，边行进边表演。右起前五人皆男性，其装饰与动作为：第一人戴展脚幞头，穿宽袖长袍，双手于胸前执一竹竿，竿顶有一圆球状物，上插许多竹条，呈分散状。这是宋金时期指挥乐舞杂剧演出的参军色。第二、三人为舞者，其一双臂绞袖，置革带上，另一双臂绞袖，指向前方。第四、五人为乐奏艺人，均腰系杖鼓，正击拍伴奏。第六至第十人为女性，云髻花冠，

① 此图首刊于［日］田仲一成《中国祭祀戏剧研究》一书卷前。研究文章见周华斌《南宋〈灯戏图〉说》，《中华戏曲》第 1 辑，太原：山西人民出版社 1986 年版。参阅《中国戏曲志·浙江卷》，北京：中国 ISBN 中心 1997 年版，第 660 页。

图 37　山西高平市西里门村二仙庙金人巾舞线刻图摹本

图 38　山西高平市西里门村二仙庙金代杂剧线刻图摹本

长裙束带，一吹笛，一吹箫，一吹筚篥，一击拍板，一击短腰鼓。这幅线刻图展示的是金代早期偏重于歌舞的杂剧演出。杂剧图与金人巾舞图石刻嵌于同一露台上，反映了金代女真民族乐舞与汉民族戏剧文化同时并存、相互融合和交流。①

河南省洛宁县上村金乐舞杂剧砖雕（图 39），1973 年发现。杂剧砖雕出土于该村两座金代墓葬中，共 15 块，根据内容可分为两组：一组为乐舞砖雕，共八块，模制，均高 0.21 米，宽 0.28 米。每砖绘雕两人，均作表演状。第一砖，前一人为女装，头披软巾，褙子长及膝部，内套长裙，下着裤，鞋有翘尖，双臂绞袖作舞蹈状；另一人软巾诨裹，上穿短衫，下着长裤，双手举罗伞作跟随状。这是宋金杂剧中舞队之《乔宅眷》或《乔亲事》表演。第二砖，所雕二人装束相同，皆上穿短衫，下着长裤，脑后有长物垂下，右手抱大锣，左手执槌敲击，并相对舞蹈，疑为宋金杂剧中舞队之《抱锣》。第三砖，二人作杂剧表演，左一人短衫长裤，双手拢袖于胸前，作打揖状；右一人身穿圆领长袍，右手衣袖下垂，左手执一短木棒，正指向左侧一人，面部表情夸张。第四砖，所雕二人装束动作相同，皆戴幞头，长袍束带，双臂绞袖，左手高扬，作舞蹈状。第五砖，左一人戴尖顶冠，穿衲袍，双臂绞袖合于胸前，左脚向前跨步，作舞蹈状；右一人长袍束带，双手持

① 1990 年笔者实地考察记录。参见冯来生《金代戏剧人物线刻画发现记》，《戏友》，1988 年第 1 期。参阅景李虎、王福才、延保全《金代乐舞杂剧石刻的新发现》，《文物》，1991 年第 12 期。

笛吹奏。第六砖，右一人裹软巾，穿衲袍，左手执扇，右手甩袖，迈步作趋避状；左一人短衫长裤，脑后有长物下垂，双手执一特大木杖，正追赶扑击右侧之人。第七砖，左一人戴介帻，穿交领左衽长衫，下着长裤，腰间束带，双手合于胸前；右一人戴幞头，穿圆领宽袖长袍，双手秉笏，拱于胸前。此二人形象与山西省稷山县马村段氏墓群5号墓杂剧砖雕人物相似。第八砖，左一人，戴尖顶冠，穿衲袍，双臂绞袖合于胸前，左脚向前跨步，作舞蹈状，与第五砖左一人同出一模；右一人穿长袍，双袖下垂。另一组为杂剧砖雕，共七块，每块雕一人。第一人戴翘脚幞头，穿圆领窄袖长袍，腰束帛带，右手执一羽扇，似作舞蹈状。第二人戴花脚幞头，穿圆领窄袖长袍，双手作揖，腰间帛带上插一短木杖，腰后插一扇，与故宫博物院藏宋杂剧绢画中末泥色相类似。第三人已残，戴簪花幞头，右肩赤裸，右手二指置口中，作打唿哨状。第四人戴幞头，穿长袍，腰束带，正吹觱篥。第五人穿圆领长袍，正击杖鼓。第六人穿宽袖袍，吹觱篥。第七人长袍束带，正敲击用三根竹竿支撑的板鼓。二墓均无文字记载，据砖雕人物衣饰，可断为金代之物。[①]

图39　河南洛宁县上村金乐舞杂剧砖雕

河南省焦作市西冯封村金墓乐舞杂剧俑（图40—45），1965年发现。该墓分前后二室，中有甬道相连。前室有杂剧俑五件，皆汉装，形象与洛宁上村金墓杂剧砖雕相类似。另有七俑为女真装束，其中舞蹈俑三件，第一件雕一人，戴瓦楞帽，顶部饰物已毁，仅存其孔，双辫垂肩，穿方领长袍，胸腹部围扎护胸，腰系革带，足蹬高筒靴，右臂上举，左臂后甩，手握拳，拳内所执物已毁。第二件，所雕一人发辫盘于头顶，穿方领长袍，腰束革带，左臂已毁，右臂高扬，作舞蹈状。第三件，所雕人物发辫亦盘于头顶，穿方领长袍，腰束革带，下着花边短裤，右臂右脚已毁，左手置胸前，似作舞蹈状。另有吹笛俑一件，衣装与舞蹈俑之第一

① 李献奇、王兴起：《洛宁县宋代杂剧雕砖试析》，《中原文物》，1988年第4期。参阅廖奔、杨健民《河南洛宁上村宋金社火杂剧砖雕叙考》，《文物》，1989年第2期。

图 40　河南焦作市西冯封村金墓舞蹈俑

图 41　河南焦作市西冯封村金墓吹笛童俑

图 42　河南焦作市西冯封村金墓吹排箫童俑

图 43　河南焦作市西冯封村金墓击鼓童俑

图 44　河南焦作市西冯封村金墓杂剧俑副净

图 45　河南焦作市西冯封村金墓杂剧俑副末

人相同，双手持笛吹奏。吹箫俑一件，髡首，双辫垂肩，着短裤，系布巾，蹬尖靴，双手持排箫。弹琴俑一件，绾发，穿方领长袍，腰束革带，右膝放一三弦琴。拍板俑一件，髡首，双辫垂肩，长袍束带，双手执拍板击奏。后室有乐舞俑八件，第一件为僧俑，光头，穿左衽襦、百褶裙，颈挂念珠，甩袖抬足，似作舞蹈状。第二件为扛旗俑，髡首，穿短袖衲袍，系布带，右肩斜扛一旗。第三件为扛瓜俑，髡首，裹兜肚，腰束带，左肩扛一长瓜作舞。第四件为击鼓俑，髡首，上身赤裸，帛带披肩，下束短裙，左腋下抱一腰鼓。第五件为吹笛俑，髡首，裹兜肚，束帛带，双手持笛吹奏。第六件为拍板俑，髡首，戴项圈，穿衲袍，腰束带，正击拍板。第七件为扛牌俑，髡首，裹兜肚，腰束帛带，左肩扛一物似牌。第八件为打伞俑，髡首，穿短袖开襟小褂，围短裙，腰束帛带，右肩扛一伞。该墓无确切纪年，据墓室结构、人物服饰，可断为金代之物①。

河南省焦作市史平陵墓金代石棺乐舞线刻（图 46），1981 年发现。该墓位于焦作市李万乡史平陵村，石棺左侧有线刻图，为金承安四年

① 河南省博物馆、焦作市博物馆：《河南焦作金墓发掘简报》，《文物》，1979 年第 8 期。参阅孙传贤《焦作市西冯封村雕砖墓几个有关问题的探讨》，《中原文物》，1983 年第 1 期。

图46 河南焦作市史平陵墓金代石棺乐舞线刻

（1199）所刻，现由河南省修武县文化馆收藏。线刻图高 0.5 米，长 1.1 米，阴线绘刻。共刻 12 人，中间两人表演舞蹈，其余两边为伴奏乐人，左四右六。表演者中，左一人侧身站立，戴花脚幞头，穿圆领窄袖长袍，腰系带，袖管特长，双臂绞袖作舞；右一人身材瘦小，高鼻，亦戴花脚幞头，穿圆领窄袖长袍，双臂绞袖于身后，右脚高抬起舞。左侧四伴奏者中，前排二人戴无脚幞头，穿圆领长袍，腰系杖鼓，正在敲击；后排二人戴展脚幞头，穿圆领宽袖长袍，均吹筚篥。右侧六伴奏者中，前排二人戴无脚幞头，穿圆领长袍，腰裹兜肚，外系带，正执手锣击打；后排左一人戴无脚幞头，穿圆领窄袖长袍，执拍板击节；中二人戴曲脚幞头，穿宽袖长袍，吹筚篥；右一人戴软脚幞头，穿圆领长袍，腰束带，正击教坊鼓。图之中部竖刻六个大字："小石调　嘉庆乐"，说明所表演者为宋金杂剧中偏重于歌舞一类。①

河南省焦作市王庄金墓石棺乐舞线刻，1973 年发现。王庄位于焦作市西北王封街道，该墓平面呈不等边八角形，墓内北壁正中题刻："大金承安四年（1199）六月二十有三日，天水郡秦氏谨修石墓一口，葬故夫范阳郡邹瑍功毕。刊石人董辉，同刊人段显。"可断该墓修建年代。乐舞线刻嵌于墓室西壁，阴线绘刻，高 0.56 米，长 1.11 米，绘刻舞者两人，伴奏九人。舞者居中，左一人戴花脚幞头，穿圆领四䙆衫，右向，双手绞袖甩于身后；右一人戴花脚幞头，穿圆领长衫，双臂绞袖作舞。伴奏者分立两旁，左边五人，一击拍板，一吹筚篥，二人打手锣，一人打教坊鼓。右边四人，二人打腰鼓，二人吹筚篥。所刻人物形象、服饰、舞蹈动作、所持乐器乃至绘刻之线条风格，均与河南修武史平陵墓金代石棺杂剧线刻相类，唯布局

① 周到：《修武金代石棺杂剧图研究》，《戏曲艺术》（河南），1983 年第 2 期。

左右相反，伴奏乐队中少一吹筚篥者，疑为按修武线刻图样改刻。线刻未标明所演奏的乐舞宫调及曲牌。原物现藏河南省博物馆。[①]

山西省襄汾县南董村金墓乐舞砖雕，1977 年发现。该墓分前后二室，中有甬道相连。二室平面均呈四方形，四周嵌有花卉人物和乐舞砖雕，其中乐舞砖雕 36 块，每砖雕一人。前室北壁与后室南壁各八块，所雕形象相同，吹笛、击拍板者各二，击杖鼓、大鼓和吹筚篥者各一，作舞者一，皆戴簪花幞头，穿圆领长袍。前室西壁四块，分别雕击拍板者、吹笛者、弹琵琶者、吹筚篥者。前室东壁四块，除以击大鼓者替换击拍板者外，其余乐奏者与西壁同。后室东、西壁各六块，所雕形象相同，分别为击方响者、弹琵琶者、击杖鼓者、吹筚篥者及舞蹈者（两人）。人物皆梳高髻，穿宽裙，长绸披肩。此墓无文字记载，据砖雕人物衣饰乐器风格，可断为金代之物。所有乐舞砖雕类别、形象相同，皆模压烧制而成，说明当时有专门制作、出售这类砖雕的作坊，这无疑是乐舞类杂剧繁荣发展的结果。[②]

山西省曲沃县常家村金墓乐舞砖雕（图 47），1986 年出土。乐舞砖雕共六块，每块绘雕一人，皆模制烧造而成，高 0.36 米，宽 0.19 米。自左至右：第一砖所雕人物，戴花脚幞头，簪花，穿圆领窄袖长袍，衣袖卷至肘，布带束肩，打结于身后，似为行囊，腰系杖鼓，双手作敲击状。第二砖所雕人物，戴花脚幞头，穿圆领宽袖长袍，腰束革带，击拍板。第三砖所雕人物，戴花脚幞头，穿圆领宽袖襕袍，腰束博带，吹筚篥。第四砖所雕人物为舞者，戴簪花翘脚幞头，穿圆领长袖紧身上衣，腰束带，着百褶长裙，双臂绞袖作舞。第五砖所雕人物，戴展脚幞头，

图 47 山西曲沃县常家村金墓乐舞砖雕

① 河南省博物馆、焦作市博物馆：《河南焦作金墓发掘简报》，《文物》，1979 年第 8 期。周到《金代院本杂剧存河南的流传》认为此图描绘歌舞戏《兰陵王》，参见《戏曲艺术》（河南），1981 年第 3 期。廖奔《宋元戏曲文物与民俗》认为是大曲图，参见该书第 192 页。

② 陶富海：《山西襄汾县南董金墓清理简报》，《文物》，1979 年第 8 期。

簪花，长袍束带，衣袖卷至肘，布带束肩，打结于身后，作击大鼓状。第六砖所雕人物，戴花脚幞头，簪花，穿圆领宽袖襕袍，腰束革带，双手执笛吹奏。这组杂剧砖雕与山西襄汾南董砖雕所绘风格相近，当为金代之物。雕砖现藏山西师范大学戏曲文物研究所。[①]

山西省新绛县南范村金墓乐舞砖雕，1981 年发现。该墓在南范村西，墓分前后室，中有甬道相连。前室南壁嵌有砖雕 33 块，其中七块为乐舞砖雕。每砖雕一人，第三、四砖所雕为舞者，头戴簪花幞头，身穿圆领长袍，腰束革带，左臂高扬，右臂下垂，作舞蹈状。其余五砖所雕分别为击杖鼓者、击大鼓者、击拍板者、吹筚篥者、吹笛者，皆戴簪花幞头，穿长袍。东西两壁各有形象相同的乐舞砖雕九块：第一砖，一人敲小锣。第二、三砖，皆雕一人，敲大锣。第四砖，一人打腰鼓。第五砖，一人长袖作舞蹈状。第六砖，雕二人，一人左手执扇，扭腰拂袖，作舞蹈状，另一人站其身后，持罗伞护盖。其形象与朱玉《灯戏图》及河南洛宁上村金乐舞杂剧砖雕所绘相类。第七砖，一人肩扛大瓜，类河南焦作西冯封村金墓乐舞杂剧俑。第八砖，一人双手持物。第九砖，一人吹笛。各砖所雕人物，或梳发辫，或戴幞头，面貌装束类似儿童，疑为小儿所扮演者。[②]

山西省襄汾县贾罕村金墓乐舞砖雕，1991 年发现。该墓在贾罕村东，坐北面南，为家族合葬墓。墓室呈仿木构四合院形制，南北进深 2.4 米，东西宽 2.3 米，总高 3.35 米，四壁嵌砌孝子故事和乐舞砖雕，每砖高 0.17 米，宽 0.35 米，共 35 块。其中乐舞砖雕九块，位于南壁墓门上方。按所雕内容，这些砖雕可分为三组。第一组为舞蹈砖雕，位于墓门正上方，所雕人物为女性，头梳高髻，身穿窄袖长袍，腰系带，结花于腹前，左臂弯曲置胸前，右臂下垂，长袖曳地，作舞蹈状。第二组位于墓门西上方，共四块。第一块所雕人物，头戴簪花幞头，身穿圆领窄袖长袍，双手执鼓槌，右手高举，左手按大鼓之鼓缘，作击鼓状。第二块所雕人物服饰与第一块相同，腰挎杖鼓，鼓上覆巾，右手持鼓杖上举，左手抚左侧鼓面，亦作击鼓状。第三块砖雕与第二块相同。第四块所雕人物戴簪花幞头，穿圆领宽袖长袍，双手持笛吹奏。第三组位于墓门东上方，共四块，砖雕人物均戴簪花幞头，穿圆

① 窦楷：《山西曲沃常家村金墓乐舞砖雕考述》，《中华戏曲》，第 10 辑，太原：山西人民出版社 1991 年版。

② 山西省考古研究所：《山西新绛南范庄、吴岭庄金元墓发掘简报》，《文物》，1983 年第 1 期。参阅廖奔《宋元戏曲文物与民俗》，北京：文化艺术出版社 1989 年版，第 91 页。

领宽袖长袍，双手持乐器演奏：第一、二、三砖为吹筚篥者，第四砖为击拍板者。该墓未发现墓志铭等文字数据，故确切年代与墓主姓名不详，当地文物工作者根据墓室形制及砖雕样式，认为属金代之物。砖雕现由山西师范大学历史与旅游文化学院保管。①

以上砖雕多为乐舞表演的形象描绘，也有用文字予以记录的，如山西省宁武县定河村台骀庙《汾川昌宁宫家庙记》碑中所记述的。该碑为龟趺，碑首不存，碑身高 1.8 米、宽 1 米。张守愚撰文。碑文主要述说汾水之神台骀之由来，其中有金代明昌时重修庙宇和献艺的描写："于是以每岁仲夏，洁诚修祀。具牢醴牲饩奠于堂上，作乐舞，戏伎拜于堂下。是日阖邦远迎往视者如市，大为聚乐。"台骀庙现存正殿三楹，碑存庙内。②

第二节　偏重于假面装扮类

这类杂剧承接宋代以前的假面泛戏剧形态而来，演出时主要装扮神鬼和相貌怪异的人物。《武林旧事》"官本杂剧段数"和《南村辍耕录》"院本名目"所记宋杂剧和金院本剧目属"弄神鬼"一类的不少，前者如《驴精六么》《钟馗爨》《二郎神变》，后者如《马明王》《五鬼听琴》《变二郎爨》《错取鬼》等。③ 宋代笔记小说中也记载了不少这类假面表演的节目，如孟元老《东京梦华录》卷七"驾登宝津楼诸军呈百戏"条所记宫廷表演"大小全场傀儡"节目中的《抱锣》《硬鬼》《舞判》《歇帐》时，艺人化装为"假面披发""如神鬼状者""面涂青碌，戴面具金睛""假面长髯，展裹绿袍靴简、如钟馗像者""假面异服，如祠庙中神鬼塑像"。同书卷十"除夕"条，也记载除夕驱傩时，"诸班直戴假面，绣画色衣，执金枪龙旗"，而教坊艺人也以假面装扮将军、门神、判官、钟馗、小妹、土地、灶神等。④《西湖老人繁胜录》所记禁中大宴时表演"全场傀儡"节目，以及"阴山七骑、小儿竹马、蛮牌狮豹、胡女番婆、踏跷竹马、交衮鲍老、快活三郎、神鬼听刀"，清乐社演出"鞑靼舞老番人、耍和尚"，斗鼓社演出"大

① 1995 年笔者实地考察记录。

② 冯俊杰：《金〈昌宁宫庙碑〉及其所言"乐舞戏"考略》，《文艺研究》，1999 年第 5 期。

③（宋）孟元老：《东京梦华录》（外四种），北京：文化艺术出版社 1998 年版，第 454—456 页。

④（宋）孟元老：《东京梦华录》（外四种），北京：文化艺术出版社 1998 年版，第 69 页。

敦儿、瞎判官、神杖儿、扑蝴蝶、耍师姨、池仙子”[①]等，也大都是假面表演。南宋周密《武林旧事》卷一“圣节”条所记圣节（皇帝诞辰）供盏献艺时演出“傀儡舞鲍老”，亦为假面舞蹈。

偏重于假面表演的杂剧，目前也有部分文物遗存。

图 48　宋苏汉臣《五瑞图》

宋苏汉臣《五瑞图》（图48）。宋画院待诏苏汉臣作。该图高1.75米，宽1.1米，绢质。近人罗振玉《石渠宝笈三编》列“乾清宫藏”中，并题“苏汉臣《五瑞图》”。图中绘小儿五人，皆戴假面，正作舞。后左一人戴曲脚幞头，穿交领右衽长衫，双手各执一鼗鼓。后右一人戴交脚幞头，穿交领长袍，腰上系一葫芦，鬓插招子，似扮酒家。前左一人戴展脚幞头，穿右衽长衫，腰束布带。前中一人面具上画八字眉，嘴极大，且涂黑圈，仰首，戴幞头诨裹，穿交领彩绘绣衣，胸腹袒露，弯腰伸臂。前右一人面具脸形瘦削，戴翘脚幞头，穿宽袖长袍，腰束博带，围肚裹腰后，右手执笏。五人身后背景为竹、石、牡丹、栏杆。此图一说为端午节时小儿游戏，分戴假面，以示五瑞。一说是小儿装扮宋金杂剧人物，一说乃“五花爨弄”。无论何种说法，表演者头戴假面无疑。此图现藏北京故宫博物院。[②]

陕西省勉县杨宅宋杂剧铜镜，1981年发现。铜镜为圆形，直径0.12米，背面铸杂剧人物图。正中上端为一神楼，二层，楼前陈供献物，神楼与献物之间有乐伎九人。左起一组四人，上一人戴幞头，穿长袍，右手高举作表演状；下有两

① （宋）孟元老：《东京梦华录》（外四种），北京：文化艺术出版社 1998 年版，第 95—96 页。

② 李家瑞：《苏汉臣五花爨弄图说》，《云南大学学报》，第一类第 1 号。参见山西师范大学戏曲文物研究所《宋金元戏曲文物图论》附录一：图四五说明，太原：山西人民出版社 1987 年版。又见廖奔《宋元戏曲文物与民俗》，北京：文化艺术出版社 1989 年版，第 147 页。

图 49 南宋无名氏《大傩图》

人，一人戴面具，穿长袍，两手平伸，另一人梳髻，上衫下裙，左手前指，作表演状；最下一人，半身，戴羊头假面，双手合于胸前，扭捏作态。右侧四人，上一人戴幞头，穿长袍，左手叉腰，右手下伸，屈腿弯腰作势；中两人亦戴幞头，穿长袍，执戈；下一人幞头长袍，有须，左手置胸前，作滑稽状。铜镜现藏勉县博物馆。①

南宋无名氏《大傩图》（图 49）。此图为绢质墨写，上绘 12 人，皆农人装束，部分涂面化装，部分戴假面，头上分别戴箕、柳条斗、粮斗、竹笠，或戴蝴蝶形、牛角形帽子，并簪以蝴蝶、翎毛、梅枝、松枝、柳枝等物。所穿衣装为花边交领宽袖长衫，下着裤，足穿薄底鞋。身上饰物有蚌、蛤、蛙、鳖等。所持器物为扫帚、炊刷、水瓢、大瓜、拍板、蕉扇、团扇、棍杖，还有一人身背大鼓。各人朝向、动作不一，或手扶帽饰，或专志击节，或袒胸露腹，或背向作舞，展示一派欢乐场面。此图描绘了宋代民间娱乐情况，与当时杂剧表演、傩舞有某些联系。一说此图为迎春社火舞队演出。该图现藏北京故宫博物院。②

南宋朱玉《灯戏图》。在偏重歌舞表演类中，我们已对此图略有介绍，需要指出，图中所绘舞队 13 人，分别装扮“班首”和“李大口”、“扑蝴蝶”者、“村田乐”里的村夫、“大憨儿”、“瞎判官”、“夹棒”、“交椅”、“长头”、“装态”等各色人物，部分面目怪异，疑亦为假面装扮。③

---

①《中国戏曲志·陕西卷》，北京：中国 ISBN 中心 1995 年版，第 630 页。

② 孙景琛：《〈大傩图〉名实辨》，《文物》，1982 年第 3 期。参见《宋代大傩图考》，《舞蹈论丛》，1982 年第 2 期。

③ 周华斌：《南宋〈灯戏图〉说》，《中华戏曲》，第 1 辑，太原：山西人民出版社 1986 年版。

第三节 偏重于说白类

这类杂剧在宋金杂剧中数量最多。宋人笔记中记录了许多偏重于说白的杂剧表演。如南宋曾敏行《独醒杂志》卷九载：

大农告乏时，有献廪俸减半之议。优人乃为衣冠之士，自冠带衣裾被身之物辄除其半。众怪而问之，则曰："减半。"已而两足共穿半裤，跫而来前。复问之，则又曰："减半。"问者乃长叹曰："但知减半，岂料难行！"语传禁中，亦遂罢议。[①]

又，南宋岳珂《桯史》卷五载：

韩平原在庆元初，其弟仰胄为知閤门事，颇与密议，时人谓之"大小韩"，求捷径者争趋之。一日，内燕，优人有为衣冠到选者，自叙履历材艺，应得美官，而留滞铨曹，自春徂冬，未有所拟，方徘徊浩叹。又为日者，弊帽持扇过其旁，遂邀使谈庚申，问以得禄之期。日者厉声曰："君命甚高，但于五星局中，财帛宫若有所碍。目下若欲亨达，先见小寒，更望成事，必见大寒可也。"优盖以"寒"为"韩"。侍燕者皆缩颈匿笑。[②]

以上两则所记，都是两个优人以对白表演一段故事，略带诙谐。南宋洪迈《夷坚志》支乙卷第四，则记载当时多个优人的说白表演：

蔡京作相，弟卞为元枢，卞乃王安石婿，尊崇妇翁，当孔庙释奠时，跻配享而封舒王。优人设孔子正坐，颜、孟与安石侍侧。孔子命之坐，安石揖孟子居上，孟辞曰："天下达尊，爵居其一。轲仅蒙公爵，相公贵子真王，何必谦乎如此。"遂揖颜子，颜曰："回也陋巷匹夫，平生无分毫事业，公为名世真儒，位地有间，辞之过矣。"安石遂处其上。夫子不能安席，亦避位，

① 文渊阁《四库全书》册一零三九，上海：上海古籍出版社1987年版，第579页。
② 《笔记小说大观》第八册，扬州：江苏广陵书画社1983年版，第320页。

安石惶惧，拱手云："不敢。"往复未决。子路在外，愤愤不能堪，径趋从祀堂挽公冶长臂而出，公冶长为窘迫之状谢曰："长何罪？"乃责数之曰："汝全不救护丈人，看取别人家女婿！"其意以讥下也。时方议欲升安石于孟子之右，为此而止。[①]

这一类杂剧演出，表演手段主要是说白，加上简单的动作，没有歌唱，也没有音乐伴奏。表演的内容以滑稽调笑、嘲弄讽刺居多。它们多即兴创作，以针砭时政，时过事改，便不再演。

当然，这类杂剧也有一些并不针对一时一事，而是描写当时社会生活的各个方面，其表演可以重复，于是出现固定的剧目。这类剧目多见于《武林旧事》所记"官本杂剧段数"和《南村辍耕录》所记"院本名目"中。"官本杂剧段数"中的《百花爨》《说月爨》《风花雪月爨》《借衫爨》《像生爨》《急慢酸》《眼药酸》《论淡》等，应该都是偏重于说白的杂剧表演。拿《百花爨》来说，我们虽未见宋金杂剧的脚本，但在山西省潞城县南舍村发现的古上党祭祀戏剧资料中，却看到一种名为《百花头盏》的本子，它就是演说桃花、桂花、牡丹、迎春、石榴、海棠、菊花、腊梅、琼花等花朵的段子。[②]《说月爨》《风花雪月爨》也当是评说风花雪月的段子。《借衫爨》似是二人关于借衫的调笑对白。《像生爨》有类今天的相声表演。至于《急慢酸》，顾名思义，当是性急者与性缓者的对话。《论淡》亦即说咸淡，也是一种调笑对白。它们都是偏重于说白的表演。而《南村辍耕录》的"院本名目"，除了与上述剧目类似的《讲百花爨》《讲百果爨》《讲百禽爨》《眼药酸》《学像生》外，更有《星象名》《果子名》《草名》《军器名》《神道名》《灯火名》《衣裳名》《铁器名》《书籍名》《节令名》《虀菜名》《县道名》《州府名》《相扑名》《法器名》《门名》《军名》《鱼名》《菩萨名》《赌扑名》《着棋名》《乐人名》《官职名》《飞禽名》《花名》《吃食名》《佛名》等，都是各类事物名称的演述。至于《千字文》《歇后语》《芦子语》《回且语》等，则是讲说常用熟语、行业术语和江湖黑话。这些偏重于说白的表演，显然是从前代以说白为主的泛戏剧形态发展而来。

偏重于说白的杂剧，遗留下来的文物不多，今天可以见到的只有几种，如：

① （宋）洪迈：《夷坚志》，北京：中华书局1981年版，第822—823页。
② 寒声等主编：《上党傩文化与祭祀戏剧》，北京：中国戏剧出版社1999年版，第413页。

北京故宫博物院藏南宋杂剧绢画，共两幅。二画均无题名，亦无作者留款。第一幅（图 50），画面高 0.238 米，宽 0.245 米。上绘二人。左一人为女性装扮，面容丰腴，戴黑色高冠，帽上绘二眼睛，帽前另绘一眼。穿橙色加边大袖袍，袍前后缀满眼睛图案，脚着红钩鞋，右腋下挂饰有云形花边布囊，上画一特大眼睛。右臂高抬，食指竖起。从衣饰看，此人当为一专治眼病的郎中。右一人戴软巾诨裹，着青色圆领衫，衣袖卷至肘，露出双臂，有点青图案。衫前襟掖于腰间衣带中，下穿白裤，练鞋。身后插一团扇，上书一“诨”字，左手执一木杖置肩，右手食指指向自己左眼，弯腰拱背。二人正在对白。身后有一用木杆支撑的单皮鼓。从衣饰、砌末看，一般认为这是宋杂剧的副末色，其身后团扇中的“诨”字，与宋耐得翁《都城纪胜》“瓦舍众伎”条所载“副末色打诨”的表演特点相符，手中木杖为扑击副净时所用。与之相对的女性艺人当是副净色，所表演的剧目，周贻白《南宋杂剧的舞台人物形象》认为是宋杂剧剧目《眼药酸》，今人多从之。另一幅（图 51）画面高 0.24 米，宽 0.243 米。亦绘二人，皆女性装扮。左一人软巾诨裹，内穿红色对襟旋袄，外罩黄色宽衫，腰系布巾，腿有袜裤，腰微弯，双手作揖，身后地上放扁担、绳索、斗笠。右一人戴簪花罗帽，穿白色对襟旋袄，内束抹胸，腰间系一小围裙，前插磕瓜，后插团扇，扇上书“末色”二字，腰微弓，与左一人对揖说白。身后有一用三木杆支撑的单皮鼓，上放鼓箭一支，拍板一串，这是宋杂剧中的副净色与副末色形象。这两幅绢画所绘人物均相与对白，应属偏重于说白类杂剧表演。①

图 50　宋杂剧绢画《眼药酸》

图 51　宋杂剧绢画

山西省浮山县上东村宋墓参军色壁画，1980 年发现。墓中原有彩色壁画多幅，

① 周贻白：《南宋杂剧的舞台人物形象》，《文物精华》第 1 集，北京：文物出版社 1959 年版。参见《两宋名画册》，北京：文物出版社 1963 年版。又见郭涤《“破扇”还是“磕瓜”》，《戏曲研究》，第 12 辑，1984 年 6 月。

其中一幅绘一人，头戴黑色展脚幞头，身穿红色圆领宽袖长袍，足蹬革靴，手持一细长竹竿。竹竿长约二尺，上端有两细竹枝向上伸出，呈"V"字形。宋金时期宫廷宴会中，参军色导引其他艺人上场演出，往往诵念致语，从这个角度上说，它可属偏重于说白类的杂剧表演。该墓及壁画已毁，仅存参军色形象照片一帧，现藏山西师范大学戏曲文物研究所。①

山西省繁峙县天岩村岩山寺酒楼说唱壁画（图 52），1974 年发现。岩山寺坐落在五台山北麓，建于金正隆三年（1158）。寺内现存文殊殿，为金代建筑。殿内四壁绘有壁画，高 3 米左右，总面积约 90 平方米，由宫廷画师王逵绘制，绘于金大定七年（1167）。所画多佛教故事，但内中亦有世俗生活描绘。其中西壁左上方绘一座酒楼，酒帘高挑，内设坐席，席旁一绿衣高髻女伎，双手执杖，敲击平面鼓，正在说唱；旁坐一男子，正击拍板伴奏。酒席上一人背向而坐，左手执一翻开之书，侧身注视说唱伴奏之乐伎。画面上方有"大定七年□□二十八日"题记。②

图 52 山西繁峙县天岩村岩山寺酒楼说唱壁画

① 黄竹三：《"参军色"与"致语"考》附图 2，《文艺研究》，2000 年第 2 期。

② 潘絜兹：《灵岩彩壁动心魄——岩上（山）寺金代壁画小记》，《文物》，1979 年第 2 期。参见柴泽俊、张丑良《繁峙岩山寺》，北京：文物出版社 1990 年版。

第四节　偏重于故事表演类

这是宋金杂剧中接近成熟戏剧的一支，是元代北杂剧的前身，最值得我们注意。这类杂剧在史籍中也有文字记载，如宋孟元老《东京梦华录》卷八“中元节”条：

> 七月十五日中元节……构肆乐人，自过七夕，便般《目连经救母》杂剧，直至十五日止，观者增倍。[①]

从七月八日到七月十五，一共七天。“目连救母”杂剧演出，为七天所演，情节连续、内容每天不重复，还是每天重演同一内容？从文字上看，二者都说得通。但从敦煌出土的唐代《目连救母变文》来看，目连救母故事已相当复杂，宋代目连救母杂剧连演七天的可能性较大。无论是连演七天还是七天每天重演，都说明目连救母杂剧是有情节的，它偏重于故事表演，因而使“观者增倍”。

又如宋耐得翁《都城纪胜》“瓦舍众伎”条：“教坊大使，在京师时，有孟角球，曾撰杂剧本子。”[②]“杂剧本子”，当是杂剧剧本。如果只是简单的随意表演，绝不需要剧本。剧本的出现，说明所演故事情节比较复杂，需要用文字记录下来，以便日后重演。到后来，艺人有意识地创作，撰写剧本。从这个角度看，也可以证明偏重于故事表演类杂剧的存在。

事实上，宋金杂剧中是有这类杂剧演出的。宋周密《武林旧事》“官本杂剧段数”中，有些剧目从名称上就可看出它是偏重于故事表演的，如《相如文君》《崔智韬艾虎儿》《王宗道休妻》《李勉负心》《三社争赛》《三京下书》等。元陶宗仪《南村辍耕录》“院本名目”也有这类杂剧的剧目，如“上皇院本”中的《错入内》《问相思》《断上皇》《打球会》，“题目院本”中的《呆太守》《梦周公》《呆秀才》《贺方回》《王安石》，“霸王院本”中的《悲怨霸王》《范增霸王》，“诸杂大小院本”中的《老孤遣旦》《闹学堂》《闹旗亭》《芙蓉亭》《闹酒店》《庄周梦》《蝴蝶梦》《瑶池会》《蟠桃会》《衣锦还乡》《赤壁鏖兵》《官吏不和》

---

①（宋）孟元老：《东京梦华录》（外四种），北京：文化艺术出版社 1998 年版，第 55 页。

②（宋）孟元老：《东京梦华录》（外四种），北京：文化艺术出版社 1998 年版，第 84 页。

《同官不睦》《四国来朝》《杜甫游春》《鸳鸯简》《月夜闻筝》《张生煮海》《陈桥兵变》《佛印烧猪》《墙头马（上）》《刺董卓》《闹元宵》，“院么”中的《风流婿》《王子端卷帘记》《张与孟梦杨妃》《女状元春桃记》《红梨花》，“诸杂院爨”中的《苏武和番》《王母祝寿》，“冲撞引首”中的《蔡伯喈》《乔捉蛇》，“拴搐艳段”中的《襄阳会》《张天觉》《还故里》等。其中有一些后来成为元杂剧的剧目，如《断上皇》《庄周梦》《蝴蝶梦》《蟠桃会》《衣锦还乡》《赤壁鏖兵》《杜甫游春》《鸳鸯简》《张生煮海》《陈桥兵变》《墙头马（上）》《春桃记》《红梨花》《苏武和番》《蔡伯喈》《张天觉》等。这都说明宋金杂剧中是有偏重于故事表演一类的。

偏重于故事表演类杂剧的存在，还可从演出场所的专业化和表演脚色类型的增多中看出。前面我们说过，宋金时期城市中已经出现特殊的演出场所——瓦舍勾栏，而在乡间，则有露台和舞亭、乐楼。固然，在这些场所演出的，不完全是偏重于故事表演的杂剧，应该说还有其他类型的，但演出场所的固定化、专业化，无疑也证明偏重于故事表演类杂剧的存在。而杂剧表演的脚色，又已从唐代参军戏的两个脚色——参军和苍鹘演进为四至五个，而且演出时每个脚色各有分工。如宋耐得翁《都城纪胜》“瓦舍众伎”条所指出的：

> 杂剧中，末泥为长，每四人或五人为一场。先做寻常熟事一段，名曰艳段；次做正杂剧，通名为两段。末泥色主张，引戏色分付，副净色发乔，副末色打诨，又或添一人装孤。[①]

脚色的增多，应该说是表演内容趋向复杂的结果，这也证明偏重于故事表演类杂剧的广泛存在。

在现存的宋金戏剧文物中，这类杂剧多有发现，比较重要的有：

（一）演出场所类

山西省万荣县桥上村后土圣母庙北宋舞亭碑刻（图 53），1931 年发现。后土圣母庙已毁，仅存此碑。该碑螭首方趺，全称《河中府万泉县新建后土圣母庙记》碑，天禧四年（1020）刻立。碑身高 1.75 米，宽 0.77 米。碑文由乡贡进士裴仅撰，

① （宋）孟元老：《东京梦华录》（外四种），北京：文化艺术出版社 1998 年版，第 85 页。

记述宋真宗东巡泰山后，西幸河东，亲祀汾阴后土之事。碑阴后序由县尉周清撰，记载庙址选择的神奇故事：“景德二年岁次乙巳七月三日，郭下柳文遂等诣天台祖庙迎请后土圣母，就当县多人供养祈福，行至于此处，神马不往前进，却行往此地，立马多时，遂乃地主赵智元启心发愿，舍施此地，充为庙基。”碑阴又刻助缘人及修建负责人姓名，其中有“修舞亭都维那头李延训等”等语。舞亭是当地农村神庙正殿前建造的砖木结构的演艺场所，亦即戏台。碑文记载后土圣母庙戏台始建于宋景德二年（1005），三载落成，是为宋大中祥符元年（1008）。这是迄今发现的我国最早记录修建戏剧舞台的文物材料之一，对研究中国古代戏台的建筑发展具有重要意义。[①]

山西省沁县城关关侯庙北宋舞楼碑刻（图54），1958年发现。关侯庙原在城关繁华处所，20

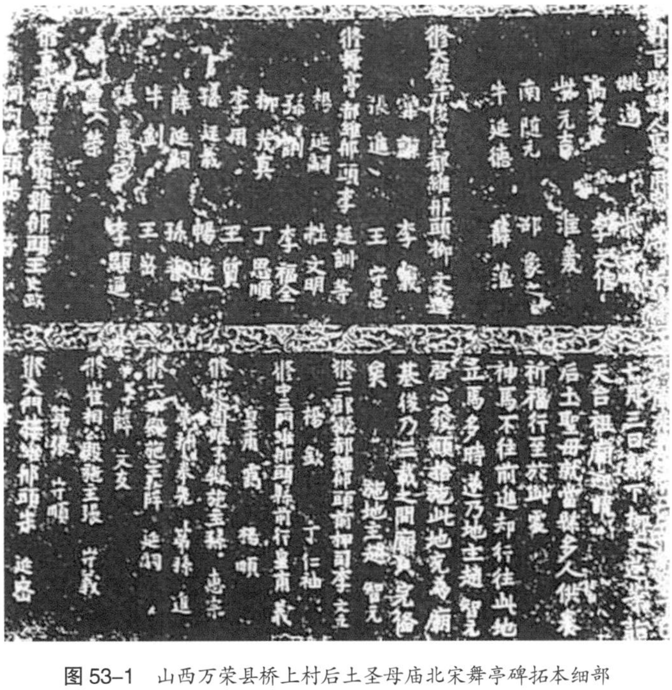

图 53–1　山西万荣县桥上村后土圣母庙北宋舞亭碑拓本细部

图 53–2　山西万荣县桥上村后土圣母庙北宋舞亭碑（拓本）

① 1982年笔者实地考察记录。参见卫聚贤《元代演戏的舞台》，（台湾）“清华大学”中国文学会，《文学月刊》，2卷第1期。1931年12月15日。墨遗萍《记几个古代乡村戏台》，《戏剧论丛》，1957年第2期。王遐举《晋南万泉县宋初修舞亭的碑文》，《戏曲艺术》（北京），1982年第3期。山西师范大学戏曲文物研究所《宋金元戏曲文物图论》附录二附有该碑碑文，太原：山西人民出版社1987年版。

图 54 山西沁县城关关侯庙北宋舞楼碑（拓本）

世纪 70 年代因城市建设需要，将关侯庙连同庙内碑刻迁移。此碑题名《威胜军新建蜀荡寇将□□□□关侯庙记》，笏首，全碑高 1.6 米，宽 0.7 米。碑文由乡贡进士李汉杰撰，记述关羽勇武忠义，以及当朝显灵故事。碑阴《修关王庙施主题名记》记载此庙始建于宋熙宁十年（1077），历时四载，于宋元丰三年（1080）竣工，录施主 700 余人。其中有“周围地基深三十七丈五尺，广一十一丈四尺。正殿三间，舞楼一座，南北廊上下共二十□”等语，证明北宋初叶河东路城乡已有固定的砖木结构戏台普遍存在。此碑现存沁县南涅水石刻馆。[①]

山西省平顺县东河村圣母庙北宋舞楼碑刻（图 55），1982 年发现。此碑为笏头，高 1.2 米，宽 0.76 米，碑名《潞州潞城县三池东圣母仙乡之碑》。碑阳额题《重修圣母之庙》，进士张孝先撰文，碑文记述唐代名将李靖投宿此地，得遇圣母指点的故事。其中有“命良工再修北殿，创起舞楼”等语。碑阴记建造负责人姓名，又有“元符三年庚辰岁十二月癸巳朔二十三日辛卯刻字毕，修舞楼老人苗庆、刘吉、秦灵”“潞州潞城县三池东终南山陈家庄众社重修圣母之庙，创起舞楼”“修舞楼，维那一十五人”等语。舞楼同舞亭、乐楼，亦即戏台。据此可知，此庙于元符三年（1100）曾建有神庙戏台。该碑是[illegible]发

①《山西省沁县在普查中调查和发现了一批文物》，《文物参考资料》，1958 年第 8 期。参见丁明夷《山西中南部的宋元舞台》，《文物》，1972 年第 4 期。山西师范大学戏曲文物研究所《宋金元戏曲文物图论》附录二附有该碑碑文，太原：山西人民出版社 1987 年版。

现记载建造神庙戏台的三通北宋戏剧碑刻之一。现碑仍存庙内，而戏台已不存在。现有戏台是后来清同治四年（1865）所建，为过路台。[①]

图 55–1 山西平顺县东河村圣母庙北宋舞楼碑（拓本）

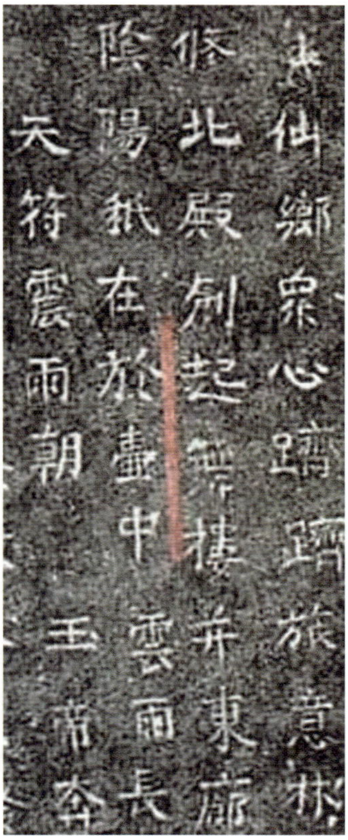

图 55–2 山西平顺县东河村圣母庙北宋舞楼碑拓本细部

山西省万荣县庙前村后土庙内《蒲州荣河县创立承天效法厚德光大后土皇地祇庙像图石》（图 56）。此图石长方形，高 1.35 米，宽 1.06 米，线刻后土庙庙貌图，为金代天会十五年（1137）所刻，明代据原碑重刻，反映的是宋代庙貌。图中绘刻后土庙正殿“坤柔之殿”前有一小方台，当为掩埋“石匮”之坛，再前有一较大方台，前有台阶可供上下，是为露台，可供演出。这是目前发现的最早的露台形象。山西师范大学戏曲文物研究所存该庙貌图拓片。[②]

河南省登封市中岳庙《大金承安重修中岳庙图》碑（图 57）。此碑金承安五年（1200）立，笏头，高 1.26 米，宽 0.73 米，额题“大金承安重修中岳庙图”。碑中线刻庙貌图，正殿前有一方台，前有台阶，可登临。台上有题榜曰“路台”。“路”字当为“露”字，路台实即露台。碑之左下角刻“承安五年三月中旬休日”

①黄竹三、张守中、杨太康：《从北宋舞楼的出现看中国戏曲的发展——山西中南部三通戏剧碑刻考述》，《蒲剧艺术》，1983 年第 2 期。该文又见《曲苑》第 1 辑，杭州：江苏古籍出版社 1984 年版。山西师范大学戏曲文物研究所《宋金元戏曲文物图论》附录二附有该碑碑文，太原：山西人民出版社 1987 年版。

②王世仁：《记后土祠庙貌碑》，《考古》，1963 年第 5 期。参见廖奔《宋元戏曲文物与民俗》，北京：文化艺术出版社 1989 年版，第 114 页。

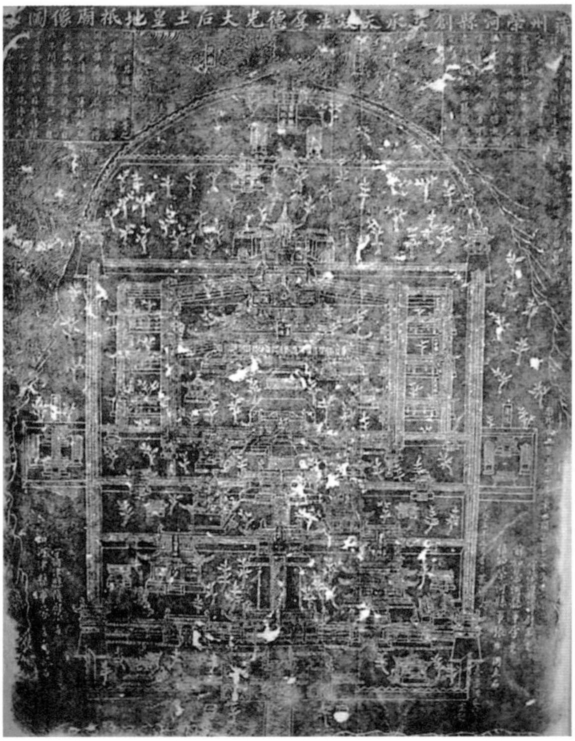

图 56　山西万荣县庙前村后土庙《蒲州荣河县创立承天效法厚德光大后土皇地祇庙像图石》（拓本）

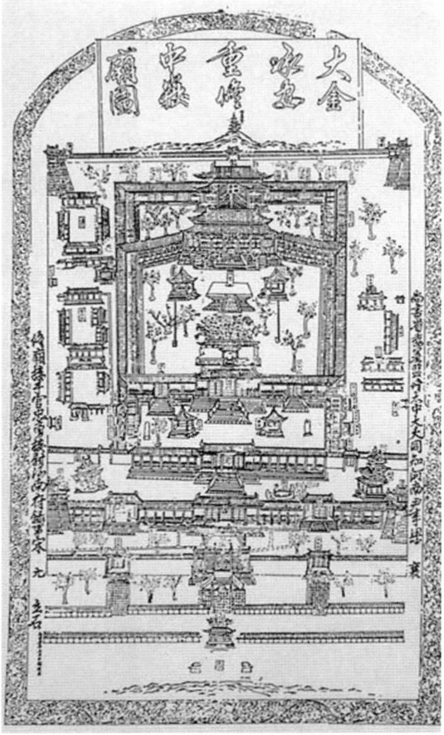

图 57　河南登封市中岳庙《大金承安重修中岳庙图》碑摹本

字样，为立碑之年月。碑现存庙内正殿前。[①]

山西省阳城县崦山白龙庙金代舞庭碑刻，1986 年发现。白龙庙位于阳城县町店镇刘家腰村，庙内存金泰和二年（1202）刻立的《复建显圣王灵应碑》。该碑为笏首，高 1.62 米，宽 0.73 米。碑文为韩士倩所撰，记述祠庙兴建历史及金明昌三年（1192）“尊龙化现”（丈余大蛇出现于庙中）之事。其中有大蛇丈余“上东庑，延及门里，下舞庭”等语，说明其时庙中已建有舞庭，即戏台。[②]

河南省安阳市蒋村金墓戏台模型（图 58），1982 年发现。该墓位于安阳市水冶镇蒋村一农民院中，为仿木构砖室墓，金大定二十六年（1186）修建。墓室南壁嵌有一砖雕戏台模型，高 1.5 米，宽 0.66 米，单开间，为歇山顶式样，台口

① 刘敦祯：《河南省北部古建筑调查记》，《中国营造学社汇刊》，第 6 卷第 4 期，1937 年 6 月。参见张家泰《〈大金承安重修中岳庙图〉碑试析》，《中原文物》，1981 年第 1 期。

②寒声等：《泽州三座宋金戏台的调查》，《中华戏曲》，第 4 辑，太原：山西人民出版社 1987 年版。参见杨太康、车文明《我国戏曲成熟于宋金的又一物证——山西阳城崦山白龙庙金碑考》，《蒲剧艺术》，1991 年第 3 期。又见延保全《山西阳城县北崦山白龙庙戏曲文物考论》，《中华戏曲》，第 21 辑，太原：山西古籍出版社 1998 年版。

图 58　河南安阳市蒋村金墓戏台模型

图 59　山西侯马市董明墓金代戏台模型

有二柱，上施一大额枋，正面施斗口跳斗拱三朵，后面砌墙，可三面观看。[①]

山西省侯马市董明墓金代戏台模型（图 59），1959 年发现。该墓建于金大安二年（1210），墓室北壁上部砌一戏台模型，台高 1.01 米，宽 0.77 米，单开间，为十字歇山顶式样，山花向前，台口有二柱，上施一大额枋，正面施斗口跳斗拱三朵，后面砌墙，可三面观看。[②]

图 60　山西侯马市 104 号金墓戏台模型

山西省侯马市 104 号金墓戏台模型（图 60），1965 年发现。该墓位于董明墓右上方约 25 米处，亦为仿木构砖墓。墓室南壁门廊正顶上方嵌一戏台模型，单开间，歇山顶，柱头施一斗三升斗拱。台高 0.95 米，宽 0.85 米。[③]

山西省高平市西李门二仙庙金代露台（图 61），1990 年发现。二仙庙在西李门村外二仙岭上，现

① 杨健民：《河南安阳金墓戏乐俑和舞台的考察——兼对元杂剧艺术形式之蠡测》，《地方戏艺术》，1986 年第 4 期。

② 畅文斋等：《侯马金代董氏墓介绍》，《文物》，1959 年第 6 期。参见刘念兹《中国戏曲舞台艺术在十三世纪初叶已经形成——金代侯马董墓舞台调查报告》，《戏剧研究》，1959 年第 2 期。

③ 杨富斗：《山西侯马 104 号金墓》，《考古与文物》，1983 年第 6 期。参见《中国戏曲志·山西卷》，北京：文化艺术出版社 1990 年版，第 578 页。

图 61　山西高平市西李门二仙庙金代露台

存正殿、后殿、厢房和露台。露台砖砌，高 1.19 米，东西宽 13.4 米，南北长 6.95 米，呈扁长方形。该台为须弥座造型，东、南、西三面每块束腰石板上都有线刻花卉图案或浮雕，其中东面杂剧线刻图和南面巾舞图极具史料价值，证明此露台用于宋金杂剧及乐舞演出。①

图 62　山西高平市王报村二郎庙金代舞楼

山西省高平市王报村二郎庙金代舞楼（图 62），2001 年发现。二郎庙位于高平市寺庄镇王报村，现存山门、正殿、献殿、偏殿、厢房及舞楼。舞楼为金大定二十三年（1183）创建，亭榭式，单檐歇山顶，开间一间，须弥座。台基呈长方形，宽 7.4 米，侧长 5.9 米，高 1.4 米。舞楼平面呈正方形，通宽 5.02 米，进深 5 米，四角柱为粗大的木石对柱，高 3.13 米，其中圆木柱高 2.65 米，圆石柱露出部分 0.48 米。四柱上施宽厚大额枋，斗拱四铺作单下昂，昂身较短，拱面不抹斜，耍头也作昂形，上置齐心斗。顶盖用筒瓦铺设，琉璃脊，并有鸱尾及垂戗脊兽等，均已残破，翼角亦塌毁。舞楼弥须座台基束腰石上有线刻图案，并刻文字："时大定二十三年岁次癸卯秋十有三日，石匠赵显、赵志刊。"这是迄今发现最早的金代戏台实物，现已修复。现图为未修复前面貌，戏台前部用砖封闭，戏台移作他用。②

除此之外，金代风格的舞乐楼现存还有五座：（1）山西省沁水县郭壁村崔

① 1990 年笔者实地考察记录。参见景李虎、王福才、延保全《金代乐舞杂剧石刻的新发现》，《文物》，1991 年第 12 期。

② 冯俊杰：《山西神庙与戏台调研小结》，《中华戏曲》，第 26 辑，北京：文化艺术出版社 2002 年版。

府君庙舞楼；（2）山西省晋城市东四义村清震观舞乐楼；（3）山西省河津市古垛村后土庙舞楼；（4）山西省高平市下台村炎帝中庙舞亭；（5）山西省阳城县下交村成汤庙拜殿，建于金大安二年（1210），实为舞庭。[①]

（二）戏曲脚色类

浙江省黄岩市灵石寺佛塔宋杂剧砖雕（图 63），1987 年发现。据塔中砖刻铭文记载，砖雕为北宋乾德三年（965）八月于灵石寺塔所在地潮际铺村制作，共六块。第一砖方形，边长 0.305 米，雕二人，正在演出：一人戴展脚幞头，穿交领长袍，腰束带，双手叠于腹部；另一人戴翘脚幞头，穿右衽长衫，腰束带，双手执一细长棍杖，身右倾，引颈启口。第二砖亦方形，边长 0.3 米，雕一人，戴翘脚幞头，穿右衽长袍，腰束带，双手执一竹竿，竿头飘一长带。第三砖高 0.322 米，宽 0.152 米，雕一人，戴展脚幞头，双手持笏置胸前。第四砖高 0.22 米，宽 0.15 米，雕一人，似戴幞头，穿短褐，腰结布巾，胸部袒露，左手持觥状物，右手执一细长木杖，动作滑稽。第五砖高 0.358 米，宽 0.165 米，雕一人，戎装，戴幞头，上着护胸，下裹围肚，右肩扛麾，麾尾飞扬。第六砖为长方形，已破损，残存高 0.22 米，宽 0.152 米，雕二人，前一人戴展脚幞头，长袍束带，双手置胸前，似秉笏；后一人矮小，似小儿，双臂前摆，左腿前迈作跟随状。这组砖雕在迄今为止所见宋代戏曲文物中纪年最早，反映的可能是由唐参军戏发展而来的早期宋金杂剧的演出形态，极有价值。[②]

山西省洪洞县英山舜帝庙北宋乐舞杂剧碑趺线刻，1998 年发现。英山在该县左家沟东圈头村南一千米，上有舜帝庙一座，1942 年毁于日寇之手，在其东侧之

图 63 浙江黄岩市灵石寺佛塔宋杂剧砖雕

①冯俊杰：《山西神庙与戏台调研小结》，《中华戏曲》，第 26 辑，北京：文化艺术出版社 2002 年版。

② 王中河：《浙江黄岩灵石寺塔发现北宋戏剧人物砖雕》，《文物》，1989 年第 2 期。参见王中河、卢惠来《灵石寺塔戏剧砖刻与台州戏曲之滥觞》，《东南文化》，1990 年第 6 期。

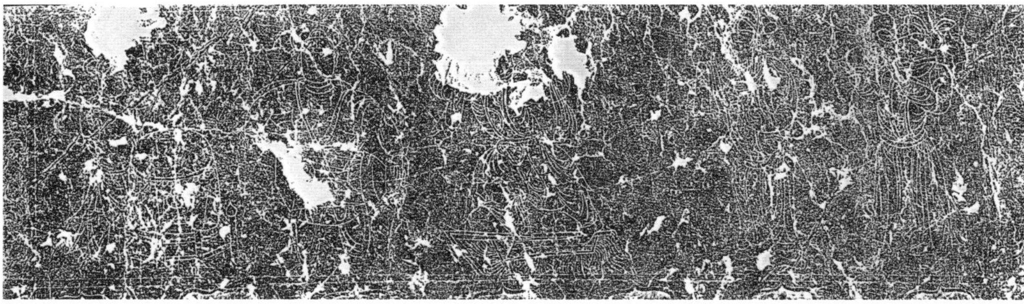

图 64　山西洪洞县英山舜帝庙北宋乐舞碑趺线刻拓本

图 65　山西洪洞县英山舜帝庙北宋乐舞碑趺线刻摹本

娥皇、女英祠内，散落三方青石碑趺。其中一方为文字碑趺，文中记载宋仁宗天圣七年（1029）闰二月二十八日，常安邑赵宁等三十四人为报答“神灵之荫”，约定“每年春季负酒携羊，细马银财”，到舜帝庙祀神祈福。另一方为乐舞碑趺（图 64、65），高 0.3 米，宽 0.8 米，正面阴线雕刻乐舞图。图中共刻五人，右起第一人戴牛耳幞头，着圆领窄袖长袍，腰束带，足蹬丝靴，双手握横笛作吹奏状。右二人装束同右一人，双手执五节拍板作击拍状。第三人为舞者，头部已毁，着圆领长袖长衫，腿裹行缠，足蹬乌靴，右腿前弓，左腿后蹬，右袖前扬，腰肢扭动，在一长方形氍毹上起舞。第四人戴冲天交脚幞头，着圆领长衫，足蹬丝靴，正面站立，腰挎毛员鼓，右手执鼓槌作击鼓状。第五人衣装类第四人，正敲击教坊鼓。第三方为杂剧碑趺（图 66、67），高 0.3 米，长 0.74 米，正面阴线雕刻杂剧图。图中刻七人，其中乐工五人、杂剧艺人两人。右起第一人诨裹，着圆领束袖长袍，腰束带，盘曲而坐，双手执筚篥置口中作吹奏状。第二人为杖鼓色，戴牛耳幞头，穿圆领束袖长袍，袖捋至肘，足蹬丝靴，正面端坐，杖鼓斜置膝上，双手作敲击状。第三人为杂剧色，亦戴牛耳幞头，着圆领束袖长衫，内套长襦，腰束带，胸前有圆形绣饰，足蹬乌靴，右臂抬起，左手托于胸前，作向前趋跄状。第四人亦为杂剧色，头戴攒云花冠，着圆领拖后摆窄袖长衫，束带，蹬靴，曲体前倾，臀部后撅，作追赶状。第五人为歌板色，戴牛耳幞头，着圆领束袖长衫，束带，蹬靴，

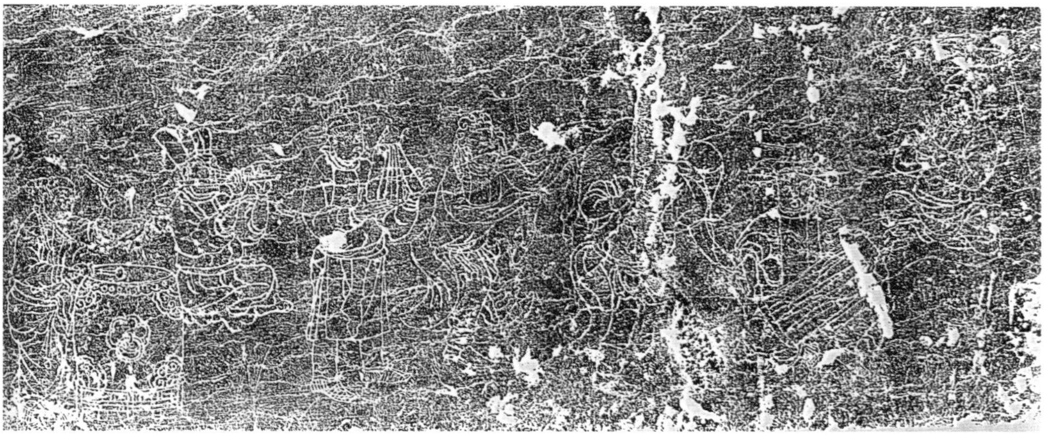

图 66　山西洪洞县英山舜帝庙北宋杂剧碑趺线刻拓本

双腿叉开，向左前侧立，手持六叶拍板，作拍击状。第六人为把色，头戴进贤冠，着圆领束袖长袍，袖口捋至肘部，盘曲而坐，身向左倾，两手平执横笛作吹奏状。第七人为击教坊鼓者，诨裹，着交领窄袖长袍，束带，衣襟掖带中，穿丝鞋，侧身左向，挥槌作击鼓状。鼓之四周有云饰，有鼓架。这三方碑趺的发现，说明早在宋初，在民间祭祀活动中已有乐舞、杂剧演出，艺人的服饰及所用乐器颇有宫廷遗风。①

河南省荥阳市东槐西村北宋石棺杂剧线刻图（图 68），1978 年发现。该棺棺盖正中刻有“大宋绍圣三年（1096）十一月初八日朱三翁之灵男朱允建”字样，可断建造年代。棺长 1.93 米，宽 1.02 米，前高 0.93 米，后高 0.62 米。棺之右侧刻有饮宴观杂剧图、祗应上宴图和庖厨图。饮宴观杂剧图于左方，绘刻墓主夫妇坐于桌后，桌前四位杂剧艺人正在作场表演：左一人头戴东坡巾，着圆领窄袖长袍，

图 67　山西洪洞县英山舜帝庙北宋杂剧碑趺线刻摹本

① 金小民：《宋代乐舞杂剧碑趺线刻的新发现》，《中华戏曲》，第 31 辑，北京：文化艺术出版社 2004 年版。

图 68　河南荥阳市东槐西村北宋石棺杂剧线刻图拓本

腰束带，右手执棍杖，左手前指，似为末泥色；左二人头上软巾诨裹，颈围布巾，打结于前，着短褐，双小腿裸露，右手持磕瓜，为副末色；左三人头戴尖顶帽，身着长袍，肩头有一大补丁，腰微躬，叉手拱于胸前，颧骨高凸，侧身作笑妆，为副净色；左四人似女扮，正面站立，双手作抃，头上披巾，向耳边垂下，上穿右衽襦，下系百褶裙，鼻大如蒜，双目圆睁，两道黑墨自额贯眼而下，呈“八”字形，右脸颊有一大墨点，均为有意化装，为副净色之女扮。此线刻展示了北宋时期杂剧脚色及演出场景。[1]

河南省禹州市白沙宋墓杂剧砖雕（图 69），1951 年发现。该墓为仿木构砖墓，墓室嵌有砖雕两组。其中一组雕四人，自左至右分别为：第一人戴花脚幞头，穿直裰，腰束带，是为末泥色；第二人戴展脚幞头，穿圆领长袍，手执笏，为装孤色；第三人裹软巾，上穿短衫，下着裤，面容怪异，当是副净色；第四人软巾诨裹，穿圆领长袍，右手执长木杖，是为副末色。这是北宋杂剧脚色的典型形象，也是发现最早的杂剧砖雕。另一组为乐舞砖雕，前文已述。[2]

图 69　河南禹州市白沙宋墓杂剧砖雕

河南省偃师市酒流沟水库宋墓杂剧砖雕（图 70），1958 年发现。该墓为仿木构砖墓，墓室北壁嵌有砖雕六块，其中三块为宋杂剧脚色。第一砖雕一人，戴花脚幞头，穿圆领窄袖长袍，腰束革带，身微前倾，正在展示一幅立轴画，似在介绍剧情，当为引戏

① 吕品：《河南荥阳北宋石棺线画考》，《中原文物》，1983 年第 4 期。参见周到《荥阳宋代石棺杂剧图考》，《戏曲艺术》（河南），1983 年第 4 期。

② 宿白：《白沙宋墓》，北京：文物出版社 1957 年版。参见周贻白《北宋墓葬中人物雕砖的研究》，《文物》，1961 年第 10 期。又见徐苹芳《白沙宋墓中的杂剧雕砖》，《考古》，1960 年第 5 期。

色。第二砖雕二人，左一人戴软脚幞头，长袍束带，袍之前襟掖起，露出双膝，右手持官印，左手指对面一人，正在说话，似为末泥色；右一人戴展脚幞头，着圆领宽袖长袍，腰束革带，左手执笏，右手搭于笏上，似为装孤色。第三砖雕二人，左一人面目怪异，戴展脚幞头，顶部有异物上指如角，宽衫束带，胸腹袒露，腿绑行裹，左手举一鸟笼，右手正指笼中之鸟，与对面一人说白，当是副净色；右一人戴软巾诨裹，穿短褐，腰束布带，小腿裸露，右手姆指、食指置口中正打

图 70 河南偃师市酒流沟水库宋墓杂剧砖雕（拓本）

口哨，当为副末色。三块砖雕所刻绘的是北宋时期杂剧戏班典型的五个脚色形象，同时也展示出杂剧“艳段”“正杂剧”“杂扮”三段演出场景。①

河南省温县前东南王村宋墓杂剧砖雕（图 71），1982 年发现。墓室西北壁嵌有杂剧脚色砖雕一块，砖高 0.38 米，宽 0.95 米，绘雕五人，自左至右：第一人戴东坡巾，耳后插翎毛，穿圆领窄袖长袍，束带，左手执头涂赭黄色骨朵子（即“引人杖”），右手前指，似是末泥色。第二人戴展脚幞头，穿圆领宽袖长袍，束带，双手秉笏，是为装孤色。第三人戴无脚幞头，上簪宫花，长袍束带，左手执羽扇置右肩上，右手持衣带，是为引戏色。第四人戴蓝色软巾诨裹，上插竹枝，穿赭黄色短褐，衣襟掖于腰间带中，皂鞋白袜，左手执朴刀，右手拇指、食指置口中打口哨，面部一道黑墨自额贯右眼而下，眼圈及眉皆墨染，右脸颊有一团墨迹，是为副末色。第五人戴花脚幞头，上簪花，襕袍束带，小腿裸露，袜筒外翻，双手叉于胸前，面部胡须涂黑色，是为副净色。以上刻绘的是宋代杂剧五个脚色

① 董祥：《河南省偃师县酒流沟水库宋墓》，《文物》，1959 年第 9 期。参见徐苹芳《宋代的杂剧雕砖》，《文物》，1960 年第 5 期。

图 71　河南温县前东南王村宋墓杂剧砖雕（拓本）

的典型形象。墓室东北壁嵌乐舞砖雕，高 0.35 米，宽 0.28 米，共雕六人，均戴展脚幞头，前排四人，左二人穿交领长袍，右衽，分别击杖鼓，右二人穿圆领长袍，前者面前置一瑟，后者手执竹竿，似是指挥表演的参军色。后排二人，一执拍板，一击方响。[①]

图 72　宋杂剧艺人丁都赛画像砖及摹本

宋杂剧艺人丁都赛画像砖（图 72）。相传于河南省偃师市一带发现。砖长 0.28 米，厚 0.03 米，上雕一人，头裹软巾，上簪花枝，身穿圆领窄袖加肩补子开衩衫，腰系帛带，足穿筒靴，身后插团扇，上身微前倾，双手拱于胸前，作打揖状，面部丰腴。砖之右上角阴刻正楷“丁都赛”三字。丁都赛是北宋政和、宣和（1111—1125）间汴京勾栏著名杂剧艺人，宋孟元老《东京梦华录》卷七著录。该画像砖现藏中国历史博物馆。[②]

河南省温县博物馆藏宋杂剧脚色砖

① 张思青、武永政：《温县宋墓发掘简报》，《中原文物》，1983 年第 1 期。参见周到《温县宋墓中散乐形式的研究》，《戏曲艺术》（河南），1983 年第 1 期。又见廖奔《温县宋墓杂剧雕砖考》，《文物》，1984 年第 8 期。

②刘念兹：《宋杂剧丁都赛雕砖考》，《文物》，1980 年第 2 期。参见《中国大百科全书·戏曲曲艺卷》，北京：中国大百科全书出版社 1983 年版，第 372 页。

雕（三处）（图73），20世纪六七十年代发现，由温县博物馆王清臣收集入馆。第一处有砖雕五块，均高0.36米，宽0.16米，每砖雕一人，自左至右：第一人戴介帻，穿圆领窄袖长袍，足蹬靴，双手执一短杆，似为末泥色；第二人戴软脚幞头，两脚宽短，穿曲领窄袖长袍，足蹬靴，作八字步，双手执一皮棒槌，是为副末色；第三人戴软脚幞头，穿圆领窄袖短袍，左手执一纨扇置右肩上，右手执一竹篾子置腹部，似为引戏色；第四人戴软巾独脚诨裹，袒胸露腹，双手交叉于

图73　河南温县博物馆藏宋杂剧砖雕

胸前，是为副净色。第五人戴展脚幞头，大袖长袍束带，侧身，双手持笏，当为装孤色；另一处砖雕两块，共雕二人。一人戴东坡巾，穿方领窄袖长袍，束带，双手执棍杖，似为末泥色；另一人软巾诨裹，穿窄袖长袍，束带，腰插磕瓜，双手叉于胸前，是为副末色。第三处有砖雕四块，共雕四人，第一为女伎，头梳花髻，穿窄袖长裙，背立，怀抱琵琶；第二人装束同第一人，击方响；第三人束髻，戴假面，捧笙；第四人亦为女优，高髻簪花，穿窄袖长裙，执拍板。①

河南省洛阳市涧西15号宋墓杂剧砖俑，1977年发现。该墓位于洛阳市涧西洛阳轴承厂医院，出土砖俑三件，所雕人物均服襦裤，跣足，形象怪异。其中一人双手抚膝；一人右手食指、拇指伸入口中作打呼哨状，是为副净色；另一人双手掩耳，疑为副末色。②

---

① 周到：《温县宋杂剧雕砖摭谈》，《戏曲艺术》（河南），1984年第2期。参见张新斌、王再建《温县宋代人物雕砖考略》，《考古与文物》，1988年第3期。

② 洛阳博物馆：《洛阳涧西三座宋代仿木构砖室墓》，《文物》，1983年第8期。

图 74 河南温县西关宋墓杂剧砖雕

河南省温县西关宋墓杂剧砖雕（图 74），1990 年发现。此墓为仿木构砖墓，平面呈八角形。墓室东北壁嵌有一组杂剧脚色砖雕，共五块，均高 0.37 米，宽 0.17 米。每砖雕一人，自左至右：第一人裹软巾，穿圆领长袍，身左倾，头右扭，右手持扇置左肩上，作舞蹈状，是为引戏色。第二人戴东坡巾，穿方领窄袖上衣，着窄口长裤，右手持木杆站立，是为末泥色。第三人戴簪花展脚幞头，穿方领宽袖长袍，双手置于腹前，似为装孤色。第四人软巾诨裹，穿圆领加肩长袍，腰后斜插一棍状物，双手拱于胸前，作屈膝跨步状，是为副净色。第五人裹高髻软巾，簪花，穿圆领窄袖衫，下着裤，右手执一棒槌，左手二指伸入口中作打呼哨状，是为副末色。这也是刻绘杂剧脚色的砖雕。这块砖雕现藏河南省博物馆。①

河南省林州市“张家造”宋杂剧人物瓷枕（图 75），1976 年发现。瓷枕长 0.44 米，宽 0.17 米，内侧厚 0.12 米，外侧厚 0.17 米，底部压阳文“张家造”，侧面

图 75 河南林州市“张家造”宋杂剧人物瓷枕

① 罗火金、王再建：《河南温县西关宋墓》，《华夏考古》，1996 年第 1 期。

绘图。正面绘五人。左侧绘二人，一人戴翘脚幞头，穿圆领长袍，作奔走状，另一人似戴盔甲，右手举剑作追杀状。右侧绘三人，皆女性，一人中坐，戴团冠，穿左衽襦，长裙，双手抚琴，另二人为侍女，一执扇，一捧盒。①

图 76 江西景德镇查曾九墓戏俑

图 77 江西景德镇查曾九墓戏俑

江西省景德镇市大石口南宋查曾九墓杂剧人物俑（图 76、77），1973 年发现。此墓建于南宋淳祐十二年（1252），共出土瓷俑 37 件，其中六件为戏剧俑。其一身穿宽袖长袍，系带，双手拱笏；其二为女俑，戴花冠，穿宽袖襦，下着裙，腰垂飘带，左手下垂，右手以袖捂嘴；其三、四为相同男俑，目微左视，结发裹巾，穿圆领窄袖长袍，腰束帛带，左手下垂，手心向上，右手横于胸间；其五头戴四方巾，长袍束带，屈腿俯身作伏地状；其六头裹青巾，

图 78 山西垣曲县后窑金墓杂剧砖雕

① 张增午：《河南林县的两件北宋瓷枕》，《文物》，1981 年第 1 期。参见廖奔《宋元戏曲文物与民俗》，北京：文化艺术出版社 1989 年版，第 189 页。

面微右侧，穿圆领窄袖长袍，双手抚胸。这组戏俑似为南戏中脚色人物。[1]

山西省垣曲县后窑（一说坡底村）金墓杂剧砖雕（图 78），1973 年发现。该墓为仿木构砖墓，建于金大定三年（1163）。墓室南壁嵌有砖雕四块，均高 0.35 米。自左至右：第一砖雕一人，戴无脚幞头，穿方领窄袖长袍，束带蹬靴，双手斜执一杆杖。第二砖雕一人，戴翘脚幞头，穿方领窄袖长袍，袍及膝，束带蹬靴，左手执袍边，右手执扇置左肩上，侧身而立，脚尖点地作舞蹈状。第三砖雕一人，戴展脚幞头，穿圆领宽袖长袍，腰间束带，双手执笏；第四砖雕二人，一人软巾诨裹，长袍束带，足穿靴，右手执羽扇，正听身后一人说白；后一人亦软巾诨裹，长袍束带，右手执磕瓜，双手搭于前一人肩上耳语。从这组杂剧脚色的服饰、砌末看，依次似为末泥、引戏、装孤、副净、副末，与宋杂剧脚色相同，说明宋金戏剧一脉相承。[2]

河南省安阳市蒋村金墓杂剧俑（图 79），1982 年发现。此墓为仿木构砖墓，建于金大定二十六年（1186）。墓室南壁墓门左侧嵌有一座仿木戏台，上放五个戏俑，俑高 0.23 米左右，一女伎居中，头梳高髻，身穿长衫，下露长裙及地，双手拱于胸前。四男伎分立两旁，皆软巾诨裹，穿圆领窄袖长袍，手持乐器演奏，其一击鼓，三人击钹。[3]

图 79 河南安阳市蒋村金墓杂剧俑

① 刘念兹：《南宋饶州瓷俑小议》，《文物》，1979 年第 4 期。参见刘念兹《戏曲文物丛考·南宋饶州瓷俑的发现》，北京：中国戏剧出版社 1986 年版。又见《中国戏曲志·江西卷》，北京：中国 ISBN 中心 1998 年版，第 702 页。

② 杨生记、吕辑书、韩树伟：《垣曲古墓戏剧砖雕探微》，《戏友》，1987 年第 4 期。山西师范大学戏曲文物研究所《宋金元戏曲文物图论》刊登拓片并著文介绍，太原：山西人民出版社 1987 年版。

③ 杨健民、张兆兰：《河南安阳金墓戏乐俑和舞台的考察——兼对元杂剧艺术形成之蠡测》，《地方戏艺术》（郑州），1986 年第 4 期。又见杨健民《中州戏曲历史文物考》，图版九，第 64 页。

图 80　山西侯马市董明墓金代杂剧俑

图 81　山西侯马市 104 号金墓杂剧俑

山西省侯马市董明墓金代杂剧俑（图 80），1959 年发现。该墓为仿木构砖墓，建于金大安二年（1210）。墓室北壁上方嵌有一座仿木戏台，台上置彩绘戏俑五个，俑高 0.2 米。自左至右：第一人戴黑色牛耳幞头，穿黄衣，黄褶裙，黑靴，胸腹袒露，胸部刺有花纹，左手二指指胸，右手握一黄卷置腹前，眼圈涂白色，鼻凹有白色蝴蝶形图案，是为副净色。第二人黑色无脚幞头，皂色圆领窄袖长袍，腰系黄带，衣襟扎于带中，右手握拳置胸前，左手下垂提袍，头微斜，是为末泥色。第三人戴黑色展脚幞头，穿圆领宽袖红袍，双手执笏拱于胸前，当为装孤色。第四人戴黑色展脚幞头，穿窄袖团花红袄，系黄带，右手执纨扇置左肩上，左手握腰带，右脚尖点地，挥扇作舞蹈状，是为引戏色。第五人偏髻，软巾诨裹，穿黄色虎皮纹黑边衣服，黑裤红靴，左手执磕瓜，右手二指置于口中打口哨，面部用白粉将鼻眼涂成三角形，两颊各有不规则的墨迹，一道黑墨自额贯左眼而下，形象非常滑稽，是为副末色。[①]

山西省侯马市 104 号金墓杂剧俑（图 81），1965 年发现。此墓为仿木构砖墓，无纪年，形制与董明墓相似。墓室南壁门廊正上方嵌一仿木构戏台模型，台上放四个戏俑，与董明墓戏俑同出一模。其中左起第一人与董明墓左起第二人同，左起第三人与董明墓左起第三人同，左起第二、第四人与董明墓左起第一人同。[②]

---

① 山西文管会侯马站：《侯马金代董氏墓介绍》，《文物》，1959 年第 6 期。参见刘念兹《中国戏曲舞台艺术在十三世纪初叶已经形成——金代侯马董墓舞台调查报告》，《戏剧研究》，1959 年第 2 期。

② 杨富斗：《山西侯马 104 号金墓》，《考古与文物》，1983 年第 6 期。参见《中国戏曲志·山西卷》，北京：文化艺术出版社 1990 年版，第 587 页。

图 82　山西稷山马村段氏 1 号墓乐队砖雕

图 83　山西稷山县马村段氏 2 号金墓杂剧砖雕

图 84　山西稷山县马村段氏 3 号金墓杂剧砖雕

山西稷山马村段氏墓群宋金杂剧砖雕，1973—1979 年发现。该墓群共有砖墓 14 座，皆仿木构砖墓，已发掘九座，其中 1、2、3、4、5、8 号墓中发现六组戏雕，年代自北宋末年至金代中叶。1 号墓墓室南壁门楼上雕乐队俑 11 人（图 82），其中五个出土时已毁，现存六个为奏乐俑，男五女一，男俑皆戴展脚幞头，簪花，穿圆领宽袖长袍，所用乐器为杖鼓二、笛一、筚篥一、大鼓一。女俑头披巾，执拍板。俑立位置，四人在后，二人在旁，围成一伴奏队形，已毁杂剧俑在中间，似是一演出场面。2 号墓墓室南壁门楼上亦雕杂剧俑四人（图 83），正在作场。自左至右：第一人软巾诨裹，穿圆领窄袖长袍，束带，左手举一长竿，竿头垂线悬一椭圆形物，上有菱形花纹，似是灯笼；第二人戴展脚幞头，穿圆领宽袖长袍，弯腰屈膝，双手指右下方，与右面二人对白；第三人戴无脚幞头，穿圆领窄袖长袍，右手执长木杖置肩，左手右指，似为副末色；第四人亦戴展脚幞头，穿圆领窄袖长袍，左手执笏托膝，右手前指，作表演状，应为装孤色。3 号墓墓室南壁门楼上排列模制杂剧俑五人（图 84），自左至右：第一人戴无脚幞头，长袍束带，右手提袍前襟，为女性所扮；第二人亦戴无脚幞头，穿长袍，双手执一短木棒，疑为磕瓜，胡须涂成三角形，似为副末色；第三人戴无脚幞头，穿圆领长袍，双手交叉置胸前，右手执扇，似为引戏色；第四人戴无脚幞头，穿长袍，一手护胸，一手捧腹，似为副净色；第五人戴无脚幞头，穿长袍，双手秉笏于胸前，似为装孤色。4号墓墓室南壁门楼上嵌杂剧雕砖（图85），雕九人，以台阶为界，分两排。前排雕杂剧脚色四人，上半身为圆雕，下半身连于后壁砖墙上。自左至右：第一人戴无脚幞头，穿左衽长衫，束带，衣卷袖至肘，双手交叉于胸前，为女性所扮；第二人戴平顶巾，左衽衫，扎带，扁鼻短脖，胸腹袒露，合手作揖，似为副净色；第三人软巾诨裹，穿圆领窄袖长袍，腰带打结于前，左手执扇，似为引戏色；第四人戴展脚幞头，展脚已毁坏，两侧留有孔，穿圆领窄袖长袍，双手合于胸前，中有扁孔，原当执笏，应为装弧色。后排伴奏俑五人，自左至右：第一人戴牛耳幞头，裸胸，面目怪异，击大鼓；第二人身材短小，戴无脚幞头，穿圆领窄袖长袍，击杖鼓；第三人戴展脚幞头，穿宽袖长袍，吹笛；第四人戴无脚幞头，穿圆领宽袖长袍，击拍板；第五人戴翘脚幞头，穿宽袖长袍，吹筚篥。5号墓墓室南壁门楼上置杂剧雕砖两排（图86），前一排位置偏下，雕四人，自左至右：第一人戴展脚幞头，穿圆领宽袖长袍，腰束带，双手执笏，是为装孤色；第二人戴朝天交脚幞头，短袄长裤，系带，右手执一木杖，举于胸前，似为末泥色；第三人软巾诨裹，脑后插花，短褐束巾，打结于前，右手高抬，指向右前，是为副净色；第四人软巾诨裹，脑后插花，左衽衫，前襟掖起，右手手指置口中作吹口哨状，是为副末色。后排位置偏上，乐工四人坐乐床上，皆戴无脚幞头，穿长袍，左起第一人似无乐器，其余三人分执拍板、筚篥、笛。8号墓墓室南壁回廊上（图87），排列模制杂剧俑五个，自左至右：第一人戴幞头，穿长袍，左手提袍襟；第二人软巾

图85　山西稷山县马村段氏4号金墓杂剧砖雕

图86　山西稷山县马村段氏5号金墓杂剧砖雕

图 87　山西稷山县马村段氏 8 号金墓杂剧砖雕

诨裹，穿圆领长衫，双手插于袖管，怀抱一大木板，应为副末色；第三人软巾诨裹，穿圆领长袍，面目怪异，嘴涂红色，仰头向右，腿稍弯曲，双手左向作揖，是为副净色；第四人脸庞圆润，身材瘦小，戴展脚幞头，长袍束带，双手合于胸前，似为女性所扮之装孤色；第五人亦为女性，头梳同心髻，左衽襦，长裙，是为引戏色。这六组砖雕砖俑，展示了宋金时期杂剧五个脚色的典型形象，为我们研究宋金杂剧提供了十分珍贵的资料。[①]

图 88　山西稷山县吴城村宁氏金墓杂剧砖雕

山西省稷山县吴城村宁氏金墓杂剧砖雕（图 88），20 世纪六七十年代发现。该墓与马村段氏墓群相距极近，亦为仿木构砖墓，已毁。墓内出土砖雕八块，雕八人，二人为墓主人夫妇，二人为侍女，三人为仆吏，一人为杂剧副净色，表情滑稽，形象怪异，与马村段氏八号墓的副净色砖雕完全相同，说明两砖雕为同模制烧造而成，也说明当地戏曲演出繁盛，以至墓葬以戏曲砖雕作为装饰物，导致作坊大量生产。[②]

山西省稷山县化峪金墓杂剧砖雕（两处），1979 年发现。两墓均为仿木构砖墓，与马村金墓形制略同。2 号墓墓室南壁嵌杂剧砖雕五块

① 山西省考古研究所：《山西稷山金墓发掘简报》，《文物》，1983 年第 1 期。参见《山西稷山马村 4 号金墓》，《文物》，1997 年第 4 期。

② 廖奔：《宋元戏曲文物与民俗》，北京：文化艺术出版社 1989 年版，第 178 页。

图 89　山西稷山县化峪 2 号金墓杂剧砖雕

（图 89），每砖雕一人。自左至右：第一人戴花边幞头，穿圆领长袍，左手执腰带，右手置胸前，张口作态；第二人软巾诨裹，抹额，穿圆领长袍，左手抚胸，右手上指，表情滑稽，是为副末色；第三人戴平顶幞头，两边翘起作牛角状，穿圆领长袍，扁鼻短项，双手交叉于胸前，是为副净色；第四人戴无脚幞头，穿圆领长袍，左手持一团扇，右手掀起前襟，面目清秀，是为装旦色；第五人戴展脚幞头，穿圆领宽袖长袍，双手执笏于胸前，笏已残毁，当为装孤色。3 号墓墓室南壁嵌杂剧砖雕五块（图 90），每砖雕一人。自左至右：第一人扎同心髻，穿左衽衫，外套不制衿，双手执扇，似为引戏色；第二人戴尖筒帽，穿圆领长袍，左手下垂，执一短棒槌，右手食指上指左眼，似为副末色；第三人软巾诨裹，穿左衽襦，双手插入袖筒，右腿弯曲，面目怪异，似为副净色；第四人戴无脚幞头，穿圆领长袍，双手执一竿，似为末泥色；第五人戴展脚幞头，穿圆领宽袖长袍，双手执笏，似为装孤色。[①]

图 90　山西稷山县化峪 3 号金墓杂剧砖雕

山西省稷山县苗圃

① 山西省考古研究所：《山西稷山金墓发掘简报》，《文物》，1983 年第 1 期。参见《中国大百科全书·戏曲曲艺卷》，北京：中国大百科全书出版社 1983 年版，第 140 页。

图 91　山西稷山县苗圃金墓杂剧砖雕雕

图 92　山西侯马市晋光金墓杂剧砖

图 93　江西鄱阳市殷家村南宋洪子成墓戏俑

金墓杂剧砖雕（图 91），1979 年发现。该墓位于县城西南苗圃内，为仿木构砖墓。墓室南壁嵌杂剧砖雕四块，每块雕一人。自左至右：第一人戴无脚幞头，穿圆领长袍，双手插入袖筒；第二人戴翘脚幞头，加抹额，穿左衽衫，袒胸露腹，左手置胸前，掌心朝外，右臂下垂，面目丑陋，似为副净色；第三人戴无脚幞头，穿圆领窄袖长袍，双手作比划状；第四人戴无脚幞头，穿圆领宽袖长袍，双手执笏，似为装孤色。①

山西省侯马市晋光金墓杂剧砖雕（图 92），1995 年发现。该墓位于侯马市晋光制药厂内，为仿木构砖墓，墓内买地券落款为“太（大）安二年八月初六日”，可证墓之年代。墓室南壁东部上方雕直棂窗，下方两边为石狮，中间放置五个杂剧俑。俑贴于两方砖上，自左至右：第一人戴无脚幞头，穿圆领窄袖长衫，下角掖起；第二人软巾诨裹，穿窄袖长衫，右手食指、拇指置口中作吹口哨状，左手执磕瓜，似为副末色；第三人戴圆脚幞头，穿窄袖长衫，右手持扇置左肩上，左手斜垂腹下，两腿相交，屈膝作舞蹈状，似为引戏色；第四人戴展脚幞头，穿宽袖对襟长衫，双手置胸前，作说白状；第五人戴短脚幞头，穿圆领宽袖长袍，双手合抱一笏板斜置左肩上，似为装孤色。②

① 山西省考古研究所：《山西稷山金墓发掘简报》，《文物》，1983 年第 1 期。参见《中国大百科全书·戏曲曲艺卷》，北京：中国大百科全书出版社 1983 年版，第 140 页。

② 山西省考古研究所侯马工作站：《侯马两座金代纪年墓发掘报告》，《文物季刊》，1996 年第 3 期。

图 94 山西垣曲县古城金墓杂剧砖雕

除此以外，这类戏曲文物还有江西省鄱阳市殷家村南宋洪子成墓戏俑（图93）、河南省登封市中岳庙金代露台碑、河南省焦作市金社火乐舞杂剧俑、山西省垣曲县古城金墓杂剧砖雕（图 94）、河南省修武县金石棺杂剧线刻等。

在所有戏曲文物中，最引人注目的是戏曲形成时期的遗物。这是因为这一时期戏曲艺术刚刚形成，它们的演出形态和历史成因还存在许多疑问，而留下来的文献史料又比较缺乏。

这一时期的戏曲文物，除乐舞、社火线刻、砖雕外，明显地大量出现了有关杂剧的脚色形象和演出场景的壁画、线刻、浮雕、俑像以及记载建造舞台的碑刻和戏台模型等，这种变化意味着戏曲已从百戏技艺中分离出来，成为一种独立的艺术形式，并受到民众的欢迎。这些砖雕、雕刻都是当时杂剧演出的脚色形象，分别为末泥、装孤、副净、副末、引戏，恰巧与宋代笔记《都城纪胜》《梦粱录》所载相同。所刻绘的脚色形象，外形上各有特点：末泥多戴幞头，长袍束带，执扇置前或肩上，正面站立；装孤多俊扮，戴展脚幞头，着宽袖长袍，双手执笏，拱于胸前；副净、副末多丑扮，面目怪异，化装用黑、白两色，白色呈团状，涂于眼鼻之间，或圆形，或三角形，或蝴蝶形，黑色成斜线状，自额贯眼而下，头戴诨裹，身穿直裰或短衫，胸间有花纹，手执磕瓜（皮棒槌）或木杖，以手指眼或作打口哨状；引戏即装旦，为女性装扮，着长襦。这些描绘，补充了史载的不足，为我们了解宋金杂剧脚色的服饰、化装提供了重要依据。而它们的位置排列，却又随时代的演进而发生变化。以时代较早的河南白沙北宋杂剧砖雕为例，所雕脚色一组四人，其排列顺序自左至右为末泥、装孤、副净、副末。河南偃师酒流沟三块北宋杂剧砖雕，第一砖雕引戏色，第二砖雕末泥、装孤色，第三砖雕副净、副末色。较之白沙宋杂剧砖雕增出一副净色。而脚色排列位置，后者副净、副末居中，而末泥、装孤则处旁边（按发表时排列），显示了当时杂剧演出以副净、副末逗乐谐趣为主的特点。宋金后期的戏曲砖雕，其脚色位置发生了变化。如河南温县博物馆藏金代五个杂剧砖雕，其排列次序为末泥、副末、引戏、副净、装孤。山西侯马董明墓金代戏俑，排列顺序则为 副净、末泥、装孤、装旦、副末。明显看出，副末、副净的位置从居中向两侧外移，而末泥、装孤的位置则趋向中间，证明这一时期杂剧演出逗乐谐趣的色彩逐渐减少，而正剧的色彩逐渐增浓，反映了戏剧社会功能的强化，更多正面描绘了社会生活。

值得注意的是，这些雕刻脚色形象的戏雕戏俑，相当一部分形象相同，尺寸划一，都是模制烧造的。它们镶嵌于墓室，作为墓室装饰的一部分。这种用于装饰的戏雕戏俑，在许多墓室中都有发现，说明它们不是某一墓室主人生前的特别爱好，而是当时社会生活的一种风尚。墓室中的雕刻和绘画，是根据当时社会生活来创作的，是现实生活的反映，宋金时期的戏雕的大量存在，和那时期露台、舞亭、舞楼、戏台遍布各地一样，说明这一时期戏曲活动在农村广为开展。正因为演出普遍，才可能使雕塑艺人据以制成各种实用工艺品，用以装饰墓室或作随葬之物；也正因为形成了一种社会风气，才可能使作坊工场专门烧制，大量生产。

关于描绘演出场面的戏曲雕刻，数量比前一类少得多，因而弥足珍贵。山西省稷山县马村段氏墓群 2 号墓，绘刻四人，左起第一人头戴双脚软巾诨裹，身穿圆领长袍，手执长杆提灯，目光注视表演中心；左起第二人戴展脚幞头，穿宽袖长袍，左手上抬，伸出食指作势，面向右方第一人，似正与之交谈；左起第三人戴东坡帽，穿圆领长衫，右手持梃杖，左手置胸前，也面向右方第一人，似在倾听交谈；左起第四人即右方第一人头戴展脚幞头，身穿长袍，坐于凳上，右手扬起二指，左手执笏置膝，正与左起第二人对话。很明显，这幅戏曲砖雕刻绘的也是一个演出场面。从演员的服饰、化装和表情来看，左起第一人当为副净，第二人为末泥，第三人似为副末，第四人则为装孤。但是，这四个人物不是脚色形象的描绘，而是扮演剧中人物同台作场（参看图 83）。所演剧目由于资料缺乏，待考，但从演出场面看，已突破宋杂剧早期演出三段式的体制，正在向综合的方向发展，反映了宋金杂剧中有一类演出已接近完整戏剧形态的史实，这是很值得我们注意的。

这些文物所描绘的戏曲演出形态，大多与以往文献所载相符，如河南省偃师酒流沟水库宋墓出土的三块杂剧脚色砖雕，所雕分别为引戏、末泥、装孤、副净、副末五个脚色形象，恰好和宋人耐得翁《都城纪胜》所载“杂剧中，末泥为长。

每四人或五人为一场，先做寻常熟事一段，名曰艳段；次做正杂剧，通名为两段。末泥色主张，引戏色分付，副净色发乔，副末色打诨，又或添一人装孤”相同，这组砖雕反映的正是宋杂剧典型的戏班脚色，使我们对上述史载有更深刻的认识。又如山西高平西李门二仙庙发现的金代正隆二年（1157）露台，台基东侧所嵌宋杂剧线刻，其中有指挥乐队和杂剧演出的参军色（“竹竿子”）形象（图 95），为男性装扮，头戴展脚幞头，身穿圆领宽袖长袍，脚着薄底靴，双手于胸前执竹竿，其下部为细长竹竿，竿顶有一圆球状物，上面插有许多细竹枝，呈分散状。这个脚色的服饰、化装、所执道具，与山西省浮山县上东村的杂剧脚色相同（图 96），所执竹竿的形状，也与柳子光编纂、成书于李朝成宗二十四年（1493，即中国明代弘治六年）的朝鲜音乐典籍《乐学轨范》卷八“唐乐呈才仪物图说”中所记“竹竿子，柄以竹为之，朱漆，以片藤缠结，下端蜡染铁妆（凡仪物柄同），雕木头冒于上端，又用细竹一百个，插于木头上，并朱漆，以红丝束之。每竹端一寸许，裹以金箔纸，贯水晶珠”相类似，使我们终于弄清“竹竿子”的具体形状，解决了宋金杂剧研究中的一个疑难。

图 95　山西高平西李门二仙庙宋杂剧线刻摹本“竹竿子”

图 96　山西浮山县上东村宋墓单人壁画“竹竿子”

第四章　戏曲繁盛期的戏曲文物

我国的戏剧，经过漫长的孕育、形成过程，到了元明清时期，终于发展到成熟、繁盛的阶段，出现了完整的戏曲形式——南戏、北杂剧和明清传奇，以及各种各样的地方戏。

首先，我们来看看北杂剧和南戏的情况。在宋金后期乃至元代，南北各地的城市和乡村广泛演出南戏和北杂剧，涌现出许多一流的戏班和优秀的戏曲作家、艺人，他们对戏曲的发展作出了卓越的贡献。在城市，还出现了下层文人和民间艺人交流创作经验的通俗文艺群众组织——书会，如在南方，南宋末年温州有九山书会、永嘉书会、敬先书会，元代杭州有武林书会、古杭书会；在北方，元代大都则有玉京书会、元贞书会等。作家的创作才能和艺人的舞台实践结合在一起，创作出既有文学价值，又适合舞台演出的优秀剧本。在短短的百十年中，即涌现出 230 多种宋元南戏剧本和近 740 种元杂剧剧本，形成了中国戏剧创作演出的第一个黄金时期。

为什么中国戏剧发展到元代能臻于成熟，并出现初步繁盛的局面？这有戏剧发展本身的原因，也有社会政治经济的原因。

首先，戏剧成熟是各种技艺和泛戏剧形态发展和融合的结果。在前面第二章和第三章中，我们曾述说过唐代以前存在多种多样的技艺表演和泛戏剧形态，到宋金时期，又出现或偏重歌舞，或偏重说白，或偏重假面装扮，或偏重故事表演的杂剧院本，它们长期共处，同台演出，相互影响，并开始有所融合。其中偏重于人物装扮、故事表演一类的杂剧院本尤为重要，它采用人物上下场的舞台演出形式，有大致的脚色分工，有舞蹈、杂技、武打和插科打诨等表演手段，有固定的面部化装，已具有戏曲的雏形，可以说它是南戏和元代北杂剧的基础和前身。拿北杂剧来说，它是在宋金时期偏重于人物装扮、故事表演一类杂剧的基础上，吸收当时北方一种说唱艺术“诸宫调”（把各种不同宫调的曲子连缀起来演唱一个故事，既有说白，又有歌唱的艺术形式）的长处，把金元时北方的俗谣俚曲按照“诸宫调”的模式组合起来，形成一套有机的音乐整体，结合到杂剧表演中，从而创造出一种新的戏曲形式——北杂剧。南戏同是如此，它源于温州杂剧，最初是以民间小戏的形态出现，即兴创作，顺口而歌，后来逐渐吸收了宋词、大曲、诸宫调、唱赚、杂剧等艺术形式的养料，终于形成一种有歌舞、有说白、有科诨、有情节的戏曲形式。

南戏和北杂剧这两种新的戏曲形式臻于成熟，同时又是时代、社会的产物。元代是我国历史上第一个由少数民族统治整个国家的王朝，它由蒙古贵族统治。由于在此之前，蒙古民族处于奴隶社会阶段，入主中原后仍然使用原来的统治办法，因而在政治上、经济上存在严重的社会不平和等级歧视。比如他们把国人分为四等：一等为蒙古人，二等为色目人（西域、中西亚乃至欧洲地区的各民族），三等为汉人（原金朝统治地区的北方各民族等），四等为南人（原南宋统治区的汉族为主的各族人民）。人等不同，在科举、仕宦、生活、刑罚等方面待遇迥异。又比如把土地分封给诸王、驸马、功臣占有，他们在辖区内可自置官吏，人民被当作“驱口”，不得自由迁徙。在职业方面，也有明显的等级差别，郑思肖《铁函心史》卷下《大义略叙》中有元代人分十等的记载：“一官二吏，三僧四道，五医六工，七猎八民，九儒十丐。”[①]谢枋得《叠山集》卷二《送方伯载归三山序》也载：

> 我大元制典，人有十等：一官二吏，先之者，贵之也，贵之者，谓有益于国也。七匠八娼九儒十丐，后之者，贱之也，贱之者，谓无益于国也。[②]

社会的不公，使当时以汉族为主的各族下层人民深感不平，激起他们的反抗，不仅以起义、逃亡来抗争，还常常通过词曲创作来表达不满。这里的词曲，不仅是唐宋以来原有的诗歌形式，还包括新的用词曲来配乐的戏曲。南戏和北杂剧因为能较好地表现民众的生活、思想和感情，从而为人民所喜爱，迅速趋于成熟。

元代还是一个城市经济畸形发展的社会。前面我们已经说过，宋金时期城市经济已得到较大发展，蒙古统治者入主中原后，更把各地工匠集中起来，设立军器局、染织局等机构，让作坊工匠从事生产，以供他们享用和贸易需要，这样，元代城市人口便大大增加。当时，大都（今北京）、汴梁（今开封）、京兆（今西安）、临安（今杭州）、泉州，都是人口较多的城市，特别是大都，更是闻名

① 《四库全书存目丛书》集部，第 21 册，济南：齐鲁出版社 1997 年版，第 140 页。
② 文渊阁《四库全书》册一千一百八十四，上海：上海古籍出版社 1987 年版，第 870 页。

世界的大都会。据《马可·波罗游记》记载，大都各种商品成“市”，大批贸易，如生丝一项交易，每天用马车驮运不下 1 000 起，连娼妓也有 25 000 人之多。经济的繁荣，城市人口的增多，为戏曲演出提供了物质条件和观众群，从而促进了戏曲的发展。

在元代，文人的地位还发生了分化。元朝一段时间内废除科举，使文人失去进身之阶。一部分文人为元蒙统治者收买，与之合流，充任各级官吏（当然不能任要官，一般只能任副职）。另一部分文人则退隐山林，不与统治者合作。大部分文人沦落下层，或为人佣作，或提灰罐沿街乞讨，更多的文人沦入歌楼酒馆，为歌女艺人撰写唱词杂剧，是以有上述“七匠八娼九儒十丐”之说。明胡侍《真珠船》卷四载：

中州人每每沉抑下僚，志不获展……于是以其有用之才，而一寓之乎声歌之末，以舒其怫郁感慨之怀，盖所谓不得其平而鸣焉者也。[①]

他们社会地位下降，目睹民众生活困苦，于是以词曲杂剧创作来表现民众（也包括作家自己）的愤懑和不平。也就是说，特定的社会现实为戏曲的兴起、成熟提供了创作队伍。

元以后的明清两代，戏曲进入繁荣鼎盛阶段，繁荣鼎盛的标志是：演出极为活跃，形态多种多样，剧目众多，作家迭出，所作题材广泛，表演艺术出新，形成不同风格流派。由于创作演出繁盛，刊刻戏曲选本、合集蔚然成风，同时也导致戏曲理论探索和戏曲批评的深入。这都表明，我国戏曲进入了又一个黄金时代。

我们先来看明清戏曲的演出情况。明清两代，戏曲是民众最为欢迎的演艺形式，从城市到乡村，从民间到宫廷，宴集之时，闲适之暇，常以演剧助娱遣兴。庙会神台，府邸氍毹，市肆戏园，山野草棚，弦歌不断，竞夸技艺。而观者云集，兴致如狂，每睹一剧，归来称道，浃旬未已。所演戏曲，形态多样，既有前代流传下来的队戏、院本、杂剧、南戏，也有这一时期才出现的传奇和各种各样、富有特色的地方戏。

过去人们以为，戏曲演出形态与朝代同步，金有院本，元有杂剧，明清则为

① 《丛书集成初稿》卷三百八十三，北京：商务印书馆 1985 年版，第 35 页。

传奇，所谓一代有一代之文艺是也。其实不是这样，前代的戏曲形态并未随朝代的更替而消失，它们仍然存在，只不过后一朝代新出的戏曲演出形态演出更多，在一定程度上将它们湮没而已。比如队戏，是一种古老而初级的戏曲形态，它的名称，最早见于宋刘斧《青琐高议》卷之五“隋炀帝海山记”下，两宋多有演出，元杨维祯《东维子文集》卷六“送朱女士桂英演史序”中记载南宋孝宗时钱塘行都李瑞娘善演队戏。它最初以列队行进方式表演，后来登上舞台，由于演出形式简朴，金元以后，被较先进的院本、杂剧所掩盖，但在民间却时有演出，并未消亡。近年来在山西省潞城市和长子县发现的明清时期记录迎神赛社祭祀活动的抄本《周乐星图》和《唐乐星图》，即记载祭祀活动后在神庙戏台上献演队戏，而且剧目繁多，证明明清民间仍有这种戏曲形态存在。至于院本，在金代流行，明清时期在北方仍有演出，上述抄本，也有神庙戏台上献演院本的记录。而明代朱有燉杂剧《吕洞宾花月神仙会》中记有《长寿仙献香添寿》院本，《水浒传》第五十一回描写雷横看“笑乐院本”，也足资证明。北杂剧于元代繁盛，到明清仍有演出，部分发生变化，由一本四折、只唱北曲演变为一本一折或一本多折、可唱南曲，这样就出现了南杂剧。南戏源于南方民间，元代北传，至明继续流播，它吸取了北曲的长处，演变成不限出数、以南曲为主、南北曲合套的戏剧形态——传奇。明清两代，传奇成为主要的戏曲表演形态，剧目 2 600 多种，遍演于城乡，蔚为大观。至于地方戏，则是在明末清初勃兴，到清中叶以后繁盛，林林总总，不下数百种，所演剧目更以数万计，可以说是我国戏曲的又一个发展高峰。

元明清时期戏曲如此繁盛，当然会在后世遗留下有关文物。这些文物，按其形态和外部的形式，可分为演出场所、戏曲雕塑、戏曲碑刻、戏曲绘画、戏曲题记、戏曲抄本和刻本等几类，下面我们依次述说。

第一节　演出场所

这时期的演出场所种类繁多，形制不一，在乡村，主要是神庙戏台。从建造的时代来看，元明清三代都有。元代的戏台存世较少，因而弥足珍贵。目前发现的元代戏台全部集中在山西南部，共计 13 座（包括遗址）。

山西省临汾市魏村三王庙元代戏台（图 97、图 98），1954 年发现。三王庙俗称“牛王庙”，始建于宋大中祥符七年（1014）。戏台初建于元至元二十年（1283），至治元年（1321）重修。此台坐南面北，与三王庙正殿、献庭相对，为砖木结构，

图 97 山西临汾市魏村三王庙元代戏台

图 98 山西临汾市魏村三王庙元代戏台角柱

亭榭式单檐九脊歇山顶。戏台台基砖砌，高约 1.5 米，台面宽 7.1 米，进深 7 米，四角立柱，上承大额枋，额枋上施五铺作双昂斗拱，铺作上施抹角梁，梁上置大斗，与补间耍头后尾共同承起井字形额枋，枋上再施铺作，上再承井口枋，枋上为斗八藻井，中设雷公柱。后檐砌墙，两侧后部三分之一处各设辅柱一根，柱后砌山墙与后墙连接，两辅柱间可设帐额，将戏台区分为前后台。前台及两侧无山墙，观众可三面观看。前檐角柱为石质，方形抹角，雕“莲花童子”等花卉图案，并有纪年刻字。西角柱刻：“蒙大元国至元二十年岁次癸未季春竖，石泉南施石人杜秀。”柱头上方刻：“交底都维那郭仲臣。”东角柱刻：“维大元国至治元年岁次辛酉孟秋月下旬九日竖，石匠赵君王”，“交底都维那郭仲臣次男郭敬夫”。柱头上方刻：“交底众社人施石柱一条。”屋顶用琉璃瓦铺盖，正脊平直，用叠瓦垒砌，两端饰以兽形鸱吻，四檐飞翘如翼，雄伟壮丽。这是元代前期戏台的典型形制。[①]

山西省芮城县永乐宫龙虎殿（无极门）元代戏台（图 99），1988 年发现。永乐宫为元代道教宫观，原在山西省芮城县永乐镇（旧属永济），20 世纪 60 年代因该地建造三门峡水库，迁移至芮城县北 2.5 千米处。龙虎殿为永乐宫原宫门，

① 墨遗萍：《记几代古代乡村戏台》，《戏剧论丛》，1957 年第 2 期。又见丁明夷《山西中南部的宋元戏台》，《文物》，1972 年第 4 期。柴泽俊《平阳地区元代戏台》，《戏曲研究》，第 11 辑，北京：文化艺术出版社 1984 年版。吴锐《临汾市魏村牛王庙元代戏台修复工程述要》，《文物季刊》，1992 年第 1 期。黄竹三《两座雄伟的元代戏台》，《大雅》（中国台北），第 9 期，2000 年 6 月。

图 99　山西芮城县永乐宫龙虎殿（无极门）元代戏台

台基高 1.8 米，通面宽五间 20.68 米，通进深两间六椽 9.6 米。单檐庑殿顶。斗拱五铺作单杪单昂。补间用真昂。梁架结构为分心三柱，中柱上装板门三间。后檐明间踏道缩在台基内，两侧边缘有凹槽，上可铺设木板，形成一可供演剧的戏台。这是元代另一形制的演艺场所——通道式戏台。①

山西省万荣县孤山风伯雨师庙元代戏台石柱刻字（图 100）。此庙及戏台为元大德五年（1301）以前修建，抗日战争时被毁。戏台残址仍存，面宽 7.8 米，进深 7.7 米。台上存残柱两根，高 3.4 米，上宽 0.28 米，下宽 0.33 米，上刻：“尧都大行散乐人张德好在此作场，大德五年三月清明施钱十贯。”又载：“盖风伯雨师之殿，列宿祠官，起垒基址，划除荆棘，展修庙庭，抽梁换檐，移挪舞庭，创建缠腰。开山栋材，琢磨成，造刊成之，器上凿嵌花龙石树一对。本社八分为率，杜村三分，杨李村二分，北吴村一分半，南吴村一分，袁家庄半分。时大德五年夹钟辛未朔，蓂生十有二叶谨志。”墨遗萍先生曾拓石柱拓片，山西师范大学戏曲文物研究所存拓片全文照片。石柱在 1958 年被毁，残片存中国艺术研究院戏曲研究所，只余部分文字。②

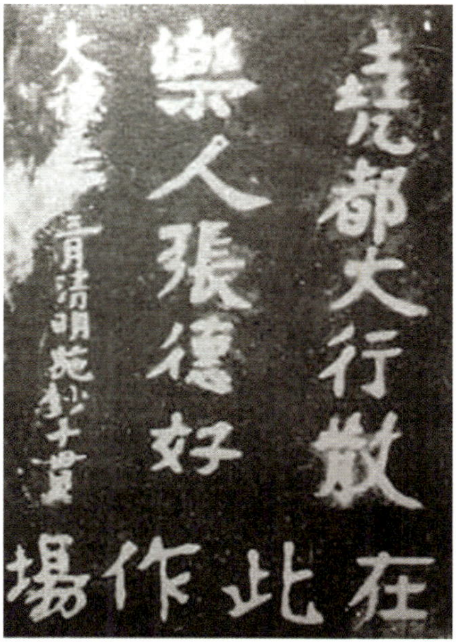

图 100　山西省万荣县孤山风伯雨师庙元代戏台石柱刻字

山西省永济市董村二郎庙元代戏台（图 101）。戏台建于元至治二年（1322），明清两代重修。该台为单檐歇山顶，通面宽三间 8.4

---

① 景李虎：《永乐宫龙虎殿考论》，《中华戏曲》，第 8 辑，太原：山西人民出版社 1989 年 5 月。

② 卫聚贤：《元代演戏的舞台》，（台湾）“清华大学”中国文学会，《文学月刊》，2 卷 1 期（1931 年 12 月 15 日）。又见墨遗萍《记几个古代乡村戏台》，《戏剧论丛》，1957 年第 2 期。

米，其中明间 5.1 米，进深两间四椽 6.5 米。四角立粗大圆木柱，前后平柱较细，上承大额枋。斗拱，外计心转内偷心。前后檐五铺作双昂，共五朵，山面五铺作双杪，柱头、补间各一朵。转角五铺作双昂。四角用抹角梁，与老角梁后尾相交共同撑起垂柱各一，作为交金垂柱。每山面中间铺作后尾又撑起一垂柱，以承金枋中部。由此共享八根垂柱，其间用枋木顺势相连，组成又一层框架。明间补间铺作后尾，又起一枨杆直抵雷公柱，这是山西古代常用建筑手法。脊槫垫板上有元至治二年题记。垂柱串联枋题记："大明嘉靖二十四年四月中浣□吉重修。"

图 101　山西省永济市董村二郎庙元代戏台

台上以木板隔断，分戏台为前台和后台，两侧又设上下场门，横书"遏云楼"三大字，落款为："光绪贰年岁次丙子中秋吉旦。"庙已不存，戏台在当地小学院内，1979 年重修。[①]

山西省翼城县武池村乔泽庙元代戏台（图 102）。戏台位于翼城县武池村西南隅乔泽庙（乔泽为当地水神封号，故此庙俗称"水神庙"）内。据碑载，乔泽庙建于唐时，金代重修，现庙内其他建筑已毁，仅存戏台。戏台始建年代有二说：一说创建于元泰定元年（1324），依据是 1983 年落架重修时在西北转角斗拱的华拱下皮发现的墨写题记："泰定元年十二月十七日，武池村创建舞楼一座。都维那：邢口、邢德；都维那：李温、男李思谅。"另一说创建于金大定四年（1164），依据是该庙清康熙三十二年（1693）残碑记有"中有舞楼，创自大宋（当作'金'）大定四年"。目前二说并存，在此取前一说。此台坐北面南，为亭榭式戏台，单檐歇山顶，台基砖砌，高 1.45 米，边长 13.3 米，戏台面宽 9.38 米，进深 9.25 米，面积达 90 多平方米，是我国现存

① 柴泽俊：《平阳地区元代戏台》，《戏曲研究》，第 11 辑，北京：文化艺术出版社 1984 年版。

元代戏台中最大的一座。台身四角立柱，下有覆盆式石础支垫，高 4.46 米。山面两侧靠后近三分之一处，各设辅柱一根，辅柱后设山墙与后墙连接，深 3.14 米。两辅柱间可挂帐幔，将戏台分为表演区与后台两部分，表演区可三面观看。

图 102　山西翼城县武池村乔泽庙元代戏台

除台身四立柱及山面二辅柱外，后檐还设二平柱。八柱皆木质，上承大额枋，普柏枋上旋斗拱，前额九朵，后额六朵，东西两额各七朵。内部楼架施斗拱三层，形成三层方形框架，中间一层与上下两层斜向交错安装，当心施一雷公柱，与周围小垂柱相互照应，构成斗八藻井。戏台顶部以筒板灰瓦覆盖，琉璃九脊及鸱尾、大吻、垂戗脊兽、角神、套兽雄伟逼真，四翚挑起，气宇轩昂。乔泽庙戏台和洪洞县广胜寺明应王殿戏剧壁画，修建和绘画于同一年代，证明元代泰定年间北杂剧在平阳一带曾有广泛演出。同时由于戏剧已臻成熟，情节复杂，人物众多，才导致面积较大的戏台出现。[①]

山西省洪洞县景村牛王庙元代戏台遗址，元至正二年（1342）。戏台在洪洞县西南 20 千米景村外，为牛王庙所属建筑之一。庙与戏台已毁，仅余献殿石柱四根及戏台前台小八角石柱两根。戏台柱高 3.3 米，下径 0.43 米，上径 0.36 米，柱间距 7.4 米。柱上除纹饰外，还有纪年刻字，东角柱刻："南北曹村施般载石柱车牛人工张惠等，石匠杨五、杨十。"柱之正面下方刻："至正二年岁次壬午。"柱边刻："砌匠卫彦深。"西角柱刻："南北曹村施般石柱车牛人工任伯川等。"景村牛王庙戏台与魏村三王庙戏台虽分属洪洞、临汾二县，但仅距 500 米，彼此相望，同属神庙建筑，于此可见元代乡村赛祭演出戏剧之盛。[②]

① 柴泽俊：《平阳地区元代戏台》，《戏曲研究》，第 11 辑，北京：文化艺术出版社 1984 年版。又见黄竹三《舞楼寻踪——记现存最大和最小的元代戏台》，《黄河》，2001 年第 3 期。

② 丁明夷：《山西中南部的宋元戏台》，《文物》，1972 年第 4 期。

山西省沁水县海龙池天齐庙元代戏台遗址，元至正四年（1344）建。天齐庙在沁水县杏峪乡姚家河村西北约2.5千米的山上，庙内残存正殿、东西厢房、戏台台基及石柱七根。其中前檐立三根，后檐竖一根，院中倒卧两根，院外倒卧一根。柱为方形，抹棱，有收杀，高2.52米，上径0.34米，下径0.42米。台基高2.5米，面宽三间7米，其中明间2.9米，进深5.5米。明间左檐柱正面刻："王秦村祖上阴阳先生母阿张□□，愿施石益崇厚庙，圣世国泰民安漆石。"背面刻："上元甲子至正四年岁次甲申七月十五日记。"院外倒卧之石柱上刻："本村姚德布士（当作'施'）西南石柱一条，至正四年五月。"[①]

图103　山西临汾市东羊村东岳庙元代戏台

山西省临汾市东羊村东岳庙元代戏台（图103）。东岳庙位于临汾市西北两千米的东羊村，庙内现存牌楼、钟鼓楼、后殿及戏台。戏台始建于元至正五年（1345），为砖木结构，单檐十字歇山顶，屋面筒瓦铺盖，正脊两端无鸱吻装饰，两侧山墙青砖砌建，连接前台二角柱与后墙，只留正面面向观众，异于元初戏台的三面观形制，表现了元代后期戏台建筑风格。戏台台基砖砌，高约1.6米，戏台前檐面宽7.62米，后檐面宽7.12米，进深8.8米。四角柱及两侧山墙上置大斗承由额、阑额，上设斗拱、跳头、藻井、雷公柱。前台二角柱为石质，方形，小抹角，高4.1米，上部直径0.46米，底部直径0.54米。左柱柱头正面，有宽0.25米，高0.37米石刻文字一方，其文为："本村施主王子敬，男王益夫，施刻石柱一条，众社般载至正五年□月□日本村石匠王且、王二。"此台清代重修，在前檐添建了三开间廊，使之成重檐。1986年重修后恢复元代形制。此台只可一面观看，为元代后期戏台的典型形制。[②]

① 田同旭、李来虎：《新发现的沁水元代戏台遗址考察》，《中华戏曲》，第7辑，太原：山西人民出版社1988年版。

② 墨遗萍：《记几个古代乡村戏台》，《戏剧论丛》，1957年第2期。丁明夷《山西中南部的宋元戏台》、山西师范大学戏曲文物研究所《宋金元戏曲文物图论》所收照片为重修前所拍。廖奔《宋元戏曲文物与民俗》之照片为重修后所拍。参见黄竹三《两座雄伟的元代戏台》，《大雅》（中国台北），第9期，2000年6月。

图 104 山西省万荣县西景村岱岳庙元代舞厅遗址

图 105 山西省石楼县张家河圣母庙元代戏台

山西省万荣县西景村岱岳庙元代舞厅遗址（图 104），元至正十四年（1354）修建。据清华大学中国文学会《文学月刊》1 卷 4 期（1931 年 8 月 15 日）扉页照片看，该舞厅为单檐歇山顶，一面观。四角立柱，上施大额枋，斗拱五铺作双昂。前檐又加两根细木柱作辅柱，角柱外砌八字影壁。辅柱及影壁疑为后世重修所增。舞厅于抗战时被毁，现存残址，面宽 7.9 米，进深 7.6 米。又存岱岳庙修舞厅功德碑，详见“戏曲碑刻”一节。[①]

山西省石楼县张家河圣母庙元代戏台（图 105）。圣母庙在石楼县前山乡张家河村外殿山顶峰上，庙分上下院，上院现存正殿、配殿、东西窑洞，下院现存山门、戏台、献庭。戏台为亭榭式，单檐歇山顶，台基石砌，高 1.6 米，东西宽约 6.5 米，南北长约 6.35 米，平面近似正方形。台基四角竖四根圆木柱，高约 2.78 米，前二柱间台口宽 4.65 米，进深 4.3 米，表演区面积约 19.9 平方米，是目前发现元代戏台中最小的。戏台设后墙及两侧山墙，山墙中部各施一辅柱。角柱及辅柱上施阑额、由额，形成“井”字框架，上施斗拱十二朵（四周补间各两朵，转角各一朵），拱面抹斜，耍头蚂蚱头。补间斗拱衬方头出头嵌入檐檩，后尾托垂柱承金桁。顶部用筒瓦铺盖，兽脊平直，四角翘然若飞，形态壮观。它前台敞开，只可一面观看，是元代后期戏台的典型形制。戏台前献庭上石制灯台中部，刻有“元至正七年建”字样，证明灯台为 1347 年之物，可作戏台建造年代之参考。[②]

山西省临汾市王曲村东岳庙元代戏台（图 106）。东岳庙在临汾城北约 15 千

---

① 清华大学中国文学会《文学月刊》1 卷 4 期扉页，1931 年 8 月 15 日。

② 丁明夷：《山西中南部的宋元戏台》，《文物》，1972 年第 4 期。又见柴泽俊《平阳地区元代戏台》，《戏曲研究》，第 11 辑，北京：文化艺术出版社 1984 年版。又见黄竹三《舞楼寻踪——记现存最大和最小的元代戏台》，《黄河》，2001 年第 3 期。

图 106　山西省临汾市王曲村东岳庙元代戏台

米的王曲村内，现存正殿、戏台及明嘉靖四十五年（1566）“重修岱岳庙”碑一方。戏台为单檐歇山顶，开间三间，台基砖砌，高约 1.3 米。四角立柱，高约 4 米，前二柱间台口宽 6.76 米，后二柱间宽 6.4 米，进深 8.4 米，平面呈长方形。两侧山面中部各设辅柱一根，辅柱与后柱间设山墙，与后墙相连。辅柱与前柱间敞开，与台口相连，可三面观看，为元代戏台典型形制。该台历代重修，在辅柱与前柱间增设山墙，形成一面观形制，并于前檐添建一卷棚，使之成为重檐，又于两侧增设影壁。此台现为清代改变形制之物，与一般的元代戏台不同，其后半部仍存元代戏台之旧。①

山西省翼城县曹公村四圣宫元代戏台（图 107）。曹公村在翼城县东南 30 余千米的山中，四圣宫祀尧、舜、禹、汤，现存正殿、侧殿、廊房（二层）、南厢房、戏台等。戏台坐北朝南，为九脊单檐歇山顶样式，面宽 7.65 米，进深 7.2 米，四角立柱，前二角柱下有覆盆式大青石础各一，两侧山墙后三分之一处各立一辅柱，后檐立二平柱。角柱上施大额枋，枋上施五铺作双昂斗拱，转角各一朵，补间各四朵。补间耍头后尾挑起八根垂柱承八条井口枋，上施斗拱一圈撑斗八阳马，

① 柴泽俊：《平阳地区元柴泽代戏台》，《戏曲研究》，第 11 辑，北京：文化艺术出版社 1984 年版。又见黄竹三《舞楼寻踪——记现存最大和最小的元代戏台》，《黄河》，2001 年第 3 期。

中设雷公柱。从整体看，具有元代戏台建筑特点，但无建造文字记载。庙内明嘉靖三十八年（1559）《重修尧舜禹汤之庙记》载庙“起于至正”，可作戏台建造年代之参考。[①]

图 107　山西省翼城县曹公村四圣宫元代戏台

图 108　山西省泽州县冶底村东岳庙元代舞亭

山西省泽州县冶底村东岳庙元代舞亭（图 108）。此台为亭榭式十字歇山顶样式，四面观。台基高 1 米，东西宽 8.8 米，南北长 9.9 米。戏台面宽、进深各 5 米。四角立方形抹角石柱，素平础。阑额呈方形，其中北、东、西三面加由额垫板。斗拱五铺作双假昂，昂嘴翘起，呈三角形。转角各一，补间各三。蚂蚱头耍头承檐枋、檩。建筑形制具有元代特征。舞楼东北角柱子上端，尚存阴刻铭文，已剥落的文字中隐约可见“正隆贰”三字，疑指金海陵王正隆二年（1157）。[②]

明清两代，由于戏曲演出繁盛，戏台修建也极为众多，南北城乡各地，闹市山间，无处靡有，据《中国戏曲志》各省份志不完全统计，已公布的明清戏台即有五六百座之多。这里，我们选择部分具有特点的戏台略作介绍。

山西省稷山县南阳村法王庙明代戏台（图 109），明成化十一年（1475）建。戏台坐东面西，正对大殿，为重檐十字歇山顶样式。戏台主体三间，面宽 7.2 米，

① 柴泽俊：《平阳地区元代戏台》，《戏曲研究》，第 11 辑，北京：文化艺术出版社 1984 年版。
② 寒声等：《泽州三座宋金戏台的调查》，《中华戏曲》，第 4 辑，太原：山西人民出版社 1987 年版。

图 109　山西稷山县南阳村法王庙明代戏台

图 110　山西省长治市城隍庙明代过路戏台

进深 7.77 米。前檐无平柱，内无金柱。四角用粗大圆木柱，上施大额枋，承五踩双昂斗拱，柱头补间各一朵。其上再有斗拱、井口枋、十字脊檩等。庙内存明成化十一年《法王庙创建舞庭记》碑，碑阳记载修建舞庭事，碑阴绘刻庙貌图（包括舞庭图像，名为“乐楼”）。这是目前所见既有文字记载，又有图像和实物留存的明代戏台。①

山西省长治市城隍庙明代过路戏台（图110），明嘉靖三十四年（1555）建。此台为过路台，位于二道山门之上。山门高 3.3 米，下为通道，上部为戏台。戏台分前台和后台，前台为单檐歇山顶，顶部又出二翼角。面宽三间 12.3 米，其中明间 5.4 米，进深 6.27 米。台上三面护栏围绕，安活动门，可随时拆装。后台及左右耳房亦为单檐歇山顶，平面布局呈“品”字形。此台为目前发现最高大雄伟的过路戏台。②

江西省婺源县阳春村方氏宗祠戏台（图 111），明嘉靖年间（1522—1566）建。戏台为过路台，歇山顶，翼角三重，一面观。下层高 1.7 米，五间。上层三间，

① 廖奔：《晋南戏碑偶录》，《戏曲研究》，第 22 辑，北京：文化艺术出版社 1987 年版。参见车文明《稷山县南阳法王庙明代创修舞亭及庙貌图碑考论》，《中华戏曲》，第 23 辑，北京：文化艺术出版社 1999 年版。

② 冯俊杰：《略论明清时期的山门舞楼》，“世纪之交中国古代戏曲与古代文化国际学术研讨会论文”，广州，1999 年 9 月。另见冯俊杰《略论明清时期的神庙山门舞楼》，《文艺研究》，2001 年第 4 期。

面宽12.5米，进深8米。上下场门共八个，正面四个，分别称“出将”“入相”，两侧四个，为演出武打戏时使用。台顶藻井、梁枋上雕有戏剧人物。[①]

图111 江西婺源县阳春村方氏宗祠戏台

图112 山西省太原市晋祠明代水镜台

山西省太原市晋祠明代水镜台（图112）。此台明万历元年（1573）建，坐落在太原市南约25千米晋祠的中轴线，坐东面西，与主殿圣母殿隔水相对。台基砖砌，高1.5米，面宽三间9.6米，其中明间5.4米，进深6.2米。戏台分前台和后台。前台为单檐卷棚歇山顶，无山墙，观众可三面观看演出。后台为重檐歇山顶，进深4.8米。除台口外，其余三面均有廊，样式别致。四角立柱，前二角柱为六棱石柱，后二角柱为木柱。柱上施由额垫板、阑额、翼形拱，阑额上施六架梁，上为五架梁、四架梁。梁柱雕饰彩绘，形制瑰丽壮观。板壁中央，悬“水镜台”匾额，正脊瓦匾题记：“万历元年六月吉制造……”戏台台基下埋有八口大瓮缸，使台上演剧时声音能产生共鸣，传播广远。[②]

广西壮族自治区昭平县黄姚镇宝珠观戏台，明万历四年（1576）建。该台为单檐歇山顶样式，面宽三间11米，其中明间8.7米，进深8米，其中前台5米。

---

① 陈爱中：《婺源古建筑述略》，《东南文化》，1994年第4期。参见《中国戏曲志·江西卷》，北京：中国ISBN中心1998年版，第650页。

②1986年笔者实地考察记录。参见清华大学土木建筑系《中国会堂剧场建筑·中国剧场发展简史》，1960年版，第8页。参见《中国大百科全书·戏曲曲艺卷》，北京：中国大百科全书出版社，1983年版，彩版第58页。

台面中心区铺木板，下为密封空间，以增强音响效果。前后台之隔扇中央悬金字“可以兴”匾额，上、下场门分别名“飞燕”“惊鸿”。[①]

江西省南丰县藕塘村唐氏祠堂戏台。明万历三十八年（1610）建。此台为过路台，一面观。面宽三间18米，其中明间由六根活动矮柱（高1.7米）与台板构成，平时拆下为祠堂大门通道。台顶斗八藻井，中绘八卦图。台对面为神坛。[②]

图113 山西省夏县裴介镇关帝庙明代戏台

山西省夏县裴介镇关帝庙明代戏台（图113），明崇祯十六年（1643）建。共两座，东西对峙，相距28.4米。西台台基高约1米，硬山顶，面宽三间9.29米，其中明间4米，进深6.76米。清代重修时添加一步架之前廊。东台原为献殿，后人将之改造为戏台，此台亦为硬山顶，面宽三间，进深两间。台基前1.63米处立四柱，柱子与台面齐平处有榫卯，供演戏时加棚板以增大表演区面积。这是目前发现的较早的对脸戏台。[③]

北京市前门平阳会馆戏台。明末清初建造。此台坐西朝东，悬山顶，二层，下层为表演区，三面观。台基高0.6米，面宽7.55米，进深7.15米，其中前台6.1米。表演区顶部有方形天井，可通上层。楼上悬“警世锋”匾额，为明末清初书法家所书。台前正中为池座，南、北、东三面均有两层看楼，东、西两层看楼有三座挑檐阁，为贵宾席。池座上方加盖顶棚，与两层看楼顶部相连，形成封闭式剧场。此台为北京现存最早最大的会馆戏楼。[④]

①《中国戏曲志·广西卷》，北京：中国ISBN中心1995年版，第436页。

②《中国戏曲志·江西卷》，北京：中国ISBN中心1998年版，第650页。

③张国维：《河东地区的古代路台与对台》，《河东戏曲文物研究》，北京：中国戏剧出版社1992年版。

④李畅：《三座尚存的会馆戏楼》，《燕都》，1989年第3期。参见周华斌《京都古戏楼》，北京：海洋出版社1993年版，第126页。

浙江省德清县刘桥村范蠡祠戏台。此台建于清初，台之南北两面均可演出，俗称“里外台”。外台为单檐歇山顶，三面观，向南突出，面临戏坪。内外五间，中间为表演区，稍间为化装室，正对大殿。二台连为一体，中间用屏风相隔。台上有清代著名学者俞樾题匾“庙貌扁舟”。①

图 114　广东省佛山市祖庙清代万福台

广东省佛山市祖庙清代万福台（图 114），清顺治十五年（1658）建，原名“华封台”，光绪二十五年（1899）重修，为庆贺慈禧六十寿辰而改名。此台为砖木建构，通高约 20 米，单檐卷棚歇山顶，三面观。面宽三间 13 米，其中明间 7 米，进深三间 11.8 米，前台 5.8 米，后台 6 米，以镂花贴金木雕屏风分隔。屏风上层雕福禄寿三星、麒麟、日月神，中间刻“万福台”三个烫金大字，下层正中为戏曲镂空木雕《曹操大宴铜雀台》《曹国舅学道》《铁拐李炼丹》。两侧有篆书“传来往事留金鉴，谱出新歌彻紫箫”对联一副，对联两边设“出将”“入相”二门，为演员上下场所用，两端又有“蹈和”“履仁”二门，供乐队和杂务人员出入。台基砖砌，高约 2 米，辟设为室，作存放戏箱杂物之用。戏台前为戏坪，铺以白色长条石，为观众观看演出之场所。戏坪两侧有两层看楼，为达官贵人看戏的“官厢”。戏台、戏坪、看楼构成一个整体，是清初南方戏台中保存最完好的一座。②

山西省长子县八里洼三嵕庙戏台，清康熙四十年（1701）建。三嵕庙内南端有戏台一座，庙外又建两座戏台，东西相向，大小完全一样，均面宽 8.5 米，进深 6.7 米。两台相距 80 多米，庙会期间，由两个戏班艺人分别演出，唱“对台戏”。③

---

① 谢涌涛：《浙江演出场所的类型和嬗变述略》，《中华戏曲》，第 14 辑，太原：山西古籍出版社 1993 年版。

② 1992 年笔者实地考察记录。参见《中国戏曲志·广东卷》，北京：中国 ISBN 中心 1993 年版。《中国大百科全书·戏曲曲艺卷》刊登照片，第 425 页。

③《中国戏曲志·山西卷》，北京：文化艺术出版社 1990 年版，第 551 页。

图 115　四川省都江堰市（原灌县）二王庙清代戏台

图 116　山西省运城市解州镇关帝庙御书楼戏台

河北省承德市避暑山庄浮片玉戏楼。清康熙四十二年（1703）建。戏台为歇山顶，两层，坐北朝南，三面观。面宽、进深均三间。台口 3.86 米，进深 6.26 米，平面呈长方形。台口上方悬康熙御笔“浮片玉”匾。戏台对面是皇帝看戏的阅台。初建时北面还有榭式群廊，后改为北东相连的两层看楼，供后妃及王公大臣观剧。[①]

四川省都江堰市（原灌县）二王庙清代戏台（图 115），清康熙四十五年（1706）建。此台为过路台，单檐歇山顶，三面观，半伸出式。戏台建于 2.6 米高的山门上，面宽三间 9.6 米，前台进深 4.5 米。台面用木板铺设，中以板壁相隔，前三分之二为表演区，后三分之一为戏房。板壁两端设上、下场门，戏台外两侧回廊略高于戏台平面，与左右二层看楼相连，直达正殿，形成一个封闭的观演区。由于地形为斜坡，故戏台前除宽广平地外，还有通长的大台阶与正殿相连。演剧时人们可站在平地和台阶上观看，而避免视线受阻。[②]

山西省运城市解州镇关帝庙御书楼戏台（图 116）。清康熙后期建。御书楼两层，三重檐，殿身深、广各三间，8.35 米见方。下层周围设墙，南北明间辟门，单檐歇山顶。台基高 1.45 米，前檐柱与台基等高处设榫眼，北面台基明、次间边缘留凹槽可用以插楞木、搭台板，平时供人行走，演出时搭板成为三面观戏台。[③]

---

①《中国戏曲志·河北卷》，北京：中国 ISBN 中心 1993 年版，第 524 页。

②《中国大百科全书·戏曲曲艺卷》彩页 57 刊登照片。参见何清成《庙台古今谈》，《川剧艺术》，1992 年第 2 期。

③ 1992 年笔者实地考察记录。

福建省永安市青水乡永宁桥戏台及环境平面图（图 117），清雍正二年(1724)建。此台为穿斗式，一面观。面宽 6 米，进深 3 米，前后台用土墙分隔。戏台与灵元宫相对，分别立于河之两岸，中间用单拱石桥相连，桥长 22 米，桥中建桥阁，宽亦 6 米，为观众观剧之处。阁两侧为木板矮墙，上安活动板窗，靠墙处有纵向固定长凳，演戏时在其上横向搭板，即为观众席。[①]

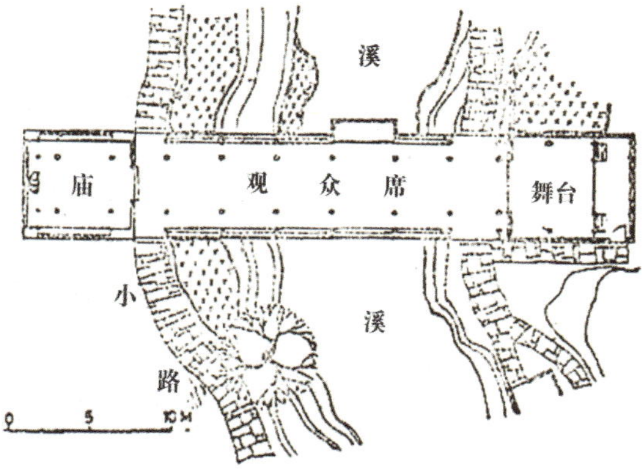

图 117 福建省永安市青水乡永宁桥戏台及环境平面图

河南省开封市山陕甘会馆戏楼（图 118）。清乾隆三十年（1765）建。戏台位于会馆两侧偏院中，东西对称各一座，坐北面南，正对二偏殿，专为山陕甘商人及眷属观剧而建。二台之前台均为卷棚顶，三面观，面宽一间 5.8 米，进深一间 4.7 米。后台为硬山顶，面宽三间 8.7 米，进深 4.3 米，平面呈“凸”字形。戏台前小院广 10 米，青砖铺地，两侧走廊与献庭相连。[②]

图 118 河南省开封市山陕甘会馆戏楼

北京市故宫畅音阁清代戏台（图 119）。清乾隆四十一年（1776）建，又名“阅是楼大戏台”，是清代四大三层台面的皇家戏台之一（另外三座是北京颐和园德和园戏台、热河行宫福寿园清音阁戏台、北京圆明园同乐园清音阁戏台，后二者已毁）。这类戏台是为演出宫廷连台本戏而建造的。畅音阁戏台面对阅是楼（皇帝及后妃观剧之处），东西

① 黄维若：《中国南方农村古舞台巡礼（续一）》，《戏剧》，1988 年春季号。

② 杨健民：《中州戏曲历史文物考》，北京：文物出版社 1992 年版，第 178 页。参见《中国戏曲志·河南卷》，北京：文化艺术出版社 1992 年版，第 508 页。

图 119 北京市故宫畅音阁清代戏台

两侧各有转角庑房 13 间，将阅是楼与畅音阁的扮戏楼相连，形成楼阁庑房相围的特殊建筑格局。畅音阁戏台为方形，三面开放，凡三层，每层各有舞台面，自下而上分别称“寿台”“禄台”“福台”。三层总高 20.7 米，建筑面积达 685.9 平方米。台基砖砌，高 1.2 米，四周有红色栏杆围绕。戏台为歇山顶式样，形制伟丽。由于戏台开间较大，故各层前后左右角柱间均加二辅柱，以承受上部重力。三层台面自下而上逐层缩小，下层“寿台”面积最大，是基本表演区，其后部又分两层，上层叫“仙楼”，设木梯四座，向下可通寿台前部表演区，两端又各有木梯一座，向上可通中层禄台。加上仙楼，这座戏台实际上有四层表演区。这四层表演区均设上下场门，而且都有隔扇把前台和后台分开。寿台的天花板上有三个天井，地板下有五个地井，井口设有机械，可以升降艺人和各种砌末。这种复杂的构造，对演出《西游记》《封神榜》等神怪题材的戏曲有特殊作用。①

河北省承德市避暑山庄清音阁戏台。清乾隆四十五年（1780）建。戏台亦为三层，下层台高 1.6 米，面宽 16.92 米，进深 14.8 米。二层大小同一层，三层稍小。各檐下均有乾隆题写的匾额，上层为“清音阁”，中层为“云山韶”，下层为“响

①《国剧画报》第 1 卷第 23 期（1932 年 6 月 24 日）头版刊登照片及傅惜华《宁寿宫畅音阁小记》。参见《中国大百科全书·戏曲曲艺卷》，北京：中国大百科全书出版社 1983 年版，第 28 页及彩页 61。

叶钧天”。三层名称自下而上分别为“寿台”“禄台”“福台”，阁名称“雅”“淑”“杂”，分别为剧本乐器陈放所、女艺人化装处、男艺人化装处。戏台亦设天井、地井，供艺人上下和运送砌末所用。台对面是两层十间的福寿园，为皇帝、后妃观剧处，左右阅殿是王公大臣、外国使节看戏处。1945 年冬毁于火。[①]

湖南省长沙市榔梨镇陶公庙戏楼。清乾隆年间（1736—1795）建。戏台为干栏式，单檐歇山顶。前台三间，面宽 11 米，进深 7 米。后台两天井有走廊与后楼相通，两边有耳房连接两厢看楼。平面呈“凸”字形。戏楼建于镇头山下敞坪，与山顶正殿遥遥相对。敞坪前沿山坡上建 48 级台阶直达山顶，台阶宽 5 米，两边有浮雕石栏，构成天然看台。[②]

图 120　山西省介休市板峪村戏台

山西省介休市板峪村戏台（图 120），清嘉庆四年（1799）建。此台为过路台，台基高 2.5 米，砖券门洞，可供出入，上部为戏台，单檐卷棚歇山顶样式，7.6 米见方，面宽、进深皆三间。明间较大，次间安隔扇门，顶部设天花，额枋、斗拱精雕细琢。戏台北面为龙天庙，南面为关帝庙，东面坡顶为嵘狮庙，西面临河，原拟在河对岸建河神庙，未果。戏台三面皆设活动隔扇门，哪个神庙庙会演剧，即拆除哪一面。[③]

江西省万载县沙潭村水府祠戏台。清嘉庆二十二年（1817）建。戏台台基高 1.5 米，分前后台。前台为单檐歇山顶，面宽一间 6.8 米，进深 5 米，三面观。后台面宽 8.8 米，进深 3.9 米。戏台距正殿 16 米，为一斜坡，于此修建 16 级台阶，

①《国剧画报》第 1 卷第 10 期（1932 年 3 月 25 日）刊登观剧照片。参见《中国戏曲志·河北卷》，北京：中国 ISBN 中心 1993 年版，第 526 页。

②《中国戏曲志·湖南卷》，北京：文化艺术出版社 1990 年版，第 490 页。

③ 廖奔：《山西省介休市板峪村清嘉庆四年戏台》，《戏曲研究》，第 25 辑，北京：文化艺术出版社 1987 年版。参见《中国戏曲志·山西卷》，北京：文化艺术出版社 1990 年版，第 554 页。

图 121　山西省万荣县庙前村后土庙“品”字戏台之山门戏台

图 122　山西省万荣县庙前村后土庙“品”字戏台之二连台

形成逐级增高坡道看台，便于观众观看演出。两侧又建两层看楼，与坡道看台连成独特的观赏区。①

四川省绵阳市曾家垭马鞍寺乐楼。清同治六年（1867）建。戏台为干栏式过路台，单檐歇山顶，三面观。前台（包括耳房）面宽 13.05 米，进深两间 11.15 米。下层高 2.8 米，用 22 根石柱支承。大梁上题记“大清同治六年岁次丁卯姑洗月谷旦建立”②。

山西省万荣县庙前村后土庙“品”字戏台（图 121、122），清同治九年（1870）建。后土庙内共有三座戏台，分布呈“品”字形，故名。庙之南面为山门，兼作戏台，重檐歇山顶，面宽三间 10 米，进深两间亦 10 米。主体五架梁分心三柱，中设板门，北檐出廊，为戏台主要表演区。北檐平柱两旁立二石柱，高 1.75 米，柱头开榫眼，左右山墙及山门分心墙上亦留榫眼，以备演出时插楞木搭木板，作扩充之表演区。山门北面 44 米处又有戏台两座，均单层，硬山顶，面宽 8.05 米，进深 6.9 米，二台屋顶相连，与二台间形成通道。三台可同时演戏。③

陕西省旬阳县南蜀河镇帝王宫戏台，清同治十二年（1873）建。此台为过路台，

①《中国戏曲志·江西卷》，北京：中国 ISBN 中心 1998 年版，第 666 页。

② 何清成：《庙台古今谈》，《川剧艺术》，1987 年第 4 期。参见陈永乐《绵阳市的乐楼》，《四川文物》，1992 年第 2 期。又见《中国戏曲志·四川卷》，北京：中国 ISBN 中心 1995 年版，第 460 页。

③《中国戏曲志·山西卷》，北京：文化艺术出版社 1990 年版，第 555 页。

前台歇山、后台硬山式。歇山翼角翘起，前两角下又出一层屋檐，形成重檐之势。屋檐至阑额间空出较大空间，悬“明月楼”匾。前台突出，使戏台呈“凸”字形。两边有耳房，耳房之山墙向前伸出，以增强音响效果。戏台面宽 7 米，前台进深 4 米，后台进深 7 米，与山门相连。①

山西省繁峙县东庄村鸳鸯台，清同治十三年（1874）建。此台为悬山顶样式，面宽三间 10.1 米，南北两面均可敞开。戏台进深 9.85 米，正中隔断，将台一分为二，两部分互为前后台。戏台北面正对关帝庙，南面正对圣母庙。每年三月十八日圣母庙赛会，即将北面台口用木板封堵，作为后台，面向南面演出。四月八日关帝庙赛会时，则北向演出。②

江苏省无锡市西水仙庙戏台，清同治年间（1862—1874）建。戏台共两座，建造位置呈“丁”字形，各有后台，有门相通，戏班于此二台演出时可串演“背台戏”。里戏台面对庙内正殿，台基高 3.3 米，面宽 5.2 米，1980 年迁至蠡园。外戏台台基高 3 米，面宽 6.25 米，面对庙外河边，台前有广场，便于观众看戏。③

甘肃省通渭县陇阳乡戏楼，清代建造。此台为当街过路台，单檐歇山顶，一面观。基座高 1.9 米，门洞可供人出入。戏台面宽三间 6.5 米，其中明间 3.5 米，进深 7 米，用雕花隔扇将台分为前后台，其中前台 3.6 米。前台顶部有一层“暗卷”，可增强音响效果。④

山西省代县口子村茹公祠、关帝祠戏台（图 123），清代建造。茹公祠与关帝祠并列，两戏台亦并列在同一水平线上，相距 8.25 米。茹公祠戏台在东，悬山顶，面宽三间 8.9 米，其中明间 4 米，进深四椽 6 米。四架梁对后单步梁用三柱，山面施中柱。关公祠戏台在西，前台歇山顶不收山，后台悬山顶，面宽三间 9 米，进深四椽 6.75 米。梁架与茹公祠戏台同，仅山面檐额前端与四架梁间搭顺扒梁，以承歇山顶。两台均不施斗拱，一面观。⑤

河南省孟县堤北头村大庙戏台摹本及平面图（图 124），清代建造。戏台为三连台，卷棚硬山顶。三台从东到西，分别面对太白殿、禹王殿、关帝殿。东

① 《中国戏曲志·陕西卷》，北京：中国 ISBN 中心 1995 年版，第 595 页。
②《中国戏曲志·山西卷》，北京：文化艺术出版社 1990 年版，第 555 页。
③《中国戏曲志·江苏卷》，北京：中国 ISBN 中心 1992 年版，第 767 页。
④《中国戏曲志·甘肃卷》，北京：中国 ISBN 中心 1995 年版，第 536 页。
⑤ 1998 年 7 月 25 日，山西师范大学戏曲文物研究所师生实地考察记录。

图 123　山西省代县口子村茹公祠、关帝祠戏台

图 124　河南省孟县堤北头村大庙戏台摹本及平面图

面戏台面宽三间 10.75 米，其中明间 3.85 米，进深 6 米，其中前台 4.5 米。中间戏台面宽三间 5.6 米，其中明间 2.92 米。西面戏台面宽三间 7.7 米，其中明间 3.55 米。戏台距三殿均约 30 米。①

江苏省扬州市寄啸山庄戏台，清末建造。寄啸山庄为晚清观察使何藏舫所建，故又称“何园”。戏台为亭榭式，四攒尖顶。台基高 0.58 米，面宽及进深皆 4.75 米，建于园中池水上，高出水面 1.2 米。戏台不施斗拱，四角柱上部立斜撑支撑檐枋。顶部安天花，四周设石栏杆，南北有石板曲桥和湖石飞梁与两岸相连。池之四周楼厅、二层回廊为观戏处。②

浙江省绍兴市东安村安城庙戏台（图 125）。清代建造。此台为单檐歇山顶式样，前台一间，三面观。面宽 5.85 米，进深 4.6 米。后台一间，进深 3.6 米，

① 杨健民：《中州戏曲历史文物考》，北京：文物出版社 1992 年版，第 207 页。参见《中国戏曲志·河南卷》，北京：文化艺术出版社 1992 年版，第 508 页。

②《中国大百科全书·戏曲曲艺卷》，北京：中国大百科全书出版社 1983 年版，彩页刊登照片。参见《中国戏曲志·江苏卷》，北京：中国 ISBN 中心 1992 年版，第 774 页。

宽同前台。戏台建于河中，前檐柱在岸上，四根方形抹角石柱立于水中石礅上，其上架建戏台。戏台面对安城庙大殿，相距 11 米，为乡民看戏之处。这是一座特殊的临水戏台。[①]

图 125 浙江省绍兴市东安村安城庙戏台

广西壮族自治区三江侗族自治县林略屯寨鼓楼戏台。清末建造。戏台为过路台，六角形宝塔式。上层为宝塔；中层为戏台，面宽 6 米，进深 4.67 米；下层为村民集会、娱乐场所。戏台后部左右有耳楼，与院内两侧看楼相连。台顶为斗拱、藻井，台面铺厚实木板。[②]

福建省建宁县龙口村室内剧场，清后期建造。此台为厅堂式过路台。戏台不在神庙、祠堂，而在楼屋中，为该村宁姓族人共有，当地人称之为"嘻屋"。戏台对面楼屋共三层，进深十椽，下层空闲，二层围绕戏台建看楼，高 2.1 米，三层亦为看楼，高 1.3 米，供小孩观剧用。看楼后为艺人住处。[③]

浙江省杭州市天仙茶园，清光绪二十年（1894）建。茶园正中为戏台，台面宽 10 米，进深 12 米，四角柱中间安有铁横杠，专为武生表演而设。戏台中部设屏风，将戏台分为前台和后台。屏风上绘狮子滚绣球图，两侧为上、下场门。台下中间为正厅，摆方桌条凳，可供百余人品茗观剧，左右两边为包厢。[④]

① 黄维若：《中国南方农村古舞台巡礼（续一）》，《戏剧》，1988 年春季号。参见《中国戏曲志·浙江卷》，北京：中国 ISBN 中心 1997 年版。

②《中国戏曲志·广西卷》，北京：中国 ISBN 中心 1995 年版，第 445 页。

③ 黄维若：《中国南方农村古舞台巡礼（续完）》，《戏剧》，1988 年夏季号。

④《中国戏曲志·浙江卷》，北京：中国 ISBN 中心 1997 年版，第 634 页。

第二节　戏曲雕塑

戏曲雕塑在文物中遗留较多，从数量上看，可以说是占据一定的优势。据不完全统计，宋、辽、金、元、明、清时期，戏曲雕塑即有 180 余组 1 500 余件。按制作材料来区分，可分为砖雕、石雕、木雕、泥塑、陶塑、瓷塑和金属铸器等类。砖雕类最多，较集中在宋金元时期，木雕则主要在清代。从雕刻的方式来看，戏曲雕塑又可分为浮雕、圆雕、透雕和线刻等，其中主要是浮雕和圆雕，亦集中在宋金元时期。下面我们就元明清时期的戏曲雕塑分别叙说。

先看元代的戏曲雕塑，这主要有：

图 126　山西省芮城县永乐宫潘德冲墓石棺元前杂剧线刻

山西省芮城县永乐宫潘德冲墓石棺元前杂剧线刻（图 126），1960 年发现。该墓建于元世祖中统元年（1260），石棺前档绘刻一座二层门楼，下层中间空白，两侧回廊刻女婢与男仆。上层三间，明间较大，次间较小，明间前部设矮栏杆，左右有雕花立柱，后部立屏风，上书文字，部分似为工尺谱，屏风前艺人四人正在演出。左起第一人软巾诨裹，穿窄袖长衫，束带，左手撩掖衣角，小腿跣露，右手拇指与食指置口中作打口哨状，眼部斜涂“八”字形黑线，为夸张滑稽化装。第二人戴展脚幞头，着圆领宽袖长袍，双手执笏拱于胸前。第三人戴露顶尖帽，长衫束带，敞怀露腹，眼部也有滑稽化装痕迹；左手上举握拳，露出大拇指，肘部悬一筒状物，右手曲置胸前左指，似让人注意其肘上之物。第四人戴卷脚幞头，穿窄袖长衫，系领带，束腰，双手叉于胸前作参拜状。潘德冲为金元时全真教重要人物，曾主持修建永乐宫，石棺出土后原置于永乐宫新址，2000 年后迁至山西省博物馆。[①]

① 李凤山等：《山西芮城永乐宫旧址宋德方、潘德冲和“吕祖”墓发掘简报》和徐苹芳《关于宋德方和潘德冲墓的几个问题》，均发表于《考古》，1960 年第 8 期。参见廖奔《宋元戏曲文物与民俗》，北京：文化艺术出版社 1989 年版，第 208 页。

图 127 山西省新绛县吴岭庄卫家墓元代杂剧砖雕

山西省新绛县吴岭庄卫家墓元代杂剧砖雕（图 127），1979 年发现。该墓建于元至元十六年（1279），墓前室南壁墓门上方嵌有模制浮雕彩绘杂剧砖雕七块，砖高 0.28 米，宽 0.14—0.21 米。左一、右一相同，为双人戏雕：一男子头戴翘脚幞头，穿红色长衫，双手持拍板；另一男子戴红缨笠帽，穿淡绿色长衫，腰挎长鼓，作拍击状。中间五块为单人戏雕，左一戴黑色翘脚幞头，着蓝色圆领窄袖衫，束带，红裤，乌靴，两足外撇站立，双手撩袍外张。左二亦戴黑色翘脚幞头，着黄色圆领窄袖衫，束带，紫红裤，乌靴，面部用墨勾蝴蝶形，袒胸，双手抱物。左三戴黑色展脚幞头，穿圆领宽袖红袍，乌靴，双手秉笏拱于胸前。左四戴翘脚幞头，着蓝色斜领窄袖衫，束带，乌靴，右手持棒贴胸前，左手外甩。左五亦戴黑色翘脚幞头，着浅红色圆领窄袖衫，腰束巾帕，红裤，左手执团扇置右肩上，右手置胸前，面目清秀，为一旦角。除墓门上方有七组杂剧脚色形象外，在前后室及东西耳房，还分别嵌有 11 个头戴展脚幞头、身穿圆领长袍、内衬紫裙青裤、束带乌靴、正面站立、右手持棒槌置左肩上的同一形象的单人戏雕和两块双人戏雕，均为模制。[①] 墓前室东壁绘一堂屋演出图：男女主人坐桌后，旁有女婢男仆侍立，桌前二艺人双手拱胸作势，正在演唱。此演出图反映了元代戏曲已有堂屋演出的形式。

山西省稷山县店头村元代杂剧砖雕（图 128），1983 年发现。该墓为仿木构砖室墓，约建于元至元十六年（1279）前后，墓室南壁墓门上方嵌有五块杂剧人物雕砖，砖高 0.29 米，宽 0.15 米，每砖雕一人。自左至右：第一人戴花脚幞头，穿窄袖长衫，右手持腰巾，左手执扇置于胸前，作舞蹈状，似为装旦色；第二人

① 黄竹三等：《元初戏剧演出的重要史证——山西新绛元墓戏雕考述》，《山西师院学报》，1981 年第 2 期。参见杨富斗等《山西新绛南范庄、吴岭庄金元墓发掘简报》，《文物》，1983 年第 1 期。参见《中国大百科全书·戏曲曲艺卷》，北京：中国大百科全书出版社 1983 年版，第 514 页。

图 128　山西省稷山县店头村元代杂剧砖雕

戴皂脚幞头，穿窄袖长衫，袒胸露腹，左手于身后握一大板，右手二指置口中作打口哨状，是为副净色；第三人戴簪花幞头，穿圆领窄袖衫，弯腰拱手，似为副末色；第四人与第二人同模；第五人戴幞头，穿圆领窄袖袍，双手秉笏，是为装孤色。这组杂剧砖雕现迁至稷山县马村段氏墓群管理所保管。①

山西省新绛县寨里村元杂剧砖雕（图 129），1963 年发现。该墓亦为仿木构砖室墓，单室，平面近似正方形。室南壁墓门上方嵌有雕砖五块，砖高 0.3 米，宽 0.14 米，每砖雕一人。自左至右：第一人戴黑帽，穿圆领窄袖长衫，双手持扇，是为装旦色；第二人戴无脚幞头，穿圆领窄袖红袍，身略左倾，双手交叉于胸前，似为副末色；第三人戴展脚幞头，穿圆领窄袖白袍，双手执笏，拱于胸前，是为装孤色；第四人身材矮小，浓眉深目，似有胡须，头戴唐巾，穿圆领长袍，足蹬乌靴，靴筒向外翻卷，是为副净色；第五人戴黑帽，穿圆领窄袖长袍，右手执扇，

图 129　山西省新绛县寨里村元杂剧砖雕

① 廖奔：《宋元戏曲文物与民俗》，北京：文化艺术出版社 1989 年版，第 109 页。

左手撩起袍角，作行走状，似为引戏色。这组砖雕现存侯马文物工作站。据墓内题记，该墓建于元至大四年（1311）二月。①

江西省丰城市元代青花釉里红戏曲表演瓷雕，1979年发现。该瓷器为楼阁式，通高0.3米，横宽0.21米，进深0.1米。悬山顶，下层为谷仓，仓前立二侍卫，两边有对联，上书“禾黍丰而仓廪实　子孙盛而福禄崇”，横批为“南山宝象庄五谷之仓”。中间有铭文，记死者为“故景德镇长芗书院山长凌颖山之孙女”，“殁于后至元戊寅夏五月二十三日”，同年六月“安葬于南山”。上层三间，前后有矮栏杆，中有戏曲演出俑，二人手执扇，伸出门限，二人双手上举，作舞蹈状。两侧有奏乐俑四，分别持腰鼓、琵琶、箫等乐器伴奏。该瓷雕现藏江西省博物馆。②

江西省丰城市元代戏曲瓷枕，1981年发现。该瓷枕略呈长方形，高0.15米，面长0.22米，面宽0.14米，底长0.19米，底宽0.12米。通体施青白釉，颜色略偏暗绿。枕身四面各塑一彩棚戏台，前后面各三间，上檐饰勾连如意云头纹，次间设栏杆。两侧面各一间。内设四个戏曲场面。正面舞台，似为桥头场景，男女二人，相对而立。男戴幞头，穿交领窄袖长衫，左肩斜背一包袱，右臂屈于胸前，身略内侧，似与女角答礼；女角头部残破，着圆领窄袖长衫，右手在胸前斜执一雨伞，伞顶齐左肩，身略内倾，似作借伞道谢状。右面舞台，屏壁上塑山石垂柳，台口铺一卷叶荷叶，似象征荷池，前男女二角相对站立，男角肩上包袱易为雨伞，身略内侧，拱手作揖；女角青发束髻，着交领窄袖长衫，双手捧条状物，似在还伞赠礼。左面舞台，亦塑山石垂柳，台口易为卷涡波涛，前女角屈身下跪于水中，衣半脱，裸出左臂，似怀有身孕，正抬头与左上方另一女角相呼应；左上方女角青发，绾双丫髻，穿交领长衫，体态苗条，立于云端，与水中女角相应答。背面舞台，场景同正面，共塑四人，中右女子戴金鸡冠，穿交领窄袖长衫，肩披垂地水衫巾，右臂屈举，左臂下垂而指略上翘，面部情绪激动。中左角男子为一少年，戴冲天冠，穿交领窄袖长衫，束带，似在喜悦鼓掌。左侧男角中年模样，戴幞头，穿圆领长衫，右侧女角绾双髻，穿交领窄袖长衫，均作欢悦鼓掌状。这件瓷枕无制作年款，但从造型和烧制工艺看，具有典型元瓷特色，可推定为元代中期之物。以同一器物雕塑四个舞台和连续演出场面，表现完整的故事情节，在以往戏曲文物中极为少见，弥足珍贵。

① 山西文物工作委员会侯马工作站：《山西新绛寨里村元墓》，《考古》，1966年第1期。

② 杨后礼、万良田：《江西丰城县发现元代纪年青花釉里红瓷器》，《文物》，1981年第11期。参见黄维若《中国南方古舞台巡礼》，《戏剧》，1987年第4期。参见《中国戏曲志·江西卷》，北京：中国ISBN中心1998年版，第702页。

从场景、人物形象和情节看，瓷枕所表演的似为《白蛇传》故事，这为研究该剧目的源流演变提供了重要参考依据。该瓷枕现藏丰城市博物馆。[①]

山西省大同市元代戏塑瓷枕。该瓷枕前高 0.133 米，后高 0.152 米，长 0.32 米。四侧面分别雕塑殿堂或洞府。正面塑月宫洞府，内有一女子照镜梳妆，旁有玉兔侍立，从人物和场景看，似为“嫦娥奔月”戏曲故事。该瓷枕现藏大同市博物馆。[②]

从上述元代戏曲雕塑来看，主要是砖雕和瓷塑两类。砖雕都出土于山西省南部各地的墓葬中，继承宋金时期砖雕的风格，大多雕刻戏曲角色形象。而瓷塑出现于江西和山西，分别为瓷瓶和瓷枕的装饰，表现各种戏曲故事。

明清时期的戏曲雕刻，则有了新的变化。首先是数量明显比元代增多，据《中国戏曲志》各省卷初步统计，明清戏雕有 50 组之多。分布的地域更为广泛，除山西和江西外，四川、河南、安徽、浙江、广东、江苏、上海、云南、山东、甘肃、天津各地的寺庙、祠堂、会馆、楼阁、民居、牌坊、墓碑、戏台和其他建筑物及器物上，也大量出现戏曲雕刻。而戏雕的类型，除了原有的砖雕外，还增加了石雕、木雕、象牙雕和泥塑、陶塑。雕刻的手法除浮雕外，又有圆雕、透雕和浅刻。这些戏雕中比较重要的有：

四川省平武县小坪山王玺家族墓明代乐舞石雕，1974 年发现。王氏家族墓葬共 19 座，皆用石条或石板砌成，其中王祥墓（M10）建于明景泰三年（1452），墓室西壁嵌有浮雕乐舞图一幅。画面共绘雕三人，居中者为男性，戴瓜皮帽，着交领窄袖长衫，左手抱七弦琴，右手作弹拨状。其右一人为舞者，女性，头束双髻，着圆领长衫，左手上举，左脚上提作舞蹈状。其左一人亦为女性，高髻，上身穿交领短衣，下穿裙，双手拢于胸前，面向舞者而立。M9 墓墓室东壁和西壁亦有乐舞图两幅，每幅绘刻三人，皆女性，头梳高髻，舞者居中，乐奏者分立两侧。其中东壁绘刻乐舞表演，乐奏者均着短衣，长裙，一击拍板，一击扁圆鼓，居中者双髻长裙，作舞蹈状。西壁所刻三人，皆短衣长裙，中间为舞者，两侧乐奏者一弹五弦琴，一吹笛。M11 墓亦有类似的浮雕两幅。M8 墓乐舞图所绘刻，中间一人骑马，马前有一人吹笛，一人起舞，两侧还有乐队和侍者，或吹笛，或击鼓，或操琴，所绘刻人物近 40 个。[③]

① 万良田：《江西丰城发现元影青雕塑戏台式瓷枕》，《文物》，1984 年第 8 期。
② 廖奔：《中国戏剧图史》，郑州：河南教育出版社 1996 年版，第 80 页。
③ 四川文管会、平武文保所等：《四川平武明王玺家族墓》，《文物》，1989 年第 7 期。

河南省淇县戏楼造型石雕。该石雕为方形石块，高 0.35 米，宽 0.38 米，上刻一座戏台。戏台前檐有两根方形石柱，台上雕刻“传枪过涧”的戏剧场面：秦琼戴巾，身穿戏袍，手执双锏；罗成头戴夫子盔，着软靠，手握长矛，二人皆作骑马蹲裆架势。石雕似为明代之物，现藏淇县摘星台遗址。①

浙江省嵊州市城隍庙戏曲砖雕、木雕。在城隍庙后殿照壁上，嵌有六方十二幅砖雕，大小分两类，一类高 0.6 米，宽 0.26 米，另一类高 0.43 米，宽 0.39 米。绘刻内容有人物、花卉、景物等，其中戏曲类不少，表现《西厢记》故事中“惊艳”“酬韵”“寺警”“赖婚”“琴挑”“待月”“寄方”“私合”“拷红”“送别”“团圆”各折的场景。庙内戏台额枋上还有《长生殿》等戏曲故事的木雕。这组砖雕和木雕为清康熙八年（1669）或嘉庆九年（1804）之物。砖雕现藏嵊州市文管会。②

江西省上饶市安坑村戏曲石雕（图 130—132）。这组石雕浮雕于两块长 3.2 米、宽 1.7 米，厚 0.2 米的青石板上，分题“前浣纱”和“后浣纱”，所刻当为《浣纱记》故事。石雕画面共 44 组，人物 240 个，战马 16 匹，案桌 12 张以及刀、枪、剑、戟、扇等道具。绘刻时代为清乾隆九年（1744）。石雕现藏该村龚氏宗祠。③

四川省自贡市西秦会馆戏曲木雕（图 133、图 134）。西秦会馆戏台与钟鼓楼的楼沿栏板长约 23 米，宽 0.6 米，上面雕镂人物 350 个，并配以山川、屋宇、花鸟、鱼虫等景物。木雕分上、中、下三层，分割成大小不等的 208 幅画面，

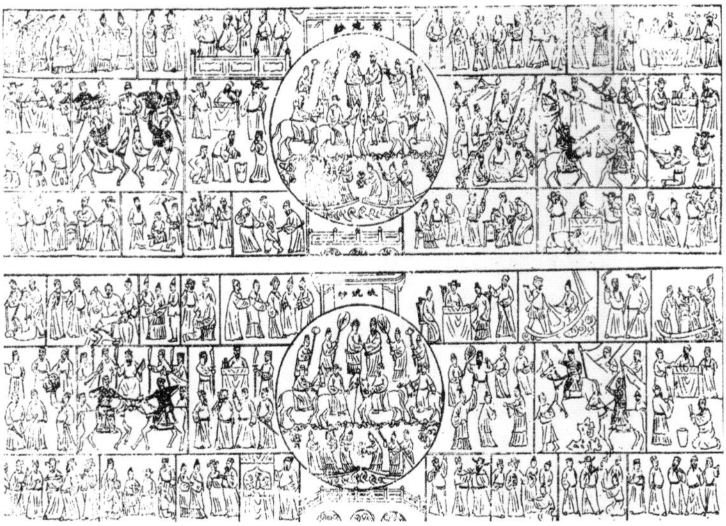

图 130　江西省上饶市安坑村戏曲石雕《浣纱记》摹本

① 杨健民：《中州戏曲历史文物考》，北京：文物出版社 1992 年版，第 97 页。参见《中国戏曲志·河南卷》，北京：文化艺术出版社 1992 年版，第 556 页。

②《中国戏曲志·浙江卷》，北京：中国 ISBN 中心 1997 年版，第 664 页。

③ 卢国复：《上饶县安坑戏剧〈浣纱记〉石雕》，《江西文物》，1990 年第 1 期。参见《中国戏曲志·江西卷》，北京：中国 ISBN 中心 1998 年版，第 712 页。

图 131 江西省上饶安坑村戏曲石雕《浣纱记·允降·问疾》之一

图 132 江西省上饶安坑村戏曲石雕《浣纱记·允降·问疾》之二

图 133 四川省自贡市西秦会馆戏曲木雕《忠义堂》

图 134 四川省自贡市西秦会馆戏曲木雕《截江夺斗》

下层画面较大，以高浮雕表现数十出戏曲场景，计有《追潘》《辨琴》《忠义堂》《失泰州》《游月宫》《王母献寿》《截江夺斗》等。木雕为清乾隆十七年（1752）所刻。[①]

山西省襄汾县丁村民居戏曲木雕（图 135、图 136）。丁村目前遗存明清时期民居院落 20 余座，其中清乾隆五十四年（1789）所建的院内正厅前檐木板上，雕刻戏曲故事四幅，画面约 0.4 平方米，分别为《宁武关》《岳母刺字》《双官诰》《忠义侠》，按其内容来看，分别表现的是“忠”“孝”“节”“义”的观念。[②]

① 徐建融：《清代建筑雕饰及其戏剧精神》，《戏剧艺术》，1989 年第 4 期。参见《中国戏曲志·四川卷》有关戏曲文物部分。

② 《中国戏曲志·山西卷》，北京：文化艺术出版社 1990 年版，第 586 页。参见常之坦《丁村民宅的清代戏剧木雕》，《戏友》，1992 年第 4 期。

图 135　山西省襄汾县丁村民居戏曲木雕《岳母刺字》　　图 136　山西省襄汾县丁村民居戏曲木雕《宁武关》

浙江省东阳县厦程里程氏民居戏曲木雕（图 137、图 138）。在该民居厅堂梁、板、雀替等樟木构件上，浮雕各种戏曲图案，内容有《白兔记》中的“出猎”、《十义记》中的“父子会”、《金印记》中的“苏秦通仪”、《牡丹亭》中的“游春劝农”、《宝莲灯》中的《二堂审子》和《紫金带》等，计 200 多出。该木雕为清乾隆、道光年间所刻。①

图 137　浙江省东阳县厦程里程氏民居戏曲木雕《苏秦通仪》

图 138　浙江省东阳县厦程里程氏民居戏曲木雕《二堂审子》

山西省壶关县白云寺戏曲砖雕（图 139、图 140）。白云寺在壶关县树掌镇紫团村紫团山上，寺内有山门、戏楼、正殿、过厅、角殿、配殿等建筑，在角殿、配殿、过厅和戏楼上，嵌有多幅戏曲砖雕和木雕。每幅砖雕画面多以两块砖上下横拼浮雕而成，高、宽均为 0.3 米，呈正方形。其中：（1）东角殿窗口砖雕，嵌于窗户上方，画面上两员武将正骑马交战，马身反向交错。右侧战将头戴盔，穿紧身靠，背插靠旗，敞胸，双手举蛇矛枪。左侧战将头戴倒缨盔，着紧身靠，挂白髯，右手举剑架住蛇矛，左手挥剑还击。这是当地上党戏中皮黄《大报仇》剧目

①《中国戏曲志·浙江卷》，北京：中国 ISBN 中心 1997 年版，第 666 页。

图 139　山西省壶关县白云寺戏曲砖雕《蒋干盗书》

图 140　山西省壶关县白云寺戏曲砖雕《佘太君挂帅》

演出场景。（2）配殿硬山墀头砖雕之一。画面上左方一小生，头戴官帽，腰围玉带，披风衣，穿厚底靴，左臂前伸，右臂平抬，手指挂马鞭。右方一须生，戴软帽，挂黑髯，穿窄袖长袍，着厚底靴，身背宝剑，背插令旗，坐马式，左手捋须，右手按腰，此为上党梆子连台本戏《青峰山》。（3）配殿硬山墀头砖雕之二（图 141）。画面左侧一须生，头戴高顶软帽，挂黑三绺髯，身穿窄袖上衣，腰束带，足蹬靴，坐马式，双手高举绳担欲打对方。右侧一旦角，戴花边形女帽，发有珠饰，上身穿宽袖袄，下身穿窄脚裤，坐姿，左手扬起过顶，右手抵腰。所演当是上党戏中昆曲《朱买臣休妻》。（4）配殿硬山墀头砖雕之三。所绘刻者为上党梆子《高平关》之"借人头"的演出场面。（5）配殿硬山墀头砖雕之四。绘刻上党梆子《蒋干盗书》演出场面。（6）过厅左侧硬山墀头砖雕。为上党梆子《长坂坡》演出场面。（7）过厅右侧硬山墀头砖雕。为上党梆子《会孟津》演出场面。（8）戏楼硬山墀头砖雕之一。嵌于左侧山墙。此砖雕大半被敲坏，只余左侧人物头部及上半身部分，从头像看，人物戴帽子，短须，张嘴，似在喊叫，疑为某神魔剧的演出场面。（9）戏楼硬山墀头砖雕之二。嵌于右侧山墙。砖雕上两员武将各骑战马，马头相向，正在交锋。左侧战将头戴盔，插靠旗，上身向后倾斜，双手举长枪刺向对方。右侧战将头戴盔，挂短髯，背插靠旗，双手举蛇矛挑起对方刺来的长枪。这是上党梆子《战马超》。这些砖雕刻于清嘉庆六年至八年（1801—1803），反映了清中叶山西上党地区戏曲昆曲、梆子、皮黄各种声腔盛演的状况。①

四川省汉源县九襄镇节孝坊戏曲石雕（图 142、图 143）。该坊为清道光

① 王星荣：《山西省壶关县紫团村白云寺及其戏曲砖雕考述》，《中华戏曲》，第 30 辑，北京：文化艺术出版社 2004 年版。参见《中国戏曲志·山西卷》，北京：文化艺术出版社 1990 年版，第 589 页。

二十九年（1849）所建。坊上有石雕186幅，其中戏曲石雕48幅，均施色彩，能判定所演故事的有《秉烛达旦》《花鼓闹庙》《小放牛》《烧绵山》《完璧归赵》《攻潼关》《琵琶记》《柳毅传书》《长生殿》《西厢记》《槐荫记》《连环计》《三战吕布》《截江夺斗》《刘备招亲》《郭子仪卸甲封王》《四郎探母》《雪梅教子》《穆桂英招亲》《西游记》等。①

图 141　山西省壶关县白云寺戏曲砖雕《朱买臣休妻》

图 142
四川省汉原县九襄镇节孝坊戏曲石雕《雪梅教子》

图 143
四川省汉原县九襄镇节孝坊戏曲石雕《花鼓闹庙》

山西省河曲县石城村弥佛洞寺戏曲砖雕（图 144—147）。寺院建于清咸丰元年（1851），正面窑洞依山而凿，青砖砌面，镶以浮雕，计四层。第三层两垂柱间骑马雀替上雕十幅戏曲场面。分别雕刻《白蛇传·游湖》《渭水河》《春秋配·捡柴》《打子上坟》《庆顶珠·杀江》《八义图·朝房》《打金枝·绑子》《牧羊圈·舍饭》《双官诰·教子》《白蛇传·祭塔》。②

①《中国戏曲志·四川卷》，北京：中国 ISBN 中心 1995 年版，第 499 页。
②《中国戏曲志·山西卷》，北京：文化艺术出版社 1990 年版，第 589 页。

图 144　山西省河曲县石城村弥佛洞寺戏曲砖雕之一

图 145　山西省河曲县石城村弥佛洞寺戏曲砖雕之二

图 146　山西省河曲县石城村弥佛洞寺戏曲砖雕之三

图 147　山西省河曲县石城村弥佛洞寺戏曲砖雕之四

上海市浦东新区（原南汇县）六灶镇城隍庙戏台木雕。清同治十二年（1873）刻。戏台前台后侧额枋上有戏曲浮雕一幅，高 0.66 米，宽 1 米，绘刻京剧《渭水河·文王访贤》的演出场面，画面上共七人，冠带服饰均为戏曲装扮，髯口较长。①

江西省乐平市浒崦村戏台木雕。戏台建于清同治十二年（1873），其梁枋、隔扇上布满戏曲雕刻，均浮雕镀金。内容为《魁星点斗》《刘海戏金蟾》《郭子仪上寿》《蟠桃会》《昭君和番》等演出场面，计 100 多种。②

江苏省苏州市牙刻戏曲故事方笛。为清同治年间之象牙工艺品，长 0.199 米，宽 0.018 米，共两件。方笛一面为笛孔，其余三面浅刻《西厢记》《白蛇传》戏曲演出场面。方笛现藏苏州博物馆。③

四川省芦山县唐家山墓门戏曲石雕（图 148）。“福寿亭”墓门刻于清光绪十一年（1885），上有戏曲雕刻数幅，其中清晰可辨者为《踏伞》《斩经堂》《扯符吊打》《活捉宿介》《蒲阳惊变》《三娘教子》《百花赠剑》等演出场面。“古福亭”墓碑刻于清光绪十七年（1891），碑上亦有《西厢记》中“跳墙”“佳期”

① 《中国戏曲志·上海卷》，北京：中国 ISBN 中心 1996 年版，第 721 页。
② 《中国戏曲志·江西卷》，北京：中国 ISBN 中心 1998 年版，第 674 页。
③ 《中国戏曲志·江苏卷》，北京：中国 ISBN 中心 1992 年版，第 809 页。

等演出场面。①

四川省成都市望江公园崇丽阁戏曲木雕（图 149、图 150）。崇丽阁建于清光绪十四年（1888），阁底层 12 根柱子的撑弓上有戏曲木雕一组，内容可考者为《吊翠下书》《凤仪亭》《千里送京娘》《杀狗劝妻》《秋江》《踏伞》《黑风帕》《坐楼杀惜》《范生赠金》等演出场面，均为透空圆雕。②

图 148　四川省芦山县唐家山墓门戏曲石雕《百花赠剑》

广东省佛山市祖庙戏曲琉璃陶塑、木雕、砖雕、灰塑（图 151、图 152）。琉璃陶塑嵌于祖庙后楼屋脊，烧制于清光绪十七年（1891），长 8 米、高 1.6 米，共塑穆桂英、八贤王等戏曲人物 42 个。木雕在祖庙前殿，贴金，雕刻于清光绪二十五年（1899），为《荆轲刺秦王》《李元霸伏龙驹》等剧演出场面。砖雕嵌于祖庙山门山墙外侧，为清光绪年间所制，内容为《海瑞十奏严嵩》《牛皋守防州》等剧场景，共雕戏曲人物 80 多个。灰塑亦为清光绪年间之物，在祖庙门楼顶部，塑《桃园结义》《唐明皇游月宫》等剧演出场面。③

云南省大理市周城戏台木雕（图 153）。戏台建于清光绪二十一年（1895），其檐下镶

图 149　四川省成都望江公园崇丽阁戏曲木雕《范生赠金》

图 150　四川省成都市望江公园崇丽阁戏曲木雕《踏伞》

①《中国戏曲志·四川卷》，北京：中国 ISBN 中心 1995 年版，第 499 页。
②《中国戏曲志·四川卷》，北京：中国 ISBN 中心 1995 年版，第 502 页。
③《中国戏曲志·广东卷》，北京：中国 ISBN 中心 1993 年版，第 453 页。

图 151　广东省佛山市祖庙《九龙谷》大型戏曲群塑

图 152　广东省佛山祖庙山门戏曲陶塑

图 153　云南省大理市周城戏台木雕

有人物、戏曲木雕九幅，均有标题，分别为《寿星骑鹤》《夜宴桃园》《葛艾（当作“郭暖”）拜寿》《唐僧骑马》《桃园结义》《文王访贤》《转（当作“走”）马荐葛》《仙姐（当作“姬”）送子》《踏雪寻梅》。

图 154　山东省鄄城县戏曲砖雕

江西省临川市茶山村民居戏曲石雕、木雕。石雕计三幅，位于民居大门横批处，每幅长 0.56 米，高 0.26 米。中间一幅为皇帝升殿，左右两幅为文武官员站立场面。院内西厢门窗上，浮雕和透雕戏曲木雕八幅，每幅宽 0.23 米，高 0.21 米。木雕背景均为一亭阁式戏台，内有演出场面，可判定的有《单刀会》《二进宫》《穆桂英挂帅》《武松》等。部分人物面部有残缺，其余保存完好。①

山东省烟台市福建会馆山门戏雕。山门共有戏曲石雕、木雕 60 多幅，可辨认者有《文王伐纣》《太公钓鱼》《赵氏孤儿》《苏武牧羊》《空城计》《战长沙》《子仪拜寿》《刘海戏金蟾》《麻姑献寿》《龙宫借宝》等。②

山东省鄄城县戏曲砖雕（图 154）。1968 年于箕山乡李胡同村西北齐忆城寺旧址发现。砖雕共三件，其中两件为戏曲砖雕，均高 0.48 米，宽 0.44 米，厚 0.14 米，上雕舞台一座，内有男女二角。一号砖女角头戴武士盔，上插雉尾两支，着对襟上衣，宽短袖，腰系带，于腹前打结，下穿肥腿裤，左脚直立，右脚抬起，左手平伸，右臂上举，作扑打状。男角亦戴武士盔，插雉尾六支，披甲，裤腿塞入云头靴内，臂前伸，身后倾，作避让状。二号砖女角穿戴同一号砖，仅多一短裙，左脚前弯，右脚直立，左手执一物（物已失，手中留有一孔），右手扶男角左肩。男角亦戴武士盔，着对襟上衣，左腿弓，右腿跪，露出所穿战袍，双手向女角作

①《中国戏曲志·江西卷》，北京：中国 ISBN 中心 1998 年版，第 719 页。
②《中国戏曲志·山东卷》，北京：中国 ISBN 中心 1994 年版，第 592 页。

图 155　江苏省无锡市戏曲泥塑

图 156　江苏省博物馆藏丁阿金戏曲泥塑

图 157　甘肃省灵台县牛大王庙戏曲砖雕《八王送饭》

扶持状。砖雕制作年代不详，据其花卉图案可推定为清代作品。所演剧目亦不详。砖雕现藏鄄城县博物馆。[①]

江苏省无锡市清代戏曲泥塑（图 155、图 156）。无锡泥人制作始于明代，其特点是绘塑结合，色彩浓重，对比强烈。清中叶后，开始塑造戏曲人物，大多眉目生动，神态逼真。江苏省博物馆藏有丁阿金戏曲泥塑 20 多个，计有《西厢记》《渔家乐》《教歌》等剧目。[②]

甘肃省灵台县清末戏曲砖雕（图 157）。砖雕共三块，均高 0.35 米，宽 0.4 米，为牛大王庙之物。庙已毁，砖雕尚存，上刻《大舜耕田》《渭水访贤》《八王送饭》等戏曲故事场面。其中《八王送饭》所雕的杨令公形象，穿蟒扎靠，右手搂须，

① 路明：《山东鄄城发现三件清代戏剧雕砖》，《文物》，1984 年第 8 期。
② 陈玉寅：《无锡泥塑戏文》，《文物》，1959 年第 4 期。《中国戏曲志·江苏卷》亦有介绍。

左手指斥，与今天的舞台扮相极为相似。[①]

云南省会泽县川主庙清代戏曲石雕（图158、图159）。该庙建于明代，清顺治时重修。庙内大殿门口石狮坐墩四面有八幅戏曲浮雕，内容为《长坂坡》《当

图158 云南省会泽县川主庙清代戏曲石雕之一

图159 云南省会泽县川主庙清代戏曲石雕之二

①《中国戏曲志·甘肃卷》，北京：中国ISBN中心1995年版，第612页。

图 160
天津市“泥人张”民国戏曲彩塑《三战吕布》

图 161
天津市“泥人张”民国戏曲彩塑《坐宫探母》

阳桥》《舌战群儒》《甘露寺》《击鼓骂曹》《截江夺斗》《空城计》《战长沙》，均为三国戏剧目。[①]

天津市“泥人张”清末戏曲彩塑（图 160 — 162）。“泥人张”彩塑始于 19 世纪 40 年代，第一代彩塑艺人张明山，塑京剧名伶余三胜、程长庚、刘赶三、谭鑫培、杨小楼、汪桂芬、田桂凤等。类型有头像、胸像、单人像、全家像等。戏曲场面有《黄鹤楼》《春秋配》《白蛇传》《西厢记》等。第二代艺人张玉亭、第三代艺人张景佑、第四代艺人张铭士均有杰作存世。[②]

图 162　天津市“泥人张”清末戏曲彩塑《打金枝》

①《中国戏曲志·云南卷》，北京：中国 ISBN 中心 1995 年版，第 498 页。

② 介绍“泥人张”的文章始见于中华民国十六年（1927）3 月 24 日《大公报》。《泥人张作品选》刊登《三战吕布》《击鼓骂曹》等戏曲彩塑作品，北京：人民美术出版社 1954 年版。参见《中国戏曲志·天津卷》，北京：文化艺术出版社 1990 年版，第 361 页。

第三节　戏曲碑刻

戏曲雕塑中还有一类是关于建造戏台和戏剧演出情况的文字记录，它们镌刻于碑石上，一般称之为“戏曲碑刻”。戏曲碑刻分布于戏曲形成后各个历史时期，有的碑刻内容全部或大部与戏曲相关，称“专门类戏曲碑刻”；有的碑刻主要内容与戏曲无直接关系，只有一小部分与戏曲有关，称“非专门类戏曲碑刻”。据不完全统计，元、明、清三代专门类戏曲碑刻计有 139 通，非专门类戏曲碑刻有 207 通。它们多是记述创修（或重修）神庙戏台、看楼之事，其次是梨园会馆、迎神赛社的演剧活动。另外还有梨园规章、官府文告等。

在这些戏曲碑刻中，宋元两代所立者最为重要。它们多为乡民议立，记述当地露台、舞亭、舞楼、戏台建造的年代和经过，以及修建者、捐资者姓名等。宋代的戏曲碑刻，主要有前面第四章“戏曲形成期的演剧文物”中“演出场所”所述的山西中南部万荣、沁县、平顺等县关于建造舞亭、舞楼的碑刻。而在金代，也发现不少戏曲碑刻，比较重要的有山西省万荣县庙前村《蒲州荣河县创立承天效法厚德光大后土皇地祇庙像图石》、河南省登封市中岳庙《大金承安重修中岳庙图》碑、山西省阳城县崦山白龙庙《复建显胜王灵应碑》等，使我们了解到宋金时期北方农村已建造神庙戏台并经常演出的事实。元明清时期，戏曲碑刻更多，下面我们择其要者略作介绍：

山西省万荣县太赵村稷益庙舞厅石碑（图 163）。立于元至元八年（1271）。碑高 0.23 米，宽 0.38 米。碑文为：“舞厅石□　今有本庙自建修年深，虽经兵革，殿宇而存。既有舞基，自来不曾兴盖。今有本村□□□等，谨发虔心，施其宝钞二百贯文，创建修盖舞厅一座，刻立斯石矣。时大朝至元八年三月初三日创建。砖匠李记。”此庙现存正殿等，舞厅顶部已毁，仅存台基及柱础。石碑嵌正殿前廊壁上。[①]

河南省孟州市三官庙《重修天地三官庙记》碑。碑高四尺一寸，宽二尺一寸，李孝纯撰文。碑文略述重修庙宇大概，中有“邑中耆艾盖玉……乃恳舍己财，劝

① 据笔者 1981 年实地考察记录。参见墨遗萍《记几个古代乡村戏台》，《戏剧论丛》，1957 年第 2 期。又见夏扬《河东现存宋金元舞台碑碣资料辑校与浅说》，收入《河东戏曲文物研究》一书，北京：中国戏剧出版社 1992 年版。山西师范大学戏曲文物研究所《宋金元戏曲文物图论》附有碑文及照片，太原：山西人民出版社 1987 年版。

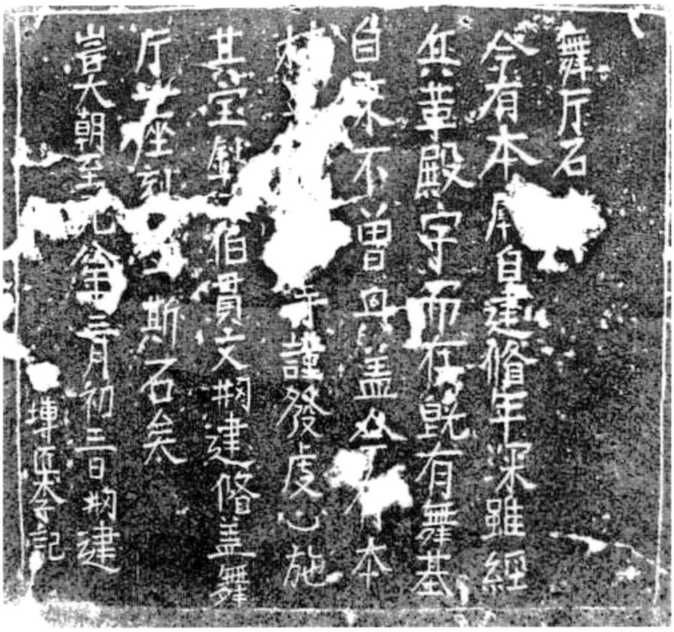

图 163　山西省万荣县太赵村稷益庙舞厅石碑

率里闬巨族段谨等十余家，鸠工聚财，□因基插殿……徐阙张乐之所，同邑人师宣、杨存、栾茂等盖玉立石，悯其未完，共办工费，不啻千余缗，他亦称是，继而落成。……大元至元二十四年岁次丁亥清明前二日，孟叫祗应所官大使”等语，证明当时该庙建造有戏台。[①]

山西阳城县北崦山白龙庙《复建显胜王灵应碑》，元大德元年（1297）立。碑高 1.86 米，宽 0.69 米，碑文略述重修白龙庙的经过，云“自元贞二年春经始，至大德元年丁酉夏告成，正、献二殿榱确翚飞，池、舞两庭檐楹轮奂，压栏、楹柱、池甓悉更之以石，期年之间，刮目一新。大德元年五月朔日立”，“白龙庙四社重修，增村社同永安□家庄修正献二殿，舞楼捻玉并压栏石柱”，可证此庙元初确已兴建舞楼。[②]

山西省万荣县孤山风伯雨师庙碑。元至大二年（1309）立。此碑碑阴有“重修舞停（笔者按——当作‘亭’），都维那头杨李（笔者按——村名）张德顺”等字句。碑原存庙内东缠腰，现已不知去向，庙亦被毁。该庙原舞亭石柱上又镌刻：“尧都大行散乐人张德好在此作场。大德五年三月清明施钱十贯。”[③]

山西省芮城县岱岳庙《岱岳庙创建香台记》碑（图 164）。元延祐五年（1318）立。碑高、宽均为 0.5 米，碑文有“殿宇廊庑，献台舞庭，庙貌之设昔皆具备，唯香台阙焉。里人王玉、张仲琇谨启丹诚，同成胜事……不日而成。……大元延

① 陈垣：《道家金石略》，北京：文物出版社 1998 年版，第 1117 页。

② 延保全：《山西阳城县北崦山白龙庢戏曲文物考论》，《中华戏曲》，第 21 辑，太原：山西古籍出版社 1998 年版。

③ 卫聚贤：《元代演戏的舞台》，（台湾）“清华大学”中国文学会《文学月刊》2 卷 1 期，1931 年 12 月 15 日。石柱刻字于 1958 年被毁，残片藏中国艺术研究院戏曲研究所。山西师范大学戏曲文物研究存有未毁前石柱刻字拓片照片。

图 164 山西省芮城县岱岳庙《岱岳庙创建香台记》碑

图 165 山西省洪洞县霍山水神庙《重修明应王殿之碑》

佑（祐）五年岁次戊午七月晦日□主本城王玉、城南张仲立石。……”庙已毁，碑存芮城县博物馆。[①]

山西省洪洞县霍山水神庙《重修明应王殿之碑》（图 165）。元延佑（祐）六年（1319）立。碑高 2.28 米，宽 0.72 米，赵城县尹王剌哈剌撰文。碑文中记载元时水神庙祭祀献艺盛况：“询之故老，每岁三月中旬八日，居民以令节为期，适当群卉含英、彝伦攸叙时也，远而城镇，近而村落，贵者以轮蹄，下者以杖履，携妻子、舆老羸而至者，可胜既哉！争以酒肴香纸，聊答神惠，而两渠资助乐艺牲币献礼，相与娱乐数日，极其厌饫，而后顾瞻恋恋，犹忘归也。此则习以为常。”碑存庙内，著名的元代戏剧壁画“尧都见爱　大行散乐忠都秀在此作场”在此庙内，恰好与此碑描写元时献艺相印证。[②]

山西省沁水县下格碑村圣珩宫《创修圣珩宫之碑》（图 166）。元至治二年（1322）立。该碑为笏头，方趺，高 1.69 米，宽 0.73 米，沁水县儒学教谕缑励撰

① 《中国戏曲志·山西卷》，北京：文化艺术出版社 1990 年版，第 563 页。车文明《露台的兴衰》附全碑碑文，《民俗曲艺》（中国台北），第 99 辑，1996 年 1 月。

② 据笔者 1981 年实地考察记录。参见刘念兹《元杂剧演出形式的几点初步看法——明应王殿元代杂剧壁画调查札记》，该文后附此碑碑文，《戏曲研究》，1957 年第 2 期。

图 166　山西省沁水县下格碑村圣珩宫《创修圣珩宫之碑》

图 167　山西省临汾市魏村牛王庙清刻元时碑局部

文。碑述庚戌（1250）大旱，居民祷雨获应，遂于中统二年（1261）在墅东崔府君祠遗址创建圣帝明王行宫，以崔府君、关羽配享，至大德六年（1302）创建舞庭一座。其文为：“至大德六年甲寅，复有本村徐思、刘清等继乃先之功，修建舞庭一座，累年以年不时施工，金碧杂焕，檐甍甍飞，轮焕一新。……时大元至治二年岁次壬戌五月戊辰朔廿五日率首刘清、徐思等立石。”碑现存庙内。[①]

山西省临汾市魏村牛王庙清刻元时碑记（图 167）。此碑为清光绪二十四年（1898）重刻元碑，笏头，高 1.35 米，宽 0.69 米，碑阴额题“广禅侯碑”，碑名《牛王庙元时碑记》，锦城进士谯正撰文。碑文述广禅侯神之来历，并云“今有乡赛二十余村，岁时香火益盛……庙（内）栋宇翚飞，石柱参差，乐厅雄丽。……至于清和诞辰，敬诚设供演戏，车马骈集，香篆霭其氤氲，杯盘竞其交错，途歌俚咏，伛偻相携，往来而不绝者，至日致祭于此也。”所云乐厅即戏台，今存。碑文漫漶不清，清光绪二十四年将碑文磨平重刻，现碑存正殿前廊。[②]

山西省万荣县西景村岱岳庙修舞厅石碣（图 168）。此石碣立于元至正十四年（1354），碑高 0.32 米，宽 0.85 米。碑文如下：“施缘功德主本老王二、男王九，同发善心，于岱岳庙内舞厅周遭压基台石，四周般载施功。众村人甘愿各人春安、

① 王福才：《沁水县下格碑村圣珩宫元碑及赛戏考》，《民俗曲艺》（中国台北），第 107、108 期，1997 年 5 月。参见冯俊杰《新发现的一通含舞庭文字的元人碑刻》，《中华戏曲》，第 21 辑，太原：山西古籍出版社 1998 年版。

② 据笔者 1981 年实地考察记录。参见延保全、王福才《新发现的魏村元代戏台史料》，《中华戏曲》，第 2 辑，太原：山西人民出版社 1986 年版。

夏泰、秋吉、冬祥。时甲午年壬午月甲子日功毕。石匠西胡村费卜。景全官施钞十两。景小待诏施钞五两。卫庸德施钞二两半。柳李二施钞二两半。

图 168 山西省万荣县西景村岱岳庙修舞厅石碣

费卜。大元国至正十四年五月初三。”该庙戏台毁于抗日战争时。碑存万荣县博物馆。[①]

以上戏曲碑刻，集中在山西、河南，大多记载当地修建舞庭、乐楼事，而舞庭、乐楼，乃当时人们对戏台的称谓，于此可见元代乡村神庙戏台之众多。其中也有一些是记录戏班流动演出的，如山西万荣孤山风伯雨师庙的元代石柱刻字，记载大德五年“尧都大行散乐人张德好在此作场”，这段文字与山西洪洞霍山水神庙明应王殿戏剧壁画上端题额所书“尧都见爱 大行散乐忠都秀在此作场 泰定元年四月□日”的文字相类，说明尧都平阳（即今临汾）早在元代已成为戏曲演出的中心，它们的戏班（散乐）自大德五年（1301）至泰定元年（1324）20 多年一直存在，并经常到附近的城镇农村演出。艺人既有以男性领衔者（如张德好），也有以女性领衔者（如忠都秀），显示了戏班实力的强大，这从一个方面折射出当时戏曲演出繁盛的状况。

明代的戏曲碑刻，据已发表的调查报告、考述文章以及山西师范大学戏曲文物研究所调查统计，约有 40 通，绝大多数在山西，也有一些在江西、山东、河南，如同元代戏曲碑刻，大多记录当地神庙修建舞庭、乐楼事。其中一些比较重要，下面略作介绍。

山西省河津市连伯村后土庙《重修后土禹稷庙记》碑。明景泰元年（1450）立。碑高 1.58 米，宽 0.72 米，举人赵璘撰文。碑文中记当地“每遇春祈秋报，三社拜香重修正殿三楹、香亭一座、献亭五楹、乐楼三楹、外门三楹、廊庑二十余间……

① 据笔者 1981 年实地考察记录。参见（台湾）“清华大学＂中国文学会《文学月刊》1 卷 4 期（1931 年 8 月 15 日）扉页刊登之卫聚贤提供的拓片照片。同刊 2 卷 4 期卫聚贤《元代演戏的舞台》附录全部碑文。又见墨遗萍《记几个古代乡村戏台》，《戏剧论丛》，1957 年第 2 期。又见夏扬《河东现存宋金元舞台碑碣资料辑校与浅说》，收入《河东戏曲文物研究》一书，北京：中国戏剧出版社 1992 年版。

景泰元年岁在庚午冬十二月下浣良辰”。庙内现存正殿、献殿、香亭等，戏台已毁，而碑仍存。①

图 169　山西省稷山县南阳村法王庙《法王庙创建舞庭记》碑

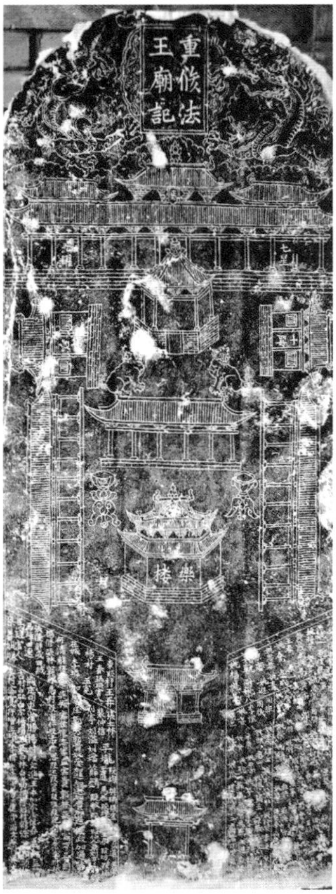

图 170　山西省稷山县南阳村法王庙《法王庙创建舞庭记》碑阴

山西省稷山县南阳村法王庙《法王庙创建舞庭记》碑（图 169、图 170）。明成化十一年（1475）立。笏头，方趺，高 1.43 米， 宽 0.59 米。碑文为马宗海撰，略云：“南阳为邑之巨里，人多乐善尚义，尤笃于事神。善士李文远早岁于本庙朝夕躬奉香火，尝会里中长者，议欲于正殿前建舞庭一座，佥曰：宜。……遂树舞庭三架转五，规模雄壮，制作工巧。……于是以陈列乐舞，奏格明神，有不宜哉？兴工于成化辛卯之仲春，落成于成化乙未之季夏。”碑阴绘刻庙貌图，于正殿前刻舞庭，题榜曰“乐楼”。庙现存正殿、戏台与原碑。在目前发现的古代戏台中，同时保存有文字记载、图像刻绘和舞台实物的，仅此一处。②

山西省泽州县辛壁村汤王庙《创建礼乐楼记》碑。碑立于明弘治十四年（1501）。高 1.38 米，宽 0.68 米，宗秀撰文。碑文略云汤王庙创自金大定二十一年（1181），内有古树甚大，弘治年间，宗支欲伐，梦惊居民，次日老少

① 霍建宇:《河津连伯村后土庙明代舞楼碑刻考》,《中华戏曲》, 第 24 辑, 北京: 文化艺术出版社 2000 年版。

② 据笔者 1982 年实地考察记录。参见廖奔《晋南戏碑偶录》，《戏曲研究》，第 22 辑，北京：文化艺术出版社 1987 年版。又见车文明《稷山南阳法王庙明代创建舞庭及庙貌图碑考论》,《中华戏曲》, 第 23 辑, 北京: 文化艺术出版社 1999 年版。

齐集，阻止砍伐，后众议于此修建礼乐楼。文中有“就此而建礼乐楼三（楹），（栏）护四傍……时弘治十四年岁次辛酉闰七月吉日”等语。碑存庙内。[1]

山东省济宁市凫山《梁山伯祝英台墓记》碑。1952 年发现。碑于明正德十一年（1516）刊立，孟子五十七代孙孟元篆额，赵廷麟撰文。略述：据故老传闻，济宁九曲村祝员外之女英台女扮男装读书，与梁山伯同师受业，昼同窗，夜同寝，三年衣不解带。后二人分别回家，一年后山伯来访，英台女仪出见。山伯别后一载病卒。西庄富户马郎迎娶英台，英台苦思山伯，悲伤而死。乡党士夫谓其全节，从葬山伯之墓。这是将戏曲故事演绎为真事之一例，显示出戏曲影响之深远。[2]

山西省介休市后土庙《创建献楼记》碑（图 171、图 172）。明正德十四年（1519）立。碑高 3.17 米，宽 2.8 米，邑人郭海东撰文。碑云：“后土庙旧有乐棚三间，因其敝坏短窄不堪。正德丙子春，梁公讳智等欲建楼，广阔而重修之，奈城下有三清观与乐棚相近，建楼乐愈高而神愈下，可乎？士民薛君雄谓众曰：‘改三清阁筑基与献楼同合为一，中则分之，起三清圣像于崇楼之极，前列万圣朝元，后奏献以奉后土，则神上而乐下，使人心安而神妥也。’众如其言。本庙道士张德深告请四方贤士共建斯楼。……三载之功，其费也大矣！是楼也，上接云霄，下连中镇，金碧丹彩，复檐深邃……

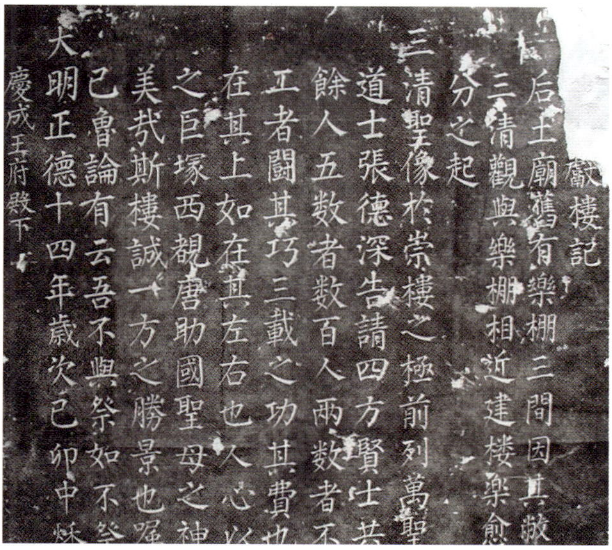
獻樓記
后土廟舊有樂棚三間因其敝
三清觀與樂棚相近建樓樂愈
分之起
三清聖像於崇樓之極前列萬聖
道士張德深告請四方賢士共
餘人五數者數百人兩數者不
工者鬪其巧三載之功其費也
在其上如在其左右也人心以
之巨塚西覩唐助國聖母之神
美哉斯樓誠一方之勝景也嗚
已曾論有云吾不與祭如不祭
大明正德十四年歲次己卯中
慶成王府殿下

图 171 山西省介休市后土庙《创建献楼记》碑局部

图 172 山西省介休市后土庙明代献楼（戏台）

① 樊淑敏：《泽州成汤庙明代乐楼碑刻考》，《中华戏曲》，第 24 辑，北京：文化艺术出版社 2000 年 6 月。
② 郑亦奇：《梁山伯祝英台墓碑出土记略》，《文物参考资料》，1957 年第 9 期。

大明正德十四年岁次己卯中秋之吉。”该庙献楼即现存戏台，碑亦在庙内。①

山西省新绛县阳王镇稷益庙《重修东岳稷益庙之记》碑。明嘉靖二年（1523）立。碑为螭首龟趺，高3.43米，宽0.9米，郡人周尚文撰文。碑文有云：“阳王之墟者，东岳稷益庙也。罔知肇自何代，元至元重修。正殿旧三稳，国朝弘治间恢复为五稳，增左右翌室各四稳。正德间复增先门三稳，献庭五稳，舞庭五稳，缭以周垣，架以长廊，隐以佳木，百工殚巧，金壁摛辉，宛乎舞雩之幽致，而轮奂之美谅过之。……大明嘉靖二年岁次癸未秋九月初三日立石。”今戏台与碑皆存。②

河南省三门峡市湖滨区高庙乡塘凹村东岭庙《重修塘凹村东岭庙宇碑记》。此碑额题“九天后土圣母碑”，碑文云：“（香山）顶前有东岳之庙，后有圣母之殿……于嘉靖二年岁次癸未孟春月上旬廿日偶尔火焚。本村耆老侯铎寺……率本社乡□人等，各施己财，协力同心，赞助善事，不旬月间，殿宇岑楼，东西两廊、神像衣冠整旧如新，与凡献殿、神路、马殿、乐楼该补葺处，悉皆次第落成。……大明嘉靖四年龙集□□孟秋月终旬吉日。”今乐楼已毁，碑存庙内。③

山西省阳城县下交村汤王庙《重修乐楼之记》碑（图173）。明嘉靖十五年（1536）立。碑为笏头，高2.48米，宽0.94米。王玹撰文，略述“前人立庙祀神之由，乐楼所建之意”及汤王祷雨的传说，文中又有“重修乐楼，一高二低四转角，并出厦三间。工成于正德十年乙亥，栋宇台榭高大宏伟，金碧丹青之饰焕然一新，其功倍于昔矣。……大明嘉靖十五年岁次丙申正月吉旦”等语。庙内另有明嘉靖十五年《重修正殿廊庑之记》碑，内亦有“首建舞楼一所，一高二低，材饰极其壮丽，外南向出厦三间，皆包以砖”等语，证明戏台确于该年重修。庙与戏台俱存，碑存庙内。④

山西省翼城县曹公村四圣宫《西阎曹公里重修尧舜禹汤王庙记》碑（图174），明嘉靖三十八年（1559）立。该碑螭首方趺，高1.8米，宽0.9米，举人侯九臣撰文。碑文主要记述神庙迎神赛社情况：“今日由王都以达穷乡，无地无神，无神无庙，我社之神庙在此而不□彼，此其起于至正，建于村北，分社人为

①《中国戏曲志·山西卷》，北京：文化艺术出版社1990年版，第546页。参见廖奔《中国古代剧场史》，郑州：中州古籍出版社1997年版，第115页。

② 王泽庆：《山西新绛县东岳稷益庙壁画》，《文物》，1979年第10期。

③ 杨健民：《中州戏曲历史文物考》，北京：文物出版社1992年版，第216页。

④ 冯俊杰：《阳城县下交村汤王庙祭考论》，《民俗曲艺》（中国台北），第107、108期，1997年5月。又见冯俊杰《明王玹〈重修乐楼之记〉的文化内涵》，《戏剧》，1998年2期。

三甲。……在后之人当举行成规，遵守定礼。清明取水，半途邀盘，先日送□□，次日迎神。音乐为之喧哗，神马为之纵横，彩旗为之飞扬，带枷执扇拖铁索者，各随所愿而尽乃心。既而底庙大赛三日，乐人动至百口，神筵□轮以三甲，饮食乐钱依派散而不违。赛罢将软按轮至何村，每岁献猪羊十二，此皆在后人世守之而勿失焉。……大明嘉靖三十八年岁次已未三月戊辰吉日建。”庙与戏台、碑刻皆存，而戏台为元代建筑。值得注意的是，该碑还记载自元代以至明嘉靖，当地清明取水，举办迎神赛会，乐人动至百口，显示了元明农村赛祭之盛以及与演剧之密切关系。[①]

图 173 山西省阳城县下交村汤王庙《重修乐楼之记》碑局部

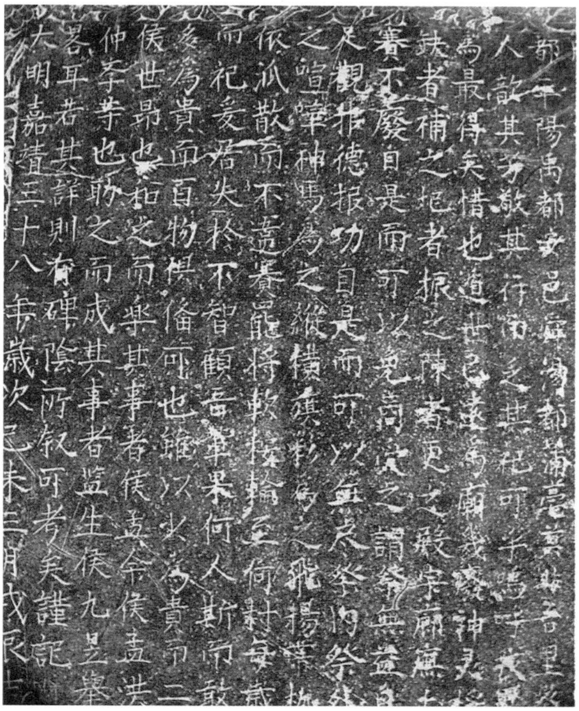

图 174 山西省翼城县曹公村四圣宫《西阁曹公里重修尧舜禹汤王庙记》碑局部

山西省河津市樊家庄《重修乐楼记》碑，明万历三十三年（1605）立。碑文为：“粤惟齐祠庙之设，晋地实繁，河东又其最者。或以为商尚鬼，耿为商都，耿乡一路遗风特盛。尝稽汴志所载，寺庙系以空名，俱遭兵燹，则晋地祠庙之独存，又缘僻险不多被兵故也。然各祠庙之碑碣，远不过元魏周隋，余不可考。而剧赛惟元人为盛，善音调，集南北蕃汉，而人少徭役，岁时辄以娱神为乐，舞亭、乐楼多属盛国之遗，此可为一验。南方平樊家庄有法王庙一所，前建乐楼，人代未悉，乃岁久倾颓，不蔽风雨，阁林将

① 柴泽俊：《平阳地区元代戏台》，《戏曲研究》，第 11 辑。参见曹占梅《明代嘉靖年间的一例赛社活动——山西翼城曹公四圣宫考》附全部碑文，《民俗曲艺》（中国台北），第 107、108 期，1997 年 5 月。

累年四方布施银粟贷人而收其息，积成八十余金。万历三十三年，社头……尝忆万历乙酉以及丁亥，三岁大荒，麦槁者三，禾槁二，饥疫不起，每社逾数百人，祀典几废。盖成化二十年以至万历十四年，大祲两见，仅百余年耳。阖社人尚各思勤俭，倘能生殖其货，善保其空，保其乡闾如斯，议建乐楼者以备来日，则此建亦石画也，尚熟览而详绎之哉。万历三十三年岁在乙巳仲春初七日，邑贡生侯登翰谨撰。”此碑记述山西祠庙之盛及舞亭、乐楼众多的史实。①

山西省万荣县四望村后土庙碑。明万历四十三年（1615）立。碑云：“四望村古有圣母神庙，但不知创自何代……正德五年，牛景阳、吴可增重修，十载功完。嘉靖三十六年……创建献宇五间。迨万历二十一年……重修山门、献殿。……至于献神报赛，始分三社，后为五社。……大明万历四十三年岁次乙卯七月初六日辛亥日记。”②

山西省洪洞县霍山水神庙《水神庙祭典文碑》（图 175、图 176），明万历四十八年（1620）立。该碑共九块，每块高 0.6 米，宽 0.5—1 米，嵌于明应王殿外东壁。碑文 5 000 余字，记载水神庙祀神的时间、地点、供品、经费来源与开支、祭祀与演剧的规则、禁约及分胙定规。其中记载：“三月十八圣诞……响赛男女乐二十人，银三两。”“龙王四月十五日圣诞……乐户杂剧，银二钱。”“八月十五日……乐人四名，银二钱四分。”祭祀禁约有“乐户响赛，已有公费，不许照旧绰收秋夏。其乐妇只供装扮，不许夤夜入庙亵神。”分胙定规有：“每月朔祭……乐人猪胙四斤。”“三月十八日胙……乐人猪肉二十斤、羊肉十斤、杂脏两副。”这通碑文反映了明中叶后当地赛祭活动和乐户杂剧演出的频繁。在赛祭中，乐户艺人每人演出只分得胙肉一斤，为主祭县令所得“宗猪一半、宗羊一半”的百分之一，女艺人更是“不许夤夜入庙亵神”，显示了乐户，特别是女性乐户社会地位的低下。③

清代的戏曲碑刻更多，分布于全国各地，据已发表的调查报告和《中国戏曲志》各省志不完全统计，目前有 280 多通，亦大多记载各地神庙兴建戏台之事。但也有一些碑刻所载颇具史料价值，值得注意。如：

---

① 许世杰：《晋南戏剧舞台、碑文选录》，《蒲剧艺术》，1981 年第 3 期。

② 齐如山：《关于山西万荣县四望村后土庙之戏台》，《国剧画报》1 卷 17 期，1932 年 5 月 13 日。文后附碑文。

③黄竹三：《山西洪洞县霍山水神庙及水神庙祭典文碑考述》，《民俗曲艺》（中国台北），第 109 期，1997 年 10 月。该文收入作者论文集《戏曲文物研究散论》，北京：文化艺术出版社 1998 年版。

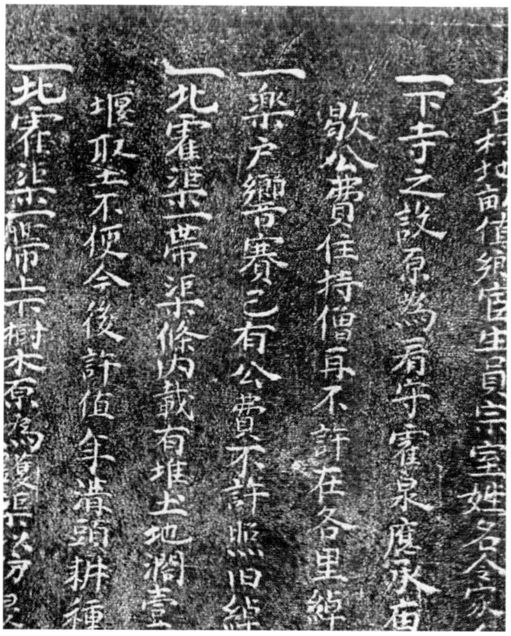

图 175 山西省洪洞县霍山水神庙《水神庙祭典文碑》细部“乐户响赛”

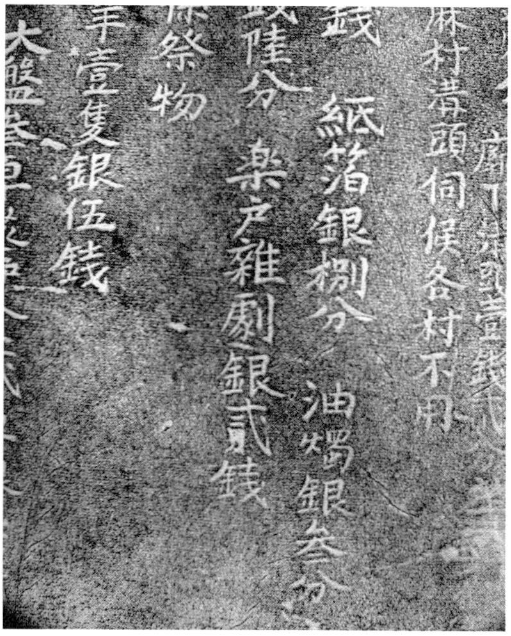

图 176 山西省洪洞县霍山水神庙《水神庙祭典文碑》细部“乐户杂剧”

云南省宜良县草甸《土王庙戏台碑记》。清康熙四十六年（1707）刊立，碑高 1.5 米，宽 0.65 米。碑云：“戏何自乎？自于唐之玄宗也。……各村之盛会不一，见寄之歌唱，妆以傀儡。游人如蚁，士女如云，熙熙攘攘，诚斯境之一会也。但会非戏则聚不久，聚不久则情不畅。然戏非台亦何足观？因村营之，远近不一，抬搭维艰。由是乡人会议，相工师，度木材，经营以建之。台成，名曰祈丰。”碑文记载了当地歌舞、戏剧、木偶演出之盛。此碑现存庙内。[①]

山东省淄川区蒲家庄《蒲松龄墓碑》。清雍正三年（1725）立。此碑碑阴刻蒲松龄父母生卒年月时辰及蒲之“附记杂著五册”。计戏三出：《考词九转货郎儿》《钟妹庆寿》《闹馆》。通俗俚曲 14 种：《墙头记》《姑妇曲》《慈悲曲》《翻魔殃》《俊夜叉》《穷汉词》《丑俊巴》《快曲》各一册；《禳妬咒》《富贵神仙后变磨难曲》和增补《幸云曲》各两册。它们为研究蒲松龄提供了可贵资料。[②]

北京市陶然亭《梨园馆碑记》。清雍正十年（1732）立。碑文为闵源栋所撰，记述为戏曲艺人修建公墓事，略云：“义冢之设，盖诚笃于义者也。于是辟草披荆，

① 顾峰：《云南戏曲碑刻文告考述》，《中华戏曲》，第 19 辑，太原：山西古籍出版社 1996 年 9 月。

②《中国戏曲志·山东卷》，北京：中国 ISBN 中心 1994 年版，第 625 页。

计亩若干……置之门内，以备同侪无以厝其骸骨者。斯举也，勒之于石，以垂不朽，梨园之子生而有业，死而有托也已。”文后录捐资兴建公墓的戏班名称，计有大成班、和成班、惠成班、瑞祥班、紫林班、桂林班、桂云班、永兴班、王成班、公府班、紫英班、桂□班、宝成班、紫成班、王秀班、裕和班、嘉成班、秀雅班等。从碑文中可知雍正时京师戏班之众多、艺人生活困顿死后无葬身之所以及戏班艺人互助的情况。①

江苏省苏州市老郎庙碑。在原苏州镇抚司前老郎庙内。“老郎”是旧戏班中供奉的祖师神，苏州老郎庙是艺人祭祀戏神的场所，后来成为管辖戏曲艺人的“梨园总局”。庙内原有从清雍正十二年（1734）至中华民国初年所立的石碑22通，分别为《奉宪永禁差役梨园扮演迎春碑文》（雍正十二年）、《感恩碑记》、《花名碑记》（乾隆元年）、《翼宿神祠碑记》（乾隆四十八年）、《历年捐款花名碑》（乾隆五十六年，共七通）、《钦奉谕旨给示碑》（嘉庆三年，共两通）、《吴郡老郎神庙之记》（嘉庆九年）、《入会规例之碑》（嘉庆二十四年）、《苏州织造部堂示禁碑》、《苏州府正堂碑记》（道光二十八年）、《长（洲）元（和）吴（县）三县碑记》（道光二十七年）、《修建音乐台纪事碑》（道光二十九年）、《重修老郎庙捐资碑记》（光绪七年）、《老郎庙房屋图契碑》（民国四年）、《李孝子传碑》。碑石今已不存，仅余碑文拓片。这些碑文记载了清代许多戏曲史料，如《奉宪永禁差役梨园扮演迎春碑文》略云：每年立春，县衙传唤梨园子弟迎春走春，扮演故事。此差本由丐户应值，近由于乞丐串通衙役，竟以梨园代替丐户。梨园子弟金永锡等60余人具呈苏州织造府批准，并报兵部右侍郎、江宁等地巡抚同意，移文抚藩，转饬长、元、吴三县，永禁差役梨园迎春、扮演故事。从碑文中可知当时戏曲艺人社会地位之卑下，几同丐户，以及他们奋起抗争之情。又如《翼宿神祠碑记》为苏州织造府所立，说明它具有兼管戏曲文化的权力。《历年捐款花名碑》则记载“梨园总局”在各地设有分局，于此可知当时苏州与各地戏曲团体和艺人有密切的联系。《钦奉谕旨给示碑》则记载：“元明以来，流传剧本皆系昆、弋两腔，已非古乐正音。但其节奏腔调，犹有五音遗意，即扮演故事，亦有谈忠说孝，尚足以观感劝惩。乃近日倡有乱弹、梆子、弦索、秦腔等戏，声音既属淫靡，其所扮演者，非狭邪媟亵，即怪诞悖乱之事，于风俗人心

① 张江裁：《清代燕都梨园史料·北京梨园金石文字录》，《双肇楼丛书》，北平邃雅斋书店1934年版。

殊有关系。……嗣后除昆、弋两腔仍照旧准其演唱，其外乱弹、梆子、弦索、秦腔等戏，概不准再行唱演。……示仰阖属军民人等及各戏馆知悉。”该碑揭示了清廷提倡昆山腔和弋阳腔，禁止乱弹、梆子、弦索、秦腔等地方戏的史实，反映了清中叶地方戏勃兴，“花部”与“雅部”争胜的情况。[1]

陕西省绥德县吉镇娘娘庙《新建乐楼序》碑，清乾隆九年（1744）立。碑高1.39米，宽0.73米。碑阴记述创建乐楼经过，并记载娘娘庙“每遇三月初八圣诞日期，牲礼乐舞陈设”，“舞榭歌楼报赛”，“声彻云霄，共咏季札之观止”。今庙已毁，碑存玉帝庙内。[2]

山西省蒲县东岳庙《昭兹来许》碑，清乾隆十七年（1752）立。此碑为笏头，高0.9米，宽0.41米。碑文云东岳庙每岁三月二十八日献乐报赛，相沿已久，“至期必聘平郡苏腔以昭诚敬，以和神人，意至虔也。乾隆八年夏器等实首其事，因所托非人，骗银误戏，暂觅本县土戏以应其事”。众纠首及合会人等商议，以后再有延误神戏者，所花费用一律由办事人自付，不得动用公款。另乾隆四十二年（1777）《用垂永久》碑（图177）也记述“因土戏亵神，谋献苏腔”之事。又道光元年（1821）《东神山补修各工并增三处戏钱碑记》亦载：“三月演乐，旧规觅自外境，正日不用乱谈，恐亵神也。万一误戏，或用土戏暂补者，不得动用公钱。”这三通碑刻说明清中叶苏腔（即昆曲）流布至山西省南部，以至当地神庙用以报赛。三碑均存庙内。[3]

云南省澄江县西龙潭龙王庙《轮流演戏碑记》，清乾隆二十年（1755）立。碑高1.15米，宽0.85米。碑文如下：“澄江府阳河县正堂加三级记录三次王示意，照得每年各村营演戏事。头龙立夏及龙王庆诞，牌到，分定轮着村营演戏一天报答。神庙灵佑万民，理宜敬□□悃俟候应办，不得搞拗，各宜尽心，凛之慎之。如违，严拿重究。特示。计开：阜开村演戏一天，团营演戏一天，许营、许家村演戏一天，廖营、赵旗村演戏一天，高楼房、旧街子、大西城演戏一天，朱官营演戏一天，小洋村、小里村、猫耳村演戏一天，上左所演戏一天，上右所演戏一天，黄家营、田家营沙田演戏一天，矣落村、水碾、果子园演戏一天，撒马都、

① 江苏省博物馆：《江苏省明清以来碑刻资料选集》，北京：三联书店1959年版，第276—297页。参见《中国戏曲志·江苏卷》，“苏州老郎庙碑”条，北京：中国ISBN中心1992年版，第806页。

② 《中国戏曲志·陕西卷》，北京：中国ISBN中心1995年版，第632页。

③ 据笔者1993年实地考察记录。

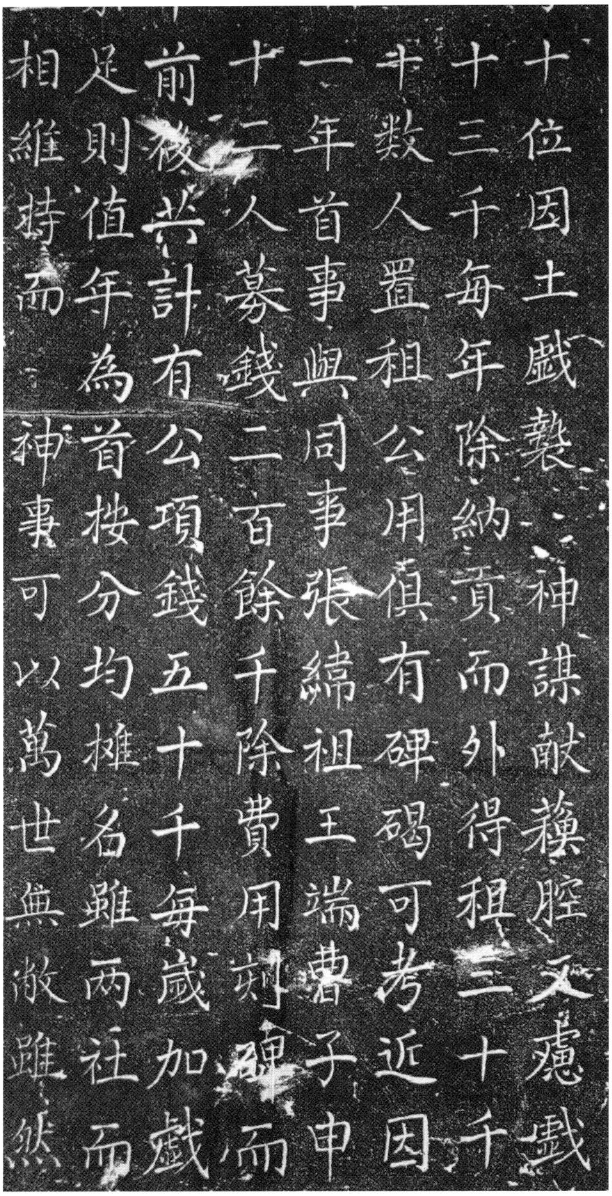

图 177　山西省蒲县东岳庙《用垂永久》碑局部

前师家村、后师家村演戏一天，前香村、后小营、高七营、矣草村演戏一天，万家营、曹家营演戏一天，大河口、正海营演戏一天，马家村、哈家村演戏一天，百祥、马家村演戏一天，前吉里村、后吉里村演戏一天，鲁溪营演戏一天，洋潦营、新河口演戏一天。乾隆二十三年三月□日示派定。”此碑记述当地祭祀龙王各村派戏演出习俗。碑存庙内。[①]

河南省新安县《重整河南滩献戏碑》，清乾隆二十一年（1756）立。碑云“阙门旧有药王圣会，起自康熙五十八年……庙前与东西两处，各有首事经营之人。独河南滩献戏……起骡马大会。……自此，牙行年年献戏赶会，至今二十余年。……后年年献戏，倘不献戏，便不许赶会。”碑文反映了当地骡马大会献戏习俗。[②]

福建省莆田市瑞云祖庙《志德碑》，清乾隆二十七年（1762）立。碑高 1.55 米，宽 0.68 米。碑文记述当地戏班均有自备船，以便交通、食宿，通班以船为家。地方官吏强行将戏船勒去运输，致使戏班夜半演出结束后无处可归，在岸露宿。故 32 个戏班联名叩请水师提督，幸得批示，以后雇运兵米，不得使用戏船，并令当地县令发给每班一照，以别于民船。为感恩特勒志德碑。落款为鸣盛、敲金、

① 《中国戏曲志·云南卷》，北京：中国 ISBN 中心 1995 年版，第 494 页。

② 杨健民：《中州戏曲历史文物考》，北京：文物出版社 1992 年版，第 120 页。

翔鸾、书仓、碧兰、八阳、泮水、楫瑞、双珠、锦树、瀛珠、锦和、瑞金、玉珠、壶兰、珍玉、锦林、金兰、克聚、云翘、荣招、树梨、武亭、胜凤、集锦、庆顺、凤仪、集瑞、兴隆、八艳、雪阳、沐芳等戏班。这通碑文反映了福建等地戏班船只外出演剧的史实，所列戏班名称为研究戏曲演出史提供了重要史料。碑存该市文化馆。①

山西省阳城县润城镇东岳庙《润城社新制神伞仪仗记》碑，清乾隆中叶（1770年前后）立。碑高 2.44 米，宽 0.85 米。碑文为举人、里人王道照撰，略云："润城之在阳邑，巨镇也。……忆余少壮时，国家太平休养之泽几百年矣。民物繁滋，丰年屡庆，家有余财，人有余力。于是隆享报之典，迎神祈泽，则大起众庶。鼓钲竞（竞）响，伞扇麾幢之属夹道而前驰，复有贝锦彩装儿童杂剧纷纭沓沓，填塞街衢，焜耀闾巷，而衣冠缙绅之族亦往往相与揖让，进退于其间，斯盖一时之盛也。……乾隆三十有六年春……工既讫功，遂陈列而观之。社鼓逢□，钲声盈耳，华盖旋转，旌旆飞扬，其繁庶之容，丰盈之象，视曩日盖无以加焉。"碑文描写了当地迎神赛社的繁闹景象。碑存庙内。②

广东省广州市《外江梨园会馆碑记》，清乾隆四十五年（1780）立。碑文载粤省外江梨园会馆创建于乾隆二十四年（1759），并记各省戏班到粤须加入会馆及负担费用的规则。碑文还记录了当时的文彩班、湖南祥泰班、安徽文秀班、上升班、保和班、翠庆班、集庆班、上明班、百福班、春台班、荣升班等 15 个班社捐银数目及各班人员姓名。这为了解清中叶广东外江戏班提供了重要依据。③

北京市崇文门外精忠庙《重修喜神殿碑序》，清道光七年（1827）立。碑云燕都精忠鄂王庙侧，旧有喜神圣殿。历年重修，将捐资者恭勒于石。计有安徽春台、四喜、三庆、和春，直隶和成，山陕双和、顺立等戏班 19 个，以及中和园、裕兴园、庆乐园、广和楼、三庆园、庆和园、广德楼、天乐园、同乐园、庆春园、广顺园、广兴园、隆和园、阜成园、德胜芳草园、万兴园、太庆园、万庆园、六和轩、广成园等 20 个戏园。为研究清中叶京都戏班、戏园提供了可靠依据。④

---

①《中国戏曲志·福建卷》，北京：中国 ISBN 中心 1993 年版，第 583 页。

② 吕文丽：《阳城县屯城村东岳庙及其迎神赛社考》，《民俗曲艺》（中国台北），第 107、108 期，1997 年 5 月。

③ 冼玉清：《清代六省戏班在广东》，《中山大学学报》，1963 年第 3 期。参见《中国戏曲志·广东卷》，北京：中国 ISBN 中心 1993 年版，第 449 页。

④ 张江裁：《清代燕都梨园史料·北京梨园金石文字录》，《双肇楼丛书》，北平邃雅斋书店 1934 年版。参见《清代燕都梨园史料》，北京：中国戏剧出版社 1988 年版，第 914 页。

河南省灵宝市东孟村《孟村中社公议演戏规式》碑。清道光十八年（1838）立。碑文云："关帝正赛五月十三日演戏出钱遵地亩分派。虫王正赛六月初六日演戏出钱遵地亩分派。火星圣母正赛九月十五日演戏出钱遵地亩一半、人口一半分派。马王正赛十月初十日演戏出钱遵地收麦、骡马一骡二马分派。以上四赛演戏，俱不必预定日期，各人戏钱务必于演戏之日送到庙上。"碑文反映了当地赛祭演戏习俗及戏资分派规定。

山西省晋城市《五聚堂纪德碑序》，清咸丰元年（1851）立。碑高 1.92 米，宽 0.67 米。五聚堂是泽州府五县梨园会馆。碑文记述道光三十年（1850）泽州府九个戏班联合恳请裁减官戏并获府县批准的经过。碑载当时官戏一年达 60 多次，每次大都三天，报酬极少，艺人难以为生。再加上其中种种舞弊行为，使戏班苦不堪言。经过抗争，府县裁减为 30 多次。碑文显示了被压迫艺人为生存而与官府展开的斗争，这在戏曲史研究上具有特殊的价值。

广东省潮州市《重建田元帅庙碑》，清咸丰十年（1860）立。碑云："咸丰九年八月初二日，祖庙被狂风折毁，社里同众梨园子弟重做庙宇。十年，梨园公议：正音班每年每班银二元，西秦班每年每班银二元，潮音班每年每班银一元。六月廿四日圣寿致敬一天，酒礼、影戏一台奉敬。十二月廿四日做平安敬一天，酒礼、影戏一台送神。梨园子弟，永永万年，照此规约，遵守而行，如有违者，不是田府派下子孙。"碑文反映了当地祭赛习俗以及广东流传正音、西秦、潮音、影戏状况。①

湖南省石门县夹山寺《德洋悬溥》碑，清道光十年（1830）立。碑已残，内容为十大禁令，其中第九条为："禁演唱花鼓夜戏，以端□风也。城厢市镇乡村人烟稠密之处，查有不肖男女，遇花鼓戏班到境，呼朋引类……邪奸拐攫窃，皆从此生。"落款为"岳阳道"。②

山西省长治市寺庄村《禁演秧歌碑》，清同治四年（1865）立。碑高 1.1 米，宽 0.33 米。碑云："奉官禁止演唱秧歌，同治四年三月谷旦，大社同立。"碑存祖师庙内。③

---

①《中国戏曲志·广东卷》，北京：中国 ISBN 中心 1993 年版，第 452 页。
②《中国戏曲志·湖南卷》，北京：文化艺术出版社 1990 年版，第 527 页。
③《中国戏曲志·山西卷》，北京：文化艺术出版社 1990 年版，第 591 页。

江苏省苏州市《江苏布政司禁止元玄妙观内各茶坊演唱滩簧碑》。清同治六年（1867）立。碑高 1.04 米，宽 0.52 米。碑云："照得演唱淫戏，久干例禁，而花鼓滩簧，多系男女亵狎情事，忘廉丧耻，长恶导淫，尤为风俗人心大害。节经示谕，严禁不许演唱在案。乃访得元妙观内各茶坊，仍多杂唱滩簧淫曲，男女环听，哄动多人，实属有伤风化。除饬县拿办外，合亟出示，严禁不许演唱。……同治六年三月初四日示。"碑文记载清廷地方当局认为花鼓滩簧多演"男女亵狎情事"，而予以严禁，不许演唱之事。碑存玄妙观廊内。①

安徽省巢县炯炀河《禁戏碑》，清同治七年（1868）立。碑高 1.22 米，宽 0.89 米。碑文云："近倒七戏名目，淫词丑态，最易摇荡人心，关系风化不浅。嗣后如有演此戏者，绅董与地保亦应禀案本县捉拿，定将此写戏、点戏与班首人等，一并枷杖。……同治七年八月初一日。"碑嵌于当地一商店山墙上。②

山西省长子县八里洼三嵕庙《白云山禁止票传文戏碑》，清光绪十二年（1886）立。碑述二月十二日神诞之期，九村轮流报赛献戏，届时衙门差役执票而来，借传唤官戏之名，而勒索戏班钱文，于是戏班来此，必求高价。九村公议，启请县太爷免除此害，获得批准。于是立石为记。③

以上五通碑刻反映了清代统治者禁演地方戏的史实。

浙江省绍兴市双江溪舜王庙《禁碑》，清同治十二年（1873）立。碑高 0.46 米，宽 0.8 米。碑刊十条禁规，目的是为保护庙宇，规范人们的行为。其中与戏曲有关的有："公禁大小人等不许登基看戏。如违，罚瓦三千张。""公禁两廊看楼上，不许男人混入。如违，罚瓦一千张。""公禁庙内庙外，不许张篷演戏，放赌开头。如违，呈官究治，断不徇情。"落款为"同治十二年十月□日合社公具"。碑文反映了当地戏曲只能于庙内演出、男女不能混杂的习俗。碑存庙内。④

广西壮族自治区桂林市《桂林八街公议禁约》碑。清光绪十五年（1889）立。碑高 1.5 米，宽 0.77 米。碑云："富义桥头火神庙为八街共主之祀，近年出现龙船、龙灯、小扒船，既费钱，又不安全。庙内歌唱采茶，尽演宿柳眠花之剧。世风日下，人心不古，于是公议妥定禁约十则，以正风俗。"其中一条为："绝唱灯以端

---

① 江苏省博物馆：《江苏省明清以来碑刻资料选集》，北京：三联书店 1959 年版，第 275 页。
②《中国戏曲志·安徽卷》，北京：中国 ISBN 中心 1993 年版，第 561 页。
③ 张振南、暴海燕：《长子县戏曲文物二则》，《中华戏曲》，第 22 辑，太原：山西古籍出版社 1999 年版。
④ 谢涌涛：《越境"万年台"的衍变和格局蠡测》，《戏剧艺术》，1991 年第 4 期。

风化。唱采茶灯一派淫词艳曲，神必不享，且于神怒而亦大坏风俗。自今禁止，不独本庙戏台不容再演，即八街僻处搭台亦并不准。”碑文反映了当地禁演采茶戏的史实。[①]

第四节 戏曲绘画

戏曲绘画按所用材料和处所划分，可区分为绢本纸本绘画、壁画、瓷枕画和木刻版画等类，数量极多。它们虽是个别绘制、雕画，不像戏雕戏俑那样可以大批生产，反映出一定时期戏曲繁荣带来的社会风尚习俗变化，但其描绘内容的独特性，也予治戏曲史者以莫大帮助。

元明清时期重要的戏曲绘画约有 80 多帧、组，下面我们按时代予以介绍。先说元代的戏曲绘画，这类绘画不多，主要是壁画，分别绘于寺庙内壁和墓室中，比较重要的有：

山西省洪洞县霍山水神庙明应王殿元代戏剧壁画（图 178）。此画绘于元泰定元年（1324），在殿内南壁东侧。画面高 4.11 米，宽 3.11 米，上部横额正书“大行散乐忠都秀在此作场”，上款直书“尧都见爱”，下款直书“泰定元年四月□日”。画面上绘一戏台，后部设绣花帐额，把戏台区分为前台和后台。帐额绘图两幅，右为苍松青龙，左为壮士挥剑，欲与青龙格斗。帐额左方一人掀帐外窥，露出头部，面容姣好，似为女役。前台用方砖铺砌，分站十人，前排五人为演员，左一戴垂脚幞头，着蓝色圆领宫衫，绣有图案，足蹬薄底乌靴，右手持宫扇置肩上，左手撩掖衣角，露出内衬红衫，为男装女角。左二戴黑帽，穿黄色滚边蓝底红花大衣，束裤脚，着黄色圆口鞋，粗眉虬髯，张口露齿，涂白眼圈，眼眉及须髯皆粘贴，双手置胸前作表演状。左三戴展脚幞头，穿圆领宽袖红袍，下垂及地，着乌靴，仅露靴尖，双手执笏拱于胸前，面目清秀，两耳有环孔，内衣左衽，当为女性所装扮。左四戴吏帽，穿淡青滚边蓝底红花大袍，束带，腰间斜插一黄色棒状物，疑为磕瓜，着薄底乌靴，戴悬线髯口，叉手于胸前。左五亦戴吏帽，穿黄色圆领窄袖宫衣，两肩及胸腹绣有图案，左手执长柄刀置右肩上，右手掩于袖内。后排五人，为奏乐艺人及杂役，所持乐器有大鼓、笛、拍板等，乐奏艺人中

① 桂林市文管会：《桂林石刻》，南宁：广西人民出版社 1980 年版，第 389 页。

一人有化装，当亦参加演出。这幅壁画是目前发现的元代最大的戏曲壁画，展示了当时戏剧演出前为显示戏班阵容的“亮台”情景。其中艺人的化装有“素面”“花面”之分，所用假髯也有涂饰、粘贴、悬挂等类，又有满髯、露口、三绺等不同样式，这是史籍所没有记载的。①

图 178 山西省洪洞县霍山水神庙明应王殿元代戏剧壁画

山西省运城市西里庄元墓戏曲壁画（图179）。1986 年发现。据随葬器物及壁画人物服饰考订，当为元中后期之物。墓为砖室墓，平面呈正方形，墓中四壁皆彩绘壁画，内容各不相同。西壁为杂剧演出图，高 0.7 米，宽 2.1 米，上绘五人，左起一人戴黑色无脚幞头，穿橙红色圆领窄袖长衫，束红色板带，手执戏折，作展示状。戏折右一页楷书“风雪奇”三字，其余各页随意点画若草书，似为副末作开场。此人身后藏一男童，头梳双髻，戴兜肚，正探头窥视，为杂剧表演中的俫儿。第二人戴黑巾，三绺胡须，着镶黑边红色圆领窄袖长衫，肩部缀以黑方块，束白布带，着黑筒靴，右手置腹部，左手执团扇置胸前，是为另一末角。第三人居中，戴黑色展脚幞头，穿红色圆领宽袖长袍，红色板带，黑靴，双手持笏，拱于胸前，是为装扮官员的末泥色。从其面目清秀，袍下微露瘦小靴尖看，似为男装女角。第四人扎红巾，发梳脖绞辫，

① 据笔者多年实地考察记录。参见祈英涛、杜仙洲、陈明达《两年来山西省新发现的古建筑》，《文物参考资料》，1954 年第 11 期。又见刘念兹《元杂剧演出形式的几点初步看法——明应王殿元代杂剧壁画调查札记》，《戏曲研究》，1957 年第 2 期。

图 179　山西省运城市西里庄元墓戏曲壁画

穿黑色方格花布衫，系红色布带，蓄八字须，左眼用墨自上而下斜抹一道，袒胸露腹，胸、脐部刺双龙及火焰，身略右倾，右足前迈，右手指向居中一人。从其装扮和表情看，类似专事滑稽逗哏的副净色。第五人梳圆髻，穿茶色圆领窄袖衫，束红腰带，衣襟掖起，内系红裙，下露纤细尖足，右手拿一纸卷屈折作表演状，显然为女性装扮的旦角。演员右侧绘一长条桌，上置切开的西瓜等物。东壁为乐队演奏图，高 0.76 米，宽 2.02 米，上绘三男二女，所持乐器为琵琶、笛、平圆鼓、拍板及类似作指挥用的竹杖。左边另绘一男童，肩扛一圆头木杖，仰面面对乐队，左手作指点状。这幅壁画是目前已发现的两幅大型元代戏曲壁画之一（另一幅为洪洞霍山水神庙明应王殿壁画），所绘脚色、乐队，与新绛吴岭庄元代戏雕及洪洞明应王殿元代壁画相类似。杂剧演出图中，左起第一人手持的戏单，上书“风雪奇”三字，当为所演杂剧名称，而世传元杂剧名目却缺记此剧。该戏单为长形纸，屈折而四，似为元杂剧分折的来由。乐队演奏图所绘乐工五人，其中左起第二人为女性，头绾蝶结，脑后垂发辫，红衣黄裙，背向，持曲颈琵琶弹奏。这一乐工所持曲颈琵琶，说明元代中后期杂剧演出中已用弦索乐器，解决了学术界长期争论的元杂剧是否使用弦乐伴奏的疑问。该画现移稷山马村戏曲博物馆保存。[①]

山西省垣曲县西峰山元墓唱赚壁画，1989年发现。该墓建于元泰定元年（1324），为仿木构砖室墓。东壁上部绘一长方形供桌，两侍女守立两旁，另外四侍女各捧一供品立于中间，供桌右边壁上书“善名堂”。下部画一长方形直棂窗，两边绘画乐伎，左一右三。左一人为女性，云髻，着灰色半臂，红袍，两手下垂，右手持一扁鼓。右方三人，居中者裹巾，着灰色衣裤，红腰围，面前置一三脚架支撑的板鼓，作敲击演唱状。左一人服饰与持扁鼓者同，执拍板。右一人穿灰色交领窄袖长袍，裹巾，吹笛。[②]

内蒙古自治区赤峰市沙子山元墓乐舞壁画，1989年发现。该墓为砖室墓，平面呈正方形，穹庐顶，四壁及顶部满绘彩画，其中西壁北端绘乐舞图。画面上有栏杆、湖石、芭蕉、花卉，中间有一大树，树左一女子红衣蓝裙，在氍毹上挥袖起舞。旁立一男子，戴幞头，穿红衫，双手持骨朵。树右三男子，一戴幞头，穿长袍，手持一物；另二人戴展脚幞头，穿绿衣，一吹笛，一持斧。[③]

明清的戏曲绘画较多，类型也从壁画一种扩展到绢本纸本画、瓷画和版画等。

绢本纸本的戏画以彩绘为主，作者既有宫廷画家，也有民间画师。所绘者多为戏曲演出场面（未画戏台及观众）、脸谱或扮相谱、城乡演剧图（画有戏台及观众）、赛社走会图、节庆演出图以及木偶影戏图等。瓷画则绘于各类瓷器上，上施釉彩。版画则以彩色套印与墨色水印、人工染色两种为主，绘画方法一是写实背景加戏扮人物，一是舞台背景加演出人物，展示了明清两代各类戏曲演出的形态和城乡演出的风貌。其中比较重要的有：

明永乐年间（1403—1424）《白兔记》戏曲瓷碗。碗高0.133米，口径0.253米，底有“永乐”铭文，外侧绘画《白兔记·出猎》故事，场景写实，非演出场面。[④]

中国艺术研究院藏明代元宵节走会图（图180、图181）。此画为《（明）

---

① 据笔者1990年实地考察记录。参见山西省考古研究所《山西运城西里庄元代壁画墓》，《文物》，1988年第4期。又见杨富斗《运城西里庄元墓戏剧壁画刍议》，王泽庆《元代戏剧壁画〈风雪奇〉》，张之中、窦楷《元杂剧演出的实例运城西里庄元墓壁画〈风雪奇〉考释》，《中华戏曲》，第5辑，太原：山西人民出版社1988年版。又见徐扶明《关于运城西里庄元墓壁画的一封信》，《中华戏曲》，第9辑，太原：山西人民出版社1990年版。

② 韩树伟、杨生记：《垣曲西峰山元墓壁画考辨》，《中华戏曲》，第10辑，太原：山西人民出版社1991年版。

③ 刘冰：《内蒙古赤峰沙子山元代壁画墓》，《文物》，1992年第2期。

④［日］久志卓真：《支那明初陶瓷图鉴》，宝云舍刊，1943年版。参见廖奔《中国戏剧图史》，郑州：河南教育出版社1996年版，第83页。

图 180 《宪宗行乐图》“走会”之一

图 181 《宪宗行乐图》“走会”之二

宪宗行乐图》中一部分，绘于明成化二十一年（1485）。画面彩绘民间社火队元宵节时进宫演出，所演节目有“张天师驱邪”“状元游街”“耍和尚”“跑竹马”“胡人献宝”及各种杂技。①

河南省新蔡市明代瓷瓶戏画（图 182）。此瓶为青花瓷釉，高 0.41 米，口径 0.118 米，腹围 0.63 米，底径 0.135 米。底座铭文“大明成化年制”。瓶身白色，上绘青花人物图像：两女子立于桌左，一官吏立于桌右，手持二环。其右又有四家丁，分别执扇、拿壶、执衣、捧帽。桌正前方跪一女子，其左有女伎三人，分别执笙、横笛、拍板。当为演出场面。②

河南省商丘市明代瓷缸戏画。瓷缸高 0.54 米，口径 0.6 米，青花瓷釉，用于书房置放字画。瓷缸四周绘有《西厢记》戏画 12 幅，分别为“张生赶考”“普救借宿”“巧遇莺莺”“讯问红娘”“兵围普救”“白马解围”“月夜和诗”“西厢幽会”“拷问红娘”等场面。瓷缸现藏商丘市图书馆。③

江西省景德镇明代瓷盘《西厢记》戏画。明代景德镇以《西厢记》故事为题

① 中国艺术研究院音乐研究所：《中国音乐史图鉴》，选局部，北京：人民音乐出版社 1988 年版，第 149 页。董锡玖、刘峻骧《中国舞蹈艺术史图鉴》，刊全图长沙：湖南教育出版社 1997 年版，第 129 页。

② 杨健民：《中州戏曲历史文物考》，北京：文物出版社 1992 年版，第 97 页。参见《中国戏曲志·河南卷》，北京：文化艺术出版社 1992 年版，第 555 页。

③ 杨健民：《中州戏曲历史文物考》，北京：文物出版社 1992 年版，第 97 页。参见《中国戏曲志·河南卷》，北京：文化艺术出版社 1992 年版，第 555 页。

材的瓷盘甚多，其中部分流传欧美各国，现知有“佛殿奇逢”“妆台窥简”“草桥惊梦”等21件。所绘非演出场面，但系戏剧情节。其中“妆台窥简”瓷盘空白处还书写此折唱词“将柬帖儿拈，妆盒儿按，拆封皮孜孜看”。①

图182 河南省新蔡市明代瓷瓶戏画

陕西省凤翔县南肖里明代戏曲版画（图183、图184）。此画共两幅，均高0.313米，宽0.185米，木板雕刻，墨线印刷，人工着色，绘戏曲《回荆州》场面。第一幅绘孙尚香与刘备婚后回荆州途中情景：左方彩车上置花轿，孙尚香坐轿中，梳髻，簪花，绿衣红帔，神态自若。右边刘备挂须，披斗篷，腰挎宝剑。轿后为赵云，头戴三山冠，身穿铠甲，一手举剑，一手挥矛。第二幅为孙刘途中被东吴将领所阻，赵云持刀护驾场面：上站东吴二将，花脸，盔帽，扎靠，后插雉翎，手持大刀。下立赵云，俊扮，服饰与吴将同，唯无雉翎，持刀护驾。二画左上方分别刻印“《回荆州》之一”“《回荆州》之二”字样，右下方刻印“明正德九年雍山老人藏版”。原版由该村郜族画师世代相传，现藏宝鸡市群众艺术馆。甘肃省天水县亦有同版《回荆州》版画。②

元明戏曲叶子。明万历（1573—1619）时版画。叶子，即酒牌，也叫“酒筹”，用硬纸片或象牙、兽骨制成，供人们宴会时行酒令所用。此叶子用白棉纸蓝色印刷，共26叶。每叶高约五寸，宽约三寸，分上下栏，上栏文字，录元明戏曲曲文；下栏图画，绘戏曲故事场面。所选戏曲场面有《西厢记》《琵琶记》《拜月亭记》《荆钗记》《五伦全备记》《香囊记》《四节记》《紫钗记》《紫箫记》《昙花记》《彩毫记》《葛衣记》《玉簪记》《青琐记》《四喜记》《觅莲记》《钗钏记》

①《中国戏曲志·江西卷》，北京：中国ISBN中心1998年版，第706页。
②《中国戏曲志·陕西卷》，北京：中国ISBN中心1995年版，第631页。

图 183
陕西省凤翔县南肖里明代戏曲版画《回荆州》之一

图 184
陕西省凤翔县南肖里明代戏曲版画《回荆州》之二

《遇仙记》《投笔记》《断发记》《玉环记》《妆盒记》《洛阳记》《还魂记》等。从戏曲叶子的印制，可见当时戏曲演出盛行。①

山西省右玉县宝宁寺水陆画（图 185、图 186）。宝宁寺为明天顺四年（1460）建，寺内相传有一堂水陆画，旧俗农历四月初八至初十悬挂三天，做水陆道场，法事后收藏。画为绢本，共 136 轴，每轴高 1.2 米，宽 0.61 米。其中“第五十七，往古九流百家诸士艺术众”分两层，下层绘戏剧、百戏演员 11 人。前排正中为一老者，头戴汉巾，身穿黑色圆领宽袖长袍，右手握笔而立，似为一戏曲作家，他正与其右一老者交谈。右下方一人扛杖鼓。左下方一侏儒裸身抱瓶，另一人头裹碎花青巾，上身与小腿裸露，手执三环；又一人披狮衣，一人手执弯头短杖，一人上身裸露，文身。后排二人居中，左一人戴卷脚幞头，穿红黄色圆领长袍，双手斜执笏；右一人戴抹额展翅，面涂白粉，墨点须眉，穿圆领蓝袍，双手交叉胸前。此二人似为末、净二脚色。这幅壁画是目前发现唯一描绘戏曲作家与戏曲

① 郑振铎编：《中国古代版画丛刊》，上海：中华书局上海编辑所 1960 年版。上海古籍出版社 1988 年 8 月重刊。参见麻国钧《元明戏曲叶子考略》，《中华戏曲》，第 18 辑，太原：山西古籍出版社 1996 年版。

艺人关系的绘画，弥足珍贵。另一幅“第五十八，一切巫师神女散乐伶官横亡魂诸鬼众”亦分上下层，下层绘四人，右一人为持剑作法之巫师；右二人为女性，云髻簪花，左衽青衣，红裙，右手执令箭，左手执拍板；第三人男性，脑后束发，似有假髯，裹腿，戴护膝，上衣有花布披肩，左肩扛斧钺、包裹，右手提圆形响器；第四人为猴形，人服荷扇，与孙悟空形象相似。水陆画现藏山西省文物局。①

图 185　山西右玉宝宁寺水陆画《戏班赶路图》

图 186　山西右玉宝宁寺水陆画《优人图》

明人《南中繁会图》（图 187）。此图为描绘江南城乡繁华景象长卷的一部分，画面上绘一平地搭建的半临时性木构戏台，分前台后台两部分。前台为平顶布棚，后台为尖顶席棚，均搭在高出地面的木板座基上。前台四角柱支撑顶部，前二角柱间加辅柱，辅柱与左右角柱至后柱有矮栏杆相连，无山墙，可三面观看。前台有桌椅和道具，演员三人正在演出，乐工八人站立演奏，所持乐器为拍板、琵琶、筚篥、笛、钹、箫、锣、小鼓。屏风右侧所露后台，一男角披甲持剑，正欲上场。另一青衣女子于后窥看。戏台前方为平地，观众数十人站立观看。戏台左侧，设

① 吴连城：《山西右玉宝宁寺水陆画》，《文物》，1962 年第 4、5 期。参见《宝宁寺明代水陆画》，北京：文物出版社 1985 年版。

图 187 明人《南中繁会图》局部

有高脚平顶看棚，为妇女观剧专席，当时称为“女台”。此图描绘了明代江南地区戏曲演出情景和观剧风俗，很有价值。现藏中国历史博物馆。[①]

图 188 明人绘《南都繁会景物图卷》

明人《南都繁会景物图卷》（图 188）。此图所绘戏曲演出场景为：闹市当街搭建一木构戏台，分前台后台两部分，前台为尖顶卷角席棚，后台为平顶席棚，均建于高出地面的木板座基上，前台四角柱支撑顶部，前二角柱间加二辅柱，各柱间均无山墙，可三面观看。前台有桌椅和道具，一男角正于场上演《天官赐福》，

①《中国大百科全书·戏曲曲艺卷》，北京：中国大百科全书出版社 1983 年版，图版第 9 页。《中国曲学大辞典》亦有介绍词条，杭州：浙江教育出版社 1997 年版。

乐工四人伴奏，所用乐器为拍板一、平面鼓一、笛二 。台后设屏风，右侧有一门可通后台，一男角隐身门后，探首窥看前台。后台一丑角正在化装，一女子在旁观看，另一杂役在寻找物件。戏台前方为平地，观众数十人站立观看。戏台左前方搭建两座台脚相连、逐个升高的高脚看棚，上有布幔覆盖，女眷小童端坐观看。此图描绘了明代南京闹市中戏曲演出场景，带有宋代瓦肆勾栏演出遗风。图原为常熟翁氏收藏，现藏中国历史博物馆。①

上海市博物馆藏明人元宵灯市图卷。此画为纸本，高 0.29 米，长 5.17 米，描绘江南市镇元宵节灯市盛况，所绘人物达 1 000 多。其中一部分为戏曲、杂耍场面：上方为一排店铺，下方为一庙宇，中间广场上正表演耍龙灯、马术等技艺。左下角庙门前有一座临时搭建的戏台，方形，似正在演出，观众三面围观。因所绘戏台为背面，故不知所演为何剧。②

梅兰芳缀玉轩藏明清戏曲脸谱。缀玉轩为梅兰芳书斋名，藏明代戏曲脸谱和清初昆、弋脸谱多种。明代戏曲脸谱册题“梅氏缀玉轩世藏，壬戌（1922）冬重装”，后册页被拆散，余 24 幅原图及封面，梅兰芳将其赠送中国戏曲研究院。《国剧画报》1、2 卷曾刊登明代戏曲脸谱 38 幅，1935 年出版的《国剧简要图案》刊登 22 幅。其中人物脸谱占五分之一，其余都是神仙鬼怪之谱。清初昆、弋脸谱未装裱成册，散佚较多，其中 11 幅注明剧种、剧目、人物及髯口。③

甘肃省天水市清代戏曲版画（图 189）。共七幅，均用木版印出墨线轮廓，然后手工染色，每幅上部题剧名，下部署“清顺治二年西凤世兴画局藏版”。所绘戏

图 189　甘肃省天水市清代戏曲版画

---

① 王宏钧、刘如仲：《明代后期南京城市经济的繁荣和社会生活的变化——明人绘南都繁会图卷的初步研究》，《中国历史博物馆馆刊》，1979 年第 1 期。又见《中国大百科全书 · 戏曲曲艺卷》，北京：中国大百科全书出版社 1983 年版，图版第 10 页。

②《中国戏曲志 · 上海卷》，北京，中国 ISBN 中心 1996 年版，第 718 页。

③《中国大百科全书 · 戏曲曲艺卷》，北京，中国大百科全书出版社 1983 年版，第 247 页。

曲为《董府献杯》（《蝴蝶杯》故事）、《水淹金山寺》《狮子洞》（《西游记》故事）、《求真经》《六月经》《孙悟空三盗芭蕉扇》等。版画现藏天水市刘大有处。①

图 190　清人绘《康熙南巡图》（局部）

清人绘《康熙南巡图》（图 190）。此画绘于清康熙三十三年，描绘康熙第二次南巡（1689）时江南风物及民俗，其中第九卷局部描绘绍兴府柯桥镇迎驾时演剧场景。画面上绘一江边木构戏台，尖顶席棚，建于高出地面的木板座基上，左右角柱与后柱间加辅柱，辅柱与后柱间以苇席封闭，左右二辅柱以隔板相连，将戏台分隔为前台与后台两部分。前台两侧无遮挡物，可三面观看。隔板左右两端设角门，上挂门帘，供演员上下场用。前台铺红氍毹，有桌椅及道具，演员三人正演出《单刀会》：一红脸长须，绿袍玉带，饰扮关羽；一黑脸虬髯，披甲举剑，当为周仓；另一人纱帽蓝袍，向关羽、周仓作揖，是为鲁肃。氍毹后方，置一方桌，上覆蓝色桌围，乐工四人于桌后伴奏，所持乐器有笛、拍板、唢呐、板鼓，另置有筚篥、铜锣、云锣等乐器备用。上下场门内，各有一人掀帘外张。后台左侧苇席破处，露出一丑角正在化装，准备上场。戏台前方为一宽广平地，百十观众或立平地，或坐凳上观看。戏台左右两侧舟船上，亦有许多观众。此图形象地表现清初江南水乡的演剧情景。画卷现藏北京故宫博物院。②

江西省景德镇市清康熙年间（1662—1722）瓷碗、瓷砖戏曲绘画（图 191、192）。瓷碗高 0.2 米，口径 0.35 米，碗外周绘《红梅记》故事画四幅，分别为“游湖”“算命”“放裴”“打花鼓”场景，瓷碗现藏景德镇陶瓷博物馆。瓷砖共九块，

① 《中国戏曲志·甘肃卷》，北京：中国 ISBN 中心 1995 年版，第 610 页。

② 《中国大百科全书·戏曲曲艺卷》，北京：中国大百科全书出版社 1983 年版，图版第 11 页。《中国曲学大辞典》亦有词条介绍，杭州：浙江教育出版社 1997 年版。

每块长 0.27 米，宽 0.16 米，厚 0.041 米。瓷砖中空，两面绘画，一面为五彩蝴蝶，一面为《西厢记》故事，场景分别为“佛殿奇逢”“僧房假寓”“白马解围”“莺莺听琴”“夫人停婚”“堂前巧辩”“长亭送别”“草桥惊梦”“衣锦荣归”。每砖横式底部有“景德镇康熙出品”字样。瓷砖 1951 年于南京夫子庙发现，现藏南京市博物馆。

图 191　江西景德镇清康熙瓷砖《西厢记·佛殿奇遇》

图 192　江西景德镇清康熙瓷砖《西厢记·草桥惊梦》

清人绘《清明上河图》中农村演剧图（图 193）。此画于清乾隆元年（1736）据宋人张择端《清明上河图》重绘，画面增加了农村演剧等场景：旷野中一戏台，台面用木板搭成，下面以众多木桩支撑，上部为席棚。分前后台，前台可三面观看，正演出《吕布戏貂蝉》，台下观众环绕观看。远处有来往行人及停泊的船只。此画还描绘傀儡戏演出场景：以布幔围成一长方形布房，有顶，上部两面露开，现出里面的傀儡。表演者一人，匿于布房内操作，布房外数十人围观。远处有行人、车、轿等。这种演出为“肩担戏”。[1]

乾隆御题《万寿图》，又名《崇庆皇太后盛典图》（图 194），张廷彦等绘制。创作年代约为乾隆二十年至二十二年（1755—1757），所绘为乾隆十六年（1751）皇太后六十寿辰的庆祝活动场景。图中绘北京西华门至西直门外之高梁桥十余里各地张灯结彩景象，其中有戏台多座。第三卷绘街市上两座相邻戏台，皆砖木建构，右边戏台为单檐盝顶样式，台中设有隔板，把戏台划分为前、后台，前台可三面观看。

① 中国艺术研究院音乐研究所：《中国音乐史图鉴》，北京：人民音乐出版社 1988 年版，第 158、159 页。

图 193　清人绘《清明上河图》中农村演剧图

图 194　清《崇庆皇太后盛典图》局部

隔板正中绘一圆形图案，起美化舞台作用。隔板右端辟一门，上挂粉色门帘，连接前后台。前台台口饰以红色檐幕及彩灯，下方设栏杆，台口二辅柱贴黄色对联。台面正中设一桌二椅，上覆黄色桌围及红色椅披，一老生纱帽紫袍，据桌而坐；另一生角凤帽红披，侧坐桌旁；一丑角纱帽赭袍，跪于桌前，显然是一演出场面。后台右侧另有一厢房，与后台相连，为其组成部分。厢房前辟长窗，可窥见房内悬挂各色戏装；一生角纱帽官衣，正端坐等待上场，二杂役于旁站立。左面戏台为重檐歇山顶样式，建构装饰与右面戏台相类，不同的是隔板上图案为方形，隔板右侧上下场门突出，占据前台部分表演区。前台亦设一桌二椅，二演员戴盔穿甲，正持剑开打。这幅画卷描绘的戏台及演出，有几点值得注意：一是两座戏台的上下场门只有一个，都在隔板右侧，其一突入前台表演区，异于一般戏台；二是画面上没有伴奏乐工，可能是画家创作时为了突出演员表演而有意删略。这些特异之处，对研究戏曲舞台形制有一定参考价值。画卷现藏北京故宫博物院。[①]

《盛世滋生图卷》（图 195、图 196）。清乾隆二十四年（1759）绘，纸本，设色，作者为徐扬。此画又名《姑苏繁华图卷》，长 12.55 米，宽 0.36 米。描绘

①《中国大百科全书·戏曲曲艺卷》，北京：中国大百科全书出版社 1983 年版，图版第 12 页。

木渎镇遂初园演剧场景：轩厅中正演出《白兔记》，狮子山前万年台上又演出花部《白兔记》及《打花鼓》。画卷另一处绘运河岸边青楼歌台，亦有戏班演出。画卷现藏辽宁省博物馆。①

图 195　清徐扬《盛世滋生图卷》之遂初园轩厅

图 196　清徐扬《盛世滋生图卷》之青楼歌台

图 197　北京前门珠市口精忠庙梨园会所清代戏曲壁画

北京前门珠市口精忠庙梨园会所清代戏曲壁画（图197）。精忠庙建于清康熙年间，梨园祖师庙于乾隆三十二年（1767）重修，壁画当为清前期绘制。画面四周为山峰树木，中间绘戏台一座，前台为卷棚顶，三面敞开，台口设栏杆，台上正在演出。后台亦为卷棚顶，侧面山墙开一窗户。戏台左边为二层看棚，上有妇女观看，台前空地有数十男性观众，画面右下方又绘二桌，数人围坐观戏，左下方又有数人在打斗。②

西藏自治区拉萨市布达拉宫藏戏壁画。壁画大多绘于17世纪中叶，内容丰富，其中有两幅描绘藏戏演出，一为《文成公主》，绘于东大殿北壁。《文成公主》是藏戏八大名剧之一，描写吐蕃王松赞干布迎娶唐朝文成公主的故事。壁画以通景连环的形式将剧中各场景一一展示，画幅由左至右，又由右至左，作“之”字形回环排列。画面人物众多，场景错综繁复，演员的舞蹈、

①《中国历史博物馆》，北京：文物出版社1984年版，图197。

②《国剧画报》1卷8期1版齐如山所摄壁画照片。参见周华斌《京都古戏楼》，北京：海洋出版社1993年版，第136页。

礼敬，均生动有致。画面还描绘演出中所使用的打击乐和乐师形象。另一幅壁画是某一藏戏场景的特写，绘于东日光殿寝宫前壁。画面描绘藏戏正在广场演出，演员头戴面具，身穿网裙，其中一人将面具推至头顶，引吭高歌，周围民众围绕观看。这两幅藏戏壁画色彩鲜艳，线条流畅，保存完好，对研究古代藏戏的服饰、面具、乐器、舞蹈和剧目内容，都有重要参考价值。[①]

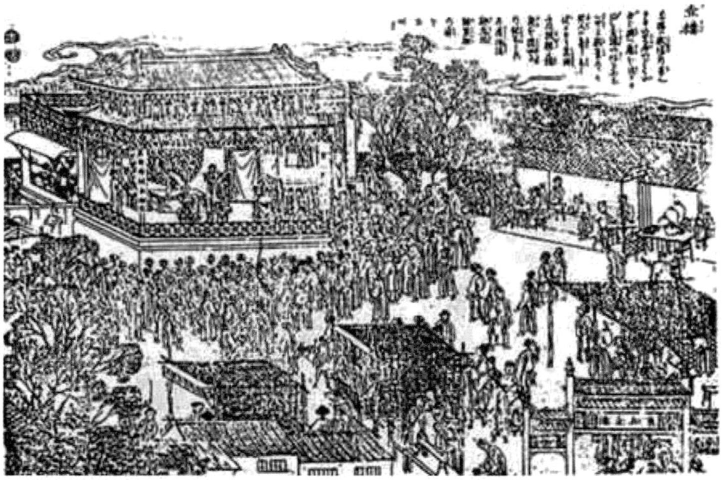

图 198 清北京查楼演剧图

清北京查楼演剧图（图 198）。收入日本冈田玉山《唐土名胜图会》。图中戏台为重檐歇山顶、三面敞开的伸出式戏台，台基砖砌，高约一人许。前台左右两柱，挂有对联“一声占尽秋江月，万舞齐开春树花”。台口上有檐幕和灯饰，下有栏杆。前后台以板壁隔开，板壁中央有圆形装饰图案，左右两端为上下场门，均设门帘。台上正演出《醉打山门》，乐工二人吹笛敲锣伴奏。戏台后房较前台略小，平顶，上绕以栏杆，右侧辟一大窗，可窥见其内有戏装道具。戏台正前方有一牌楼，额书“广和查楼”，为剧场出入口。牌楼两边有高出地面的看棚，棚内设有观众席。戏台两旁亦有看棚，并有茶水酒食铺。戏台与看棚之间空地为戏坪，百十观众站立观戏。一说此画录自康熙《钦定万寿盛典》图册。[②]

北京妙峰山庙会图（图 199）。绘于清嘉庆二十年（1815），作者不详。妙峰山是北京近郊西山高峰之一，向为游览胜地。画卷展现了当地庙会的繁闹景象，其中部分画面描画了大觉寺前流动戏班的演出场面。所演剧目为《五虎打路》，

① 张庚、郭汉城主编：《中国戏曲通史》下册，北京：中国戏剧出版社 1981 年版，第 54 页。参见《中国大百科全书·戏曲曲艺卷》，北京：中国大百科全书出版社 1983 年版，第 568 页。

②《国剧画报》2 卷 30 期（1933 年 8 月 10 日）首次刊登此画照片，并附说明文字。周贻白《中国剧场史》第 8—10 页述及。参见《中国大百科全书·戏曲曲艺卷》，北京：中国大百科全书出版社 1983 年版，第 568 页。又见李畅《〈唐土名胜图会〉“查楼”图辨伪》，《戏曲研究》，第 22 辑，北京：文化艺术出版社 1987 年版。

图 199　北京妙峰山庙会图

由五净脚分别扮演剧中人物持棍开打。乐工九人散立演员右侧，所持乐器有钹六、锣一、大鼓一、板鼓一。大鼓由二人肩抬，一人敲打；板鼓置鼓架上，用绳索系于乐工胸前。另二人挑担，一担上贴有“五虎开路”字样，当为演出剧目之招贴；另一担上贴“万寿”二字，疑为戏班名称。二担均插有多面黄色游龙彩旗，旁有一人亦挥舞蓝色游龙彩旗，演出场地四周亦插有此类旗帜，当为招揽观众之物。从演出画地为场和乐工担挑大鼓、胸悬板鼓来看，这是流动表演的一个场面。所用乐器均为打击乐，而无管弦乐和拍板，与一般戏班不同。周围观众男女混杂，且有卖茶售物小贩杂处其间，显示了庙会期间小型戏曲演出的风貌。画卷现藏首都博物馆。①

江苏省金坛市（原金坛县）太平天国戴王府戏曲彩画（图 200）。清道光年间彩绘，1976 年整修时发现，绘于正厅梁枋上，共六幅，画面一般高 0.2 米，宽 0.4 米，绘画戏曲故事。第一幅绘《连环计》凤仪亭董卓刺吕布故事，貂蝉立于亭内，董卓双手举戟刺向吕布，吕布一手抓戟，作侧身避让状。第二幅绘《空城计》故事，画面上绘一城楼，门上额题“西城”，城门前三个俊扮士兵正在洒扫，无诸

① 《中国大百科全书 · 戏曲曲艺卷》，北京：中国大百科全书出版社 1983 年版，图版第 13 页。

图 200 江苏省金坛市（原金坛县）太平天国戴王府戏曲彩画

葛亮出场。第三幅绘《尉迟访贤》，薛仁贵望月作揖，尉迟恭手持节棍，军帐旁三名士兵倚坐交谈。第四幅绘《太白醉写》故事，画面上李白傲坐，高力士弯腰为其脱靴，杨国忠在旁俯身捧砚，宫娥旁立。第五幅为《失火救印》，原剧写河南巡抚白简失印复得的故事，但此画画面上却无白简及金祥瑞等主要人物，只绘三人在官衙围墙外巡更，一人提“巡夜”灯笼，另二人架人梯翻墙查看墙内动静，衙楼上画火光，衙厅公案旁一武官面对印盒，神情惶恐。第六幅所绘故事不详，官衙内设鼓，一官员头戴乌纱坐于案后，旁立一先生执竿，案前地上跪着申诉者，两衙役一持棍站立，一跨步外走。这组彩绘戏文画具有明显清代后期戏曲绘画特点，为研究太平天国时期演出剧目提供了可靠资料。①

苏州昆曲人物画册。清道光、咸丰年间（1821—1861）李涌绘。全册八帧，每帧高 0.303 米，宽 0.225 米。水墨淡彩，绘《山门》《掷戟》《下山》《后金山》《弥陀寺》《赐剑》等昆曲折子戏场面，共有 23 个戏曲人物。画册现存苏州博物馆。②

清刘阆春绘农村演剧图（图 201）。作者刘阆春，绘于清光绪元年（1875）。所绘为当时北方农村民众冬日观看戏曲演出的热闹场景。画面上远山近水，大雪覆盖，村旁空地上搭建一木构戏台，为平顶席棚，建于高出地面的木板座基上，底部木桩支撑，台面左、右、后三面绕以木构栏杆。戏台除四角柱外，左右两侧各设辅柱一根，中连隔板，把戏台分为前台与后台两部分。前台可三面观看，台口上方饰以红色檐幕，另有辅柱两根，立于台面内，异于一般戏台。前台台面正

① 王少华、吴新雷、蔡鸿汽：《江苏金坛县城太平天国建筑彩绘戏文画》，《文物》，1979 年第 7 期。
②《中国戏曲志·江苏卷》，北京：中国 ISBN 中心 1992 年版，第 808 页。

中设氍毹一方，演员三人站立演唱。正中一人戴龙相貂，挂黑五绺髯，着红底团龙蟒袍，两手下垂。右一人戴黑色风帽，挂苍髯，着黄底红花大氅，右手持节。左一人戴蓝色风帽，挂黑三髯，着绿底红花大氅，双手拱于胸前。氍毹后置二长桌，一横一竖，呈“丁”字状，前桌覆以桌围，乐工三人分坐竖桌两侧演奏，所用乐器为板鼓、洞箫、拍板。另一乐工立于戏台右侧，正持小锣敲击。前台后隔板上饰一巨大红色“福”字，两侧设上、下场门，上场门挂蓝色门帘，一演员头戴素相貂，挂黑三髯，着红色官衣，双手持笏，正准备上场。下场门无门帘，可窥见后台，一丑扮演员正对镜装扮。戏台左右两侧，分别搭木构平顶高脚看棚两座，女眷数十人于内观看演出。右边看棚左方，另置长方大桌，老妪、孩童于上观赏。戏台正前方平地，男观众近百人站立观看。周围小贩或设摊，或挑担，或肩扛，混迹观众中叫卖。戏台底部有儿童嬉戏，鸡犬相逐。这幅画形象地展现了清末农村演剧时的热闹场面，对了解当时农村戏台建筑形制和民众观剧习俗有参考价值。此画现藏南京市博物馆。[①]

图 201　清刘阎春绘农村演剧图

① 《中国大百科全书·戏曲曲艺卷》，北京：中国大百科全书出版社 1983 年版，图版第 14 页。

清光绪茶园演剧图（图 202）。此画绘于光绪年间（1875—1908），作者不详。茶园是清代城市中一种营业性戏园。戏曲艺人在酒肆、茶坊中做场，宋元时已经出现，但当时只在席前表演，并无特设的戏台；到清代初年，已开始在酒楼、茶馆中建设戏台，成为兼卖酒馔或茶点的戏曲剧场；清中叶后，茶园演剧蔚然成风。此画绘一茶园室内剧场，戏台位于中央，为伸出式，台高半人许。前台台口设红色栏杆，左右柱分贴对联“金榜为名虚欢乐，洞房花烛假姻缘”。戏台两边挂两

图 202　清光绪茶园演剧图

小牌，一书“今日同庆班演”，另一书“明日同庆班演”。台上演员六人正演出武生短打戏。乐工四人，于乐床持拍板、大锣、胡琴伴奏。戏台前为观众席，分上下两层，楼下为池子，与台口相对，置长条桌及长凳，观众围桌相对而坐，侧向戏台观赏，这是一般平民百姓的座席。楼上两侧临近戏台的是官座，供地位较高的官员富绅专用。此图所绘戏台与观众席同在室内，使观看与演出关系更为密切，同时由于采光的需要，又促进了舞台灯光的建设。图存首都博物馆。[①]

福建省尤溪县凤山夫人宫戏曲壁画，清光绪十四至十五年（1888—1889）绘。此庙现存正殿、戏台等，前殿走廊墙壁上绘有 21 幅戏曲画，其中两幅残缺。横幅画高 1.4 米，宽 2—2.31 米；竖幅画宽 1.5 米，高 1.7 米。所绘内容为《彩楼记》

①《中国大百科全书·戏曲曲艺卷》，北京：中国大百科全书出版社 1983 年版，图版第 15 页。

《舜帝耕田》《清官册》《太白和番》《圯桥进履》《沉香救母》《水漫金山》《苦肉计》《博望烧屯》《朱砂痣》等。[①]

江苏省南通市石港镇清代瓷盘戏画（图 203、204）。瓷盘由当地乡绅王定岗于光绪年间（1875—1908）从江西瓷窑订制，分送票友。有两种规格，一种直径

图 203　江苏省南通市石港镇清代瓷盘戏画《四杰村》

图 204　江苏省南通市石港镇清代瓷盘戏画《庆顶珠》

为 0.11 米，现存八只；另一种直径为 0.128 米，现存五只。均瓷质釉彩，工笔重彩，金水勾勒。分别绘画《闯山》《四杰村》《铁弓缘》《庆顶珠》《黄鹤楼》等八出徽戏，并有题榜。瓷盘现藏石港镇宋建人处。[②]

同光十三绝画像（图 205）。清光绪年间（1875—1908）沈容圃绘。画长约丈许，绘同治、光绪年间（1862—1908）13 名京、昆著名演员的戏装扮相。他们分别是：郝兰田饰《行路训子》中的康氏、张胜奎饰《一捧雪》中的莫成、梅巧玲饰《雁门关》中的萧太后、刘赶三饰《探亲家》中的乡下妈妈、余紫云饰《彩楼配》中的王宝钏、程长庚饰《群英会》中的鲁肃、徐小香饰《群英会》中的周瑜、时小福饰《桑园会》中的罗敷、杨鸣玉饰《思志诚》中的明天亮、卢胜奎饰《空城计》（一说是《战北原》）中的诸葛亮、朱莲芬饰《玉簪记》中的陈妙常、谭鑫培饰《恶虎村》中的黄天霸、杨月楼饰《四郎探母》中的杨延辉。这幅绘画描绘了清代同光年间京、昆舞台上的剧目演出和脚色装扮，为研究京剧发展提供了珍贵资

①《中国戏曲志·福建卷》，北京：中国 ISBN 中心 1992 年版，第 586 页。
②《中国戏曲志·江苏卷》，北京：文化艺术出版社 1993 年版，第 813 页。

图 205　清光绪沈容圃绘《同光十三绝》

料。此画现存中国艺术研究院戏曲研究所。另有朱复昌 1943 年 5 月缩小影印本，并附《同光朝名伶十三绝传略》。①

升平署扮相谱。晚清戏曲人物画，绢本，工笔设色。每幅高 0.27 米，宽 0.215 米。每幅绘一人，大多为半身像，画面上角题剧中人姓名。所绘剧目为《取荥阳》《艳阳楼》《青龙棍》《玉堂春》《樊城》《牧羊圈》《汉口》等，近百出。每出戏画两至三幅，首幅上角题剧名，下端小字："穿戴脸儿俱照此样。"这组戏曲扮相谱原藏升平署，辛亥革命后流出宫外，现分别藏于中国艺术研究院戏曲研究所、北京图书馆、首都图书馆及各私家处。中国艺术研究院戏曲研究所所藏 63 幅，为梅兰芳所捐赠。北京图书馆藏 97 幅，与梅氏原藏同源，剧目有《泗州城》《太平桥》《空城计》《玉玲珑》《落马湖》《普天乐》《千秋岭》《蔡天化》《反西凉》等。②

图 206　天津杨柳青清代戏曲版画《三打祝家庄》

天津杨柳青清代戏曲版画（图 206）。杨柳青年画久负盛名，其中有不少戏曲版画，分彩色套印与墨线印刷两种。早期作品多为写实背景加戏扮人物，后期作品

① 翁偶虹：《同光十三绝》，《北京晚报》1957 年 3 月 17 日至 24 日连载。参见《中国大百科全书·戏曲曲艺卷》，北京：中国大百科全书出版社 1983 年版，第 395 页。

②《国剧画报》1 卷 1 期至 2 卷 30 期共刊澄梅兰芳"缀玉轩"藏品六十三帧，题名"升平署扮相谱"。参见《中国大百科全书·戏曲曲艺卷》，北京：中国大百科全书出版社 1983 年版，第 295 页。又见《北京图书馆藏升平署戏曲人物画册》，北京：北京图书馆出版社 1997 年版。

多为舞台背景加演出人物，也有无背景而仅有戏扮人物的。现存较早的有乾隆年间的《百花公主》《辛安驿》《瑞草图》《西厢记》等。嘉庆、道光后作品渐多，光绪间最盛。现传世作品约有 340 种，绘刻精巧，染色鲜丽，向为民众喜爱。①

苏州桃花坞清代戏曲版画（图 207）。桃花坞木版戏曲年画与天津杨柳青年画齐名，有彩色套印和墨线水印、人工彩绘两种，早期作品多为写实背景加戏扮人物，后期作品多为舞台背景加演出人物。早期作品多描绘昆曲剧目，同治以后多描绘京剧故事，著名的有《大闹延庆寺》《金山寺》《拾玉镯》等。作品风格明净强烈，朴素中带雅致。②

图 207 苏州桃花坞清代戏曲版画《杨家女将征西》

---

① 阿英：《中国年画发展史略》，北京：朝花美术出版社 1954 年版，第 15 页，“戏曲类”收 28 种。王树村《杨柳青年画资料集》，北京：人民美术出版社 1959 年版，收入彩色戏曲版画十种。《京剧版画》，北京：北京出版社 1959 年版，收入墨线画 100 种。刘见《中国杨柳青年画线版选》，天津：杨柳青画社 1999 年版，收入墨线戏曲画 121 种。参见《中国大百科全书·戏曲曲艺卷》，北京：中国大百科全书出版社 1983 年版，第 295 页。

②《桃花坞木版年画》，上海：上海人民美术出版社 1961 年版，收入九种。王树村《苏州的戏出年画》说收集到 56 种，另有灯画两种，《天津日报》1962 年 1 月 19 日。《中国戏曲志·江苏卷》说收集到 70 多种。《桃花坞年画》，北京：文物出版社 1985 年版，收入 23 种。《苏州桃花坞木版年画》，南京：江苏古籍出版社 1991 年版，收入 19 种。此外，《中国美术全集·民间年画》《中国民用年画史图录》亦有收入。参见《中国大百科全书·戏曲曲艺卷》，北京：中国大百科全书出版社 1983 年版，第 295 页。

图 208　平阳清代戏曲版画《回荆州》局部

图 209　平阳清代戏曲版画《牛头山》局部

平阳清代戏曲版画（图 208、209）。平阳即今山西省临汾市，金元时代为印刷业中心，历代印制的版画不少，现存清代戏曲版画 70 多种，其中一种刻有“康熙□年□月”，其余多为嘉庆、道光及其后年代刻印。所绘皆蒲州梆子剧目，如《少华山》《四郎探母》《卖水》《鞭打芦花》《断桥》《美人图》《三家店》《访白袍》《三进士》《打金枝》《牧羊圈》等。版画画面上多刻剧目名及人物姓名。版画现藏山西工艺美术馆。[①]

此外，在北京（图 210），上海，河北武强（图 211），山东潍坊、平度，安徽阜阳，四川绵竹，河南开封朱仙镇等地也印制大量清代戏曲版画，或彩色套印，或彩色笔绘，或墨线印制，或手工施彩，描绘当地的戏曲人物形象或演出场景，反映了清中叶后各地花部演出的状况。

图 210　北京清代戏曲版画《拿花蝴蝶》

图 211　武强清代戏曲版画《桂兰盗印》

① 王树村：《中国民间年画史图录》，上海：上海人民美术出版社 1991 年版，收入 14 种。参见王永豪《晋南传统戏剧版画艺术刍议》，《戏友》，1986 年第 4 期。又见《中国戏曲志·山西卷》，北京：文化艺术出版社 1990 年版，第 588 页。

第五节 戏曲题记

戏曲题记和戏曲雕刻相类，也是关于戏曲演出情况的文字记录。不同的是，戏曲雕刻镌刻于碑石中，而戏曲题记则用墨笔书写于戏台后壁或其他相关地方。

古代的文人墨客，常有将诗文题写于名胜古迹或酒楼客舍墙壁、柱子上的雅兴。唐代孟浩然《秋登张明府海亭》诗："染翰聊题壁，倾壶一解颜。"[①] 即述其题诗于壁。唐著名诗人李白登临黄鹤楼，因见前代崔颢题诗楼壁，而吟出"眼前有景道不得，崔颢题诗在上头"的名句。[②] 其后代代相传，发展成一般人的习俗。于此，文学作品也有描写，如《水浒传》即记宋江于江州浔阳楼粉壁上题反诗之事。[③] 这种习俗也影响到后世的戏曲艺人，他们走南闯北，到处卖艺为生，常常于演剧的神庙戏台（或于神殿、耳房）墙壁、梁枋上留写题记，记录他们于该地演出的时间、所属戏班、所演剧目以及艺人姓名等事，有时还抒写他们生活的艰辛和不幸，间或夸耀其演技的高超。还有的题记记录剧目的曲词。

最早的戏曲题记出现在金代，其后元、明、清各代均有发现，而以清代为多，计近 200 则。题记大部分集中于山西，另外河南、陕西、北京、吉林、山东、安徽、浙江、湖北、江西、福建等地也有发现。

戏曲题记以其书写处所的不同大致可分为两类，一类题写于戏台外的其他地方，另一类书写于神庙戏台后壁，因而又称"舞台题记"或"舞台题壁""舞台题笔"。下面我们分别介绍这两类戏曲题记。

一、题写于戏台外其他地方的题记。这类题记较少，主要有：

山西省侯马市金代墓葬中墓壁所书诸宫调曲词。2000 年，山西省侯马市金代墓葬中发现诸宫调曲词四种。此墓编号为 M4 墓，墓主张氏，卒于金大定二十二年（1182），改葬于金承安五年（1200）。墓室为仿木砖墓，南北长 2.1 米，东西宽 2 米，北、南、东、西四壁墨书诸宫调曲词，分别为【南吕宫・瑶台月】【道宫・解红】【般涉调・沁园春】和【仙吕调・乔和笙】（图 212—214）。第一支曲子为引子，从楚汉相争、三国鼎立说到眼前新话狄青征南、杨家将归隐，又以

① （清）彭定求编：《全唐诗》第五册，北京：中华书局 1980 年版，第 1647 页。

② （元）辛文房：《唐才子传》卷一"崔颢"。傅璇琮主编《唐才子校笺》，北京：中华书局 1987 年版，第 202 页。

③《水浒全传》上册，第三十九回，上海：上海人民出版社 1975 年版，第 480 页。

图 212　山西侯马二水金墓诸宫调墨书题记之一

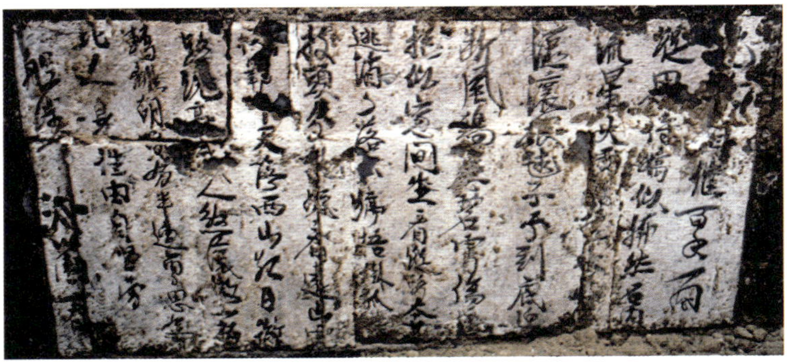

图 213　山西侯马二水金墓诸宫调墨书题记之二

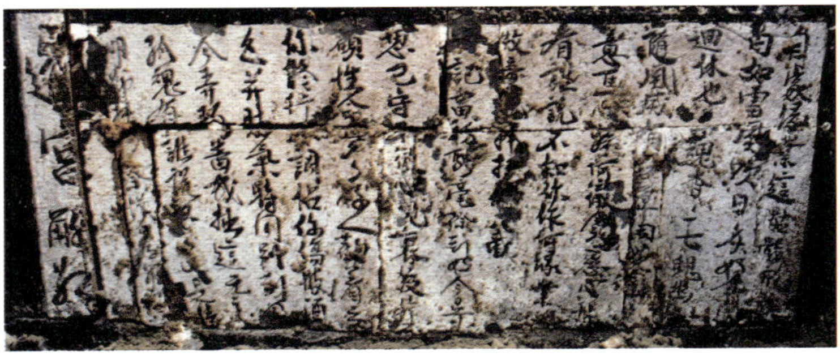

图 214　山西侯马二水金墓诸宫调墨书题记之三

诸葛亮、子路、张飞三位英雄“归空永化”引出“利名场都是假”的慨叹。第二、三支曲子为正曲，或咏骷髅，或叹老，皆凄楚悲苦之音，与供奉亡魂相适合。第四支曲子为打散词，有套数尾曲的作用。金墓四支诸宫调曲子，有引子，有正曲，有尾曲，应该是一套有机的组曲。它的发现，表明金代平阳地区诸宫调创作的繁荣和演出的流行，对金元戏曲的形成有重要作用。墓室另有匾额一方、墓志一篇、楹联六副、诗四首。①

山西省洪洞县霍山水神庙明应王殿戏曲题记。题写于元泰定元年（1324），在著名戏剧壁画上方，高 1.13 米，长 3.11 米。题记自左至右墨笔正书“大行散乐忠都秀在此作场”。上款墨笔直书“尧都见爱”，下款墨笔直书“泰定元年四月□日”。② 尧都指平阳，即今山西省临汾市，金元时为文化荟萃之地，金代经籍所即建于此，元代戏曲活动繁盛，涌现出石君宝、郑光祖等优秀杂剧作家，其

① 杨及耘、高青山：《侯马二水 M4 发现墨笔题书的墓志和三篇诸宫调词曲》和延保全《侯马二水 M4 三支金代墨书残曲释疑》，《中华戏曲》，第 29 辑，北京：文化艺术出版社 2003 年版。参见宁希元：《早期诸宫调歌词的重大发现》，《中华戏曲》，第 31 辑，北京：文化艺术出版社 2004 年版。

② 据笔者实地考察记录。

戏班（散乐）经常到附近乡镇演出。这方题记记录了泰定元年霍山水神庙明应王殿重修后，以忠都秀领衔的戏班到此演出的史实。

山西省晋城市青莲寺戏曲题记（图 215—217）。共四则，分别书写于正殿墙壁上。第一则题于清嘉庆四年（1799）九月十五日，记录某戏班于西黄石上演剧目："广霓园 锦鸳鸯 青龙山 下南唐 珍珠塔 梅降雪 取樊城 大八仙 打擂推磨 一两七 醉宫 骂城 闹学 打虎 采莲 借箭 神洲（州）会 游园 别窑 锦衣亭。"第二则题于清嘉庆十五年（1810）十月十五日，由艺人明庆题写，记录恒顺班于王（望）城头（望城头，即梨园神庙开元宫）上演剧目："春秋笔 挥衣镜 雅狼关 打堂 土龙山 沙陀国 下南唐 铡子 芦花荡 拜路 打都 闹府 祝家庄。"第三则题写于清嘉庆二十四年（1819）九月十六日，记录四美班于永宁寨上演剧目："富贵图 鱼肠剑 金玉锁 跑马 厢会 进宫 蔡府 送灯 打更 圪卢阵 挡将 荐葛。"第四则题于清道光十一年（1831）十月十五日，记录鸣凤班为四义寨史宅上演剧目："彩仙桥 金锁关 富贵锁 对松关 法门寺 大赐福 草地趺金 碧玉窜 单刀 刘唐 教馥 拾镯 议镯 伐子上殿 二关 请丈 收妻 拐骗 三家店 紫关 三教。"①

图 215　山西省阳城县泽城村汤帝庙戏曲题记之一

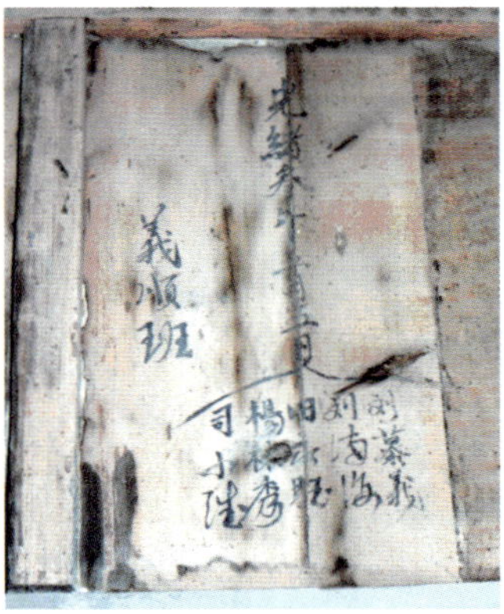
图 216　山西省阳城县泽城村汤帝庙戏曲题记之二

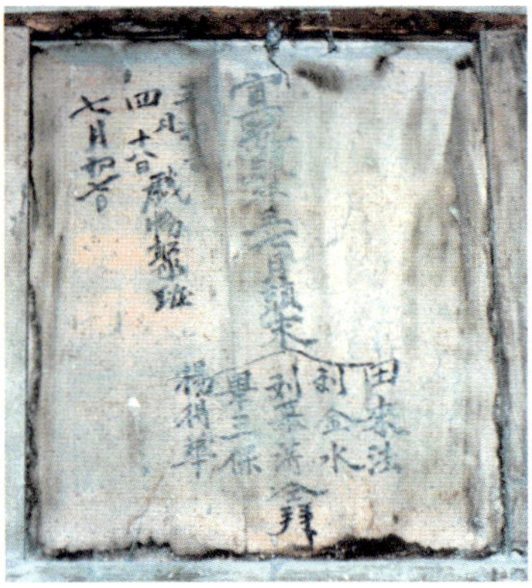
图 217　山西省阳城县泽城村汤帝庙戏曲题记之三

山西省阳城县固隆乡泽城村汤帝庙戏曲题记。共七则，书写于庙内各殿墙壁及柱上。第一则，清光绪三年（1877）题于五瘟殿南壁，主要记录曾于此庙戏台演出的戏班名称、演出时间、艺人姓名。其文为："光绪三年五月五日 义顺班 刘慕义 刘满海 田永旺 杨林秀 司小德。"第二则，清光绪二十七年（1901）

① 李近义：《泽州戏曲史稿》，太原：山西人民出版社 1989 年版，第 330—333 页。

题于显圣殿南壁，亦记录演出时间和艺人姓名，其文为："光绪廿柒年　大头末社头末　毕凤高　段克恭　杨月科　刘小□　仝拜。"第三则，清光绪二十九年（1903）题于显圣殿南壁左金柱上，其文为："光绪廿玖年三　七月　头末　杨小炼　郭福元　毕全洛　司炼铁　段长庚　仝拜。"第四则，清光绪三十年（1904）题于显圣殿南壁，其文为："光绪三十年三　七月　四月十八日　头末　卫小礼　王德贤　刘慕贤　杨法高栓保　上娘娘庙启会　咸易班。"第五则，清宣统元年（1909）题于大雄宝殿西壁，其文为："宣统元年　头末　刘喜长　司小军　刘兴顺　杨嗣立　□金全　仝拜。"第六则，清宣统三年（1911）题于五瘟殿南壁，其文为："宣统三年　头末　司福盛　卢成炼　刘兴荣　高更和　□景和。"第七则，民国元年（1912）题于五瘟殿南壁，其文为："宣统四年三　七月　头末　田来法　刘金水　刘慕清　毕三宝　杨得华　仝拜　三月初三日　四月十八日　七月初七日　戏协聚班。"[①] 上述题记说明该神庙戏台在长达 30 年的时间里众多戏班曾于此演出，演出日期多为庙会及神灵诞日。

福建省闽侯县白沙镇井下村戏曲题记。清光绪三十二年（1906）题于该村元帅庙正殿右山墙上，其文为："光绪丙午年年乐游园戏资一万九千八百二十文　庆春园戏资一万四千八百文。"于题记可知当时戏价。

二、题写于戏台及相关建筑的题记。这类题记为数众多，主要有：

山西省阳城县润城镇上伏村戏曲题记，书写于清顺治十五年（1658），其文为："顺治十五年九月十六日　百顺班演戏三台　春灯谜　恩荣弟　双包记　在此一乐。"[②] 这是清代最早的戏曲题记。

浙江省遂昌县项氏宗祠戏曲题记，共五则。一则题于清乾隆五十七年（1792），其文为："乾隆壬子年仲春　新聚堂到此一叙　三世音　十义　金印　鹦歌　太平　三秀英　新聚堂中赵新班　往外生意尽隆昌　虽然戏都浅孝少　各庄欢扰与嘀量　人生一世欠济粮　自幼习孝梨园艺　难舍此情一派伤　各有父母相拘训　拆散初情割断肠　志歌背亲却妻子　可怜各泪硬散场　遂邑主人叹题。"另一则亦题于同一年，其文为："乾隆五十七年五月初九日　金玉班到此一叙　头夜演怜珑樟　一色杏花红十里

① 延保全：《阳城县泽城村汤帝庙及赛社演剧题记考》，《民俗曲艺》（中国台北），第 107—108 期，1997 年 5 月。

② 黄维若：《宋元明三代中国北方农村庙宇舞台的沿革（续完）》，《戏剧》，1987 年 4 月。又见《中国戏曲志·山西卷》，北京：文化艺术出版社 1990 年版，第 586 页。

状元归去马如飞 金玉班。”第三则题于清道光二年（1822），其文为：“道光二年二月十二日 秀和班到此一叙 拾义 鹦哥 葵花。”第四则题于清道光十二年（1832），其文为：“道光十二年二月廿七日 松邑秀和班到此一叙 廿七夜 芦花记 合珍珠造府门 韩拾义。”第五则题于道光二十一年（1841），其文为：“道光廿一年二月十六日到此一叙 松阳秀和班 夜间 双袍记 十七日夫人。”[①] 除记录戏班名称及所演剧目外，还抒写艺人漂泊演出的艰辛。

山西省蒲县东岳庙戏曲题记，共15则。第一则，题于清乾隆五十四年（1789），其文为：“乾隆五十四年三月十□ 南蔺村永盛班到此。”第二则，清嘉庆五年（1800）题于戏台隔断背面，其文为：“嘉庆五年三月二十五日杜盛班到此一乐 演古五天本戏 雷峰塔 千里驹 九连河 富贵图 碧游宫 貘兽兆 四英盒 如是观。”第三则，题于清嘉庆二十五年（1820），其文为：“大清嘉庆二十五年三月二十六日 打相□ 金锁□ □五□宋张节 陈仙□ 三拉唐 打秋全 神州会 戏凤清风镇 鸳鸯□ 破洪州 破桃山 混元盒 夜□雪。”第四则，题于清道光元年（1821），其文为：“平阳府泰涧村六合班到此一乐也。绛州王发贵拙笔。”第五则题于清道光二年（1822），戏台南壁绘一演出海报，砖座上立木杆，顶部斜搭一细竿，竿头上挑一三角旗，上书：“山西平阳府班主王文忠 道光二年三月廿五日 戏价一百卅五千文。”（图218）竿的另一头挂一木牌，上题“画旗人涌袁韩照见□”。第六则，清道光九年（1829）题于戏台西

图218 山西省蒲县东岳庙戏曲题记之一

①《中国戏曲志·浙江卷》，北京：中国ISBN中心1997年版，第667—668页。

耳房南壁，其文为："山西泽州府东戏一班 道光九年三月 富贵图 宇宙锋 闹花灯 东游记 雷峰塔 兵火计 四美□ 花烛崖 貘兽兆 朱仙镇 混元盒。"第七则，清道光□十年题于戏台东耳房东壁，其文为："道光□十年三月二十五日 春秋配 玩花□ □□铁 □虎□□苏山 火焰驹 庆（当作'沁'）县南蔺村永盛班到此一乐 班主吴□ 小旦赵东 正旦赵永财。"第八则，清咸丰三年（1853）题于戏台西耳房南壁，其文为："咸丰三年三月二十八日 庆修班 三烈配 富贵图 蝴蝶杯 平苗蛮 美圆圆 平西汉 五福荣（上下） 三劈棺 临潼关 三闹堂 光武山 三收府 大□仙 梁花宫 大赐福 打铁 丁缸。"第九则题于清咸丰四年（1854），其文为："咸丰四年六月初五日到此一乐也 首一日 早□□□ 午 回龙阁 晚 滚鼓山 第二日 早 破洪州 午 香山寺 潼关 晚 春秋笔 第三日 早 打雁 打朝 午 假金 □牌 晚 断环骨 蒲州猗氏县双楼村李忠贵握笔。"第十则题于清同治五年（1866），其文为："同治五年三月二十八日到此一乐，洪洞县东李村全胜班到蒲县东神山，提笔人乔先生。"第十一则题于清光绪五年（1879），其文为："同治五年三月二十八日襄陵县□川贺班到此一乐也 富贵图 美人图 吉庆图 鸾凤图 炮烙柱 梵王宫 双玉镯 串龙珠 三□疑 坐窑 射戟 杀院 少华山 出棠邑。"第十二则题于清光绪二十七年（1901），其文为："大清光绪廿七年三月廿九日 辛盛班到此一乐也 价钱一百七十千 抽笔人祁彦子提流。"（图 219）第十三则题于清光绪二十九年（1903），其文为："光绪二十九年三月二十九日 价钱一日六十文 本戏 三凤图 天仙配 浜家乐 龙凤霞 桃花庵 走南阳 海潮珠 血手印 人兽关 回戏 龙凤旗 无底洞 盗汗衫 相江会 三□□ 渭水河 杀狗 巡□。"第十四则，清光绪三十年（1904）题于戏台西耳房西壁，其文为："光绪三十年辛

图 219　山西省蒲县东岳庙戏曲题记之二

盛班到此一乐　八义图　九龙□　慈云□　和氏壁（璧）　忠义侠　长坂坡　六月雪　双玉镯　百草山。”第十五则，清宣统元年（1909）题于戏台西耳房东壁，其文为：“宣统元年三月二十□日立　告御状　梅降雪　六月雪　忠义侠　蝴蝶杯　乾坤带　日月图　大报仇　破□□　春秋笔　二进宫　探母　坐曹府　五丈原　芦花　香山寺　双锁山　忠孝义　红桃山。”[①] 这些题记书写的时间始自乾隆五十四年（1789），迄于宣统元年（1909），长达120年，数量为南北神庙戏台题记之冠，所记到此演出的戏班来自各地，所演剧目既有昆曲，也有乱弹，既有本戏，也有回戏（即折子戏），显示清代晋南神庙戏台剧目演出的多样性。

山西省泽州县追山乡月湖泉村戏曲题记。共十二则，第一则文为：“兴瑞班□邑东□戏在此乐也　道光四年四月二十九日　三凤言　牛头山　林凤连　双凤莲　平西回　玉兰遂　九府　宫燕　打床　且子　打店　三当　游消　辽信　家其　明伴　遂马。”第二则文为：“道光九年五月五日　昌盛班　□邑东□村戏　美台图　桂枝梅　六公关　福怀堂　五富荣　铁龙河　加官　封相　堆仙　武庙　传左　困城　芦花　二堂　杀家　相验。”第三则文为：“福全班　南岭寨　王宅戏　道光十一年五月初一日在此　金玉锁　困金州　三开堂。”第四则文为：“拾成班　凤邑□城头　道光十三年五月初一日起　□剑　舍身　饮□刚。”第五则文为：“泰顺班　凤邑望城头　道光十七年四月二十日　金狮坠　离合缘　双凤镯　□园图　吉庆图　赐福　打阵　打铁　牛草　打鼓　户家庄　反西辽　吵厅。”第六则文为：“泰兴班　凤邑西街头衙在此　道光十七年五月初一日　女中孝　落花河　白花窗　卫羊宫　黄花山　跑马　道休　困城　□洞　借□。”第七则文为：“泰成班　凤邑南行头东黄头牛宅戏　道光十八年五月初一日在此　七盘山　鸾凤琴　打鼓　改桩　跑马　观图　小朝　杀家　相□　传胪　王群贤出笔。”第八则文为：“昌盛班　泽君（郡）东蜀村　道光十九年五月初一日在此　五福堂　六公关　□枝梅。”第九则文为：“合义班　凤邑东疙瘩戏在此　道光二十二年四月三十日起　金银店　麒麟锁　连三本　功宴　玉门关　进玉印　六人见　打蔡府　坐轿　采莲　劝农　金殿　贺王　毛金时　龙虎会　郑云阳　青秋孟（梦）　四头　学堂　打园。”第十则文为：“庆合班　咸丰五年九月二十八日　济邑圪顶村戏四天在此　锦春案　接月楼　征阳关　巧合圆　落凤瓶　宝定关　归顺天　奇合配　驾金山　兴龙会　放□剑　加官　封相　赐福　堆仙　功宴　劝农　卸甲封王　思凡　失约　打

① 车文明：《山西蒲县东岳庙及其戏曲文物考述》，《中华戏曲》，第21辑，太原：山西古籍出版社1998年版。

阵 生子 放秦 三搅 蒸馍 学堂 花枝 骂殿 探窑 打帐 议镯 拾镯 拜堂 杀子 洞房 打彦 母亲 □灵。”第十一则文为：“永盛班 山西泽州府蓄粮掌郭宅戏 咸丰八年五月初一二三在此 夺帅印 阴阳镜 忠义图 议龙潭 没楞剑 吉凶案 加官 封相 堆仙 赐福 盗马 进宫 打铁 打渔杀家 验将 将士 困城 比武 传鼓。”第十二则文为：“凤邑南当行东黄□□戏 同治元年四月初一日 富□阵 打□。”[①]

湖北省谷城县盛康镇江西会馆戏曲题记。共两则，题写于会馆戏台墙上。其一文为：“郧阳三盛班 道光一乍四月初一日在此一乐也。”其二文为：“谷城聚成班 一本玉伟坠 二本祭风台 三本三义□ 四本□□□ 五本七星灯 六本鱼藏剑 道光八年十月廿一日立。”[②]

河南省安阳市龙泉镇龙庙村戏曲题记。清咸丰二年（1852）题于该村白龙庙戏台壁上，其文为：“咸丰二年十一月初七日 其仲叶头在此一乐也 一本蓝稿 二本花墙 三本借香 四本沙滩 五本双换 六本昆山 七本满堂红 八本合花 九本拐马 十本舞齐寿四天 曹画南乡郭□□刘字人北乡□□村□□。”[③]

北京市延庆区大榆树镇大泥河村戏曲题记。该题记于清同治二年（1863）题写于龙王庙戏台墙上。其文为：“大清同治二年七月初八日至十一日止京都西直门居住唱青衫子□明山在此一乐也。”[④]记录了当时京师戏班外出演剧的史实。

安徽省泾县西阳村戏曲题记。清光绪二年（1876）至九年（1883）题写于万年台墙上，所记班社有长寿班、四喜班等，剧目有：《百忍图》《取洛阳》《八（虮）蜡庙》《端午门》《打樱桃》《九锡宫》《界牌关》《黄鹤楼》《闹龙宫》、《取荆州》《乾坤图》《渭水河》《骂曹》《追韩信等》。[⑤]

山东省聊城市山陕会馆戏曲题记（图220）。题于会馆戏台墙上，其中一则为：“山西泽州府凤台县全盛班光绪□年十月初十日李四提 一捧雪 二进宫 三上殿 四才子 五神宫 六人节 七人贤 八仙图 九莲灯 十美镜 城唐关。”另一则为：“□丰□年八月拾肆日卯时……头天明月珠红□□贰天云罗山一本三天春秋笔……”[⑥]

---

① 李近义：《泽州戏曲史稿》，太原：山西人民出版社1989年版，第332—341页。
②《中国戏曲志·湖北卷》，北京：文化艺术出版社1993年版，第458页。
③ 杨健民：《中州戏曲历史文物考》，北京：文物出版社1992年版，第148页。
④ 周华斌：《京都古戏楼》，北京：海洋出版社1993年版，第245页。
⑤《中国戏曲志·安徽卷》，北京：中国ISBN中心1993年版，第532页。
⑥ 刘文峰：《山陕商人与梆子戏》，北京：文化艺术出版社1996年版，第237页。

江西省吉水县盘谷镇大禹庙戏曲题记。大禹庙已毁，戏台亦残，题记写于戏台后台，其文为："光绪四年户秀班　游尽江湖把戏唱，只为家穷到外乡，一生消遣多快乐，翰林身份子弟郎。可恨洋行大老板，他把梨园当平常，当初做事好胡涂，流落江湖不自由。年将半百心不稳，悔恨不费痛心头。若要我把愁云转，海底捞月空费。有待等，中年莫叹气，花开花落永不收。人生好比浮萍草，水上漂漂付东流。终朝每日想前事，自到如今强出头。看我一生好苦梦，提起当年泪双流。一生怨情难以诉，无常已到把命丢。"[①] 此题记与一般记录演出剧目不同，全是抒发艺人漂泊卖艺的哀怨。

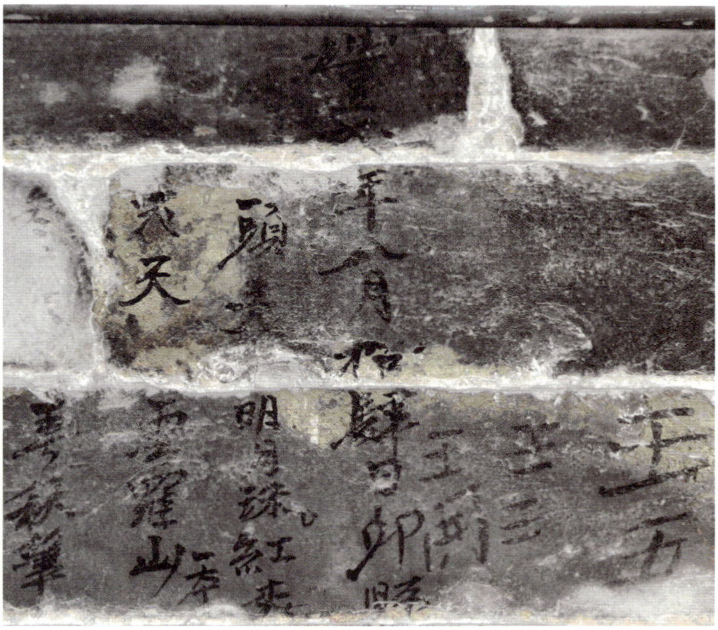

图 220　山东省聊城市山陕会馆戏曲题记

山西省晋城市河东村关帝庙戏曲题记。题于清光绪七年（1881），其文为："合议会凤邑渠头村光绪七年三月十一日在此贵处三乐也辞官装疯鸳鸯锁仙□图三江□和合缘湖中难哭冤案江中难丑配洞房 洞房成亲土地堂四下书借妻送女。"[②]《土地堂》乃院本剧目，晋城市附近的高平市平头村东庙清光绪十六年（1890）戏曲题记亦记载此剧目，至今当地农村赛社演艺仍有演出。

浙江省江山市二十八都镇水星殿戏曲题记。题于清光绪九年（1883），其文为："光绪九年三月初一至此一叙广邑七都三老爷赵同新班新开基大吉利也初一夜放贤求寿初二日三仙阁翻天印豆三关初二夜万寿阁初三日碧桃花初三夜碧桃花初四日双贵图扶琴初四夜对金钱武当天女三战初五日绣鸳鸯初六日天启图樱桃伏□沙陀初六夜四国齐初七日玉麒麟忠义缘满门贤。"[③]

①《中国戏曲志·江西卷》，北京：中国 ISBN 中心 1998 年版，第 712 页。
② 李近义：《泽州戏曲史稿》，太原：山西人民出版社 1989 年版，第 345 页。
③《中国戏曲志·浙江卷》，北京：中国 ISBN 中心 1997 年版，第 672 页。

图 221　山西省高平市平头村东庙戏曲题记之一

图 222　山西省高平市平头村东庙戏曲题记之二

山西省高平市平头村东庙戏曲题记（图 221、222）。题于清光绪十六年（1890），文为："山西泽州凤台县渠头□村合议班光绪十六年月在此庄乐三天三天唱了五本戏□唱戏的两千三老生唱的实在硬黑生唱的为实□红生唱的腔调好小生出来身自然官丑出来步眼好小丑出来笑破天老旦出去无人愿小旦唱的口白尖花旦唱的卷石浪正旦儒气又秀端我讲次话你不信平头贵村问生员。"[①]题记为艺人所写，夸耀本戏班各行当演技之高超，为诸题记罕有。

山西省新绛县泽掌镇乔沟头村戏曲题记。清光绪十八年（1892）题于该村玉皇庙，文为："光绪十八年七月初十日玉盛班好玉乐也王清泉到此一乐也成于小阳到此间新绛来了眉户班 虽然来到清廉洞两对舞台演四天赵风拙笔。"[②]此题记记录玉皇庙戏台上演对台戏，其中一戏班演唱乱弹（即蒲剧），另一戏班演唱眉户。

湖北省郧县白桑关镇柏营村戏曲题记。清光绪三十年（1904）题于该村红庙，文为："大清光绪三十年众乐班浙江县司令任泰升戏主老少江湖七十二名夜戏对

① 李近义：《泽州戏曲史稿》，太原：山西人民出版社 1989 年版，第 347 页。

② 蔺永茂：《蒲剧兴盛的潜台词——新绛乔头沟玉皇庙乾隆舞台题壁》，《民俗曲艺》（中国台北），第 81 期，1993 年 1 月。

罗衫湘江会祭风台花田错。”[1]题记反映了当地司令任戏班班主的事实，戏班成员多达 70 余人。

辽宁省东港市孤山镇天后宫戏曲题记。该宫戏台墙上有清光绪年间（1875—1908）山东莱州府仁合班、京师顺天府三庆班、奉天府盖州本城班等的演出题记，所演剧目有：《天河配》《二进宫》《金沙滩》《铁公鸡》《英烈传》《拾玉镯》《走雪》《断桥》等。[2]于此可见当时关内各地戏班常赴东北演出的史实。

以上题记内容多样，有反映各地演剧习俗，有记录不同时期演剧价目，更多的是记载演出时间、所属戏班、艺人姓名和演出剧目。所记剧目，有元明杂剧，有明清传奇，甚至还有赛社演出的院本，但最多的还是花部乱弹剧目。题记所书写的年代，大多在清嘉庆以后，这就反映出清代中叶地方戏勃兴的不争史实。

第六节　戏曲抄本与刻本

记载古代剧目和演出资料的抄本与刻本，也是学术界瞩目的戏曲文物。

抄本与刻本可分为三类：一类是剧本，一类是戏折、戏票与戏会、戏班剧目簿，还有一类是赛社礼仪和剧目演出抄本。

一、剧本类的抄本与刻本

早在 20 世纪之初，即 1907—1908 年，俄国科菲洛夫探险队即在古西域黑水城（今中国甘肃省境内）发现金代平阳（今山西临汾）书坊刻印的《刘知远诸宫调》，收存残本“知远走慕家庄沙陀村入舍第一”“知远别三娘太原投军第二”“知远充军三娘剪发生少主第三”“知远投三娘与洪义厮打第十一”“君臣弟兄母子夫妇团圆第十二”。这是现存诸宫调刻本中最早的一部，是研究诸宫调的形成与发展以及对戏曲的影响的珍贵资料。中华人民共和国成立后，这类古代戏曲曲艺抄本、刻本不断发现，比较重要的有：

1954 年，在山西省万荣县百帝村发现清中叶重抄的明代青阳腔剧本八种（图 223—226）。青阳腔在万荣又称“清戏”，新中国成立前在百帝、北解、范村演出，其何时何途传入万荣，无文字记载可考。据范村清戏老艺人袁喜泰、袁祥生

①《中国戏曲志·湖北卷》，北京：文化艺术出版社 1993 年版，第 458 页。
②《中国戏曲志·辽宁卷》，北京：中国 ISBN 中心 1994 年版，第 318 页。

图 223　山西万荣清道光十五年清戏抄本封面

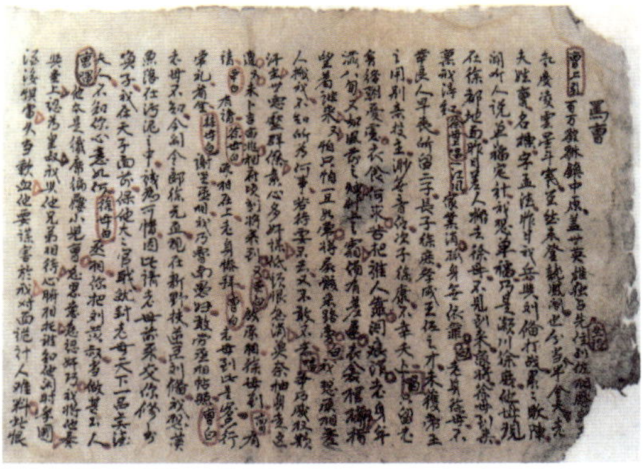

图 224　山西万荣清道光十五年清戏抄本《骂曹》

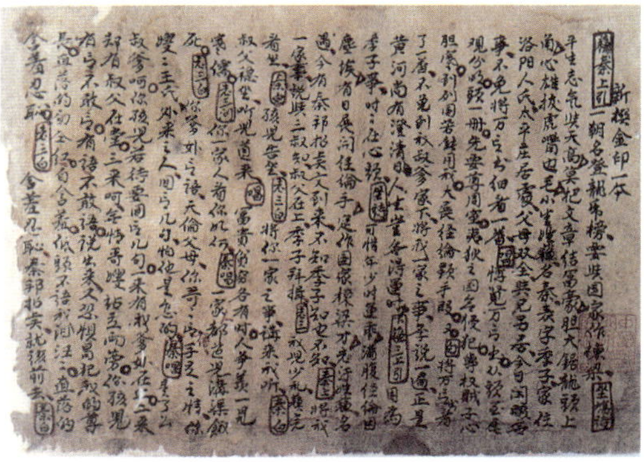

图 225　山西万荣清道光十五年清戏抄本《金印记》

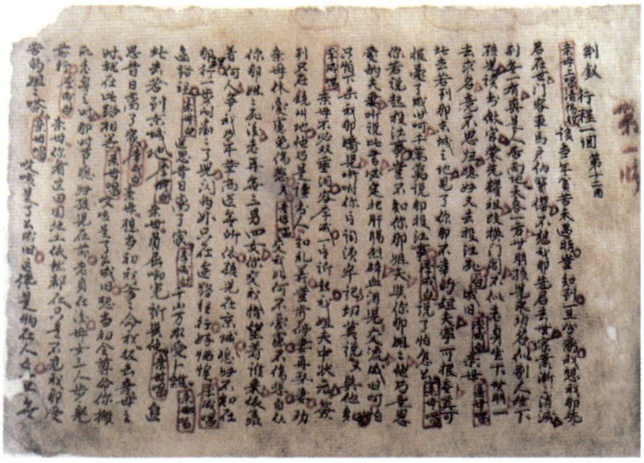

图 226　山西万荣清道光十五年清戏抄本《荆钗》

等人回忆，1933 年，他们抄录脚色“单篇”所依据的，是明万历年间的抄本，说明其时青阳腔已有演出，可能是随商业贸易往来传入的。1954 年，在百帝村农民孙凤科家，发现分属清道光（1821—1850）、咸丰（1851—1861）、同治（1862—1874）三个时期的麻纸手抄青阳腔剧本八种，其中《白兔记》《三元计（记）》《黄金印》（即《金印记》）、《涌泉记》（即《跃鲤记》）、《陈可忠》（又名《剔目记》）为全本戏，《两狼山》《骂曹》《行程》（《荆钗记》中一折）为单折戏。抄本残破，虽是清中叶所抄，却可以确定是明代留传下来的戏曲。剧本均用长短句曲牌，但唱词字数、押韵不完全受曲牌格律限制，演唱时保持了滚唱、帮腔、干唱等青阳腔特点，唱词通俗易懂。这些剧本的发现反映了青阳腔北传入晋的史实。①

1958 年，在广东省揭阳市西寨村袁姓墓中出土明嘉靖年间（1522—1566）抄立的戏文《蔡伯喈》。此本用绵纸抄写，纸捻装订，共两本，一本为总纲，一本

① 赵景深：《明代青阳腔剧本的新发现》，《复旦学报》1956 年 1 号。后收入《元明清戏曲研究论文集》二集，北京：人民文学出版社 1959 年版。又见《中国戏曲剧种大辞典》“晋南清戏”条，上海：上海辞书出版社 1995 年版。

为小生使用的己本。抄本用剧中主人公姓名定名，不分出，保留了不少中原音韵。对照陈眉公批评本《琵琶记》，出土本总纲本缺第一出“副末开场”、第三出“牛氏规奴”、第八出“文场选士”、第十五出“金闺愁配”、第十六出“丹陛陈情”、第十九出“强就鸾凤”，以及第二十二出至第四十二出。己本缺第六出“丞相教女”、第三十八出“张公遇侠”。在曲白、曲调等方面，也与现存版本略有差异。一般学者认为，出土本更接近原本《琵琶记》。此外，此本还使用了一些广东方言，证明《琵琶记》流传到广东后，为适应本地演出需要经过改动。此墓出土的还有《玉芙蓉》（共三本）。1985 年，广东人民出版社出版影印本《明本潮州戏文五种》收入。①

1962 年，山西省阳高县鳌石村发现古代赛戏抄本《取东川》。赛戏，俗称“赛赛”，是流传于山西北部阳高、浑源、应县、朔城区、五寨、五台等县和河北太行山东麓武安、涉县等地，于迎神赛社时演出的古老剧种。中华民国初年，各地村社还曾盛演，剧目计有 120 多种，鳌石村当年还保存有 60 余种赛戏剧本，抗日战争全面爆发后剧本散失。《取东川》剧本是 1962 年由该村赛戏艺人陈玉林、陈克孝、陈司恭、丁志孝、薛廷珍等凭各自记忆的角单拼对而成的。该剧大约作于明代，取材于《三国演义》，主要情节、情节安排顺序与小说基本相同。此剧的发现为研究赛戏、宗教祭祀戏剧，乃至中国戏曲史提供了珍贵而具体的资料。②

1967 年，在上海市嘉定澄桥村宣姓墓中发现明成化年间（1465—1487）刻印的南戏刻本《新编刘知远还乡白兔记》。该本用竹纸刻印，46 页，半页 13 行，行 20 至 23 字不等。半页插图六幅。剧为永嘉书会才人编撰，明成化年间北京永顺堂刊印，不分出。这是现存最早的南戏刻本，错别字较多，比其他传本更通俗，较多保留明代民间南戏台本的面目，在南戏研究中具有重要价值。同墓还出土《说唱词话》16 种，其中五种标有年代。③

1975 年，在广东省潮安凤塘镇书图村明墓中又发现明宣德七年（1432）抄立的南戏剧本《刘希必金钗记》。此本为草纸本，对折装订，页长 0.39 米，宽 0.24 米。

---

① 林曦：《广东揭阳明墓发现〈蔡伯喈〉戏曲抄本》，《文物》，1961 年第 1 期。参见曹腾騑《广东揭阳出土明抄本戏曲〈蔡伯喈〉略谈》，《文物》，1982 年第 11 期。

② 任光伟：《赛戏抄本〈取东川〉校订》，《民俗曲艺》（中国台北），1997 年 5 月，第 107、108 期。

③ 上海文管会：《上海发现一批明成化年间刻印的唱本、传奇》，《文物》，1972 年第 11 期。参见赵景深：《明成化本南戏〈白兔记〉的新发现》，《文物》，1971 年第 3 期。又见汪庆正：《记文学、戏曲和版画史上的一次重要发现》，《文物》，1973 年第 11 期。

封面朱书“迎春集”，装订线附近书“新编全相南北插科正字忠孝刘希必金钗记，宣德七年六月□日在胜寺梨园置立”。内容包括刘希必《金钗记》（共 75 页）、锣鼓谱《三棒鼓》和《得胜鼓》（共一页）。剧本每页对折两面，每面八行，每行 35 字左右，墨书行体，两人笔迹。全剧共 67 出，此本缺第三十六、三十七、三十八出。此剧关目情节与刘文龙《菱花镜》基本相同，曲词也大多相近，可知其为元南戏刘文龙《菱花镜》在广东演出中使用的改编增订本。原物现藏潮州市博物馆，1985 年，广东人民出版社影印本《明本潮州戏文五种》收入。①

1984 年，山西省平顺县西社村发现了多种明清时期赛祭演出的队戏、院本。队戏是唐宋时期的初级戏剧演出形态，随着较成熟的戏剧形态形成，队戏较少演出，但仍存活于民间宗教祭祀活动中。山西上党地区的长子、潞城、平顺、壶关等县市，直至中华人民共和国成立前仍有演出。平顺县西社村农民王双云、王福云家原各藏队戏剧本七种，自愿献出，后又收集到多种，共 37 种，其中都本（全本）四种，角单（单个剧中人物剧词）33 种。都本分别是：《太极图》《斩华雄》《过五关》《广武山》。角单分别是《鸿门会》中范增、樊哙角单，《丛台设宴》中刘林角单，《追韩信》中萧何、韩信角单，《潘杨征北》中杨继业、杨六郎角单，《汜水关》中黄天化、哪吒、周武王角单，《秦王》中李世民角单，《长坂坡》中赵云、刘琦、糜夫人、诸葛亮角单，《大会垓》中张敖、张良、灌婴、郦商、英布、张耳、项羽角单，《征南》中岳云、张宪角单，《战吕布》中吕布角单，《玉泉山》中哪吒角单，《美良川》中李世民角单，《佳山寨》中孟良角单，《赵氏孤儿大报仇》中鉏麑角单，《拿仁都》中姚期角单，《水淹章邯》中章邯角单，《雅观楼夺带》中李存孝角单，等等。另外，该村王福云还回忆记录了院本《土地堂》和《闹五更》。这些队戏和院本的发现对研究宗教祭祀戏剧和中国戏曲发展极有价值。②

1986 年，在新疆维吾尔自治区且末县塔提让乡苏伯斯坎古遗址发现元代戏曲文书两种。一为《董西厢》卷五【仙吕调·赏花时】，麻纸抄写，单张，长 0.27 米，宽 0.218 米，行书。文字如下：“倚定门儿手托腮，闷搭海地愁满怀。不免入

① 陈历明：《一个出土的南戏演出本〈刘希必金钗记〉》，《戏剧艺术资料》（广东），1980 年第 3 期。参见赵景深：《宣德抄本南戏〈金钗记〉的发现》，《文学遗产》，1980 年第 3 期。又见陈历明：《读宣德写本〈刘希必金钗记〉札记》，《文学遗产》，1982 年第 1 期。

② 寒声主编：《上党傩文化与祭祀戏剧》，北京：中国戏剧出版社 1999 年版，第 134—303 页。

书斋。倪冤家负约，今夜好难捱。闷损多情的张秀才，忽的听得龙门儿哑的开，急把眼儿揩。见红娘敛袂，遂传士解元咳。莫萦心且暂宁，耐略而闻且向书帏，教先生休怪，等夫人烧罢夜香来。”曲词与传本基本相同，个别字有异。二为【大石调】套曲曲文，亦为麻纸抄写，单张，长0.315米，宽0.24米，行书。文字为：“时相思处处□□□来大□莲□困难□举，娇无（？）□，似杨柳春风舞。【望江南】颜如玉，雅□□称淡妆梳。云髻‘半’倚斜挽绿，莺（樱）唇微破浅施朱。堪上美人图。【缯（擂）系（鼓）体】自从一见那矫朱（娇姝），方（芳）心一点，闲愁万缕。镇日厌厌（恹恹）如醉愚。辜负了窗前笔砚书。【随欲（煞）】可意着情文君女，等闲间瘦损相如。自惆躇，□□的相思捱不去。”文字多有缺误，出处待考。①

20世纪50年代至80年代，山西省南部运城盐湖区、临猗等地发现了古代赛祭时演出的锣鼓杂戏抄本（图227）。锣鼓杂戏是晋南农村的祀神戏剧，流传于运城盐湖区、临猗、新绛、万荣、稷山、垣曲、夏县等地，现已不再演出，但仍存众多剧本，计有《纣王降香》《伐西岐》《乐毅伐齐》《匕首剑》《鸿门宴》《战昆阳》《三请诸葛》《铜雀台》《火攻计》《长坂坡》《取东川》《取西川》《取四郡》《取长沙》《泗水关》《黄鹤楼》《东吴招亲》《失街亭》《铁笼山》《葭萌关》《打登州》《麒麟山》《老君堂》《上原驿》《雅观楼》《大闹天宫》《无底洞》《白猿开路》《七星会》《天井关》《蛟龙驹》《白良关》《下兖州》《单枪赴会》《起解宋江》《祝家庄》《破方腊》《游武庙》《千里驹》《忠报国》等，多为历史剧，也有部分神话剧。这些锣鼓杂戏剧本的发现，为研究宗教祭祀戏剧提供了重要资

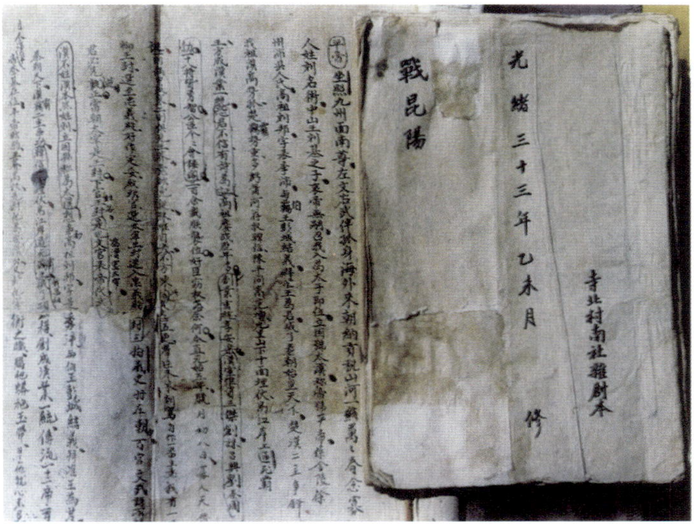

图227　清光绪锣鼓杂戏抄本《战昆阳》

① 何德修：《新疆且末县出土元代文字初探》，《文物》，1994年第10期。

料。剧本部分藏山西省戏曲研究所，部分藏运城市文化局、临汾蒲剧院、山西师范大学戏曲文物研究所。①

20世纪90年代，河北省武安市固义村发现了古代赛祭时演出的脸戏和赛戏抄本。该村每年正月十五举行赛祭，在赛祭前，神庙戏台上即演出脸戏《大头和尚戏柳翠》和《十棒鼓》（皆宋杂剧剧目），赛祭过程中行进演出脸戏《捉黄鬼》，赛祭后又于神棚前演出赛戏《岑彭马武夺状元》《吊绿脸小鬼》《吊四值》《吊四尉》，又于神庙戏台上演出脸戏《吊掠马》《吊黑虎》《点鬼兵》《开八仙》，赛戏《长坂坡》《虎牢关》《巴州》等。此外还有赛戏本子《伯（霸）王戏本》《幽州都本》《火烧赤壁》《屺城大会总（大会垓）》《衣带诏》《西祁（岐）带都本》《封官拜帅》《讨荆州》等。②

20世纪90年代，河北省涉县上清凉村、弹音村和井店前街巷、台村下堂巷发现大量古代赛祭时演出的赛戏本子。其中上清凉村现存20多种，分别为：《渑池县》（即《武王伐纣》）、《大会垓》《乌江岸》《火烧赤壁》《连环计》《长坂坡》《华容道》《取三郡》《取四郡》《收姜维》《七擒孟获》《葭萌关》《失街亭》《战仓汉》《祭东风》《取汉中》《张飞战马超》《智激周瑜》《美良川》《打登州》《沟家滩》《擒彦章》《杨色汉征南》《江东桥》《宁武关》《挡将》。弹音村也保存了20多种，分别为《渑池县》《孙武子炮雷行兵》《大会垓》《虎牢关》《火烧赤壁》《伏制张仁》《讨荆州》《夜打登州》《夜探白壁关》《打蒋全》《淤泥河》《水困涿州》《广武山》《鬼穴阵》《沟家滩》《金钟计》《下南唐》《幽州》《宁国府》《杨龙开弓》《铁关图》。井店前街巷保存有三种：《刘秀河北安民》《司马师带剑进宫》《破潼关》。台村下堂巷保存一种：《幽州》。这些本子的出现，证明了河北邯郸地区各县明清时期赛祭时有众多宗教祭祀戏剧演出。③

这些抄本与刻本，有的较目前传世之本更接近原本，有的使用了地方方言（如揭阳出土的《蔡伯喈》），有的在唱词旁用朱笔注明演奏的打板符号，有的附有锣鼓谱（如潮安出土的《刘希必金钗记》附有锣鼓谱《三棒鼓》和《得胜鼓》），有的经过删削，与世传之本不同（如嘉定出土的《新编刘知远还乡白兔记》较其

---

① 据笔者调查记录。参见《中国戏曲剧种大辞典》“锣鼓杂戏”条，上海：上海辞书出版社1995年版。

② 杜学德：《燕赵傩文化初探》，兰州：甘肃人民出版社1998年版，第80—82页。

③ 杜学德：《燕赵傩文化初探》，兰州：甘肃人民出版社1998年版，第80—82页。

他传本更通俗，错别字也较多），显然是演出所用之本。这对我们探索南戏后期如何演出有重要参考价值，同时为研究南戏传奇在明代如何流传、南戏地方化、戏曲与说唱的关系等，提供了重要线索和实物例证。

二、戏折、戏票与戏会、戏班剧目簿

这类戏曲文物比较重要的有：

春台班戏目（图 228、图 229）。春台班是清乾隆年间（1736—1795）扬州大盐商江春所创办的戏班，艺人多来自安徽安庆一带，兼唱昆曲、秦腔、京腔、二黄、罗罗等腔，故又称“外江班”。乾隆五十五年（1790）以后进京，长期留京演出，与前后进京的三庆、四喜、和春并称“四大徽班”。该班戏目簿抄立于清乾隆三十九年（1774），后不断增补。其封面右侧书“生财大道”四字，中间题“乾隆三十九年巧月立”，左侧书“春台班戏目”。正文收入春台班历年上演的各类剧目 743 种（含重见目），计有昆腔、高腔、皮黄等类。其中皮黄类剧目 237 种（亦含重见目）。并附有余三胜等人演出的戏目。此簿原为戏曲家周明泰收藏，后捐赠上海合众图书馆，现藏上海图书馆古籍组。①

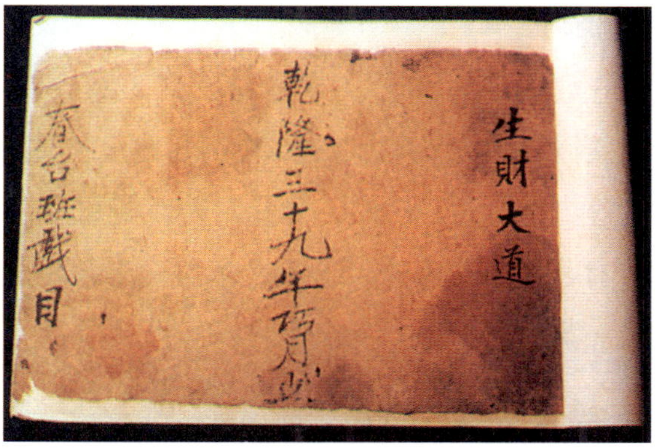

图 228　清乾隆年间春台班戏目抄本封面

江西省宜黄县神岗乡老祥福班

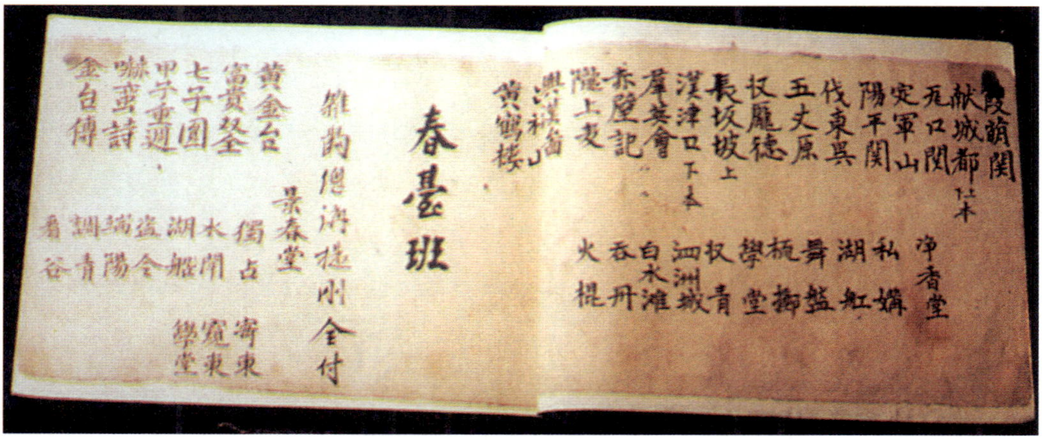

图 229　清乾隆年间春台班戏目抄本

①《中国戏曲志·上海卷》，北京：中国 ISBN 中心 1996 年版。参见《中国曲学大辞典》“春台班”条，杭州：浙江教育出版社 1997 年版，第 719 页。

戏折。清光绪七年（1881）抄立，长0.22米，宽0.2米，毛笔楷书，落款为："清光绪七年老福祥抄，宜黄县神冈乡应长寿藏。"戏折收有本戏名75种，折子戏182出。其中唱二黄调者35种，西皮调者11种，余为二调合唱。原件于1957年发现，后遗失，今存1962年江西赣剧院《宜黄腔源流考》油印本。①

湖南省长沙市老郎庙红簿。长沙老郎庙旧设红黑二簿，红簿记录历年新进会的会员姓名、年龄、出身科班及现隶属戏班等资料，如入录艺人故去，则从红簿中勾去，而另录入黑簿。抗日战争时，长沙大火，庙中执事携最后两本红簿逃出。新中国成立后红簿存于长沙戏改会，"文化大革命"期间遗失。中国艺术研究院存有复制本，共两册，一册收入自清光绪十二年（1886）至民国三十五年（1946）共计410名入会湘剧男艺人的姓名、年龄、出身科班、现隶属戏班；一册收入民国十一年（1922）至民国三十六年（1947）共计231名入会湘剧女艺人姓名等。此簿还载有老郎庙十条会规及五条入会章程。②

湖南省桃源县汤家湾易公真人戏会簿。此簿为毛边纸本，墨书，共三册。记载自清光绪五年（1879）至民国三十八年（1949）该会的活动，其内容有：一、戏班数量。共三八班，均为常德汉剧班。二、演出次数。清代一般每年演出两台，民国后每年演出一台。其中华胜高腔班演出八次，是诸班中演出最多的。三、经费来源。该会原有田产资金，清末时掌管人以田产作抵押，放债收息，平时支用，尚有盈余，民国时支用不足，兼靠募捐。四、戏价。历年不同，清光绪六年（1880）一台戏7 800文，宣统二年（1910）增为12 170文，民国九年（1920）又增为73 900文。此外，该簿还记载接戏箱、置睡板等事宜。③

浙江省富阳市三贤村（原高殿镇）戏票。所谓戏票，是指邀戏人与戏班所签订的演出合同。该村发现清光绪九年（1883）戏票一张，光绪十九年（1893）戏票两张，均为宣纸制作，长0.24米，宽0.23米。边框与名称（"官成票"）用木刻印刷，内容为手书。光绪九年的戏票所书全文为："高殿镇立成戏票　张永玉等今有戏日夜二台，洪福班演。当面言过，每台戏钱三千文。其钱戏毕交足，其戏于五月十三日演起。倘有误期，另包别班。如戏不堪听，扣戏金。恐口无凭，立此戏票为照。再批日巳时夜鸡鸣，外贴油一斤，盐一斤，米五十斤，肉腐、柴炭、

①《中国戏曲志·江西卷》，北京：中国ISBN中心1998年版，第717页。

②《中国戏曲志·湖南卷》，北京：文化艺术出版社1990年版，第530页。

③张九：《桃源汤家湾戏台、戏会考察》，《戏曲研究》，第18辑，北京：文化艺术出版社1986年版。

菜酒、茶叶日夜钱百四十文。计开箱脚架则（只）接不送。光绪九年五月十三日立成票，张永玉、白水根文会履仁。”另外两张光绪十九年戏票，格式、内容与此大致相近。①

这些关于戏折、戏票与戏会、戏班剧目抄本，对研究京剧及地方戏演出及演出习俗有重要的价值。

三、赛社礼仪和剧目演出抄本

这是抄本、刻本类戏曲文物中最令人注目的。20 世纪 80 年代，在山西潞城县南舍村和长子县东大关村相继发现数十种记载明清时期农村赛社礼仪和剧目演出的抄本，如抄立于明万历二年（1574）的《迎神赛社礼节传簿四十曲宫调》（又名《周乐星图本正传四十曲宫调》）、抄立于清道光年间的《迎神赛社祭祀文范及供盏曲目》和清嘉庆二十三年（1818）抄立的《唐乐星图》（另一种迎神赛社礼节传簿）。此外，在山西曲沃县任庄村也发现了清宣统元年（1909）据古本抄立的《扇鼓神谱》。

《迎神赛社礼节传簿四十曲宫调》是古上党地区迎神赛社祀神时的礼仪规范和程序记事本。（图 230）1983 年于山西省潞城县南舍村曹占鳌、曹占标家发现，麻纸抄写，长 0.233 米，宽 0.145 米，楷书，24 页，半页八行，共约 20 000 余字。封面由原收藏者更换，上题“迎神赛社礼节传簿四十曲宫调”，“万历二年正月十三日抄立”，“选择堂曹国宪志”。正文首行为“周乐星图本正传四十曲宫调”。正文内容分为四个部分：第一部分介绍周朝时上帝玉皇面前有八位星君，分

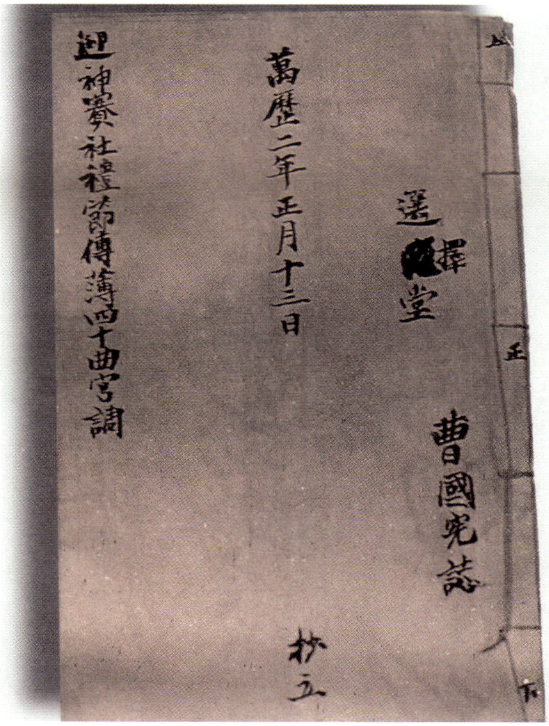

图 230 明代抄本《迎神赛社礼节传簿四十曲宫调》封面

①《中国戏曲志·浙江卷》，北京：中国 ISBN 中心 1997 年版，第 673 页。

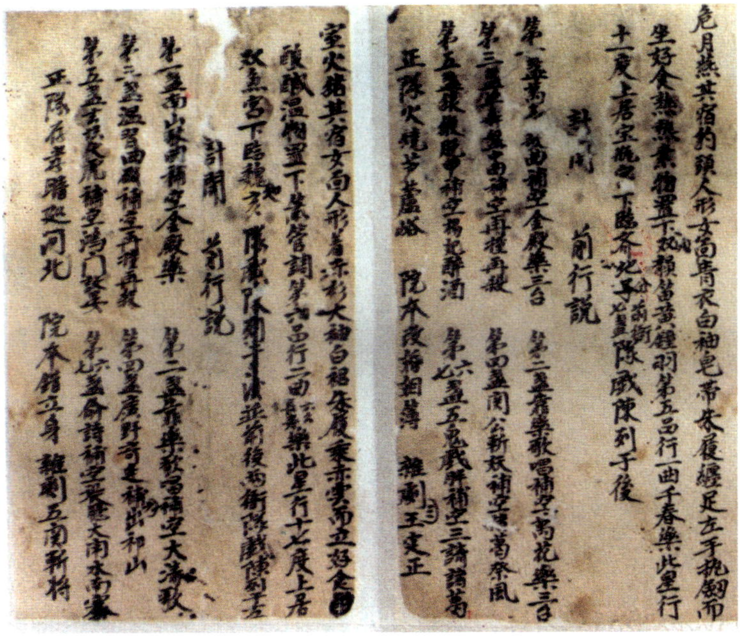

图 231　明代抄本《迎神赛社礼节传簿四十曲宫调》正文之一

掌八乐。第二部分据《后汉书》本传，述说光武帝分封 28 位功臣，比附天上的二十八星宿。第三部分记述二十八星宿值日后在正殿前祭祀时各星君的装扮、食性、分野，所奏宫调曲牌，供盏时所献乐、歌、舞、剧，以及祭祀后于神庙戏台上上演的队戏、院本、杂剧。第四部分（图 231）为供盏队戏角色排场单（记录剧目上场人物姓名、数量、衣饰及简单故事情节），共 25 个。

赛祭时在正殿前上演的各种歌、舞、曲、剧名目计 245 种，其中主要有唐宋大曲、金元俗曲 47 种，叙事曲破、歌舞、戏曲 115 种，祭祀后土神庙戏台上演出的队戏 24 种，院本八种，杂剧 26 种。此簿所记大量剧目的存在，不仅纠正了以往学术界认为明代前期戏曲创作演出处于低潮的说法，还证明了宋、金、元时期的各种戏曲形式直到明代在北方农村仍然流传和演出，并没有消亡或中断。比如队戏，这种初级的戏曲形式出现于隋唐，盛行于两宋，以往史籍如《青琐高议》《太平清话》等仅录其名，而没有详细说明它如何演出。《元史·祭祀志》虽记载它在祭祀时于行进中演出，却没有记载演出的剧目名称和内容。《礼节传簿》收录了队戏剧目及排场单 49 个，如《过五关》《鞭打黄痨鬼》《大会垓》《霸王封官》等，使我们初步了解这是一种有众多人物、有场景、有简单故事情节的演出。今天山西晋东南地区各县和河北邯郸等地农村仍然保留这种古老的表演形态，它演出时不限于戏台，也不限于一处，可随剧情发展而改变演出地点；有的剧目扮演者与说白者分离，带有叙事痕迹，未能统一于代言；有的剧目于行进间演出，剧中人物可与观众交谈，戏内戏外交叉，介于生活与艺术之间，可以说是一种最初级的戏剧形式，它的发现，给戏曲史研究增加了一个崭新的课题。又如院本，乃是我国 12 世纪在北方金政权统治地区流传的戏曲形式，宋金以后，北杂剧盛行，院本遂湮没无闻，史籍仅余零星资料，此外更无传本，历来戏曲史研究者只能从元明杂剧和小说、戏文中寻找其遗迹，这就容易给人这样一种印象，似乎院本只存于金，元以后渐趋消亡。《礼节传簿》关于院本的记载（图 232），使我们改变了这种看法。更可喜的是，晋东南地区至今仍有院本流传和演出，如《土地堂》《闹五更》等，这就为我们提供了探讨院本发展和与其他戏曲形式区别的新材料。[①]

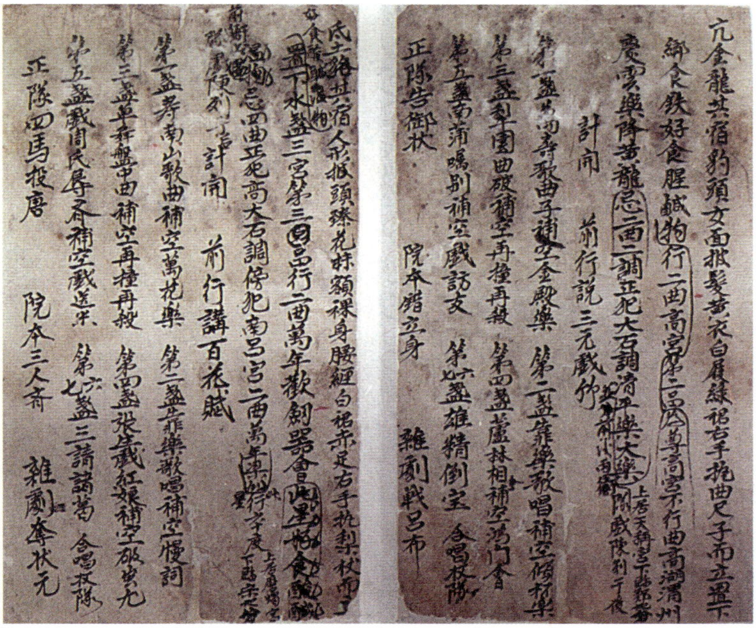

图 232　明代抄本《迎神赛社礼节传簿四十曲宫调》正文之二

在发现《周乐星图》的同时，上党戏剧院还收集到当地赛祭时所用的各种礼节文范，其中最重要的有清道光年间抄立的《迎神赛社祭祀文范及供盏曲目》（图 233），该本 1989 年于潞城县南舍村曹占标家发现，麻纸抄写，长 0.285 米，宽 0.245 米，纸捻装订，无封面。正文存 33 张，66 面，每页 13 行。内容分两部分，第一部分为祭典文书，包括祭神文（如“下请文”“升殿文”“报晓祭文”“祝皇文”等）35 篇，记载办赛注意事项的条规（如“省令庖人”“省令乐人文”等）三篇，“榜文”两篇以及八洞神仙、十帅等神祇名单。第二部分为“二十八宿值日”程序单，包括每一星宿的扮相、食性、分野以及供盏时所献乐舞、队戏存目 90 种。[②]另外，还有《迎神赛社接送神祇礼节词文》《祈贺雨规条文范》《迎

① 据山西省潞城县南贾村村民说，此抄本原名《周乐星图》，为该村碧霞宫大赛所用，原藏阴阳牛金贵家，20 世纪 50 年代牛金贵去世后流传到南舍村，为曹占鳌、曹占标兄弟所得，更名《迎神赛社礼节传簿四十曲宫调》。按：抄本封面字迹与正文字迹明显不同，且抄本第三部分有“潞城县南贾村维首某某同主礼生□□……”之语，说明抄本源于南贾村。抄本发表于《中华戏曲》，第 3 辑，太原：山西人民出版社 1987 年版。其他数据见寒声主编：《上党傩文化与祭祀戏剧》，北京：中国戏剧出版社 1999 年版。

② 此本发表于《中华戏曲》，第 11 辑，太原：山西人民出版社 1991 年版。据注释者寒声、栗守田、原双喜介绍，是山西潞城南舍村阴阳世家曹占标及其子曹学良于 1989 年清理旧箱柜时找到的。

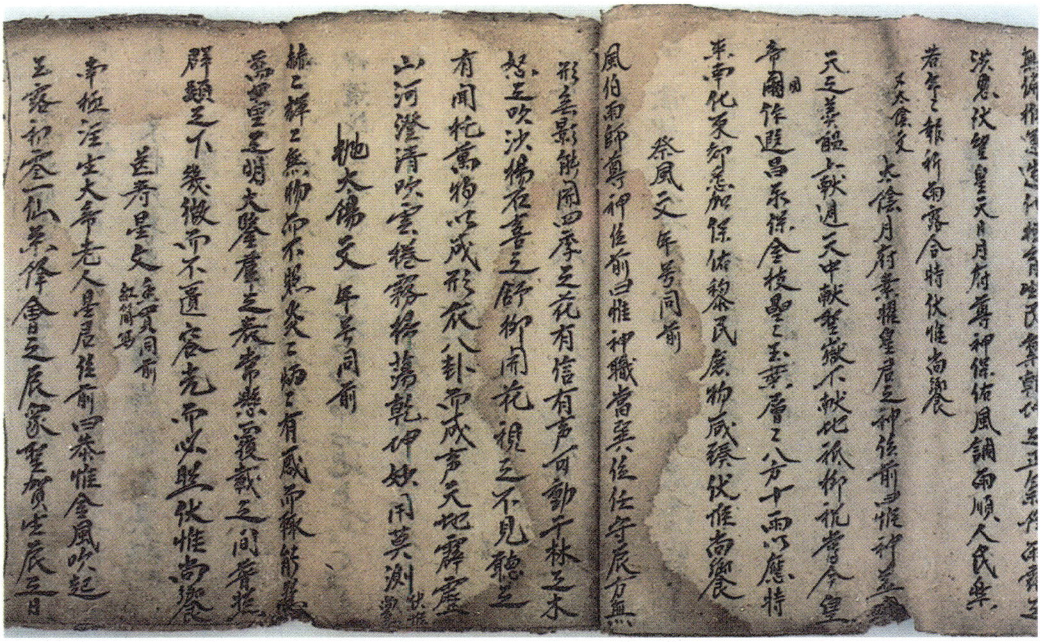

图 233 清代上党迎神赛社《迎神赛社祭祀文范及供盏曲目》抄本

神赛社神位簿》《哑队戏脚色排场单》以及"前行词"42 种。"前行"是古上党地区赛祭演出的主持人，源于宋金时的参军色"竹竿子"，其说词类似参军色主持演出前的"致语"，比较重要的有《百花头盏》《扯淡歌》《酒词》《刘伶醉死》《三元戏竹》《细分露台》《八仙》《寿星》《西王母》等。这些赛祭条规、文范和前行说词对宗教祭祀戏剧的研究也有重要参考价值。

另一种礼节传簿即《唐乐星图》（图 234）。1989 年在山西省长治市长子县东大关村发现，为阴阳世家牛希贤祖传之物，所记为屯留县举办迎神赛社礼仪规范及戏曲演出实例。它与《周乐星图》均为山西古上党地区阴阳先生主持赛社的礼仪经典，用途相同，内容也大体一致。此本亦用麻纸抄写，墨书，封面未标本名，正文首行为"唐乐星图听命文"，故定名为《唐乐星图》。正文共 52 页，半页八行，分两次书写，故笔迹略有不同。抄本中记有屯留县某处于"大清嘉庆二十三年"办赛程式。抄本所记内容庞杂，第一部分为"听命文"，假借玉皇大帝敕谕宣讲礼义，对参加赛祭的各色人等（包括乐人）的职责、言行提出要求。第二部分记录祭祀时上演的歌舞、戏曲名目，其中杂剧 100 种、队戏 36 种，较《周乐星图》更为丰富，除宋金元时期的队戏、院本、杂剧剧目基本相同外，还增加了不少明清时期的地方戏剧目。第三部分记述三天的赛祭程序和演出节目，分正队、衬队、杂剧三部分，并载前行的祝赞 13 种。第四部分为祭祀程序，包括"三场乐次文"（供盏时献演内容）、"三场食次"（供盏时奉献的食品）以及“禹王庙上排神”（载 29 位神祇的排列位置）。第五部分为队戏排场角单（27 个，并附舞台提示）和供盏演出程序单（附乐曲、折戏）。最后是二十八宿装扮说明。与《周乐星图》相较，二者在记载体例上有所不同：《周乐星图》按二十八宿值日顺序逐宿开列，而《唐乐星图》则按演出剧目所描写的时代（如汉代、三国）或戏剧形态（如队子、杂剧）分类开列。①

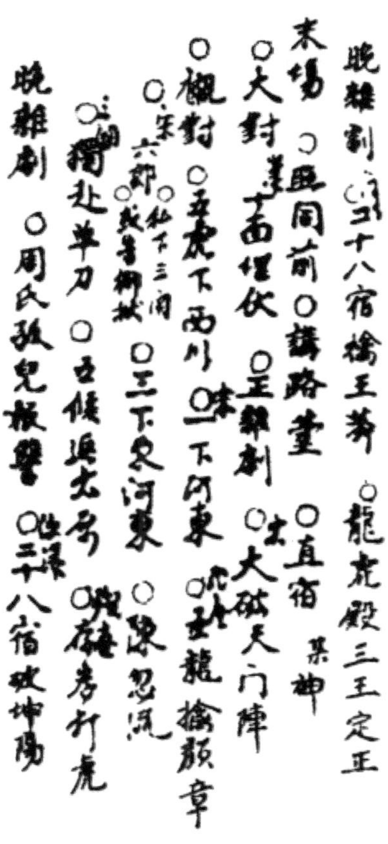

图 234 清嘉庆抄本《礼节传簿·唐乐星图》书影

在《唐乐星图》之后，长子县又陆续发现迎神赛社演出的分类抄本、致语和排神簿等 14 种，它们分别是：《唐乐星行早七晚八图卷》，明嘉靖元年（1522）重抄本；《赛祭告白文书》，清雍正四年（1726）本，道光二十五年（1845）重抄本；《赛祭告白文书》（另一种），清乾隆年间（1736—1795）抄本；《请神禀奏文书》，清乾隆年间抄本；《报赛听命文集》，清嘉庆二年（1797）抄本；《赛场古赞》，清嘉庆三年（1798）抄本；《赛乐食杂集》，清嘉庆九年（1804）抄本；《享赛榜文》，清嘉庆十七年（1812）抄本；《唐乐星图听命文》，清嘉庆二十三年（1818）抄本；《赛古赞本》，清同治十□年（约 1872—1874 之间）三月七日抄本；《赛古赞本》（另一种），清抄本；《赛祭安神仪节告白文》，清抄本；《祀神享乐仪节》，清抄本；《赛上杂用神前本》，民国十四年（1925）六月十三日抄本。②

这些赛祭礼仪和剧目演出抄本，为研究明清时期我国北方农村特别是古上党地区的宗教祭祀活动、民间“供盏献艺”习俗和戏曲演出的关系提供了丰富、

① 此本发表于《戏友》1990 年增刊，李天生校注。《中华戏曲》第 13 辑刊登李天生修改后的校注本，太原：山西古籍出版社 1993 年版。原本藏山西长子东大关村牛希贤家，由张振南采访发现，现存山西省长治市戏剧院李天生处。

② 这些抄本原件存山西省长治市戏剧院李天生处，山西省戏剧研究所杨孟衡、山西师范大学戏曲文物研究所存有复印本。

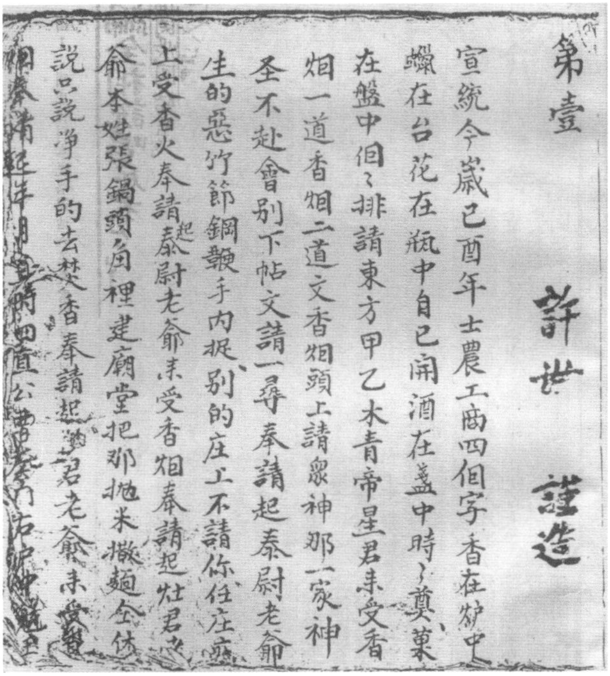
第壹　許世　謹造
宣統今歲己酉年士農工商四個字香在炉中
蠟在台花在瓶中自己酒在盞中時時奠菓
在盤中個個排請東方甲乙木青帝星君來受香
烟一道香烟二道文香烟頭上請衆神那一家神
圣不赴會别下帖文請一尋奉請起泰尉老爺
生的惡竹節鋼鞭手内捉别的庄工不請你任庄庙
上受香火奉請起泰尉老爺來受香烟奉請起灶君老
爺本姓張鍋頭角裡建廟堂把那拋米撒麵金休
說只說淨手的去焚香奉請起君老爺來受

图 235　山西曲沃任庄村清《扇鼓神谱》抄本书影

翔实的佐证，必将引起人们对中国戏剧的产生及发展等问题的重新思考。

《扇鼓神谱》（图 235）是记录古代傩祭活动内容、形式、礼仪规范的抄本，清宣统元年（1909）据古本重抄。重抄本现存山西省曲沃县任庄村许姓家族中。此本麻纸抄写，纸捻装订，长 0.175 米，宽 0.185 米。残本现存 21 页，单页双折，毛笔楷书，每页 12 行，共 8 000余字。封面右上角贴有“扇鼓神谱”书签，正中书“大清宣统元年岁在己酉新正月造”，右下角书“任庄村记”。抄本内容可分为两部分，第一部分为“十二神家”主持傩祭，包括“请神”“下神”“添神”“收灾”时的唱词。第二部分为傩戏和其他表演剧目，计有《坐后土》《吹风》《打仓》《猜谜》《攀道》《采桑》（已佚，后由村民回忆全部剧词）等。据许姓老人回忆，任庄傩祭在每年农历正月十四至十六举行，整个活动分祭祀神祇、禳瘟逐疫和节目表演(即向神灵献艺)三部分，前二者为傩祭，包括“游村”“入坛”“请神”“参神”“拜神”“下神”“添神”“收灾”“送神”等，献艺部分共有六个剧目，即《坐后土》《吹风》《打仓》《猜谜》《攀道》和《采桑》。这些剧目有的与祭祀活动有密切关系，如《坐后土》为颂扬后土娘娘将四季分给其五子掌管，是为“土王日”的来源，而任庄傩祭的主祀神即为后土娘娘；有的属民间娱乐形式，如《吹风》《攀道》为民歌对唱与调谑对白，明显受宋金杂剧影响。祀神活动的主持者和献艺活动的表演者是“十二神家”，它们是由汉代傩仪中的“十二神兽”演变而来的（唐代傩祭中已演变为“十二神人”），其黑袍红裤、外罩羊皮袄的服饰装扮带有古傩方相氏“熊皮”“玄衣朱裳”痕迹[①]。而整个傩祭的主干部分

①《周礼·夏官·方相氏》，《十三经注疏》上册，北京：中华书局 1980 年版，第 851 页。

"收灾"，也由十二神家之一的"马马子"即属马的艺人来完成。以上种种迹象表明，扇鼓傩祭源流久远，在千百年的流变过程中，古老的驱傩逐渐融合了道教的阴阳八卦、五行观念、神祇祭仪和民俗庆赏活动，吸收了唐宋以后各个时期众多的民间娱乐形式，从而成为一种层次鲜明、内容丰富的复杂结合物。它为研究戏曲与宗教祭祀、傩文化与民俗关系等，提供了可贵的资料。①

图 236　明《目连救母劝善戏文》原刻雕版之一

上面我们择要述说了元明清时期的戏曲演出场所、戏曲雕塑、戏曲碑刻、戏曲绘画、戏曲题记、戏曲抄本与版本，事实上，这一阶段的戏曲文物不止这些类型，还有一些文物难以归类。比如安徽省祁门县清溪村明万历十年（1582）的《目连救母劝善戏文》木刻版片（图236—238），甘肃省景泰县芦阳村明万历三十三年（1605）的戏箱，北京市故宫博物院所藏明清时期戏衣，江西省修水县全丰乡凤舞班、上源乡春林班明清时期

图 237　明《目连救母劝善戏文》原刻雕版之二

图 238　明《目连救母劝善戏文》原刻雕版之三

① 此本发表于《中华戏曲》，第 6 辑，李一注释，太原：山西人民出版社 1988 年版。黄竹三、王福才、景李虎《山西省曲沃县任庄村〈扇鼓神谱〉调查报告》对抄本和傩戏演出全面述说，台湾财团法人施合郑民俗文化基金会 1994 年 5 月版。原本藏山西曲沃任庄村许世旺家。

图 239　山西平遥清纱阁戏人《溪皇庄》

图 240　山西平遥县清纱阁戏人《岳飞北征》

戏衣，江西省临川市汤家村清康熙三十三年（1694）《汤显祖家传全集》残版，浙江省松阳县周安村清乾隆年间（1736—1795）戏曲檀板，广西壮族自治区田林县平塘村清同治十年(1871)壮剧古戏服，辽宁省喀左县常春园清同治年间(1862—1874）戏箱、戏墩，北京市清光绪二十年（1894）升平署腰牌，山西省平遥县清光绪三十二年（1906）纱阁戏人（图 239、图 240），河南省灵宝市下原村清代戏曲銮驾等。这些戏曲文物的发现，证明当时戏曲演出极为繁盛，它的影响渗透到社会生活的各个方面，从而留下了众多的历史遗物。

第五章 戏曲文物中展现的演出场所

无论古今中外，凡是戏剧活动，必然要演出，演出需要有观众观看，而演出和观看需要有相应的场所。在中国戏曲发展的不同历史阶段，其演出形态不同，演出和观看的场所也有变化。从目前发现的文献记载和戏曲文物资料中，我们可以看到中国戏曲的演出场所的演进轨迹，本章试图叙说戏曲文物中显示的戏曲形成、发展不同阶段演出场所的演变及其所蕴涵的文化价值。

第一节 戏曲孕育时期的演出场所

戏曲孕育时期的演出场所有广场、祭坛、戏场、殿堂、百戏楼、戏车等。

戏曲的萌芽可以追溯到远古时代的乐舞百戏、说唱和假面装扮等艺术，这些技艺的演出场所，根据其性质的不同大致可分为非流动性和流动性两种。非流动性的演出场所早期多在旷野、祭坛、空地、广场，后来发展到帝王或官宦人家的宫室、殿堂；流动性的演出场所则在行进途中，没有固定地点。

远古时代，人们劳动、狩猎、祭祀活动大都在室外进行，伴随着劳动、狩猎和祭祀活动而出现的歌舞等艺术，也多在室外表演，如《竹书纪年·帝启》所载："舞九韶于大穆之野。"[1]说明原始乐舞是在旷野中进行的。有的技艺也利用适合于观看的自然地形演出，如《诗经·宛丘》："坎其击鼓，宛丘之下。无冬无夏，值其鹭羽。"[2]记叙春秋时陈国百姓不分冬夏，在宛丘击鼓跳舞。所谓"宛丘"，

图 241 新疆呼图壁岩画局部

① 沈约注，洪颐煊校，北京：中华书局 1985 年版，第 8 页。

②《十三经注疏》上册，上海：上海古籍出版社 1997 年版，第 376 页。

是四周较高而中央较低的盆地，或中央较高而四周较低的土丘，这都便于人们围观表演。有的技艺则在祭祀场所演出。古代的祭祀，除敬献祭品外，也敬献歌舞以娱神，歌舞的献演当然就在祭祀场所——祭坛上进行。新疆维吾尔自治区呼图壁的原始时代乐舞壁画（图 241），绘于山凹的摩崖上，这山凹就是当时初民进行祭祀活动的地方，乐舞在祭祀时表演，因而祭坛就是演出场所。

其后各代的乐舞百戏，也多演出于室外，但不再在旷野、宛丘，而是演变为人多易集的空地、广场，如汉张衡《西京赋》:“临回望之广场，程角觝之妙戏。”说明当时的角觝戏演出于广场。汉魏时期的《东海黄公》和《辽东妖妇》，也在空旷之地演出。东晋葛洪《西京杂记》记载：

> 有东海人黄公，少时为术，能制龙御虎，佩赤金刀，以绛缯束发，立兴云雾，坐成山河。及衰老，气力羸惫，饮酒过度，不能复行其术。秦末，有白虎见于东海，黄公乃以赤刀往厌之。术既不行，遂为虎所杀。三辅人俗用以为戏，汉帝亦取以为角抵之戏焉。[①]

这说明剧目原在民间编演，后来为宫廷所用。在民间演出，“俗用以为戏”，应该是在人多的广场进行。《辽东妖妇》的故事，据《三国志·魏书·齐王纪》裴松之注引司马师等《废魏君曹芳奏》：

> （曹芳）日延小优郭怀、袁信等于建始芙蓉殿前裸袒游戏。……又于广望观上，使怀、信等于观下作“辽东妖妇”，嬉亵过度，道路行人掩目。[②]

其表演在广望观下，可让“道路行人”观看，亦当在通衢之处。到了隋唐时期，则出现戏场。其实，戏场也是广场演出的一种，只不过它在广场演出较为集中，故列以专名。《隋书·音乐志下》载:“建国门内，绵亘八里，列为戏场。”唐薛道衡《和许给事善心戏场转韵》诗也记:“万方皆集会，百戏尽来前……佳丽俨成行，相携入戏场。”[③]可见当时戏场是相当普遍的。

---

①（晋）葛洪:《西京杂记》，北京：中华书局 1985 年版，第 16 页。
②（晋）陈寿撰，（宋）裴松之注:《三国志·魏书》卷四，北京：中华书局 1959 年版，第 129 页。
③（宋）李昉:《文华英苑》卷二百十三“音乐二引”。

目前我们所看到的戏曲孕育时期各地的演艺文物，描绘乐舞百戏及傀儡戏、角觝和说唱演出，其表演场所一部分应当在空地、广场。比如山东省济南市无影山汉墓乐舞杂技演出、河南省南阳市东汉墓画像石所绘乐舞百戏演出、四川省彭州市白祥村东汉墓画像砖所绘乐舞百戏演出、山东省沂南市北寨村东汉墓画像石所绘百戏假面演出、四川省成都市天回山东汉墓陶俑所塑的说唱演出、山东省安丘市东汉乐舞演出等，无不在空地、广场中进行。

图 242　四川成都东汉画像砖街头院落间的乐舞百戏

而山东省临沂市金雀山西汉墓帛画所绘角觝演出，则分明是在屋外。还有一些演出在城市的街道中，如四川省成都市东汉画像砖刻绘的街头院落乐舞百戏演出图（图 242）。

乐舞在旷野、祭坛、空地、广场等地演出的同时，作为观赏的技艺，也表演于室内。早在先秦时期，歌舞技艺已于宫室中表演，《尚书》记载："恒舞于宫，酣歌于室。"①《九歌·东皇太一》也记："灵偃蹇兮皎服，芳菲菲兮满堂。"②这都是说技艺演出于宫室和殿堂。

图 243　浙江绍兴战国墓铜屋伎乐演出模型

在宫廷或官宦人家的宫室、殿堂演出，文物中亦多有发现，如浙江省绍兴市坡塘战国墓中出土的铜屋模型（图 243）中，即有伎乐演出。又如南唐顾闳中《韩熙载夜宴图》和南唐周文矩《合乐图》等，即描绘乐舞演出于贵族之家的厅堂中。

①《十三经注疏》，上海：上海古籍出版社 1997 年版，第 163 页。
②（宋）朱熹：《楚辞集注》，上海：上海古籍出版社 1979 年版，第 30 页。

图 244　安徽涡阳大王店焦窑汉百戏楼

演艺文物中还有一种百戏楼，在四川、安徽、山西等地都有发现。百戏楼为陶制楼阁，一般二层或三层，其中某一层为演出场所，上有艺人在表演乐舞百戏，这种演出场所其实是厅堂演出场所的艺术再现。1975 年 5 月，安徽省涡阳县大王店焦窑 1 号墓出土了绿釉陶戏楼（图 244）一件，为东汉晚期之物。陶楼分四层，每层可分开，通高 1.08 米，最宽处在第二层，为 0.395 米。顶层作单檐庑殿式屋顶，屋脊饰大凤鸟一只。二层房檐正面两角脊各饰一只小凤鸟。其余各层房檐分别饰一只小鸠鸟。一层正面左右设立柱，上承一斗二升拱，柱后墙上饰坐熊各一。屋后有横长方形棱格墙，墙后设楼梯可通二层。二层为表演场所，前面设卧棂栏杆，栏杆外侧中心饰坐熊一，左右两侧各设坐熊立柱一，上承一斗二升拱。台中有墙，将厅堂分隔成前后两部分，墙之左右设上、下场门，左边上场门有一扇可以开关的门，门正面饰铺首衔环，右边下场门只有一门洞，可通后台。后台靠右壁设楼梯通三层。在前台有两排伎俑，前排一俑头梳双髻，双手着地，举足倒立，正在作“拿大顶”杂技表演。后排为乐队，有乐俑四件，均着窄袖长衣。左二俑头梳圆髻，双手合拢于嘴部，似在吹奏某种乐器；左第三俑头戴平顶帽，双手持箫吹奏。三俑均作跪姿。左第四俑作坐姿，为瑟抚俑，瑟置双膝上，两手作抚瑟状。除陶楼外，该墓还出土陶灶、陶磨、陶井、陶厕、陶盆、陶罐、陶猪、陶狗、陶鸡等生活器具和家禽家畜，说明技艺演出是当时生活的一个组成部分，而陶楼则是当时技艺演出场所的一种，是厅堂演出的衍化。从其形制来看，它是敞开式的，已有前、后台之分，且有上、下场门，已经具备后代戏台的基本要素。[①] 安徽涡阳的百戏楼并非孤证，1966 年 3 月，涡阳县高炉毛孤堆东汉墓中，也出土同类型的陶楼。此外四川省忠县、山西省运城市等地也发现多种百戏楼，河南省博物馆也藏有两种百戏楼模型。（图 245—247）

流动性的演出场所即于行进中演出者，演艺文物中这类演出并不少见，比如甘肃省敦煌市莫高窟中唐《张义潮夫妇出行图》（图 248）所描绘的鼓乐仪仗，

① 刘海超：《东汉绿釉陶戏楼》，《文物天地》，1987 年第 5 期。

图 245　山西运城市汉墓百戏楼模型　图 246　河南省博物馆藏百戏陶楼模型 1　图 247　河南省博物馆藏百戏陶楼模型 2

即为行进中演出，鼓乐仪仗为八骑二排，每排二骑吹画角，二骑击鼓，面朝队后主帅方向奏乐；掌旗及持戟卫士，十骑二排；营伎位于阵中，十人横排，除击鼓者外，均戴幞头，穿窄袖长衫，束带。所持乐器为大鼓、琵琶、箜篌、箫、笛、腰鼓、钹等。舞伎八人二列，分着汉装及胡服，相对而舞。河南省邓州市学庄南朝墓中画像石，也描绘了艺人边行进边演奏乐器。

图 248　敦煌莫高窟唐《张义潮夫妇出行图》

图 249　山东沂南北寨村东汉乐舞百戏画像石中的行进演出

山东省沂南县北寨村东汉乐舞百戏画像石（图 249）中所绘，由艺人装扮成龙形行进表演。

除此之外，这类演艺文物还有陕西省礼泉县马寨村唐郑仁泰墓乐舞俑，其中骑马者亦于行进中表演，所持乐器有排箫、筚篥等。

行进中演出，还有一种是戏车。所谓戏车，是汉代百戏演出的一种，它于行进中的马车上作杂技表演。关于戏车，汉代典籍中也有记载，如汉代张衡《西京赋》云：

尔乃建戏车，树修旃，侲僮程材，上下翩翻，突倒投而跟絓，譬陨绝而复联。百马同辔，骋足并驰，橦末之技，态不可弥。弯弓射乎西羌，又顾发乎鲜卑。[1]

汉李尤《平乐观赋》也说："戏车高橦，驰骋百马；连翩九仞，离合上下。"[2]另外，晋代陆翙《邺中记》中也记载了戏车，而且更为具体："设马车，立木橦其车上，长二丈，橦头安横木，两伎儿各坐木一头，或鸟飞，或倒挂。"[3]

这种行进中马车上橦木的杂技表演，在演艺文物中也有发现。1980 年，在河南省新野县北约 6.5 千米的李湖大队任营村南，发现一块高浮雕戏车画像砖（图 250、图 251）。此砖青色，长方形，空心，已残破，现存部分长 0.62 米，宽 0.32 米。

图 250 河南新野汉代戏车演出画像砖

图 251 河南新野汉代戏车百戏画像砖

画像为横幅，上边饰以二方连续变形云气纹，左、右、下三边饰以二方连续串菱纹，中间为戏车杂技表演：自右至左，近处一骑者肩旗缓辔导行，似为戏车表演之前引。远处一骑者飞马回首，弯弓遥射，似为《西京赋》所说的"弯弓射乎西羌，又顾发乎鲜卑"。两骑之后，即为戏车上履索倒挂的杂技表演。戏车有两乘，每乘一马一车一橦，车上各载二人，一为驭手，一为乘伎。前面一乘戏车，所驭之马仰天嘶鸣，飞驰向前，车上橦木顶端置横木，横木右端一伎倒挂，两臂平伸，掌心向上，两掌心各置一个如拳大小的圆球，左手托一伎，叉腰半蹲于左边掌心圆球上，神态悠然；右手亦托一伎，单足立于右边掌心圆球上，作金鸡独立状。后面

① 《文选》上册，北京：中华书局 1977 年版，第 49 页。
② 文渊阁《四库全书》册一千四百二十，上海：上海古籍出版社 1987 年版，第 634 页。
③ 文渊阁《四库全书》册四百六十三，上海：上海古籍出版社 1987 年版，第 309 页。

图 252　山东沂南汉画像石里的戏车

图 253　山东沂南汉画像石里的龙车

一乘戏车，驭马昂首疾走，车上橦木上端蹲一伎，两手向外斜伸，右肩微耸，左手紧握一索，索的另一端在前戏车乘伎手中，二人遥相注视。斜索上有一上身赤裸、下穿肥大裤子的履索伎，正向前迈步，极类《邺中记》所描绘的场景。[①]这种于戏车上表演的杂技，堪称汉代百戏之精粹，是当时技艺演出场所的一种形式。

行进中的戏车演出，还见于山东省沂南县北寨村东汉墓画像石中（图 252—254），一种为于行进中表演，当为马拉戏车；一种为龙戏车。龙戏车装饰华丽，为三驾龙（以马扮龙）车；车中立左右二橦，上亦有一伎儿翻腾倒立演技，可见这种行进中的演出在汉代是相当普遍的。还有的技艺于驼车上或在骆驼背上演出，这都属借助器物作流动性演出。

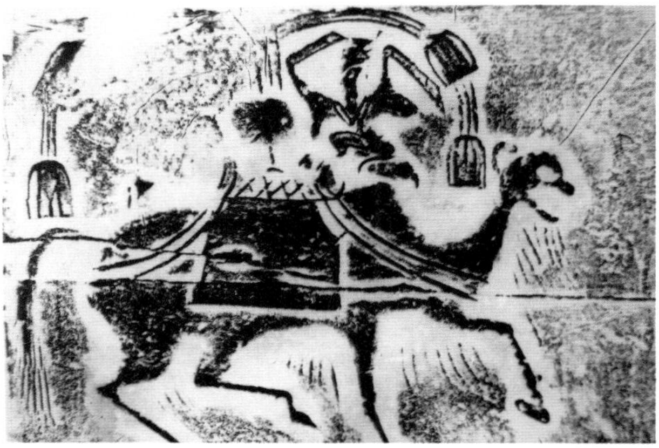

图 254　山东沂南汉画像石里的驼车

从以上述说中，我们看到自先秦至隋唐时期的技艺表演，有乐舞百戏、说唱和假面装扮等，它们是各自独立的艺术，但有些已趋于融合，带有某些戏剧的因子，但又未形成戏剧，可以泛戏剧形态视之，它们的演出场所是多样的，正与其多种多样的演出形态相适应。

① 魏忠策：《罕见的汉代戏车画像砖》，《中原文物》，1981 年第 3 期。

第二节 戏曲形成时期的演出场所

学术界一般认为，中国戏曲形成于宋金时期。戏曲形成时期的演出场所计有划地作场、露台、舞亭、舞楼、乐楼等。

先说划地作场。这是宋金时戏曲和其他民间技艺较早的演出场所，它源于前一阶段各种技艺在空地、广场的演出。唐代常非月《咏谈容娘》诗："举手整花钿，翻身舞锦筵。马围行处匝，人簇看场圆。"① 可以看出当时歌舞戏《踏摇娘》表演是在空地、广场进行的，观众围成一圈观看，艺人在圈中表演，表演者与观众同处一平地上，而以一定距离将二者分开，这就是划地作场。

在宋代，这种划地作场演出非常普遍。当时城市中有瓦肆勾栏等固定演出场所，但它并不能满足艺人演出的需要。由于城市艺人集中，竞争激烈，杂剧百戏艺人要在瓦肆中取得固定的演出场所并不容易，那些技艺较差者，在竞争中失败，便从瓦肆中被淘汰出来，还有一些艺人刚从农村或别的城市来，一时难以进入瓦肆勾栏，他们只好走街串巷，划地作场演出，这些艺人当时被称为"路歧人"。宋耐得翁《都城纪胜》"市井"条记载北宋汴京城内划地作场演艺情况：

> 若遇车驾行幸，春秋社会等，连檐并壁，幕次排列。此外如执政府墙下空地，诸色路歧人，在此作场，尤为骈阗。又皇城司马道亦然，候潮门外殿司教场，夏月亦有绝伎作场。其他街市，如此空隙地段，多有作场之人。②

《西湖老人繁胜录》也记载，南宋都城临安的划地作场：

> 十三军大教场、教奕军教场、后军教场、南仓内、前杈子里、贡院前、佑圣观前宽阔所在，扑赏并路歧人在内作场。③

划地作场演出，在戏曲文物中可以看到其形态。如故宫博物院藏宋杂剧绢画

---

①《全唐诗》，北京：中华书局 1960 年版，第 2125 页。
②（宋）孟元老：《东京梦华录》（外四种），北京：文化艺术出版社 1998 年版，第 79 页。
③（宋）孟元老：《东京梦华录》（外四种），北京：文化艺术出版社 1998 年版，第 105 页。

（两幅）（图 50、图 51），北宋苏汉臣《五瑞图》（图 48），南宋无名氏《大傩图》（图 27），南宋朱玉《灯戏图》（图 36），它们所描绘的技艺，都在空地上演出。

划地作场演出，观众和表演者处于同一平地上，有时难以分开，影响演出，于是在观众与表演者之间，用栏杆将他们隔开，栏内表演，栏外观看，这种表演场所被称为“勾栏”，又称“缚栏为戏”。它在两宋笔记史料中多有记载，如江少虞《宋朝事实类苑》卷六十四记载北宋初年一位大将党进在闹市中看到缚栏为戏的故事：

> （党进）过市，见缚栏为戏者，驻马问：“汝所诵何言？”优者曰：“说韩信。”进大怒，曰：“汝对我说韩信，见韩信即当说我，此三面两头之人。”即命杖之。[1]

这是在说党进的笑话，但从记载中可以看到当时街市中确有缚栏为戏的演出。这种缚栏为戏的演出场所，是由划地作场演变而来的，一般在平地，但也有在高出地面的台上的，后来便衍变成瓦肆里的勾栏。关于瓦肆中的勾栏，我们在后面再详细述说。

划地作场在演艺文物中随处可见，本书第三章介绍的戏曲形成时期的演剧文物，大多是描绘划地作场演出的。至于在台上设置勾栏的演出场所，我们在敦煌唐172窟《西方净土变》壁画（图255）中也可以看到：一露天高台建于莲花盛开的水面上，四周围以栏杆，二舞伎在地毯上翩翩起舞，两侧各有乐伎 16 人，正持拍板、笙、长鼓、排箫、筚篥、箜篌、笛子、琵琶伴奏。[2]

图 255 敦煌唐 172 窟《西方净土变》壁画（局部）

① （宋）江少虞：《宋朝事实类苑》卷六十四，上海：上海古籍出版社 1981 年版，第 851 页。
② 山西师范大学戏曲文物研究所：《宋金元戏曲文物图论》图 16，太原：山西人民出版社 1987 年版。

再说露台。露台原是秦汉时供观天象祀神用的高台。“露台”一词，最早见于《史记·孝文本纪》：“孝文帝从代来，即位二十三年……尝欲作露台。”① 作为宫室的一部分，用以观天象、除妖祥。与此同时，汉代亦有高台迎神献艺的习俗。《汉书·郊祀志下》和汉郭宪《洞冥记》卷一分别记载当时汉宫中八凤台与腾光台上作乐之事。约自唐、五代起，露台开始用于表演。宋张唐英《蜀梼杌》记载后蜀孟昶召赐“露台舞娼李艳娘”②，可见当时已有舞妓于露台上演出。

宋金时期，关于露台的记载更多，也常与演出联系。《宋史·礼志十六》载：真宗景德“四年二月甲申，上御五凤楼观酺，宗室、近臣侍坐，楼前露台奏教坊乐”。③这都说明皇帝赐宴观酺时，露台常用以陈伎张乐。在露台上进行歌舞表演的艺人，当时被称作“露台妓乐”“露台弟子”。司马光在《涑水纪闻》卷十四记载：“元丰元年……上于闰月十五日夜于禁中张灯，露台妓乐俱入。”④宋无名氏《靖康朝野佥言》也记，靖康二年正月“二十九日，军前（指金人）要教坊内侍等四十五人，露台妓女千人”⑤。不仅宫中建露台陈伎张乐，地方也筑台竞技。《宋会要辑稿》“礼四五之三三”载：大中祥符元年十月封禅后，“十一月二日御兖州之子城门楼观酺凡三日，赐楼名曰‘回銮覃庆’，楼前起露台，列山车、棚车、彩船以载乐”⑥。

北宋最早记载露台演剧的是宋孟元老所著《东京梦华录》，它在“元宵”条载：“（汴京宣德楼两侧垛楼前）用枋木垒成露台一所，彩结栏槛……教坊钧容直、露台弟子，更互杂剧。”同书“六月六日崔府君生日二十四日神保观神生日”条，又载：汴京万胜门外一里许的神保观“于殿前露台上设乐棚，教坊钧容直作乐，更互杂剧舞旋”⑦。这都说明，“露台”是一种木构或土建的无顶盖的露天台子，上面可架设乐棚以供演出之用。在城市，它在节日时临时搭建；在农村，则是神庙正殿前的固定建筑，平时用以祭祀设供，神灵诞辰时则可用以献艺演剧。但它的具体形制如何，却无从得知。

---

①《史记》第五册，上海：中华书局据乾隆四年（1739）殿版校刊本，第13页。

② 文渊阁《四库全书》册四百六十，上海：上海古籍出版社1987年版，第238页。

③《宋史》，北京：中华书局点校本1977年版，第2700页。

④ 文渊阁《四库全书》册一千零三十六，上海：上海古籍出版社1987年版，第450页。

⑤ 参见《古今说海》卷八十七，文渊阁《四库全书》本。

⑥ 刘琳等校点：《宋会要辑稿3》，上海：上海古籍出版社2014年版，第1749页。

⑦（宋）孟元老：《东京梦华录》，郑州：中州古籍出版社2010年版，第107、147页。

此时，各地也兴建露台，宋沈兴求《龟溪集》卷二《沈韵曾守立春席上七绝句》即记江南的吴兴“泽国春归早，连门竞筑台”[①]的景象。清人顾燮光《河朔访古新录》也记载河南省济源县济渎庙内有“崇宁五年五月符六翁夫妇独施修成露台记”，同书还记载河南省延津县应公庙有“宋元祐二年九月应公台露台题名”[②]，元人虞集《滕州新修东岳庙记》也记载宋大观年间观文殿大学士、清河郡开国公张孝纯兴建东岳庙，经二百年而露台独存。这都说明露台不再是宫中的专有建筑，而扩展到民间，神庙中尤多。

宋金时期戏曲文物中却发现有关露台的碑刻和实物，为我们提供了珍贵的形象数据。

其一是山西省芮城县东关东岳庙的金泰和三年（1203）《东岳庙新修露台记》碑，此碑记载该庙露台“崇七尺五寸，方广二十四步”，原为土垒，因年久倾圮，故以重修，重修时费“砖总万有六千数，边隅用石一百五十口”，这里不但记录了露台的大小，而且介绍了露台建筑用材，原“累土为之”，后“创用砖石”。

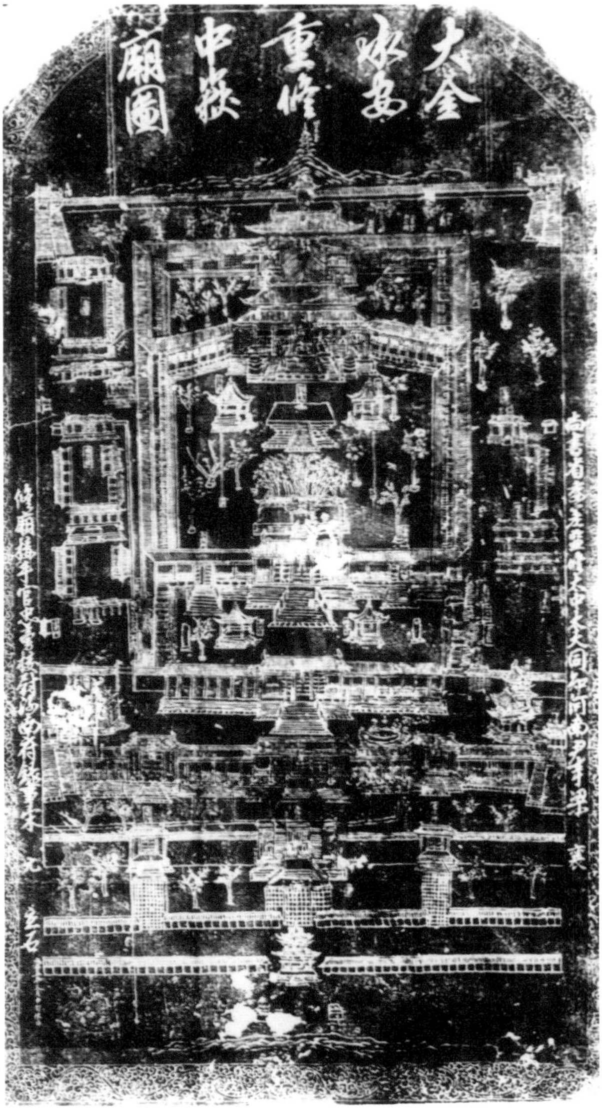

图 256　河南登封中岳庙的《大金承安重修中岳庙图碑》（拓本）

其二是河南省登封市中岳庙的《大金承安重修中岳庙图碑》（图 256），此碑刻于金承安五年（1200），正面刻绘金代中岳庙的全部建筑物图形，在主殿“琉

① 文渊阁《四库全书》册一千一百三十三，上海：上海古籍出版社 1987 年版，第 136 页。

②（清）顾燮光：《河朔访古新录》，杭州：西泠印社 1920 年版，第 7、10 页。

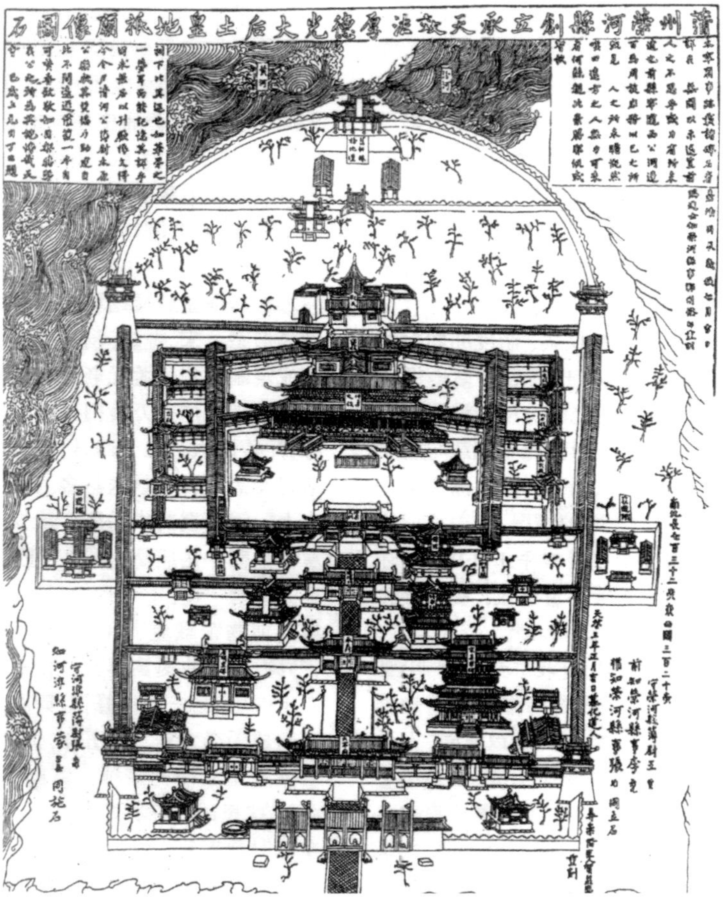

图 257 山西万荣宝井乡庙前村后土祠明刻金代庙像图石（摹本）

璃正殿”前，有方形台一座，上有榜题，曰“路台”二字。“路台”当为“露台”之误。该台为正方形，台基作须弥座式，前砌台阶，供人上下，台面平坦，台边无栏杆和梁柱。

其三是山西省万荣县宝井乡庙前村后土祠内金天会十五年（1137）刻，明嘉靖、天启年间重刻的《蒲州荣河县创立承天效法厚德光大后土皇地祇庙像图石》碑（图257），此碑为方形，高1.4米，宽1.2米，初刻于金初，反映的是北宋时后土祠的面貌。图中绘刻正殿“坤柔之殿”之前有一大一小两座方台。靠近正殿、用栅栏围住的小方台，是封石匮之坛。而离正殿稍远的大方台则是露台，亦为须弥座式，上下较宽阔，而中部收束。此二图使我们大致了解到露台的形制。

其四是山西高平市西李门二仙庙金代正隆二年（1157）所建露台，这是迄今发现最早而又仍存的露台实物。它东西宽13.4米，南北长6.95米，台基石砌，高出地面1.05米，须弥座式，台周无栏杆和望柱，台侧嵌有花卉、鸟兽及人物线刻，其中两幅为宋杂剧演出图和金人巾舞图。露台北面与正殿殿基相连，其余东、西、南三面均设台阶，供上下之用。它位于正殿之前，而与正殿紧密相连，不像河南省登封市东岳庙露台和山西省万荣县后土庙露台那样远离正殿，当为祭祀时设供祭品的地方。而台侧的乐舞杂剧线刻，则又说明露台同时又可向神祇献艺演剧，具有双重功能。

戏曲形成之前，一些泛戏剧的表演形态混杂于歌舞百戏中，它们多划地为场，或在广场，或在厅堂，也有一些在高出地面的方形露台上演出。由于露台高出地面，可以解决平地演出观众增多时影响观看的困难，同时使艺术与生活在三维空间上分离，因而露台的出现是表演场所的一大进步。而当时杂剧与乐舞同在露台上演出，也证明杂剧并未完全从乐舞百戏中分离出来，戏曲尚处于初臻形成的阶段。

一般来说，歌舞百戏演出时方向性不强，所以观众可四面围观，夹杂在歌舞百戏中的戏剧演出方向性较强，而且需要解决演出时遮风避雨的问题，于是在露台的基础上增加顶部建构，而且后部甚至两侧砌起山墙，这样，专门的舞台便应戏剧演出的需要而产生了，这就是宋金时期的舞亭、舞楼、乐楼。舞亭、舞楼、乐楼的出现，也是艺术表演场所的一大进步。上面我们说过，露台上表演的技艺早期主要是歌舞百戏，这是因为宋金时期戏曲还未完全成熟，杂剧只是散乐中的一种，还未从百戏中独立出来，百戏杂陈，需要有一个共同献艺的场所，而上无顶盖、旁无山墙的露台正好符合它的需要，于是兴盛起来。南宋中期，南戏产生，大约在金代末年，在诸宫调和金院本的基础上形成了北杂剧，它们已是较成熟的戏曲，自然要与其他百戏技艺分离，于是要求一个更专门的演出场所，这样舞亭、舞楼、乐楼便应运而生了。舞亭、舞楼、乐楼是在露台的基础上建立起来的，因为露台是方形，舞亭、舞楼、乐楼也是方形，露台在神庙正殿之前，面对正殿，北向，而舞亭、舞楼、乐楼也在神庙正殿之前，面对正殿，同样北向。不同的是，露台只是一座高出地面的方形平台，而舞亭、舞楼、乐楼则是在方形平台基座上立四根角柱，上面增加固定的顶盖，其后再在后面进而在左右两侧建起山墙，这就成为新的演出场所了。这种演出场所一方面有利于观众观赏新的戏曲艺术，另一方面则在空间上设置了障碍，将原来与杂剧混杂在一起同台表演的其他百戏技艺排除出去，比如顶橦、爬竿等，因舞亭、舞楼、乐楼等上有顶盖而无法演出，只好另选场地，回到露台或更早的广场上演出。至于露台如何演变为舞亭、舞楼、乐楼，笔者未有探究，但从《东京梦华录》卷八“六月六日崔府君生日二十四日神保观神生日”条中所记“敕赐神保观，于殿前露台上设乐棚”来看，似乎是从露台上设临时性乐棚发展过来的。

近年来，我们在山西、河南等地多次发现宋金时期记载修建舞亭、舞楼、乐楼的碑刻和模型。先说记载修建舞亭的碑刻，共四通，其一是山西省万荣县桥上村北宋天禧四年（1020）所立的《创建后土圣母庙碑》，其二是山西省沁县城关村北宋元丰三年（1080）所立的《威胜军新建蜀荡寇将□□□□关侯庙

图 258　山西阳城崦山白龙庙金《显圣王灵应碑》（拓本）

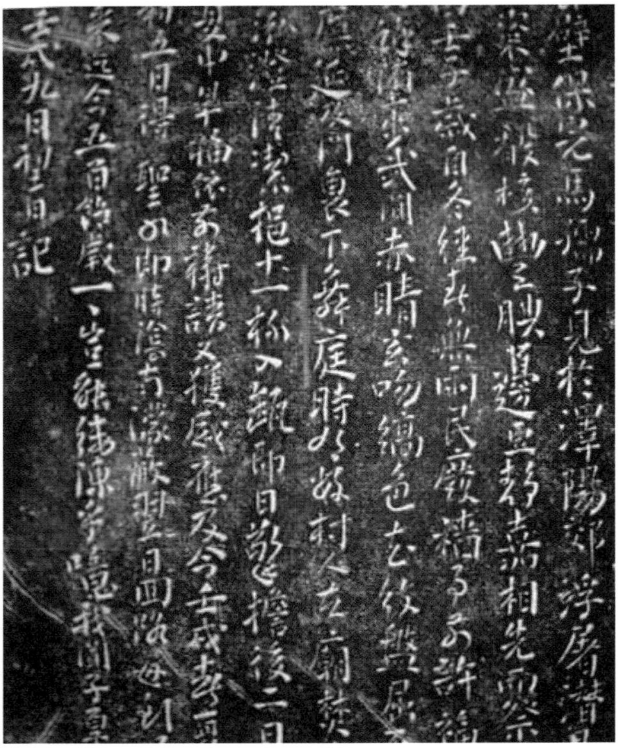

图 259　山西阳城崦山白龙庙金《显圣王灵应碑》细部

记》，其三为山西省平顺县东河村北宋元符三年（1100）所立的《重修九天圣母之庙碑》，其四是山西省阳城县町店乡刘家腰村崦山白龙庙金代泰和二年（1202）所立的《显圣王灵应碑》。（图 258、图 259）这四通碑上都记载当地创建或重修舞亭、舞楼、乐楼的事，所谓舞亭、舞楼、乐楼，实际上就是戏台，这是山西民众特用之语，它始自宋代，历经元、明、清三代，至今仍然使用。此外，《金石萃编》卷一百五十八《耀州三原县荆山神泉谷后土庙记》还记载陕西省三原县后土庙金泰和五年（1205）建造乐台之事。这些关于兴建舞亭的记载，较之《东京梦华录》《都城纪胜》等所记北宋末年城市的勾栏乐棚要早百年之多，恰与宋王溥《唐会要》所载唐宋时“散乐巡村”之语相吻合，证明了这一时期农村的戏曲活动较早，动摇了学术界长期流行的戏曲形成于城市的说法。

至于舞亭、舞楼亦即戏台的模型，现今发现三处：一是河南省安阳市蒋村金大定二十六年（1186）的戏台模型，此戏台为砖雕仿木结构，高 1.5 米，宽 0.66 米，单开间，前有二柱，正面施斗口跳斗拱三朵，台上置五个戏俑；二是山西省侯马市董明墓金大安二年（1210）的戏台模型（本文第三章已详细介绍，见图59）；三是山西省侯马市104号金墓（在董明墓上方25米处）戏台模型，此戏台亦为砖雕仿木结构，高0.95米，宽0.85米，单开间，歇山式，柱头施一斗三升斗拱，台上置四个戏俑。这三座戏台模型皆出现于金代中叶，说明这时戏曲演出场所建造已臻完备，而陈置的戏俑，河南安阳的为一女俑拱手歌唱，四男俑分别持击钹和击鼓，反映了一人主唱的诸宫调表演形式，而山西侯马的则为金院本四个或五个脚色形象，证明此时戏台上戏曲演出已占主要地位。宋金时期的舞亭、舞楼、乐楼，碑刻中记载虽多，但实物却极少，至今仅于山西省高平市王报村二郎庙发现一金大定年间的舞楼（图260），该舞楼正对神殿，距十余米，为神庙建筑的一部分，单檐歇山顶式样，斗拱上有齐心斗，现已重修，题款刻在舞楼须弥座上。

图260　山西高平王报村二郎庙金代舞楼（重修后）

第三节　戏曲成熟时期的演出场所

戏曲于金元时形成，明清臻于成熟，这一时期的演出场所有勾栏、乐棚、神楼、神庙戏台、堂会、戏园等，而前一时期的划地作场和流动性演出也还存在。

勾栏是宋元时期城市中商业性的演出场所。“勾栏”一词最早指互相勾连的栏杆，后来又指用这种栏杆区分表演区与观赏区的演出场所，再后来则专指瓦肆中各种技艺演出的乐棚。

乐棚，是最早专供表演者使用的临时性建筑，早在唐代已经出现，唐元稹诗《哭女樊四十韵》“腾踏游江舫，攀缘看乐棚”可证。宋代，乐棚建于瓦肆之中，它里面设有表演用的台子，又有观众观看演出的地方，二者相结合，便构成比较完整的建筑化的观演场所。这种观演场所，当时也称勾栏。它用于百戏技艺演出，包括杂剧。关于瓦肆勾栏演出场所，《东京梦华录》《西湖老人繁胜录》《梦粱录》《武林旧事》等记载颇多，但未说及其形制。宋郭彖《睽车志》卷五记载一个故事，较详细地提到勾栏，其文为：

> 朱藻，字元章，徽人。某年南宫奏名，方待廷试，有士人同寓旅邸。士人便服日至瓦市观优。有邻坐者，士人与语颇狎，因问其姓字乡里，皆与元章同，士人讶之。……未及详诘，适优者散场，观者哄然而出，士人与邻坐者亦起，出门，将邀就茶肆与语，而稠人中遂相失。①

从这段文字中我们可以看出，勾栏应有围墙或类似围墙的屏障物，有门，观众进出需通过门。勾栏中设有座席，观众坐着观看演出，很像今天的剧场。

关于勾栏剧场，元无名氏《蓝采和》杂剧第一折有更详细的描写：

> （旦同外旦引俫儿，二净扮王李上。净云）俺两个一个是王把色，一个是李簿头。俺哥哥是蓝采和。俺在这梁园棚内勾栏里做场。这个是俺嫂嫂。俺先去勾栏里收拾去。开了这勾栏棚门，看有什么人来。（钟离上云）贫道按落云头，直至下方梁园棚内勾栏里走一遭。可早来到也。（做见乐床坐科。

① 《笔记小说大观》第七册，扬州：江苏广陵古籍刊印社1983年版，第73页。

净云）这个先生，你去那神楼上或腰棚上看去，这里是妇人做排场的，不是你坐处。

（正末上云）小可人姓许名坚，乐名蓝采和。浑家是喜千金，所生一子是小采和，媳儿蓝山景，姑舅兄弟是王把色，两姨兄弟是李簿头。俺在这梁园棚勾栏里做场，昨日贴出花招儿去。……

（正末云）王把色，你将旗牌、帐额、神帧、靠背，都与我挂了者。①

从上面的引文中，我们可以看到勾栏是用屏障物围成，有门可供出入，锁上门便无法进出。勾栏内建有供观众看戏的神楼和腰棚，坐在上面看戏视线不会被挡住，说明有一定高度。神楼和腰棚的对面，是艺人作场的台子，上有“乐床”，当是艺人们奏乐的地方。在作场台上，还挂有旗牌、帐额、神帧、靠背，而在勾栏外，则贴有招牌，即文中所说的“花招儿”。

元初杜仁杰的散曲【般涉调】《庄家不识勾栏》描写了一个乡下庄稼人在城里看到的勾栏及其演出情况，其中有这么一段：

【耍孩儿】……正打街头过，见吊个花碌碌纸榜，不似那答儿闹穰穰人多。

【六煞】见一个人手撑着椽做的门，高声的叫请请，道迟来的满了没处停坐。说道前截儿院本《调风月》，背后幺末敷演《刘耍和》。高声叫，赶散易得，难得的妆合。

【五】要了二百钱放过咱，入得门上个木坡，见层层迭迭团圞坐，抬头觑是个钟楼模样，往下觑却是人旋窝。见几个妇女向台儿上坐，又不是迎神赛社，不住的擂鼓筛锣。②

曲中一些词语今略作诠释：“花碌碌纸榜”，是指勾栏外张贴有装饰醒目的招子，上面写有演出剧目名称，或概括剧情的题目正名。“一个人手撑着椽做的门”，是说勾栏被布幔或其他屏障物围起来，不能随意出入，门是用木条做的，

① 隋树森编：《元曲选外编》第三册，北京：中华书局1959年版，第971—972页。
② 隋树森编：《全元散曲》上册，北京：中华书局1964年版，第31页。

像栏栅一样。“要了二百钱放过咱”，指有人把门收钱，还未发展到购票入场。“入得门上个木坡”，指进入勾栏，顺着木制梯子上了神楼。“见层层迭迭团圞坐”，是说神楼上人多拥挤，层层叠叠。“抬头觑是个钟楼模样”，仰视勾栏顶部，类似钟楼。“往下觑却是人旋窝”，从神楼上往下俯视，见众多观众站立观看。“见几个妇女向台儿上坐”，指女艺人在台上作场表演。这样，我们基本上弄清了勾栏演出场所的大致情况。

这里，特别要注意的是神楼。神楼，顾名思义，应是敬神、供神之楼，与神龛、神驾、神主牌等皆为神殿、神像的替代物。在中国古代农村，凡有神庙的地方，都有戏台。戏台建于神殿的对面，农村演剧，是为了敬神、酬神。没有神庙的地方，祭神、酬神便有困难，于是有些地方在演剧酬神时，便根据自身的实际条件作了灵活的变通，用象征的手法将神庙中的神殿压缩、简化，使其变得规模较小，与楼阁相类似，同时又能达到敬神、供神的目的。这样，神殿便变成了神楼。在城市勾栏中，演剧也不能忘记酬神，但勾栏中没有神殿，于是搭建简易的神楼替代。勾栏中的神楼原本是安置神像的，其位置较高，观剧方便，一些观众不畏亵渎神灵，竟斗胆登楼观剧，久而久之，相随者众，于是神楼便成为勾栏中的高级看席。虽然，宋元时的勾栏今天我们无法看到，但在山西省临县克虎镇却遗存古代神楼——戏台的建筑，使我们窥见这种演出场所之一斑。

克虎镇位于山西省临县西部，远离县治，紧靠黄河，对岸便是陕西省佳县。戏台为过路台，建于黄河边，坐东面西，背对黄河。戏台台基石砌，高 2.5 米。台基中部有石碹门洞，高 2 米。汛期黄河水涨，可从门洞涌入，不致毁坏戏台。戏台为卷棚顶，面宽三间，台口通宽 6.6 米，中间两辅柱间宽 3.3 米，台深 7.3 米。在台后部 2.25 米处设辅柱两根及山墙，将戏台分为前台后台两部分，前台进深 4.8 米，顶部设天花，上施彩绘。从台基石块严重风化及磨损情况看，建筑年代较早，戏台是在原有台基上建造的，从建构风格看，改建当在清代。戏台对面为神楼，与戏台相距 12.65 米，神楼面对黄河，位置略高于戏台，基座亦为石砌，风化磨损程度与戏台同。神楼高 3.1 米，基座石碹门洞，高 2.4 米，可通马车行人。神楼亦为单檐歇山顶式，面宽 5.5 米，进深 3.75 米，前面额枋加辅柱两根，三面山墙，正面面对戏台，内置神像，为观音、河神、山神。神楼与戏台之间的平地，为观众站立观剧场所。①

---

① 景李虎：《神庙与中国古代剧场》，《戏剧艺术》（上海），1993 年第 1 期。

下面我们来看神庙戏台。

供奉神灵，在中国有久远的历史。肇自远古，即有祭祀，既有赛祭，也有傩祭。赛祭最初祭祀社神，即土地之神，后来扩展到祭祀天地以及山川河流万物，成为泛神祭。历朝历代，各个地方都有官立和民立的祭坛、祠庙，佛、道宗教传播后，更有众多宫观寺庙，民间还有不可胜数的野庙、淫祠。所祀对象按照不同阶层所需而定：皇帝祀天地，以图其统治永久；民众则祀各类俗神，以护佑其生产、生活。祭祀神灵，当有献艺，或以歌舞，或以技艺，而戏曲在孕育时期，即进入神庙，参与献艺，或者说，其形成部分即在宗教祭祀活动中。因此，在古代中国，出现处处有神庙、有神庙必有戏台的现象。由于民众对神灵的敬畏和宗教信仰、风俗习惯的极强稳定性，各地神庙在古代建筑中保护最好，神庙戏台作为其中一部分也幸运地得以保存下来。

较早的神庙戏台，当是宋金时期的露台、舞亭、乐楼。它们多有文字记载，也有图像遗存，这点我们前面已说过。元代戏台是在宋金时期露台的基础上加添顶盖而建成的，它是舞亭、露台、乐楼的发展。元代戏台已发现的有二三十座，它们都在山西。其中，河津市北寺庄元至元十六年（1279）前戏台、河津市清涧村泰山庙元至元三十年（1293）戏台、河津市古垛村元元贞年间（1295—1296）戏台、洪洞县城关袄神庙元大德七年（1303）戏台、河津市连伯村高禖庙元皇庆年间（1312—1313）戏台、襄汾县汾城伯王庙元至正二十四年（1364）戏台、新绛县龙香村元至正年间（1341—1368）戏台等已被毁，至今保存下来的只有临汾市魏村三王庙（俗称“牛王庙”）元至元二十年（1283）戏台、芮城县永乐宫龙虎殿元至元三十一年（1294）过厅式戏台、临汾市王曲村东岳庙元初戏台、永济市董村二郎庙元至治二年（1322）戏台、翼城县武池村乔泽庙元泰定元年（1324）戏台、临汾市东羊村东岳庙元至正五年（1345）戏台、石楼县张家河村殿山后土圣母庙元至正七年（1347）戏台、翼城县曹公村四圣宫元至正年间（1341—1368）戏台等八座，这是目前国内仅存的元代戏台实物。另外，洪洞县景村牛王庙元至正二年（1342）戏台、沁水县海龙池天齐庙元代戏台等虽已无存，但仍遗留下戏台石柱或石础。此外，山西还发现许多与建造戏台有关的石刻资料，如万荣县太赵村稷王庙元至元八年（1271）记载建造舞厅的刻石，万荣县孤山风伯雨师庙元大德五年（1301）记载挪移舞亭和当时作场演出的石柱刻字，万荣县西景村岱岳庙元至正十四年（1354）记载修建舞厅的刻石，临汾市魏村三王庙记载当时戏台形制和演出规模的元时碑石，芮城县东吕村昭惠灵显真君庙元泰定五年

（1328）记载创修露台的石碑等（图261），这都反映了元代戏曲活动活跃、农村各地大量建造戏台的事实。

图 261　山西芮城县东吕村昭惠灵显真君庙元创修露台碑（拓本）

这些戏台大多保留原来的形制风貌，有的似“钟楼模样”（借用元杜善夫散曲《庄家不识勾栏》语），有的如庙宇殿堂，或单檐九脊歇山顶，或十字歇山顶，均飞檐斗拱，雄伟壮丽。台基均为砖石所砌，高出地面约 1 米许，台口宽阔，前台设二角柱（多为石制），前期戏台两侧三分之二处无山墙，可供三面观看，后期戏台两侧砌起山墙，仅留正面供观众一面观看。戏台分前台和后台两部分，前台用于表演，后台用于化装准备。特别要提到的是，戏台的表演区宽广，一般在 60 平方米左右，最大的翼城县武池村乔泽庙戏台，表演区面积达 90 多平方米，可以容纳众多演员以表演情节复杂的故事。

从分布看，这些戏台大都建在神庙之内，面对神庙的正殿。神殿坐北面南，而戏台则坐南面北。戏台与神庙正殿处于同一中轴线。这种建构方式，表明戏曲演出与宗教祭祀活动有着密切的联系。

山西、河南等中原地区，民众历来好祀鬼神，性喜优戏。早在先秦时期，此地已有巫觋，这是以歌舞娱乐鬼神为职业的人。王国维在《宋元戏曲史》中说：“古代之巫，实以歌舞为职，以乐神人者也。”另外，古代还有一种“灵保”，他们是祭祀时装扮鬼神的人。《楚辞》中称巫为“灵”，称神亦为“灵”，可见灵保也是巫。也就是说，古代的巫有两种，一种专备神灵所依，一种专以歌舞娱神，正如王国维所指出的：“灵之为职，或偃蹇以象神，或婆娑以乐神。”[①]此外，在古代祭祀活动中，还有一种被称之为“傩”的，它是丧礼中驱疫的仪式，一年

① 王国维：《宋元戏曲史》，北京：东方出版社 1996 年版，第 3 页。

之中春、秋、冬三季举行，用以驱除恶鬼，祈求平安。在举行傩祭时，由人装扮成“方相氏”，“蒙熊皮，黄金四目，玄衣朱裳，执戈扬盾”[①]，跳跃呼号。它与舞蹈结合，成为傩舞，后来又与故事表演结合，发展为傩戏。这种歌舞娱神、杂以故事表演的祭祀活动，在古代非常普遍，相沿至宋元，成为民间的一种风俗。这种风俗，使中原地区出现众多神庙。神庙之创，始自先秦，盛于唐宋，滥于金元。山西、河南等地宋金元时期神庙之多，简直令人不可置信。据《文献通考》卷九十“郊社”二十三“杂祠神祠”条记载，北宋时开封一府曾一次拆毁神祠一千零三十八区。今天山西南部和东南部农村，虽历经风雨兵革，仍遗留下不少神庙。究其原因，除宗教影响外，恐怕还和当时社会动荡与民众心理不安有关。古代社会由于生产力低下，农业生产很大程度决定于自然界的气候变化，因而人们生活没有保障，加之现实生活中又有种种灾祸，朝代的更替，战乱的频繁，更使百姓陷于水深火热之中。他们终日惶恐，无法摆脱苦难，只好乞求神灵荫佑。民众希望生命安保、子孙昌盛，于是供奉相传是掌管人间生死的东岳大帝和赐人生育的后土圣母；他们祈求牲畜繁衍、牛马成群，于是礼拜牛王、马王；他们渴望雨水充沛、收成丰稔，于是祀奉水神、谷神；他们冀愿家财永保、无病无灾，于是祭祀火神、药王。总之，各种神庙的兴建，都与民众生死祸福、农业生产丰歉有着密切关系。

这些神庙，根据供奉的对象和农事的安排，每年在一定时候，分别举行各种规模的祭祀活动，如农历正月十五祀后土娘娘，三月十八祀水神，三月二十八祀东岳大帝，四月初八祀牛王、马王，六月六是农家祈福日，是日祀谷神，谓之“六六福”，七月二十四祭祀二郎神等。各种神庙的祭祀，其内容不外乎：一、呈献祭品，包括血食（牛、羊、猪等牺牲）、素食（米、面、菜肴等）、果品、酒；二、顶礼膜拜；三、献演技艺。歌舞娱神，本来是我国初民时期的民俗传统，历代相沿，延至宋金，则杂以优戏，祭祀时献演乐舞杂剧。刚开始，献演技艺时无固定地点，或在神殿前的空地，或利用神殿前的露台，后来专门在露台上架设乐棚，这便发展为戏台，成为神庙建筑的固定规制，以至元代和元代以后，无庙不台，无台不庙。这充分证明了戏剧与祭祀活动的共生关系。

从现存的宋金时期关于露台的碑刻（河南省登封市中岳庙庙图碑、山西省万

① 《周礼·夏官·方相氏》，参见《十三经注疏》上册，北京：中华书局1980年版，第851页。

荣县庙前村后土祠庙貌图碑）和露台实物（山西省高平市西李门二仙庙露台）来看，露台和正殿距离较近，甚至紧相连接，似乎露台供祭献艺主要是为了神灵。而到元代的神庙戏台，则与神庙正殿有一段距离，即正殿与戏台之间有一宽阔的空地，这是乡民们供祀神灵后观看祀神戏剧演出的地方。这一变化给我们传递了重要的信息：神庙戏台演剧，娱神的功能逐渐减弱，娱人的作用逐渐增加。

元代以后，明清两代戏台，基本上按照元代戏台的格局在神庙内建造，戏台与神庙正殿相对，用以酬神，戏台与正殿之间，留出一块空地，供民众站立观看。而戏台的式样，部分仍仿宋元戏台之旧，部分却发生了变化，出现了过路戏台。所谓过路戏台，是将神庙山门与戏台合一的演出场所，即将戏台增高，基座中间设券门，以供出入，而此券门则替代了原来的山门。这类过路戏台在中国北方建造众多，不胜枚举，如山西省洪洞县霍山水神庙的清代戏台等即是（图262）。

图262　山西洪洞县霍山水神庙清代山门过路戏台

图263　山西翼城县樊村关帝庙明代戏台

部分戏台建造时考虑到音响效果和地形位置，形制亦有所变化，如山西省太原市晋祠明万历元年（1573）建造的水镜台，台基下埋设八个大瓮缸，使演唱时产生共鸣。同样，山西翼城县樊村关帝庙明代戏台（图263）也是在台基下埋设有大缸，以增强戏曲演出的扩音效果。广东省佛山市祖庙建造于清顺治十五年（1658）的万福台，台基部分中空，三侧用瓷砖铺设，留有空孔，目的也是使戏台产生共鸣效果。甘肃省通渭县陇阳乡清代戏台，前台顶部设有“暗卷”，亦用以增强音响效果。又如四川省都江堰二王庙戏台，则建在正殿对面的二层楼上，由于正殿与戏台地势有落差，二者之间建造一通长大台阶，作为观剧的场所，观众于此观剧，视线不会被挡。山西省新绛县城内清代乐楼戏台（图 264）建于斜坡下方，分上下两层，可同时上演两场戏，相互竞争，而观众于斜坡的不同位置观剧，均可正对戏台，哪台戏演得好，观众随时转移位置观看。

图 264 山西新绛县城内清代乐楼戏台

除了原来的单体戏台外，明清两代还出现连体戏台、并列戏台、对台、“品”字形戏台、二层叠式戏台等新形制。连体戏台是建造于同一基座上的戏台，所面对的神殿为同一，如山西省运城市池神庙的清代三连台（图 265）。并列戏台则

图 265 山西运城市池神庙清代三连台

是两座戏台并排而建，基座不同，面对的神殿不同，如山西省代县口子村茹公祠、关帝庙戏台及五台县金刚库村奶奶庙清代戏台（图 266）。河南省孟州市堤北头村的清代大庙戏台，三台分别面对太白殿、禹王殿、关帝殿。对脸戏台，简称“对台”，两座戏台相对竞演，如山西省夏县裴介镇关帝庙明崇祯十六年（1643）的戏台，二台东西对峙。“品”字形戏台，三台所处位置如“品”字，如山西省万荣县庙前村后土庙清同治九年（1870）的三座戏台，一座在前，两座并排在后，中间留有通道。又如山西省长子县八里洼三嵕庙清康熙四十年（1701）戏台，三座戏台

图 266　山西五台县金刚库村奶奶庙清代戏台

呈“品”字形，一座在庙内，两座在庙外，东西相向。鸳鸯台，是一座戏台分成两个台面分别演出，如山西省繁峙县东庄村清同治十三年（1874）戏台，台中央隔断，一分为二，两部分互为前后台，分别面向关帝庙和圣母庙，不同神灵庙会，开放不同台面演出。又如山西省介休市板峪村清嘉庆四年（1799）戏台（图 267），亦一台分割为二，南北相向，面对关帝庙和龙天庙演出。还有一种是过厅式戏台，即在殿堂后侧阶梯建明暗道，平时可通行人，演出时暗道阶梯上铺设木板，殿堂后侧便成为戏台，如山西省运城市解州关帝庙御书楼同治十三年（1874）戏楼清康熙后期戏台（图 268）。这种种形制的戏台，它们的建造不但使戏曲演出场所多样化，而且说明明清两代戏曲演出极盛，一地二台甚至多台同时演出，相互争胜，更促进戏曲艺术的发展。

图 267　山西介休市板峪村清代戏台

在明清两代，还有一种演出形式，这便是私人宅第的演出，一般称之为“唱堂会”。唱堂会演出的场所就在私人宅第的厅堂。私人宅第演艺，最早可以追溯到先秦时期的殿堂演出，隋唐五代承接不断，文物中有《韩熙载夜宴图》可证。宋元戏曲形成，私第演艺增加了戏曲。山西省新绛县吴岭庄卫家墓元初戏剧壁画，就是堂屋演剧图。[①] 到了明代，戏曲演出繁盛，万历以后，江南达官贵人蓄优成风，延至清初，将军、都统、总督、巡抚之类的外官以及两淮的大盐商，亦多自备家乐。他们常在私第厅堂上演剧，厅堂上铺上氍毹，便成为演出场所。这种演出方式源于汉魏，延及隋唐，唐代歌舞戏演出于锦筵上，唐白居易《柘枝妓》诗：“平铺一合锦筵开，连击三声画鼓催。”舞者上场之前，先要把折叠合拢的锦筵在平地上铺开。堂会演出戏曲所用的氍毹，就是锦筵的延续。不同的是，锦筵为丝织物，而氍毹为毛织物，有一定厚度，更便于艺人在其上表演。因为在厅堂上表演，又常和宴集在一起，故其演出具有非剧场性和非营业性。非剧场性是因为演出的红氍毹是和周围的三面坐席（即观众席）连在一起的，表演区并不独立，艺人表演时只好以假定性来区分。在厅堂演出时，如是男班表演，有身份的女眷一般在厅堂帘后观看，如是女乐表演，女眷则不必躲在帘后，但如有家族外男宾在场，女眷仍需回避。非营业性是因为演出在家族宴集时进行，并不对外营业，因而不具有市场商业性和盈利性。

图 268　山西运城市关帝庙御书楼清代搭板戏台

与私第中非营业性的堂会演出场所不同，明清两代城市中也有营业性的演出场所，这就是戏园（图 269—273）。宋元时一度繁盛的勾栏，入明后逐渐衰落。代之而起的是名为“酒楼”“茶园”的戏园。戏曲艺人在酒肆、茶坊中作场，宋元时已有，如山西省繁峙县砂河镇天岩寺酒楼说唱壁画，即描绘酒楼中女伎说唱、

① 黄竹三等：《元初戏剧演出的重要史证——山西新绛元墓戏雕考述》，《山西师院学报》，1981 年第 3 期。

男伎伴奏场面，不过那时只是在席前表演，并未有特设的戏台。这种情况在明代没有太大变化，到了清代，首先在酒馆中设立戏台，成为兼卖酒馔的戏曲剧场，时人称之为“戏园”或“戏馆”。乾隆年间蒋士铨在《京师乐府词·戏园》中描写道：

三面起楼下覆廊，广庭十丈台中央。鱼鳞作瓦蔽日光，长筵界画分畛疆。僮仆虎踞豫守席，主客鱼贯来观场。充楼塞院簪履集，送珍行酒佣保忙。……台中奏伎出优孟，座上击碟催壶觞。……近来茗饮之居亦复贮杂戏，遂令家无担石且去寻旗枪。[①]

图 269　明刻本《金瓶梅词话》堂会演出图

这首诗不但勾画出兼卖酒馔的戏园的大致建筑结构，而且说明乾隆年间的茶园也开始兼演杂戏。至嘉庆年间，不少茶园也都改造成为设有戏台的戏园。包世臣在《都剧赋序》中记载嘉庆十四年（1809）北京的戏园：“其开座卖剧者名‘茶园’。……其为地度中建台，台前平地名‘池’。对台为厅，三面皆环以楼。”[②] 相比酒馆演剧时“座上击碟催壶觞”，茶园演剧似乎干扰少了许多。

茶园演剧具体情况如何，清光绪年间的《合肥相国七十赐寿图》有一画面，描绘李鸿章七十大寿时在茶

① 吴长庚选注：《蒋士铨诗选》，郑州：中州古籍出版社 1990 年版，第 83—84 页。

② 孙静庵、李岳瑞著，张明芳点校：《栖霞阁野乘》，太原：山西古籍出版社 1997 年版，第 202 页。

图 270 《吴友如画宝·海上百艳图》之楼上女座

图 271 清人绘《广庆茶园演剧图》

园庆寿场面：众多官员坐在池座凳上，池座铺设方块阶砖，上置方桌及条凳，桌上设茶馔。池座三面设楼，楼下为廊，皆可供观众观剧。池座另一面为戏台，台基砖砌，周围环以矮栏杆，四角支柱，上有顶盖，戏台可三面观看。这种营业性的演出场所，较之神庙戏台、草台等较为进步，因为它的表演台与看棚是相连的，并在同一屋顶下，可蔽风雨。另外，它的观众席也比神庙戏台前的平地和女台优越，它分上下两层，楼下池子设散座，有桌椅，可供坐着观剧，为一般平民百姓的座席。楼上设包厢，是为官座，专供豪客观剧所用。戏园演出还

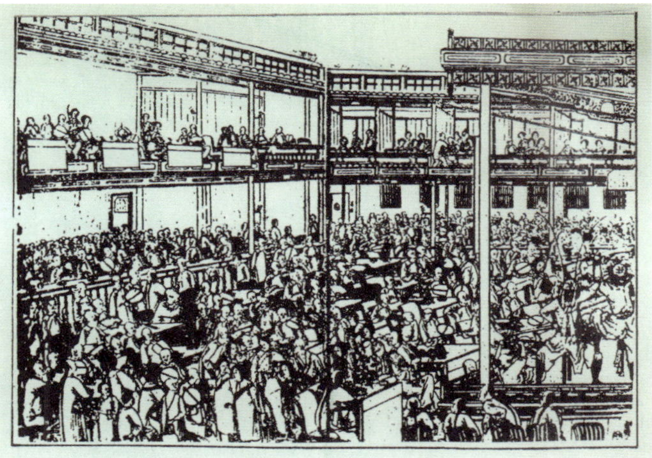

图 272 清末上海丹桂茶园情景

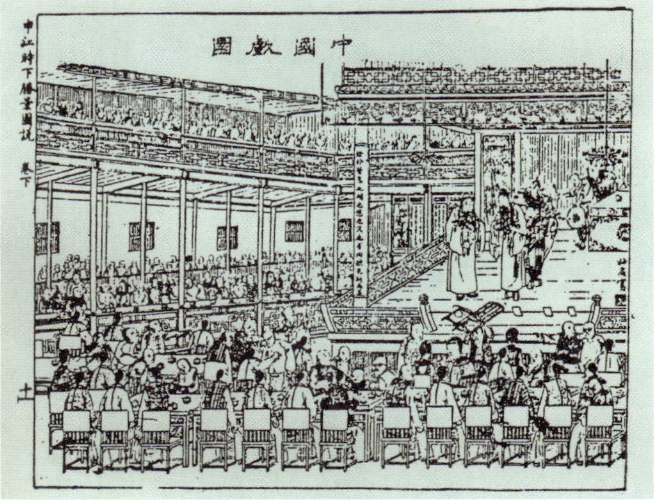

图 273 吴友如《春江胜景图》中之“中华戏园”

图 274　河北乡村草台

使用了人工照明，亦较一般广场戏台全靠自然光优越，使戏曲可日夜演出，并产生迷人的艺术魅力。

除此以外，明清两朝戏台的样式还有许多，如北京故宫畅音阁三层戏台（图 119），浙江绍兴东安村安城庙临水戏台（图 125），北京查楼演剧图（临时搭建，在闹市演出，图 198），河北乡村草台（临时搭建，图 274），江苏扬州何园水台（图 275），浙江绍兴土谷祠过街戏台（图 276）等，均形制各异，别具特色。

这一时期，戏曲演出场所还保留前一阶段的划地作场演出和流动性演出，前者如北京妙峰山演剧图，后者如河北武安傩戏《捉黄鬼》演出、山西古上党地区（即今长治市和晋城市所管县市）队戏《过五关》演出，它们都是流动性演出与固定演出相结合，台上台下表演互换，戏内戏外交叉，显示了原生态戏剧表演的特殊风貌。

从以上的述说中，我们可以看到，中国古代的戏曲从孕育到形成、成熟、繁盛，经历过漫长的过程。而在它不同的历史发展阶段，演出形态不同，演艺场所也有很大的变化。每一阶段的演出场所，种类繁多，形式各异，但彼此之

图 275　江苏扬州何园水台

间有紧密联系，前一阶段的演出场所往往为后一阶段的演出场所作了准备，而后一阶段的演出场所往往是前一阶段演出场所的变异和发展。但从总体来说，是不断改进和提高的，从简易到复杂，从幼稚到成熟。其变异与发展，又往往和一定时期的经济发展程度、人们审美观念、宗教信仰与民俗风尚密切关联，蕴涵有丰富的文化内涵。研究演出场所的演变，对解读中国古代戏曲的本质，是有重要意义的。

图 276　浙江绍兴土谷祠过街戏台

第六章　戏曲文物中展现的脚色行当

“行当”是中国戏曲中规范化、艺术化的性格类型，也是带有鲜明性格色彩的分类系统，是中国戏曲艺术所具有的独特艺术精神的特征之一。它伴随着中国戏曲的形成而出现。也就是说，戏曲的形成与成熟，其中一个重要的方面就在于行当制的形成，在此基础上演员根据自己所属的角色类型，进行人物形象的展示和创造。宋代以前，戏曲孕育时期的优戏表演没有行当之分。像先秦时期的“倡优”和“俳优”，或以表演歌舞为主，或侧重于滑稽调笑，即使像“优孟衣冠”这样与戏曲关系最密切的戏剧表演也仅仅是对于生人的装扮与模仿。汉代的《东海黄公》，从脚色的角度而言，已由先秦的单人俳优，发展为诙谐有趣的双人表演，但这种装扮仍然是随机的。唐代的参军戏出现了参军和苍鹘两个脚色，虽然这两个脚色并不出现在所有的优戏里，其所装扮的人物类型也仅限于一定的范围内，但却开创了戏剧表演时要有固定脚色行当的先例，为后世戏曲人物表演类型化作了准备。遗憾的是，此前的相关表演，除了一鳞半爪的文字记载之外，鲜有文物图像保留下来。但是，宋代以后随着戏曲脚色行当的形成，情况有所改观，不仅仅有文献史料可供利用，还有大量的戏曲文物所提供的实物图像作为参照，使我们的研究更加明晰。

第一节　宋代杂剧的脚色行当

宋金是戏曲形成的重要时期，在这个时期，源远流长的歌舞表演和滑稽表演以及百戏杂陈的各项伎艺在经过长足的发展之后，完成了最后的“合成”。北宋初期，汴京的宫廷杂剧演出已经制度化，这种制度化一方面表现在宫廷乐部机构中设置有数额确定的杂剧演员，[1] 另一方面，随着北宋宫廷宴乐机构的完备，宋杂剧在教坊十三部散乐中取得了“正色”的地位，同时杂剧演出中又出现了专职

① （宋）陈旸：《乐书》卷一八六“乐图论·俗部·杂乐·剧戏”条：“圣朝戏乐：鼓吹部杂剧员四十二，云韶部杂剧员二十四，钧容部杂剧员四十。亦一时之制也。”

的杂剧演员，刺激了杂剧表演水平的提高，脚色类型也初步形成。宋杂剧通常有五个脚色，其中包括末泥、引戏、副净、副末和装孤。首次记载宋杂剧脚色名称及其分工的，是成书于南宋端平乙未年（1235）的灌圃耐得翁《都城纪胜》，该书成书虽然距离靖康之变不到110年，但是否能作为北宋杂剧脚色形成的可靠依据，还需要其他的佐证。

宋杂剧的脚色基本上是四人或五人，这从已发现的宋代杂剧雕刻和杂剧绘画中可以得到证明：

编号	名称	发现地	脚色人数	脚色排序	公布情况及资料出处	时间
1	洪洞英山舜帝庙杂剧碑趺线刻	山西省洪洞县万安镇东圈头村	2	存疑	1998年发现。见冯俊杰《金〈昌宁宫庙碑〉及其所言“乐舞戏”考略》，《文艺研究》1999年第5期。另见金小民《宋代乐舞杂剧碑趺线刻的新发现》，《中华戏曲》第31辑，文化艺术出版社2004年	宋天圣七年（1029）
2	禹州市白沙墓杂剧砖雕	河南省禹州市白沙村	4	副末 副净 装孤 引戏	1951年春发现。见宿白《白沙宋墓》，文物出版社1957年。参见周贻白《北宋墓葬中人物雕砖的研究》，《文物》1961年第10期；徐苹芳《白沙宋墓中的杂剧雕砖》，《考古》1960年第9期；山西师大戏曲文物研究所《宋金元戏曲文物图论》（以下简称《图论》），山西人民出版社1987年	北宋
3	偃师酒流沟墓杂剧砖雕	河南省偃师市酒流沟水库	5	副末 副净 装孤 末泥 引戏	1958年发现。见董祥《河南省偃师县酒流沟水库宋墓》，《文物》1959年第9期；参见徐苹芳《宋代的杂剧雕砖》，《文物》1960年第5期；廖奔《宋元戏曲文物与民俗》，文化艺术出版社1989年。另见《图论》	北宋
4	荥阳槐西朱氏墓石棺杂剧线刻	河南省荥阳市槐西村	4	副净 副净 副末 末泥	1978年发现。见吕品《河南荥阳北宋石棺线画考》，《中原文物》1983年第4期。参见周到《荥阳宋代石棺杂剧图考》，《戏曲艺术》（河南）1983年第4期。另见《图论》	宋绍圣三年（1096）

编号	名称	发现地	脚色人数	脚色排序	公布情况及资料出处	时间
5	温县王村墓杂剧砖雕	河南省温县王村	5	副净 副末 引戏 装孤 末泥	1982年发现。张思清、武永政《温县宋墓发掘简报》,《中原文物》1983年第1期。参见廖奔《温县宋墓杂剧雕砖考》,《文物》1984年第8期;周到《温县宋墓中散乐形式的研究》,《戏曲艺术》(豫)1983年第1期	北宋
6	温县博物馆藏杂剧砖雕之一	河南省温县	5	副净 引戏 副末 装孤 末泥	“文化大革命”时期出土。现藏温县博物馆。见周到《温县宋杂剧雕砖摭谈》,《戏曲艺术》(豫)1984年第2期。参见张新斌、王再建《温县宋代人物雕砖考略》,《考古与文物》1988年第3期。另见《图论》	北宋
7	温县西关墓杂剧砖雕	河南省温县西关	5	引戏 末泥 装孤 副净 副末	1990年发现。见罗火金、王再建《河南温县西关宋墓》,《华夏考古》1996年第1期。另见延保全《温县西关宋墓杂剧雕砖叙考》,《中华戏曲》第28辑,文化艺术出版社2003年	北宋
8	洛宁上村墓杂剧砖雕之一	河南省洛宁县小界乡上村	5	副末 引戏 装孤 末泥 副净	1973年发现。见李献奇、王兴起《洛宁县宋代杂剧雕砖试析》,《中原文物》1988年第4期;廖奔、杨健民《河南洛宁上村宋金社火杂剧砖雕叙考》,《文物》1989年第2期。另见杨健民《中州戏曲历史文物考》,文物出版社1992年;廖奔《中国戏剧图史》,河南教育出版社1996年	宋末金初
9	洛宁上村墓杂剧砖雕之三	河南省洛宁县小界乡上村	5	副末 副净 装孤 引戏 末泥	同上。分属于两墓	宋末金初
10	蒲县河西村娲皇庙杂剧石雕财盆	山西省蒲县河西村	6	装孤 末泥 引戏 副净 副末 把色	1998年发现。见延保全《山西蒲县宋杂剧石刻的新发现与河东地区宋杂剧的流行》,《文学前沿》2000年第2期。参见延保全《蒲县河西村娲皇庙及其戏曲文物考》,《民俗曲艺》(中国台北)第139期,2003年	北宋

编号	名称	发现地	脚色人数	脚色排序	公布情况及资料出处	时间
11	新安北李村宋氏墓杂剧壁画	河南省新安县石寺乡北李村	5	？ 副净 副净 副末 拍板色	1983 年发现。见杨健民《中州戏曲历史文物考》，文物出版社 1992 年。参见廖奔《中国戏剧图史》，河南教育出版社 1996 年	宋靖康元年（1126）
12	宋杂剧《眼药酸》绢画	藏北京故宫博物院	2	副末 副净	见周贻白《南宋杂剧的舞台人物形象》，《文物精华》第一集，文物出版社 1959 年。另见《两宋名画册》，文物出版社 1963 年	南宋
13	宋杂剧绢画	同上	2	副末 副净	同上	南宋
14	鄱阳殷家村洪氏墓戏俑	江西省鄱阳县磨刀石乡殷家村	5	存疑	1975 年发现。见唐山《江西鄱阳发现宋代戏剧俑》，《文物》1979 年第 4 期。参见刘念兹《南宋饶州瓷俑小议》，《文物》1979 年第 4 期	南宋景定五年（1264）
15	广元〇七二医院墓杂剧石刻之一	四川省广元市〇七二医院	2	末泥 装孤	1975 年发现。见李成渝《广元市南宋墓伎乐石雕管见》，《川剧艺术》1986 年第 3 期。参见廖奔《广元南宋墓杂剧·大曲石刻考》，《文物》1986 年第 12 期	南宋嘉泰四年（1204）
16	广元〇七二医院墓杂剧石刻之三	同上	2	副净 副末	同上	同上
17	广元〇七二医院墓杂剧石刻之四	同上	2	装孤 装孤	同上	同上

由上表可知，1—11 均为北宋时期的遗留物，所展示的宋杂剧脚色除了山西省洪洞县英山舜帝庙杂剧碑趺线刻为杂剧色二人、河南省禹州市白沙宋墓杂剧砖雕和河南省荥阳市槐西村朱氏墓石棺杂剧线刻为四个脚色、山西省蒲县河西村娲皇庙宋杂剧石雕财盆为六个脚色外，其他均为五个脚色。需要说明的是，山西省蒲县河西村娲皇庙宋杂剧石雕财盆中所雕的六个脚色中，多一个伎乐人“把色”在内，将这一“把色”除外，剩下的还是完整的五个宋杂剧脚色。而河南省新安县北李村宋氏墓杂剧壁画中的五个脚色，右一人虽画面漫漶，但看起来并非置身剧外之人，左一人手拿拍板，从其将拍板搂于胸前来看，也是一个随时串演剧中脚色的人物。

宋杂剧脚色的形成，一般认为是受到了唐代参军戏和歌舞戏的影响，此殆无异议。参军戏有两个脚色，一为参军，一为苍鹘。参军表现迟钝，苍鹘表现机灵，表演时互相问答，以滑稽调笑为主，每每参军被调笑和捉弄，也就有了苍鹘打参军的程序。到了宋杂剧中，参军沿两条线分蘖，一条线为副净所取代，另一条线则转化成了装孤。苍鹘则变成了副末。据《苕溪渔隐丛话》前集卷二十引《王直方诗话》记载欧阳修致梅尧臣的信：“欧公《归田乐》四首，只作二篇，余令圣俞续之。及圣俞续成，欧公一简谢之，‘正如杂剧人，上名下韵不来，须副末接续’。”[①] 说明在欧阳修时杂剧已经有了“副末”之脚色名称。又据黄庭坚《鼓笛令》：“副靖传语木大，鼓儿里且打一和。”[②] 副靖即副净，说明在副末这一脚色出现的同时，“副净”也出现了。唐代最著名的歌舞戏《踏谣娘》，据唐崔令钦《教坊记》记载，也有两个脚色，一为“丈夫着妇人衣”的女子，一为“丈夫”。按当时的表演，先由一男子扮作妇人，徐徐入场，且步且歌，倾诉饱受丈夫凌辱之苦，众人和之。之后“丈夫”出场，与“妻子”作殴斗之状，“以为笑乐”。这种歌舞戏最初由男子扮演，后改由“妇人为之”，且为了增加趣味性，又由两个人的表演变成了三个人的表演，所谓“调弄又加典库”。在北宋前期，还没有实物能够证明宋杂剧四人或五人的脚色体制已经完备，实物中看到的仍然是两人的表演场景。山西省洪洞县英山舜帝庙宋杂剧碑趺线刻是宋天圣七年（1029）之物，天圣七年距北宋建国之宋太祖建隆元年（960）还不到 70 年，完全可以反映

①（宋）胡仔：《苕溪渔隐丛话》前集卷二十，北京：人民出版社 1962 年版。

②（宋）黄庭坚：《山谷集·山谷词》，文渊阁《四库全书》册一千一百一十三，上海：上海古籍出版社 1987 年版，第 754 页。

北宋前期宋杂剧演出的实际。

该宋杂剧线刻碑趺上部四周亦有抹角，正面立面宽 0.74 米，高 0.3 米，杂剧图为阴线刻，刀法细腻流畅，人物形态逼真而富有动感。图中从右至左共刻七人，其中乐队伴奏五人、杂剧演员两人。右起第一人，裹独脚诨裹，着圆领束袖袍服，腰束带，双腿盘曲而坐，双手执筚篥置于口中作吹奏状。右起第二人为杖鼓色，裹牛耳幞头，着圆领束袖袍服，袖捋至肘，足蹬丝鞋，正面端坐，杖鼓斜置于膝上，双手作敲击状。左起第一人为击教坊鼓者，裹独脚诨裹，着交领窄袖长袍，腰束带，衣襟掖于带中，足蹬丝鞋，向左前侧身，左手挥槌上扬，右手握槌下落，作击鼓状。教坊鼓四周有云纹装饰，中有六铺铁环，下有五脚鼓架。左起第二人为把色，头戴进贤冠，着圆领窄袖长袍，袖口捋至肘部，双腿盘曲而坐，身向左前侧，两手平握横笛作吹笛状。左起第三人为歌板色，裹牛耳幞头，着圆领窄袖双摆长衫，腰束带，足蹬丝鞋，鞋系蝴蝶结，双腿叉开，向左前侧立，作击拍板状。引人注目的是右三和右四两人：一男一女，男子略有漫漶，裹宽牛耳幞头，着圆领束袖长衫至膝，内套长襦，腰束带，胸前有圆形绣饰，足蹬乌鞋，右臂抬起，左手托于胸前，作向前趋跄并回头张望状。女子头戴攒云花冠，着圆领拖后摆窄袖长衫，腰束带，足蹬乌鞋，曲体前倾，臀部后撅，双臂前伸，双袖下垂，左腿抬起，脚尖高翘，作追赶状，其双目微颦，似有忧伤之事。从其两只大脚可知，此人即所谓“乔妇人”，乃“丈夫着妇人衣者”。整幅画面充满了动感，在器乐伴奏中，表现出巨大的张力和戏剧冲突。有人认为它“表现的是一次严重的夫妻纠葛”，并猜测其也许是在“斥责进士负心”，“或者此即《踏谣娘》一类的剧目也未可知”[①]。这恐怕与事实相差不会太远。而从画面中人物丰腴的脸庞，可以看到受唐人审美遗风的影响。

这一类属于歌舞类的杂剧样式，显然是在唐宋大曲舞蹈的基础上发展形成的。特别是当它脱离宫廷乐舞的束缚而逐步向民间传播时，其脚色装扮的意识和故事表演的自觉性就显得越发明显。而当所表演戏剧的故事性逐步由简单趋向复杂，就势必对脚色的配置提出新的要求，于是，二人脚色制就向四人、五人的脚色制演化。

从上表 2—11 这 10 种已发现的北宋时期的戏曲雕刻中，展示出宋杂剧在北宋

① 冯俊杰：《金〈昌宁宫庙碑〉及其所言“乐舞戏”考略》，《文艺研究》，1999 年第 5 期。

脚色配备趋于完备的形象化图景。其中，末泥、引戏、装孤、副末、副净五个脚色齐备者有七，占到三分之二；有引戏、装孤、副末、副净而无末泥者一；有末泥、副末、副净、副净而无引戏、装孤者一；有副末、副净、副净、漫滤者一。从后三种来看，均为四人，但有的脚色可以根据剧情重复设置，如副净，有的脚色可以减省，如末泥、装孤或引戏。这说明，当脚色随着宋杂剧的发展而逐步趋于完备时，其偏重于滑稽调笑的特性还没有根本的改变，因此当五人脚色变为四人脚色时，副末和副净的地位仍然不可撼动，甚至有时还要增加同类脚色加以强化。

遗憾的是，在这十种戏曲雕刻中，除了河南省荥阳市槐西村朱氏墓石棺杂剧线刻为北宋绍圣三年（1096）外，其他均没有明确的纪年。基于此，有研究者认为，宋杂剧脚色的正式产生至少是在北宋末期。[①] 而实际的状况应该是，宋杂剧脚色的产生时间可以上推至北宋中期。

现存于山西省蒲县河西村娲皇庙正殿内的杂剧石雕财盆（即上表 10，图 277），可以为我们的推论提供佐证。此杂剧石雕财盆系用当地优质的青石镂刻而成，通高 1.1 米；底座为覆莲方趺四足础，高 0.35 米，边长 0.5 米，四足外倾，足距 0.58 米，方趺四周阳刻花草；中部为雕龙圆柱，浮雕二龙戏珠，周长 0.85 米，高 0.5 米，柱之最上端承石盆处呈 0.06 米高的小八角，阳刻八卦；上部为双层仰莲石盆，高 0.25 米，直径 0.6 米。中空，似盆，里边积满香土，可插香；外侧即浮雕双层仰莲，上层仰莲雕花卉，下层莲瓣内雕杂剧脚色和花卉、人物，共有十朵莲瓣，莲瓣内侧最宽处 0.09 米，最窄处 0.05 米，杂剧人物高 0.15 米。按顺序由左向右分别为：乐伎、副末色、副净色、化生童子、引戏色、化生童子、末泥色、牡丹、装孤色、菊花。

图 277　山西蒲县河西村娲皇庙杂剧石雕财盆

① 廖奔、刘彦君：《中国戏曲发展史》第一卷第二章“初级戏剧的最后阶段——北宋杂剧”，太原：山西教育出版社 2000 年版，第 225—226 页。

其中，除了化生童子和花卉外，共有六人。在这六人中，一人为乐伎，即“把色”，其他五人分别是副末、副净、引戏、末泥、装孤五个杂剧脚色。

该石雕财盆虽然没有具体的刊刻年代，但从服饰装扮、脚色所执砌末来看，与河南省偃师市酒流沟北宋墓杂剧砖雕和温县王村北宋墓杂剧砖雕相类；又从财盆的装饰纹样及女娲陵和女娲庙的本庙（在原赵城县）来分析，蒲县河西村娲皇庙石雕财盆当属于北宋之物。[①] 据《赵城县志》载：“女娲庙在县东八里侯村，始建无考。《平阳府志》载唐天宝六年重修，则天宝前已有庙也。……庙后有陵及补天石，宋以后，代有祀典。”[②] 这则材料告诉人们，赵城县女娲庙建于唐或唐以前，但把女娲作为先代帝王来加以祭祀，始于宋代。《山西通志》卷七二：“女祸（娲）氏陵寝，在赵城县东八里。定制，遇大典先期遣官告祭，春秋仲月守土官致祭。”[③] 又据《文献通考》卷一百零三：“宋太祖皇帝建隆二年诏：先代帝王陵寝宜令所属州府遣近户守视，其冢墓有堕毁者亦加修葺。”“（乾德）四年诏曰：历代帝王或功济生民，或道光史载，垂于祀典，厥惟旧章。兵兴以来，日不暇，有司废职，因循旷坠。或庙貌攸设，牲牷罔荐；或陵寝虽存，樵苏靡禁。仄席兴念，兹用惕然。其太昊（葬宛邱，在陈州）、女娲（葬赵城县东南，在晋州）……十六帝，各给守陵五户，蠲其他役，长吏春秋奉祀，他处有祠庙者，亦如祭享。”“徽宗政和三年，礼仪局上《五礼新仪》，仲春、仲秋享历代帝王。女娲氏于晋州，无配……”[④] 赵城县与蒲县相去不远，其在唐代以前就建庙，且宋以后“代有祀典”的有官方参与的娲皇崇拜，必然对方圆百里的百姓产生莫大的感召力和吸引力。老百姓出于对女娲的崇敬和对传宗接代的渴望，很可能在民间建庙之风大盛，在真、仁、徽、钦诸帝对女娲崇礼有加的宋代，就近借自己的一方宝地修建了这座娲皇庙。这个反映当时杂剧演出状况、记录当时杂剧人物的石雕香台，就被迷恋戏剧演出的石工自然而然地镌刻了上去。

无独有偶，在山西省洪洞县堤村乡上张端村娲皇圣母庙，也发现庙内正殿门外檐下西侧有一件与蒲县河西村娲皇庙石雕财盆类似的实物，该实物也是用青石镂刻而成，但石质比蒲县河西村娲皇庙略差，同样由底座、中柱和莲盆三部分

---

① 延保全：《山西蒲县宋杂剧石刻的新发现与河东地区宋杂剧的流行》，《文学前沿》，2002 年第 2 期。

②《赵城县志》卷二十七“坛庙”，道光七年刻本，第 2 页。

③ 光绪本《山西通志》第 11 册，卷七二《秩祀略上》，北京：中华书局 1990 年版，第 5030 页。

④（元）马端临：《文献通考》上册，卷一百零三《宗庙十三·祀先代帝王贤士》，北京：中华书局 1986 年版，第 940—941 页。

构成，通高 1.12 米。底座为覆盆方趺，高 0.37 米；方趺边长 0.85 米，高 0.25 米，四角雕小卧狮各一；覆盆四面又各雕四个兽面，覆盆上面沿束腰柱四周则雕出一圈小瓣覆莲。上部为双层仰莲石盆，高 0.3 米，直径 0.6 米，最大之周长 2 米，盆唇宽 0.065 米；下层仰莲 12 瓣，高 0.15 米；上层仰莲 11 瓣，正南端开有一个像水槽一样的凹壕略向外凸。中间束腰处为八角石柱，柱高 0.45 米，每面宽 0.17 米；正西和西南两面刻字，其余浅刻宝相花。八角柱上的刻字风化严重，不少字已漫漶难辨，但仍保留了有价值的数据，其中“嘉祐三年”的年代刻字为我们进一步确定蒲县娲皇庙石雕财盆为北宋中期的遗存提供了佐证。[①]也就是说，宋杂剧的脚色配备在北宋中期已经趋于完备。

南宋前期杂剧的脚色体制与北宋一脉相承，这从《都城纪胜》和《梦粱录》的记述中可以清楚地看到，同样由末泥、引戏、副末、副净、装孤组成。宋周南《山房集》卷四《刘先生传》所记载的一个路歧杂剧戏班就由五人组成：

市南有不逞者三人、女伴二人，莫知其为兄弟妻姒也，以谑丐钱。市人曰：“是杂剧者。”又曰：“伶之类也。”每会聚之冲、阛阓之市、官府听讼之旁、迎神之所，画为场，资旁观者笑之。自一钱以上皆取焉，然独不能凿空。其所仿效者、讥切者、语言之乖异者、巾帻之诡异者、步趋之伛偻者、兀者、跛者，其所为戏之所，人识而众笑之。[②]

也有四人串演的杂剧演出。据南宋周密《齐东野语》卷十三载：

宣和中，童贯用兵燕蓟，败而窜。一日内宴，教坊进伎为三四婢，首饰皆不同。其一当额为髻，曰蔡太师家人也；其二髻偏坠，曰郑太宰家人也；又一人满头为髻如小儿，曰童大王家人也。问其故，蔡氏者曰：“太师觐清光，此名朝天髻。”郑氏者曰：“吾太宰奉祠就第，此懒梳髻。”至童氏者曰：“大王方用兵，此三十六髻也。”[③]

---

① 延保全：《蒲县娲皇庙宋杂剧石雕香台订名及年代判断的一个旁证》，《中华戏曲》，第 31 辑，北京：文化艺术出版社 2004 年版。

② 文渊阁《四库全书》册一千一百六十九，上海：上海古籍出版社 1987 年版，第 47 页。

③（南宋）周密：《齐东野语》卷十三“优语”条，北京：中华书局 1997 年版，第 244—245 页。

在南宋宫廷大型的宴飨庆贺活动中，杂剧作为其中供盏献艺必不可少的节目，在每一盏的献艺中上演基本独立的杂剧，其脚色配备应该是比较齐全的。南宋周密《武林旧事》卷一“圣节”条载有南宋理宗时期（1225—1264）的献乐及杂剧演出情况：

天基圣节排当乐次（正月五日）

乐奏夹钟宫，觱篥起《万寿永无疆》引子，王恩。

上寿第一盏，觱篥起《圣寿齐天乐慢》，周润。

……

第十三盏，诸部合《万寿无疆薄媚》曲破。

初坐乐奏夷则宫……第一盏……第四盏……

进念致语等，时和。

伏以华枢纪节，瑶墀先五日之春；玉历发祥，圣世启千龄之运。欢腾薄海，庆溢大廷。恭惟皇帝陛下，睿哲如尧，俭勤迈禹。躬行德化，跻民寿域之中；治洽泰和，措世春台之上。皇后殿下，道符坤顺，位俪乾刚，宫闱资阴教之修，海宇仰母仪之正。有德者必寿，八十个甲子环周；申命其用休，亿万载皇图巩固。（臣）等生逢华旦，叨预伶官，辄采声诗，恭陈口号：

上圣天生自有真，千龄宝运纪休辰。

贯枢瑞彩昭璇象，满室红光裊翠麟。

黄阁清夷瑶荚晓，未央闲暇玉卮春。

箕畴五福咸敷敛，皇极躬持锡庶民。

日迟鸾旆，喜聆舜乐之和；天近鹓墀，宜进《齐谐》之伎。上奉天颜。吴师贤已下，上进小杂剧：

杂剧，吴师贤已下，做《君圣臣贤爨》，断送《万岁声》。

第五盏……杂剧，周朝清已下，做《三京下书》，断送《绕池游》。

……

第十盏，诸部合，《齐天乐》曲破。

再坐第一盏，觱篥起《庆芳春慢》，杨茂。

……

第四盏……杂剧，何晏喜已下，做《杨饭》，断送《四时欢》。

……

第六盏……杂剧，时和已下，做《四偌少年游》，断送《贺时丰》。

……

第二十盏，觱篥起，《万花新》曲破。[①]

其中所献演的杂剧为《君圣臣贤爨》《三京下书》《杨饭》《四偌少年游》，虽然这些杂剧的具体内容无法知晓，由哪些脚色来扮演也不甚清楚，仅从名目上推知，这些杂剧均具有一定的故事情节，加上宫廷献乐的规模和排场以大为美，显然非一两个演员所能完成。从为这次“圣节”献乐所准备的用于祗应的杂剧脚色来看，共有 15 人：

吴师贤　赵恩　王太一　朱旺（猪儿头）　时和　金宝　俞庆　何晏喜　沈定　吴国贤　王寿　赵宁　胡宁　郑喜　陆寿[②]

将这 15 人分成三组，每组五人，正好为一组完整的杂剧脚色。

又据《武林旧事》卷四“乾淳教坊乐部”条所记载的“杂剧色”：

德寿宫：刘景长（使臣）　王喜（保义郎头。名都管使臣，又名公谨，号玩隐老人）　茆山重（节牙头。“节”宋刻作“茅”）　盖门贵　盖门庆（末）　侯谅（侯大头，次末）　张顺　曹辛　宋兴（燕子头）　李泉现（引兼舞三台）

衙前：龚士美（使臣都管）　刘恩深（都管）　陈嘉祥（节级）　吴兴祐（德寿宫引兼舞三台）　吴斌（宋刻“赋”）　金彦升（管干教头）　王青　孙子贵（引）　潘浪贤（引兼末部头）　王赐恩（引）　胡庆全（蜡烛头）　周泰（次）　郭名显（引）　宋定（次德寿宫蚌蛤头）　刘信（副部头）　成贵（副）　陈烟息（副大口）　王侯喜（副）　孙子昌（副末节级）　焦金色　杨名高（末）　宋昌荣（副欢喜头）

前教坊：伊朝新　王道昌

①（南宋）周密：《武林旧事》卷一“圣节”条，《东京梦华录》（外四种），北京：文化艺术出版社 1998 年版，第 327—331 页。

②（南宋）周密：《武林旧事》卷一“圣节”条，《东京梦华录》（外四种），北京：文化艺术出版社 1998 年版，第 331 页。

前钧容直：仵谷丰（五味粥。“仵”宋刻“杵”）　李外喜（“喜”刻“善”）

和顾：刘庆（次刘衮）　梁师孟　朱和（次贴衙前鳝鱼头）　宁贵（宁镬）　蒋宁（次贴衙前利市头）　司进（丝瓜儿）　赫成（次衙前小锹）　高门兴　高门显（羔儿头）　高明（灯搭儿）　刘贵　段世昌（段子贵）　司政（仙鹤儿）　张舜朝　赵民欢　龚安节　严父训　宋朝清　宋昌荣（二名守衙前）　周旺（丈八头）　下畴　宋吉　伊俊　汪泰　王原全（次贴衙前）　王景　郑乔　王来宣　张显（守阙祗应黑俏）　焦喜（焦梅头）[①]

同条所载“杂剧三甲”：

刘景长一甲八人：

戏头李泉现　引戏吴兴祐　次净茆山重、侯谅、周泰　副末王喜　装旦孙子贵

盖门庆进香一甲五人：

戏头孙子贵　引戏吴兴祐　次净侯谅　副末王喜

内中祗应一甲五人：

戏头孙子贵　引戏潘浪贤　次净刘衮　副末刘信

潘浪贤一甲五人：

戏头孙子贵　引戏郭名显　次净周泰　副末成贵[②]

对照《武林旧事》卷四“乾淳教坊乐部”之“杂剧色”和“杂剧三甲”，可知“刘景长一甲八人”中，刘景长为德寿宫的使臣，戏头李泉现为德寿宫的引戏兼任，次净有德寿宫的茆山重和副末侯谅、衙前次净周泰三人，副末为德寿宫的保义郎头王喜一人，而装旦也由衙前引戏孙子贵兼任，那么，其脚色类型为四人，即使臣、引戏（戏头、装旦）、副净（三人）、副末；“盖门庆进香一甲五人”中，

①（南宋）周密：《武林旧事》卷四“乾淳教坊乐部”条，《东京梦华录》（外四种），北京：文化艺术出版社 1998 年版，第 367—368 页。

②（南宋）周密：《武林旧事》卷四“乾淳教坊乐部”条，《东京梦华录》（外四种），北京：文化艺术出版社 1998 年版，第 374 页。

盖门庆为德寿宫之末泥，戏头孙子贵为衙前的引戏兼任，引戏吴兴祐，次净侯谅为德寿宫的次末兼任，副末王喜为德寿宫的都管使臣兼任，其脚色类型也为四人，即末泥、引戏（戏头）、副净、副末；“内中祗应一甲五人”中，盖门庆为德寿宫的末泥，戏头孙子贵为衙前的引戏兼任，引戏潘浪贤为衙前之引兼末部头，次净刘衮为和顾杂剧艺人，副末刘信为衙前副部头，其脚色类型也为四人，即末泥、引戏（戏头、末部头）、副净、副末；“潘浪贤一甲五人”中，潘浪贤为衙前之“引兼末部头”，戏头孙子贵和引戏郭名显均为衙前之引戏，次净周泰和副末成贵也为衙前杂剧艺人，其脚色类型同为四人——末泥（引戏兼）、引戏（戏头）、副净、副末。

由上引材料可知，在南宋后期，一个小型杂剧戏班的组成为五人，常设脚色行当为末泥、引戏、副净、副末，唯独不见装孤，说明装孤仍然处在一个“或添”的位置。倒是装旦的出现，虽然与装孤相类，但昭示着杂剧脚色有进一步增加的迹象。从总体上看，自北宋中期宋杂剧的脚色行当形成之后，发展到南宋，宋杂剧的脚色类型基本没有太大的变化，戏班人数可以增加，但多限于引戏或副净的重复设置。

然而从上面宋代杂剧雕刻和杂剧绘画列表中 12—17 这六种南宋时期的遗留物来看，只有江西省鄱阳县磨刀石乡殷家村洪氏墓戏俑为五人，其他五种均为两人。 如 1975 年 3 月发现于四川广元〇七二医院的南宋墓葬石刻中，其东墓室两侧壁面上浅浮雕优人演出图四幅，每侧各有二图，同雕在一块石板上。除了其中一幅上雕演奏大鼓、杖鼓、筚篥三人乐队外，另外三幅各雕杂剧脚色两人，相对表演。[①] 现存的两幅宋人绘杂剧绢画，表现的也是两人的表演图景。这是为什么呢？大概是因为宋杂剧到了南宋时期，一方面在大型的宫廷宴会和大傩中的表演更加规范，艳段、正杂剧、杂扮三段分明；另一方面从唐代参军戏一路继承下来的诙谐与滑稽调笑的内在品格进一步得到发扬，由副末和副净抑或是其他脚色进行的杂扮表演在一些小型的演出中作为一个颇具特色的段子从三段中独立出来，成为可以单独表演的节目。周贻白先生就认为宋人绘由两个女子扮演的杂剧图，表现的就是杂扮演出的场景。[②] 该杂剧图右侧一人簪花罗帽，扮成城里人的样子，背插一扇，中裂为二，上书“末色”二字，此人应该是副末色。另一个幞头诨裹，

① 廖奔：《广元南宋墓杂剧·大曲石刻考》，《文物》，1986 年第 12 期。
② 周贻白：《南宋杂剧的舞台人物形象》，《文物精华》，第 1 集，1959 年。

在旋袄外斜罩一男式长衫的农人装扮的脚色当为副净色。两人正在相向作揖，作滑稽表演。

杂扮表演的内容非常丰富，不仅可以装扮多种类型的人物，可以模仿多种类型的伎艺表演。由前引《都城纪胜》“瓦舍众伎”条“杂扮或名杂班，又名纽元子”可知，杂扮又叫“纽元子”，而“纽元子”即特指那些精通百业、善于模仿各类伎艺表演之人。另一幅绢画《眼药酸》即为模仿江湖郎中卖眼药的滑稽表演。右一人为副末，背插一扇中裂为二，上书一“诨”字，手持一杖，用以击打对方；左一人为副净，浑身挂满画有眼睛的眼药向对方兜售。

其实从一些文字记录的南宋杂剧的表演来看，在很多小范围的场合，双人表演的杂剧段子不乏其例。岳珂《桯史》卷七载：

> 秦桧以绍兴十五年四月丙子朔，赐第望仙桥。丁丑，赐银绢万匹两，钱千万，彩千缣。有诏：“就第赐燕，假以教坊优伶。”宰执咸与。中席，优长诵致语退。有参军者前，褒桧功德，一伶以荷叶交倚从之。诙语杂至，宾欢既洽。参军方拱揖谢，将就倚，忽堕其幞头，乃总发为髻，如行伍之巾，后有大巾镮，为双叠胜。伶指而问曰：“此何镮？”曰：“二圣镮。”遽以朴击其首曰：“但坐太师交椅，请取银绢例物，此镮掉脑后可也？”一坐失色。桧怒，明日下伶于狱，有死者。[①]

此参军者当为副净，“朴击其首”者为副末，两人在表演一出生动的滑稽讽刺剧。同书卷五还载有一则《大小寒》的杂剧：

> 韩平原在庆元初，其弟仰胄为知阁门事，颇与密议，时人谓之“大小韩”，求快捷径者争趋之。一日，内燕，优人有为衣冠到选者，自叙履历才艺，应得美官，而留滞铨曹，自春徂冬，未有所拟，方徘徊浩叹。又为日者，弊帽持扇过其旁，遂邀使谈庚甲，问以得禄之期。日者厉声曰：“君命甚高，但于五星局中，财帛宫若有所碍。目下若欲亨达，先见小寒，更望成事，必见大寒可也。”优盖以“寒”为“韩”。侍燕者皆缩颈匿笑。[②]

---

①（宋）岳珂：《桯史》卷七“优伶诙语”，北京：中华书局 1997 年版，第 81 页。

②（宋）岳珂：《桯史》卷七“优伶诙语”，北京：中华书局 1997 年版，第 62 页。

这里也是由二优人装扮成求官士子进行杂剧表演，以讽刺韩平原兄弟把持朝政、卖官鬻爵的丑行。又张端义《贵耳集》卷下载：

> 何自然中丞上疏，乞朝廷并库。寿皇从之，方且讲究未定。御前有燕，杂剧伶人妆一卖故衣者，持裤，一腰只有一只裤口。买者得之，问："如何着？"卖者云："两脚并做一裤口。"买者云："裤却并了，只恐行不得。"寿皇即寝此议。①

这也是两优人表演的杂剧故事，借以讽谏规劝皇帝的决策与行为。

总之，南宋初期社会动荡不安，南宋君臣苟且偷安，人们不满于南宋朝廷的做法，于是杂剧艺人创作了大量讽刺、调侃的剧目，如《武林旧事》"官本杂剧段数"中所载的《襤哮负酸》《秀才下酸擂》《急慢酸》《眼药酸》《食药酸》《调笑驴儿》《论淡》《医淡》等多为调侃读书人的杂剧；又如《思乡早行孤》《睡孤》《论禅孤》等 17 本，"凡此诸本，似皆以'孤'为主的杂耍。所谓《睡孤》《论禅孤》《讳药孤》，似皆以孤装作可笑之事，发滑稽之言者"。②而两人表演的剧目又占相当的数量。于是，我们在已经发现的南宋时期的杂剧雕刻和杂剧绘画中，看到的大多是带有滑稽诙谐色彩的双人杂剧表演。

第二节　金代院本的脚色行当

金代杂剧是在辽代教坊散乐和北宋杂剧的基础上，结合北方民间的民俗演艺传统而发展起来的。金太祖天辅六年（1122），金兵攻陷辽国的中京，获得了辽国的教坊散乐，并以此为酣歌宴乐之娱。据《大金国志》记载，金太祖举行宴会，演乐者即为契丹伶人，"宴之日，帝坐行帐，前列契丹伶人作乐"③，其中已经有了类似于宋杂剧的戏剧表演。北宋许亢宗《宣和乙巳奉使金国行程录》就记录了他于北宋宣和七年（1125）出使金廷贺金太宗登位时的亲眼所见：

---

①（宋）张端义：《贵耳集》下卷，文渊阁《四库全书》册八百六十五，上海：上海古籍出版社 1987 年版，第 455 页。

② 郑振铎：《中国俗文学史》，北京：东方出版社 1996 年版，第 229 页。

③《钦定重订大金国志》卷二，文渊阁《四库全书》册三百八十三，上海：上海古籍出版社 1987 年版，第 827 页。

次日，诣虏庭赴花宴，并如仪。酒三行则乐作，鸣钲击鼓，百戏出场。有大旗、狮豹、刀牌、砑鼓、踏索、上竿、斗跳、弄丸、挝簸旗、筑毬、角觝、斗鸡、杂剧等，服色鲜明，颇类中朝。又有五六妇人涂丹粉，艳衣，立于百戏后，各持两镜，高下其手，镜光闪烁，如祠庙所画电母，此为异尔。①

其中百戏杂技与杂剧同台献演，与宋室宫廷伎乐几乎一样。但是，金代宫廷杂剧的发展，与对宋杂剧的继承和对北宋杂剧艺人的吸纳不无关系。金太宗天会五年，即靖康二年（1127），金国灭北宋，取汴京经籍图书，并掳掠杂剧艺人和其他艺人等数千人，押往金国。据《三朝北盟会编》卷七十七载：

（一月）二十五日……金人求索诸色人。金人求索御前祗候：方脉医人、教坊乐人、内侍官四十五人；露台祗候妓女千人，蔡京、童贯、王黼、梁师成等家歌舞宫女数百人。先是权贵家舞伎内人自上即位后皆散出民间，令开封府勒牙婆媒人追寻之。……杂剧、说话、弄影戏、小说、嘌唱、弄傀儡、打筋斗、弹筝、琵琶、吹笙等艺人一百五十余家，令开封府押赴军前。

二十六日……金人来索什物仪仗等……诸科医工百七十人，教坊乐工四百人。……又取大内人街坊女弟子女童及权贵戚里家细人……凡千余人，自选端丽者，府尹悉捕，倡优内夫人等莫知其数，押赴教坊钤择……又取车辂冠冕及女童六百人，教坊乐工数百人。②

同书卷七十八载：

二十九日己未……金人来索诸人物。金人又来索尚方药饵以至樽罍笾豆……自二十五日搜索夫人倡优等选择，又征求及戚里家女使等不可计数。数车辙运送者已尽，肩舆以充，货轿之家尽取无遗。……

①（宋）徐梦莘：《三朝北盟会编》卷二十，文渊阁《四库全书》册三百五十，上海：上海古籍出版社1987年版，第154页。

②（宋）徐梦莘：《三朝北盟会编》卷七十七，文渊阁《四库全书》册三百五十，上海：上海古籍出版社1987年版，第615页。

三十日庚申……金人又索诸人物。是日又取画匠百人，医官二百，诸般百戏一百人，教坊四百人……帘前小唱二十人，杂戏一百五十人，舞旋弟子五十人……御前法物仪仗内家乐女、乐器、大晟乐器钧容班一百人。

（二月）二日壬戌……金人再取索诸人物。是日，来取索后妃服琉璃玉器，再要内夫人杂工伎伶人内官等家属，开封府追捕极峻。[①]

金人北掳的汴京各类伎艺人名目及人数还有不同的说法。如宋人耐庵辑《靖康稗史笺证》收李天民辑《南征录汇》引克锡《青城秘录》云："女乐等一千五百人，各色工艺三千人。"无名氏《宋俘记》云："诸色目三千余人，教坊三千余人。"[②]但不管具体数目是多少，金朝对于汴京杂剧艺人的掳掠几乎是毁灭性的，而北掳的这些伎艺人，使得金代宫廷教坊迅速得到了扩充，也使得金代杂剧在金灭北宋后迅速发展起来。特别是在金世宗、金章宗时期，金代宫廷杂剧和民间杂剧进入了非常繁荣的时期。

金灭北宋之后，经过20多年的休养生息和对汉文化的吸纳，在金世宗大定年间（1161—1189）呈现盛世景象。刘祁《归潜志》称："世宗天资仁厚，善于守成，又躬自简约以养育士庶，故大定三十年几致太平。所用多敦朴谨厚之士，故石琚辈为相，不烦扰，不更张，偃息干戈，修崇学校，议者以为有汉文景风。此所以基明昌、承安之盛也。"[③]《金史·世宗本纪》亦谓："当此之时，群臣守职，上下相安，家给人足，仓廪有余，刑部岁断死罪，或十七人，或二十人，号称'小尧舜'。"[④]金代杂剧就是在这样的社会背景下迅速成长并传播开来的。有关金代燕京宫廷杂剧的演出情况，文献史料所见不多，仅有寥寥几则记载。《金史·元妃李氏传》就记有，钦怀皇后没世，章宗欲立李氏为皇后，大臣直谏，帝不得已，晋封李氏为元妃，而位势显赫，与皇后一样：

①（宋）徐梦莘：《三朝北盟会编》卷七十八，文渊阁《四库全书》册三百五十，上海：上海古籍出版社1987年版，第619页下。

②（宋）耐庵等辑：《靖康稗史笺证》，北京：中华书局2010年版，第136页。

③（金）刘祁：《归潜志》卷十二，北京：中华书局1983年版，第136页。

④《金史》卷八《世宗本纪》，缩印本《二十四史》第17册，北京：中华书局1997年版，第64页。

一日，章宗宴宫中，优人瑇瑁头者戏于前。或问："上国有何符瑞？"优曰："汝不闻凤皇见乎？"其人曰："知之，而未闻其详。"优曰："其飞有四，所应亦异。若向上飞则风雨顺时，向下飞则五谷丰登，向外飞则四国来朝，向里飞则加官进禄。"上笑而罢。[①]

这里，"里飞"二字即"李妃"的隐语，鉴于李妃十分显赫的地位，且又深得章宗喜爱，杂剧艺人在皇帝面前不敢明谤，只能借隐语来发泄怨怒之情。其中所记只是有关时政的插科打诨，并不能真正了解金杂剧的全貌。又据《金史·章宗本纪》及《大金国志》，明昌二年（1191）正月加上太后尊号，金章宗曾在宣华殿宴集百官及宫人、内外命妇，"纵诸伶人百端以为戏"，[②] 同年十一月，又"禁伶人不得以历代帝王为戏"。[③] 又《大金国志》卷三十云："伶官往日作杂剧，每装假官人，今日张太宰作假官家。"这说明，金代宫廷杂剧是非常盛行的。

然而，能代表金代杂剧主流的应该是民间杂剧——金院本。而金院本演出的繁盛区域为山西古平阳地区。山西古平阳地区有着丰厚的历史文化积淀。传说"尧都平阳，舜都蒲坂，禹都安邑"。而根据考古发掘，如襄汾丁村遗址、襄汾陶寺遗址、侯马晋国遗址等，均表明这一地域与华夏文明的起源息息相关。这里东连上党，西接关陕，南通汴洛，北阻晋阳，一向属经济富庶之区。特别是金元时期，这一带雕版印刷业十分兴旺。金天会年间，开始在此设局刻书，一时坊肆荟萃。金人张宇《上巳日游平湖》有"脆管当筵清似语，扁舟争岸疾如梭。一时人物成高会，千里云山入浩歌"之咏叹。诸宫调的兴起与最初的流行地域乃平阳地区。据宋王灼《碧鸡漫志》卷二："熙丰、元祐间……泽州孔三传者，首创诸宫调古传，士大夫皆能诵之。"泽州，金代属河东路，元代属平阳路。可以设想，在当地如果没有深厚的民间音乐的群众基础，绝对不会诞生出像孔三传这样的诸宫调大师。至今上党梆子仍被称作"上党宫调"；发现于潞城市南贾村的明万历二年（1574）手抄本《迎神赛社礼节传簿四十曲宫调》，保留了唐宋四十大曲的基本面貌而以"宫调"名之，即可说明这一点。影响所及，同属河东路的平阳各地诸宫调的流行就成为自然而然的事情。现存的两种金代诸宫调曲本为无名氏的《刘知远诸宫调》

---

①《金史》卷六十四《元妃李氏传》，缩印本《二十四史》第17册，北京：中华书局1997年版，第397页。
②《金史》卷九《章宗本纪》，缩印本《二十四史》第17册，北京：中华书局1997年版，第68页。
③《金史》卷九《章宗本纪》，《二十五史》，上海：上海古籍出版社1986年版，第30页。

和董解元的《西厢记诸宫调》。前者出土于甘肃黑水城，原刊于平阳，而平阳又是后汉高祖刘知远的故乡。后者产生于金章宗时期，产生于何地虽不可考，但从所写内容为河东蒲州事以及作者对蒲州环境的熟悉程度来推测，言其产生于古平阳盖与事实相去不远。2000 年 5 月，由侯马市文物局主持发掘的侯马二水金承安五年（1200）四号墓，就发现有墨书诸宫调残曲三支，[①] 虽然未见整本的诸宫调唱词，但将诸宫调只曲写入墓葬的墙壁上，足见金代平阳地区民间说唱诸宫调风习的盛行，且说明词曲创作已开北曲之先河。这也就是钟嗣成在《录鬼簿》中将董解元列诸第一，认为北曲"以其创始"以及朱权《太和正音谱》以为董解元"始制北曲"的原因。

可以设想，当北宋后期汴京杂剧在河南一带传播时，其中的几支可能已经顺着商业通道来到山西的平阳地区。一支沿汴京、洛阳、洛宁、三门峡过黄河到达山西的风陵渡、解州、闻喜、稷山、新绛、曲沃、侯马、临汾；一支沿汴京、渑池过黄河到达山西的垣曲、闻喜、稷山，再往北推进；另一支则从汴京、温县、荥阳、焦作翻越太行山到达山西的泽州（今晋城市）、潞州（今长治市）、沁州（今沁县）、洪洞、临汾。这几支与古平阳地区的优戏相互交流、融合，成为金杂剧的先驱。在蒲县河西村娲皇庙发现的宋杂剧人物石雕财盆（约为宋嘉祐年间）[②]、洪洞县英山舜帝庙发现的宋天圣七年（1029）杂剧碑趺线刻[③]、垣曲县坡底村宋金墓杂剧砖雕[④]，以及最早记载修舞楼的三通宋碑，即万荣县桥上村后土庙宋真宗天禧四年（1020）《创建后土圣母庙记》、沁县城内关帝庙宋神宗元丰三年（1080）《威胜军新建蜀荡寇将□□□□关侯庙记》、平顺县东河村九天圣母庙宋徽宗建中靖国元年（1101）《潞州潞城县三池东圣母仙乡之碑》等，都向我们透露出这样一个信息。加上被金人北掳的伎艺人在北上的途中大量逃亡，如宋代无名氏《宋俘记》所言"逮至燕、云，男十存四，妇十存七，孰存孰亡，瞢莫复知"，使得这些散亡的伎艺人流落到古平阳一带，成为催化这一地区杂剧艺术发展的力量。

---

① 杨及耘、高青山：《侯马二水 M4 发现墨笔题书的墓志和三篇诸宫调词曲》，《中华戏曲》，第 29 辑，北京：文化艺术出版社 2004 年版。

② 延保全：《山西蒲县宋杂剧石刻的新发现与河东地区宋杂剧的流行》，《文学前沿》，2002 年第 2 期；另见延保全《蒲县娲皇庙宋杂剧石雕香台订名及年代判定的一个旁证》，《中华戏曲》，第 31 辑，北京：文化艺术出版社 2004 年版。

③ 金小民：《宋代乐舞杂剧碑趺线刻的新发现》，《中华戏曲》，第 31 辑，北京：文化艺术出版社 2004 年版。

④ 廖奔：《中国戏剧图史》图 2—36，郑州：河南教育出版社 1996 年版。

关于金院本的脚色类型，据夏庭芝元至正十五年（1355）《青楼集·志》：

唐时有传奇，皆文人所编，犹野史也，但资谐笑耳。宋之戏文，乃有唱本，有诨。金则院本、杂剧合而为一。至我朝乃分院本、杂剧为二。院本始作，凡五人：一曰副净，古谓参军；一曰副末，古谓之苍鹘，以末可扑净，如鹘能击禽鸟也；一曰引戏；一曰末泥；一曰孤。又谓之“五花爨弄”。①

亦见陶宗仪《南村辍耕录》所载：

唐有传奇，宋有戏曲、唱诨、词说，金有院本、杂剧、诸宫调。院本、杂剧其实一也，国朝，院本、杂剧，始厘而二之。院本则五人：一曰副净，古谓之参军；一曰副末，古谓之苍鹘，鹘能击禽鸟，末可打副净，故云；一曰引戏；一曰末泥；一曰孤装。又谓之五花爨弄。②

金杂剧又称金院本，在《青楼集》和《南村辍耕录》之前的史料中并未见到过。包括元代的史家在《宋史》《辽史》和《金史》的“乐志”中所采用的均为“杂剧”的概念。其实，这正透露出杂剧在金代发展的过程中，正统与非正统分途运作的情形。也就是说，当金代宫廷杂剧获得了大量宋室杂剧伎乐人而得到滋养的同时，民间杂剧——金院本也如火如荼地盛行起来。所不同的是金院本多由乐户及其乐户组成的行院在民间献演，行院所演的杂剧底本即称“院本”。“行院者，大抵金元人谓倡伎所居。其所演唱之本，即谓之院本云耳。”③“院本者，行院之本也。”④这也就是“院本、杂剧其实一也”的实际含义。

由上引《青楼集·序》和《南村辍耕录》可知，金院本的脚色与宋杂剧的脚色基本一样，在四人或五人的基础上进一步固定为五个脚色。在宋杂剧中，装孤并不是一个常设的脚色类型，而是按照演出的需要随时添加，而到了金院本中，则成为一个必不可少的脚色类型，成为“五花爨弄”中的五人脚色行当之一。

---

①（元）夏庭芝：《青楼集》，《中国古典戏曲论著集成》册二，北京：中国戏剧出版社 1959 年版，第 7 页。
②（元）陶宗仪：《南村辍耕录》，北京：中华书局 1959 年版，第 306 页。
③ 王国维：《宋元戏曲史》，北京：东方出版社 1996 年版，第 57 页。
④（明）朱权：《太和正音谱》上卷，《中国古典戏曲论著集成》册三，北京：中国戏剧出版社 1959 年版，第 53 页。

下面再看金代戏曲文物中所展示的金杂剧脚色形象：

编号	名称	发现地	脚色人数	脚色排序	公布情况及资料出处	时间
1	垣曲坡底墓杂剧砖雕	山西省垣曲县坡底（一说后窑村）	5	副净 副末 装孤 引戏 末泥	1973年发现。见杨生记、吕辑书、韩树伟《垣曲古墓戏剧砖雕探微》，《戏友》1987年第4期	金大定三年（1163）
2	稷山马村段氏M2杂剧砖雕	山西省稷山县马村	4	末泥 副末 装孤 副净	1973—1979年间发现。见山西省考古研究所《山西稷山金墓发掘简报》，《文物》1983年第1期	金初
3	稷山马村段氏M3杂剧砖雕	同上	5	装孤 末泥 引戏 副末 副净	同上	同上
4	稷山马村段氏M4杂剧砖雕	同上	4+1	装孤 引戏 （副末） 副净 末泥	同上	同上
5	稷山马村段氏M5杂剧砖雕	同上	4+1	（引戏） 副净 副末 末泥 装孤	同上	同上
6	稷山马村段氏M8杂剧砖雕	同上	5	引戏 装孤 副净 副末 末泥	同上	同上
7	稷山化峪M2杂剧砖雕	山西省稷山县化峪镇	5	装孤 引戏 副净 副末 末泥	1979年发现。见山西省考古研究所《山西稷山金墓发掘简报》，《文物》1983年第1期	金代

编号	名称	发现地	脚色人数	脚色排序	公布情况及资料出处	时间
8	稷山化峪 M3 杂剧砖雕	同上	5	装孤 末泥 副净 副末 引戏	同上	同上
9	稷山苗圃 M1 杂剧砖雕	山西省稷山县城西南	4	装孤 副末 副净 末泥	同上	同上
10	侯马董明墓戏俑	山西省侯马市	5	副末 引戏 装孤 末泥 副净	1959 年发现。山西省文管会侯马站《侯马金代董氏墓介绍》，《文物》1959 年第 6 期	金大安二年（1210）
11	侯马晋光杂剧砖雕	山西省侯马市	5	装孤 副净 引戏 副末 末泥	1995 年发现。见山西省考古研究所侯马工作站《侯马两座金代纪年墓发掘报告》	同上
12	侯马 104 号金墓杂剧俑	山西省侯马市	4	副净 装孤 副净 末泥	1965 年发现。见杨富斗《山西侯马 104 号金墓》，《考古与文物》1983 年第 6 期	金代
13	义马墓杂剧砖雕	河南省义马市新市区南郊	4	装孤 副净 副末 末泥	1988 年发现。见三门峡市文物工作队、义马市文物管理委员会《义马金代砖雕墓发掘简报》，《华夏考古》1993 年第 4 期	金代
14	焦作西冯封墓杂剧俑	河南省焦作市西冯封村	5	副末 副净 引戏 装孤 末泥	1965 年发现，1973 年清理。见河南省博物馆、焦作市博物馆《河南焦作金墓发掘简报》，《文物》1979 年第 8 期	金代

编号	名称	发现地	脚色人数	脚色排序	公布情况及资料出处	时间
15	垣曲古城墓杂剧砖雕	山西省垣曲县古城村	5	拍板色 副末 末泥 引戏 大鼓色	1954年（一说1958年）发现。见常之坦《垣曲宋墓杂剧雕砖考证》，《晋阳学刊》1958年第4期。该墓无纪年，和垣曲坡底金墓砖雕相似，故断为金代	金代
16	修武大位墓杂剧砖雕	河南省修武县郇封镇大位村	5	引戏 副末 副净 末泥 装孤	1992年发现。见马正元等《河南修武大位金代杂剧砖雕墓》，《文物》1995年第2期	金代
17	平定西关墓杂剧壁画	山西省平定县城关镇西关村	5	末泥 （兼司鼓） 装孤 副净 副末 副净	1994年发现。见商彤流、袁盛慧《山西平定宋、金壁画墓简报》，《文物》1996年第5期	金代

在上列17种杂剧砖雕和杂剧壁画中，仔细分析有以下几种情况：

（一）仅有四个脚色的有四种，分别是稷山马村段氏M2杂剧砖雕（末泥、副末、装孤、副净）、稷山苗圃M1杂剧砖雕（装孤、副末、副净、末泥）、侯马104号金墓杂剧俑（副净、装孤、副净、末泥）、义马墓杂剧砖雕（装孤、副净、副末、末泥）。其中侯马104号金墓杂剧俑与侯马董明墓戏俑同出一模，只是缺少副末与引戏，而有两个同模的副净，可以看作是对于侯马董明墓杂剧俑的不完全照搬。前两者则均无引戏。

（二）乐队和杂剧脚色前后分列，前排站立杂剧脚色四人，但实际杂剧脚色为五人者两种。稷山马村段氏M4杂剧砖雕的前排杂剧脚色由左至右为装孤、引戏、副净、末泥；后排乐伎五人，分别是吹觱篥者、执拍板者、吹横笛者、击杖鼓者和击教坊鼓者，其中击教坊鼓者戴牛耳幞头，右手执磕瓜，面目滑稽，当为串演副末色者。稷山马村段氏M5杂剧砖雕的前排杂剧脚色由左至右为副净、副末、末泥、装孤；后排乐床上坐四人，其中，乐伎三人，坐排场一人，此一坐排场者当可串演引戏色。

（三）杂剧脚色和乐伎混同为五人者两种。其中垣曲古城墓杂剧砖雕五人，分别是拍板色、副末、末泥、引戏、大鼓色。显然，原墓中当有完整的杂剧和伎乐两组砖雕，惜已不存。对照垣曲坡底墓杂剧砖雕，可以确定其杂剧脚色亦为五人。

平定西关墓杂剧壁画绘有五人，其中，司鼓一人，另外四人为装孤、副净、副末、副净。从司鼓者来看，其眉毛、眼睛、嘴唇都有涂黑之化装，可知这也是一个可以随时上场的脚色，当为末泥色。

（四）明确为五个脚色的共九种。这就是说，在 17 种杂剧砖雕和杂剧壁画中，除去明显为四个脚色的三种外，共五个脚色的 14 种，占到全部的 80%多。这说明《青楼集》和《南村辍耕录》所记载的金院本的脚色构成与宋杂剧相比，更加完整和固定化，因此才有“五花爨弄”之说。

还有一点要特别注意，那就是在宋杂剧中“或添一人”的装孤，到了金院本中其地位已经发生了变化。上列 17 种杂剧砖雕和杂剧壁画，除了垣曲古城墓杂剧砖雕外，其他 16 种皆有装孤色。而前面分析过垣曲古城墓所出土的是杂剧脚色和乐伎的混合，原本墓中的杂剧色应该是完整的五个。由此可知，在金院本中，装孤已经成为一个固定的必不可少的脚色。其地位的上升又表现为以下几点：第一，从脚色所处的位置看，从左至右或从右至左排在第一位的有九种；排在中间位置的有两种；第二，一个剧中有时不只设一个装孤，而是设两个，如稷山马村段氏 M2 杂剧砖雕。就《南村辍耕录》所载六百九十种“院本名目”看，直接以“孤”命名的剧目就有《乔托孤》《旦判孤》《计算孤》《双判孤》《百戏孤》《哨咕孤》《烧枣孤》《孝经孤》《菜园孤》《货郎孤》《酸孤旦》《老孤遣旦》《眼药孤》《阴阳孤》等；还有相当一部分没有直接以“孤”命名，但明显地是以“孤”为表现内容的，如所有的“上皇院本”14 种，所有的“霸王院本”六种，还有其他如《呆太守》《画堂前》《梦周公》《王安石》《病襄王》《官吏不和》《判不由己》《大勘刀》《同官不睦》《同官贺授》《四国来朝》《刺董卓》《鲁李王》《打王枢密爨》《断朱温爨》《谒金门爨》《蔡伯喈》《卖官衣》《大刘备》《还故里》《霸王草》等，正好和文物形象相互印证。①

副末与副净的脚色位置似乎没有太大的变化，这两个脚色仍然如影随形。上列 17 种杂剧砖雕和杂剧壁画，副末和副净两个脚色排在一起的有 11 种，含副末和副净两个脚色的有 15 种。这说明在金杂剧中，有不少仍然以副末、副净为主的富有滑稽色彩的调笑剧目。《南村辍耕录》所载的院本名目，此类剧目也非常可观，如《蔡消闲》《方偷眼》《三笑图》《呆秀才》《合房酸》《麻皮酸》《花

---

①《南村辍耕录》卷二十五，北京：中华书局 1959 年版，第 307—311 页。

酒酸》《还魂酸》《狗皮酸》《别离酸》《三缠酸》《谒食酸》《三楪酸》《闹学堂》《闹浴堂》《宽布衫》《泥布衫》《坏食店》《闹酒店》《坏粥店》《打五脏》《闹结亲》《呆大郎》《四酸擂》《竞敲门》《闹巡铺》《闹平康》《四酸讳偌》《闹棚阑》《闹文林》《双捉壻》《酒色财气》《斗鹌鹑》《四酸提猴》《双斗医》《赊馒头》《矇哑质库》《院公狗儿》《酸卖徕》《五鬼听琴》《大论谈》《闹元宵》《赶村禾》《是耶酸》《怕水酸》《回回梨花院》《闹夹棒六么》《闹夹棒法曲》《逍遥乐打马铺》《集贤宾打三教》《夜深深三磕胞》《喷水胡僧》《打注论语》《四偌大提猴》《三偌一卜》《调猿卦铺》《四偌卖诨》《四偌抹紫粉》《四偌劈马桩》《食店提猴》《调猿香字爨》《煎布衫爨》《赖布衫爨》《打三十》《打八哥》《憨郭郎》《小闹掴》《三般尿》《大惊睡》《小惊睡》《乔捉蛇》《打淡的》《乔道场》《串梆子》《拖下来》《酒槽儿》《苗青根白》《调笑令》《斗鼓笛》《调刘衮》《一借一与》《呆木大》《驴轴不了》《说古棒》《唱拄杖》《胡饼大》《嘴揾地》《四厨子》《三文两扑》《眼里乔》《大烧饼》《胡说话》《则要胡孙》《看马胡孙》《马屁勃》《秃丑生》等。①

从上面列表中还可以看出，金院本的脚色在具体的排列过程中，还没有形成非常固定的规范，也就是说，在上列 17 种戏曲砖雕和戏曲壁画中，没有一种杂剧脚色的排列是和另一种完全一样的。但是，副末和副净在五个脚色行当中仍然处于主体地位，装孤作为正剧的主要脚色正在逐步取代末泥或与末泥合流，而越来越成为杂剧中的重要脚色。

另外，由宋杂剧到金院本的一个重要发展变化，就是金杂剧改变了杂剧的三段式演出体制。两宋时期，杂剧一直是分段演出的。从宋代宫廷宴乐的节次排比看，杂剧表演常常是夹在大型舞蹈队舞的演出中进行。队舞分小儿队和女童队两种，“小儿各选年十二三者二百余人，列四行”②，在悠扬的乐声中轻歌曼舞，舞毕，“勾杂剧入场，一场两段”，有时加杂扮，构成三段。然后再放小儿队出场表演群舞。这里，杂剧作为队舞中插演的调笑节目，起到了调节场次的作用。河南省偃师市酒流沟杂剧砖雕可以清楚地看出这种分段的痕迹。宋杂剧特别是宋代宫廷杂剧作为大型宫廷宴乐的组成部分，就决定了其在演出内容上的非连贯性。而金杂剧，

①《南村辍耕录》卷二十五，北京：中华书局 1959 年版，第 307—314 页。

②（宋）孟元老：《东京梦华录》（外四种）卷九“宰执亲王宗室百官入内上寿”条，北京：文化艺术出版社 1998 年版，第 60 页。

特别是金代民间杂剧——院本所具有的民间特质，即随处作场于广大的乡村，为了吸引更多的观众，使得其在表演内容上不仅讲求故事性，还讲求表演的整体连贯。这一点可以通过稷山马村段氏 M2 杂剧砖雕和平定西关墓杂剧壁画有一个清晰直观的认识。因为无论是稷山马村段氏 M2 杂剧砖雕，还是平定西关墓杂剧壁画，均表现的是一幅完整的、统一的、集中的、人物之间又彼此呼应的戏剧场面，从而向“真戏剧”迈进了重要的一步。

第三节 元代杂剧的脚色行当

戏曲发展到元代，进入到它的第一个黄金时期。这一时期的戏曲已经将歌舞和故事表演相互融合，形成了体制更加完备的艺术形式，这就是北杂剧。北杂剧是在宋金杂剧的基础上，吸纳了民间说唱艺术如诸宫调等的艺术养分而产生的，在它产生与形成的早期又与古平阳地区有着密不可分的关系。

多种迹象与证据表明，在金元之交，北曲杂剧业已形成，但未最后定型为四折一楔子。有人对于元杂剧为何一经出现便高度成熟、流播全国迷惑不解，原因就在于不了解金元间平阳地区戏曲活动的相互传承与相互联系。实际上，有学者已经开始注意到，现存的 160 余种“元杂剧”剧本，有一部分为金代作品，并进而提出“金元杂剧说”[①]。很难设想，没有金代杂剧的繁荣，会有元代杂剧的横空出世。有了金杂剧的探索和铺垫，才使得杂剧这一演艺形式在蒙古人入主中原后，迅速称霸曲坛。与金杂剧的流行一脉相承，从元初始，平阳地区就活跃着一批土生土长的优秀的杂剧作家，他们的成熟与多产，得力于家乡丰厚戏剧土壤的滋润。据元钟嗣成《录鬼簿》记载，如果关汉卿确为平阳解州人[②]的话，属于平阳籍的杂剧作家共有八人，其他七人为石君宝、于伯渊、赵公辅、李行道、孔文卿、狄君厚、郑光祖，共创作杂剧 96 种（其中关汉卿 58 种），约占元杂剧剧本总目的五分之一，足见平阳地区杂剧创作活动的繁荣程度，从而使平阳地区成为有元一代仅次于大都的北杂剧编演最为发达的地区。

也就是说，早期的北杂剧主要是流行在今山西、河南，并逐步向河北、山东

---

① 徐朔方：《金元杂剧的再认识》，《中华文史论丛》，第 46 期。

② 谭正璧：《元代戏剧家关汉卿》，上海：上海文化出版社 1957 年版，第 2 页。

等以黄河流域为主的地区蔓延，使得平阳、真定、大都（今北京）、东平等地呈一时之盛。后期的北杂剧则向南转移，波及今江苏、浙江、江西、湖南、湖北等江南各省，浙江的杭州成为北杂剧后期繁盛的中心。

依据现存的北杂剧剧本，包括产生年代最早的《元刊杂剧三十种》、臧懋循编刻于万历四十三年（1615）和万历四十四年（1616）的《元曲选》、早于《元曲选》或与之同时的由李开先在嘉靖年间（1555—1566）刊刻的《改定元贤传奇》、明赵琦美万历年间编辑的《脉望馆钞校本古今杂剧》、明新安徐氏万历十七年（1589）覆刻本《古名家杂剧》、明息机子万历二十六年（1598）编刻的《杂剧选》、明黄正位万历三十七年（1609）编刻的《阳春奏》、明万历至天启年间的顾曲斋刊本《古杂剧》和陈氏继志斋刊本《元明杂剧》、孟称舜于明崇祯六年（1633）编刻的《古今名剧合选》等，北杂剧的脚色可大致分为三类：末类、旦类和净类，每一类又可细分一些名目。末类名目有正末、外末、外、副末、冲末、大末、小末、老末等；旦类名目有正旦、外旦、贴旦、副旦、老旦、搽旦、大旦、小旦等；净类名目有净、正净、外净、贴净、丑等；另外还有一些脚色如孤、卜儿、俫儿等等。

从元杂剧剧本中所显示的北杂剧脚色的名目看，其门类极为繁多。可知北杂剧的表演已经是一种丰富细腻的戏曲表演，北杂剧的各类脚色足以构成较为完备的脚色体制。但是，北杂剧脚色的名目虽多，从行当化的表演看，还只有末、旦、净三行。尽管如此，与宋金杂剧、院本相比，其脚色行当的分蘖还是细密了许多。这种完备和细密化也经历了一个相当的过程。就已经发现的元代戏曲文物来看，早期的元杂剧脚色与金院本脚色颇为相类，可以看到两者一脉相承的亲缘关系。

现存的元代戏曲雕刻和戏曲绘画包括：

编号	名称	发现地	脚色人数	脚色排序	公布情况及资料出处	时间
1	芮城永乐宫潘德冲石棺杂剧线刻	山西省芮城县永乐镇（原属永济市）	4	末泥（外末） 副净 装孤（正末） 副末	1960年初发现。见李凤山等《山西芮城永乐宫旧址宋德方、潘德冲和“吕祖”墓发掘简报》、徐苹芳《关于宋德方和潘德冲墓的几个问题》，《考古》1960年第8期	元中统元年（1260）

编号	名称	发现地	脚色人数	脚色排序	公布情况及资料出处	时间
2	新绛吴岭庄卫家墓杂剧砖雕	山西省新绛县泽掌镇吴岭庄	5	引戏（装旦） 副末 装孤（正末） 副净 末泥（外末）	1979年发现。见黄竹三等《元初戏剧演出的重要史证——山西新绛元墓戏雕考述》,《山西师院学报》1981年第2期	元至元十六年（1279）
3	稷山店头墓杂剧砖雕	山西省稷山县下迪乡店头村	5	装孤 副净 副末 副净 引戏（装旦）	1983年发现。见廖奔《宋元戏曲文物与民俗》，文化艺术出版社1989年版，第109页	元至元二十六年（1289）前后
4	运城西里庄墓杂剧壁画	山西省运城市西里庄	5+1	引戏（装旦） 副净 装孤（正末） 副末 末泥（外末） 俫儿	1986年发现。见山西省考古研究所《山西运城西里庄元代壁画墓》，《文物》1988年第4期。另见杨富斗《运城西里庄元墓戏剧壁画刍议》，王泽庆《元代戏剧壁画〈风雪奇〉》，张之中、窦楷《元杂剧演出的实例——运城西里庄元墓壁画〈风雪奇〉考释》，《中华戏曲》第五辑，山西人民出版社1988年	元至大年间（1308—1311）
5	新绛寨里墓杂剧砖雕	山西省新绛县城关寨里村	5	引戏（装旦） 副末 装孤（正末） 副净 引戏（装旦）	1963年发现。见山西文物工作委员会侯马工作站《山西新绛寨里村元墓》，《考古》1966年第1期	元至大四年（1311）
6	洪洞明应王殿杂剧壁画	山西省洪洞县广胜寺镇	5+2	外末（末泥） 装旦（引戏） 副末 正末（装孤） 副净 装旦（引戏） 卜儿	祁英涛、杜仙洲、陈明达《两年来山西省新发现的古建筑》，《文物参考资料》1954年第11期；刘念兹《元杂剧演出形式的几点初步看法——明应王殿元代杂剧壁画调查札记》，《戏曲研究》1957年第2期	元泰定元年（1324）

编号	名称	发现地	脚色人数	脚色排序	公布情况及资料出处	时间
7	丰城青花釉里红戏曲瓷雕	江西省丰城市	4	二持扇者 二舞者	1979 年发现。见杨后礼、万良田《江西丰城县发现元代纪年青花釉里红瓷器》，《文物》1981 年第 11 期；《中国戏曲志·江西卷》，中国 ISBN 中心 1998 年版，第 702 页	元后至元四年（1338）
8	丰城戏曲瓷枕	同上	12 前后各四，左右各二	不详	1981 年发现。万良田《江西丰城发现元影青雕塑戏台式瓷枕》，《文物》1984 年第 8 期	元代

上述八种戏曲文物，除了第 7 和第 8 种为表现南方民间地方小戏（脚色类型不太明显）外，其余均集中在古平阳和河东地区，而这一区域正是金杂剧和金院本向元院本和元杂剧过渡的重要区域。

芮城永乐宫潘德冲石棺杂剧线刻可以说是元代最早的戏曲文物。潘德冲是元代全真教人物，丘处机弟子，于元太祖十五年（1220）跟随丘处机到八鲁湾谒见过成吉思汗，曾任河东南北两路道教都提点兼永乐镇纯阳宫住持。据《甘水仙源录》卷五《冲和真人潘公神道碑》，潘德冲卒于元宪宗六年（1256），世祖中统元年（1260）下葬，石棺当在这四年内雕造。以世祖中统元年计，距金代灭亡之金天兴三年（1234）才 26 年，距有纪年的金大安二年（1210）侯马董明墓也只有 50 年，由此可以看出两者之间的继承关系。有学者认为，从其演出场景来看，不像是以唱为主的元杂剧演出，而像是直接由金院本继承而来的滑稽科诨表演，并径称其为“潘德冲石椁院本图”①。从脚色配置来看，从左至右分别是末泥、副净、装孤、副末。金元杂剧、院本脚色名称的变化通过文献及剧本的记载可以看得很清楚，诸如装孤、末泥、引戏等在元杂剧的剧本中不复存在，而是转化成了相对应的脚色，但是，这种变化的确切时间是什么时候却是模糊的。种种迹象表明，正末是由装孤和末泥转化而来，而末泥色同时又向外末转化，装旦又由引戏转化而来。事实上，从实物图像上看，人们很难说出潘德冲石棺线刻图中的正末与以往发现的金代杂剧砖雕中的装孤有什么不同，因为他们的服饰和扮相大致一样。尽管如此，我们还是能找到这种变化的细微点，即潘德冲石棺杂剧线刻图

① 廖奔：《宋元戏曲文物与民俗》，北京：文化艺术出版社 1989 年版，第 206 页。

明显是以装孤为中心构成一个彼此间相互呼应的戏剧演出的场景。副末和副净分列正末两旁而立，围绕正末而做出滑稽的表情和动作，正末则表情严肃，加上末泥与装孤的对比，构成一庄一谐的戏剧气氛，展示出装孤向正末转变的初始信息。

新绛吴岭庄卫家墓杂剧砖雕距芮城永乐宫潘德冲石棺杂剧线刻 19 年，其脚色配置为五人，从左至右为引戏、副末、装孤、副净、末泥。引戏色到了元代，虽然其扮相仍然是持扇作态，但“吩咐”的功能已经完全消失，也就是说，原来为了适应“礼仪化”演出而存在的“引戏”在新的形势下已显得多余，其“赞礼”的功能逐渐淡化，而脚色功能逐渐加强，向着纯粹的脚色发展。从某种意义上说，原来的“引戏”可以说融入了“装旦”中，与“旦”合二为一了。[①]故对于女性角色的装扮，多称其为“装旦”。副末与副净仍然是分置在装孤的两侧，副末所持之道具还是“皮棒槌”，居中站立的装孤进一步确立了其在剧中的“末”之正的地位，其戴展脚幞头、穿圆领大袖红袍、双手置于胸前或秉笏的装扮开始固定化。值得注意的是最后一人，身穿圆领束袖紧身蓝袍，双手提袍外张，与传统戏曲中的短打武生非常相似，也是金墓戏雕戏俑所未曾见到的形象，有学者认为这是一个新出现的“末”脚，[②]真可谓独具慧眼。

稷山店头墓杂剧砖雕与新绛吴岭庄卫家墓杂剧砖雕相差时间不太远，但脚色配置不尽相同。除了引戏——装旦的位置没有变化外，居中者为副末，两侧分置副净各一，这表明滑稽调笑在元院本中仍然占有一定的比重。特别是两个“同模”副净的设置，似有深意。如果排除掉因临时的拼凑而不得不使用同模的两块砖雕，那另一种解释就是在戏曲舞台上，“净”这一行当也在悄悄地酝酿着新的分蘖。

运城西里庄墓杂剧壁画没有确切的纪年，根据墓中出土的最晚的铜钱元“至大通宝”，可知其当在 1308—1311 年之间，与稷山店头墓杂剧砖雕相差 20 年左右。该壁画除了固定的五人脚色外，出现了一个罕见的脚色形象——倈儿，这在此前的文物图像中是不曾见到的。金“院本名目”有《酸买倈》一剧，元杂剧《看钱奴买冤家债主》第二折有周荣祖领旦儿卖倈儿事。《西厢记》一本楔子【仙吕·赏花时】曲有“旦倈扮红见科”，同剧一本一折又有“正末扮骑马引倈人上开”。《灰阑记》四折有“做画灰阑着倈儿踮脚科”等，可见元杂剧中扮演男女小孩角

① 王宁：《宋元乐伎与戏剧》，北京：文化艺术出版社 2003 年版，第 111 页。

② 山西师范大学戏曲文物研究所：《宋金元戏曲文物图论》，太原：山西人民出版社 1987 年版，第 22 页。

色的叫“徕儿”，也称“徕”“徕人”。壁画中“副末”身后探头窥视的小孩，脸蛋上施红色脂粉，不是画匠随便添设的人物，当系剧中人物，故事情节可能与“徕儿”有关。五人脚色中，从右至左分别为引戏、副净、装孤、副末、末泥。该引戏色与前不同，首先是未戴幞头，而直接束以圆髻，下露两只纤纤小脚，表明是女子装扮；其次是着圆领紧袖青袍，袍角扎入腰带右侧，内着深红色裙，也就是所穿非生活常服；再次是所执砌末不是扇子，而是将上部曲折之纸卷。这均表明引戏已经完全向旦色转化。副净裹独脚前挑幞头，着白底黑条方格纹长袍，腰系红色帛带，袒胸裸腿，露三处点青花绣，以黑墨贯左眼至腮，动作不再以手置口中作“呼哨”状，但看起来更滑稽，显示出“丑”可能由此与“净”分蘖的迹象。居中之装孤色戴展脚幞头、着红色圆领大袖长袍、双手执笏的装扮和造型，在继承新绛吴岭庄卫家墓杂剧砖雕中装孤色的基础上得到了强化。副末戴介帻，穿红色圆领带肩补子黑边窄袖长袍，腰系白巾，足蹬黑靴，所执之砌末仍然是皮棒槌，只是略显小巧，以至于有人误以为是“扇子”。[①]其实，手执“皮棒槌”正是副末这一脚色的标志，说明副末这一脚色的扮相及其功能在这时还没有发生变化。末泥色戴黑色无脚幞头，着橙红色圆领窄袖长袍，腰束红带，手拿上书“风雪奇”三字的戏折，作向观众展示剧目状。这一脚色与河南温县酒流沟宋墓杂剧砖雕中的那位手拿包裹之印章的脚色有相似之处，均有“主张”之意，但发展到元代，这一脚色的“主张”功能逐渐淡化，而成为剧中其他男性脚色的扮演者。

新绛寨里墓杂剧砖雕与运城西里庄墓杂剧壁画大概同时，又距稷山店头墓杂剧砖雕 22 年。在五人脚色中，装孤披袍秉笏居中，副末、副净围绕左右，与新绛吴岭庄卫家墓杂剧砖雕呈现出相同的格局。但左右两边各配置一个引戏——装旦，且两个旦色分别由一男一女来装扮，亦表明了在元杂剧中，随着演出的需要和戏剧情节的安排，女性角色的分化也势在必行。

绘于元泰定元年（1324）的洪洞明应王殿杂剧壁画距新绛寨里墓杂剧砖雕 13 年，上距芮城永乐宫潘德冲石棺杂剧线刻 64 年。有趣的是在这 64 年间，每隔十多年，最多 22 年，就有一组被发现的墓葬杂剧砖雕，记录着脚色演变的大致轨迹，至洪洞明应王殿杂剧壁画而渐趋完备。壁画中乐队和演员分前后两排站立，后排

① 廖奔：《宋元戏曲文物与民俗》，北京：文化艺术出版社 1987 年版，第 213 页。另见杨富斗：《运城西里庄元墓戏剧壁画刍议》，《中华戏曲》，第 5 辑，太原：山西人民出版社 1988 年版，第 213 页。

基本为乐队，前排为专职演员。前排右起一人戴进贤冠，着圆领鹤纹长袍，双手捧仪刀者为外；右二人戴黑漆幞头，着圆领宽缘青袍，乘皂靴，挂三髭髯，叉手而立者为副末；右三人即中一人，戴展脚幞头，着圆领大袖红袍，双手秉笏者为正末；右四人戴皂罗帽，着带凤鸟花卉宽缘及肩补子之虎纹黄袍，乘反穿之步履，裸胸，画浓眉，勾白眼圈，粘黑髯者为副净；右五人裹唐巾，着上绣衮黄龙之圆领青袍，乘黑皮靴，右手执纨扇，左手拽袍角者为装旦。后排五人中，除右一人为手执纨扇之女性外，其余分别是击拍板者、击杖鼓者、吹横笛者和击大鼓者。很显然，手执纨扇之女子虽然穿元代生活常服，没有像前排演员那样随剧中脚色身份而化装，当为前排装旦这一脚色之副，即贴旦无疑。右第三人虽为乐伎——击杖鼓者，从其绘卧蚕“吊眉”，两眉下面用白粉涂抹，挂满髯的面部化装来看，应该是在“副净”之外另外出现的又一“净”脚。还需注意的是在布幔后面的右侧，有一掀幔向外窥探的身着女装且年龄不大者，乃“倈儿”一类的脚色。只是年龄比运城西里庄墓壁画中的“倈儿”要大些，也进一步说明，这一时期“倈儿”的出现不是孤例。由此可以看得出，杂剧脚色不再以四人或五人为限，每一类型的脚色里边不再只有单一的上场脚色，而是出现了随时可以替补或应工的脚色。

经过对以上六种在山西古平阳和河东地区发现的戏曲雕刻和戏曲绘画逐一分析，可以清楚地看出，元杂剧的脚色配置，除了稷山店头墓杂剧砖雕是以“副末”居中外，其他五种全部是“装孤”居中，其作为“正末”的地位逐步地固定下来，其扮相则为戴展脚幞头、着圆领大袖红袍、手执笏板。以正末（或正旦）为中心的演剧模式的形成，使得以滑稽调笑为主要职能的副末与副净退到了次要的位置。尽管如此，在早期的元杂剧中，副末与副净仍然具有不可替代的地位，并显示出由副净色开始衍变分化出其他的“净”色和“丑”的迹象。一般认为，元杂剧中的正末是由末泥而来，其实，只要对已经发现的戏曲文物作一考察，就会发现，装孤与正末关系更为亲密一些，但并不是与末泥一点关系也没有，他的一部分职能给了正末，而大部分却为其他的“末”色所继承。引戏色原先“赞导”功能的退化，是其发展的必然，因为金院本乃至元杂剧不再是大型宴乐的附庸和点缀，而是成为独立的艺术样式，因此，其善舞、多由女性装扮或由男性扮为女性的特质被吸收，最终演变成专门扮演各种各样女性脚色的行当。

第七章　宋金杂剧脚色形象图考

由上一章对宋金元三代戏曲雕刻和戏曲绘画的纵向考察，对于宋杂剧、金院本和早期元杂剧的脚色行当及其大致的演变线索作了大致的勾勒。但由于这种勾勒是线条性和流动性的，而不是对每一脚色形象的定点观照，因此给人的感觉仍然是不甚清晰的，这就需要对主要脚色类型作一专门的考察。特别是宋金杂剧，作为一种根植于社会下层的、具有最广泛的群众基础的民间艺术，其所创造的脚色类型是普通老百姓所熟知、所喜闻乐见的，符合他们的朴素审美情趣和欣赏口味，因此其独特的造型和形象被复制、积淀，并用自己特有的方式记录下来、保存下来，为后世提供了加以研究的前提条件。宋金杂剧脚色确立了中国古代戏曲独特的脚色行当。作为特定的脚色，演员在剧中的身份地位、性格特征、服装砌末、化装扮相、表演风格就已基本定型，由此决定了某一脚色在所有的杂剧中只能扮演某一类和脚色自身的要求相同或相近的人物，这也就是为什么我们在宋金戏曲文物中能不时地看到似曾相识的脚色形象的原因。

第一节　末　泥

末泥是戏班组织和杂剧演出中的主要负责人，即宋人灌圃耐得翁《都城纪胜》“瓦舍众伎”所谓的“杂剧中末泥为长”。同书同条中还有一段关于教坊分工和管理情况的记录：

散乐，传学教坊十三部，唯以杂剧为正色。旧教坊有筚篥部、大鼓部、杖鼓部、拍板色、笛色、琵琶色、筝色、方响色、笙色、舞旋色、歌板色、杂剧色、参军色，色有色长，部有部头。[1]

① （宋）灌圃耐得翁：《都城纪胜》“瓦舍众伎”条，上海：上海古籍出版社 1993 年版，第 7 页。

《梦粱录》“伎乐”条在记录杂剧脚色之前也有相同的记载。“色有色长”，显然更多的是指对于某一类伎艺人的管理职能而言。宋代教坊所属俳优的总领班称“都色长”，“都色长”的属员称“色长”，为俳优的小领班。对于杂剧色中“为长”的末泥来说，他除了职司杂剧演出中的演员之外，另外一个很重要的职能就是负责戏班的组织和管理。

末泥之名在宋代文献之前从未出现过。倒是“末”作为脚色名称首见马令《南唐书·归明传》，其文曰：“（韩熙载）不拘礼法，常与雅易服燕戏，猱杂侍婢，入末念酸，以为笑乐。”“入末念酸”，即韩熙载装扮成末色而念诵一些酸腐陈词之意。由此可知，最晚到了南唐时期，“末泥”作为脚色名称就已经出现。

前人在探讨古剧脚色时，早就注意到了“末”与先秦及两汉民间音乐之间的联系。焦循《剧说》卷一引《怀铅录》云：“苍鹘谓之‘末’者，《周礼》四夷之乐有‘韎’。《东都赋》云，‘僸、佅、兜离，罔不毕集’，盖优人作外国装束者也。”[①]“僸、佅、兜离”一语亦见《鄮峰真隐大曲·柘枝舞》：“五人对厅一直立。竹竿子勾念：伏以瑞日重光，清风应候，金石丝竹，闲六律以皆调；僸佅兜离，贺四夷之率伏。请翻妙舞，来奉多欢。鼓吹连催，柘枝入队。”我们姑且不论“苍鹘”是不是“末”，其所引《周礼》见卷二十四“鞮鞻氏掌四夷之乐，与其笙歌”之郑玄注有曰：“四夷之乐，东方曰韎。”[②]《东都赋》为汉班固所作，《文选·班固〈东都赋〉》“僸、佅、兜离，罔不毕集”。李善注云：“《孝经·钩命决》曰：东夷之乐曰佅，南夷之乐曰任，西夷之乐曰林离，北夷之乐曰僸。”这说明汉代在继承前代的基础上，“末”音仍然用来代指外来之音乐表演。同时，越来越多的学者开始注意到了“末泥”或“末”与从印度和西域传入的佛教乐舞的相互关联。特别是由东汉经六朝至唐代，随着西域佛教的东渐，佛教乐舞艺术大量传入，梵语中一个很重要的特点就是常常有“ma”音（发“末”音），并且“ma”是作为一个与音乐诗歌表演有关的词根而出现，诸如会跳舞唱歌的人（mahishya）、唱歌赞美先祖的游吟诗人（magadlha），乃至宫廷诗人（mankha）等均以“ma”打头。而当此一和音乐诗歌表演相伴随的“ma”音恰恰又与中文的古义相吻合时，就自然而然地从表演的意义上将它接受下来，并慢慢转化为戏剧中以念颂歌唱为

①《中国古典戏曲论著集成》册八，北京：中国戏剧出版社 1959 年版，第 100 页。

②《十三经注疏》册上，北京：中华书局 1979 年影印本，第 802 页。

主的脚色名称。[①] 至于“末”如何又称“末泥”，当由“末”拖长声音念诵而形成，[②] 抑或与唐代传入中土的摩尼教有关。[③]

其实，搞清楚“末泥”的来源并不是问题的关键，重要的是对于其脚色内涵和脚色扮相的正确认识。这就有必要对前引《武林旧事》卷四“乾淳教坊乐部”所列之“杂剧色”和“杂剧三甲”的人员名单作一分析。在“杂剧三甲”中，“刘景长一甲八人”中的刘景长，“盖门庆进香一甲五人”中的盖门庆，“潘浪贤一甲五人”中的潘浪贤，应该均为“三甲”中的“为长”者，因为“三甲”中都分别以刘景长、盖门庆和潘浪贤为首，否则不会单以其名分领每一甲，这是其一；其二，在每一甲中，分别在每一人名前标有戏头、引戏、次净、副末（第一甲中还有一装旦），唯独没有标明谁是末泥；其三，在“杂剧三甲”中，除了第一甲的刘景长在前面的“杂剧色”中标有“使臣”外，盖门庆和潘浪贤则在前面的“杂剧色”中分别标有“末”和“引兼末部头”。“末”即末泥，“末部头”即末部之头领，与“末泥为长”之意同，亦即末泥。刘景长为德寿宫的“使臣”，全称为“都管使臣”，[④]乃皇帝派遣专门负责德寿宫杂剧演出的官员，同时也是“杂剧三甲”中其中一甲之末泥色无疑。有学者认为“戏头”即末泥，[⑤] 非也。

在已发现的宋代戏曲文物图像中，习见的末泥色的扮相为头戴东坡巾或介帻；身穿圆领束袖长袍或曲领束袖长衫，腰束带；手执道具多为细木杖，抑或为骨朵和软杖者。从其所裹幞头为介帻看，正是宋代乐工典型的幞头样式，《东京梦华录》所言“乐工裹介帻如笼巾者”即是。末泥色裹介帻而不裹诨裹，说明了其在杂剧色中的“正色”地位。至于东坡巾，可能是出于吸引观众的需要，因为在宋代，东坡巾一出，非常引人注目，《东坡居士集》有“父老争看乌角巾”之句。从其所执道具为细木杖看，当与其具体职司为主张有关。所谓“主张”，有主持、指挥之意，因此，末泥色手里就需要拿一个相当于后世指挥棒一类的道

① 廖奔、刘彦君：《中国戏曲发展史》卷一，太原：山西教育出版社 2000 年版，第 302—303 页。

② 王国维：《古剧脚色考》，《王国维戏曲论文集》，北京：中国戏剧出版社 1984 年版，第 188 页。

③ 黄天骥：《“旦”“末”与外来文化》，《文学遗产》，1986 年第 5 期。

④（南宋）周密：《武林旧事》卷七有御筵“至第三盏，都管使臣刘景长供进新制【泛兰舟】曲破”的记载。《东京梦华录》（外四种），北京：文化艺术出版社 1998 年版，第 426 页。

⑤ 王国维：《宋元戏曲史》第七章“古剧之结构”云：“末泥或即戏头。”北京：东方出版社 1996 年版，第 63 页。另见景李虎：《宋金杂剧概论》，广州：广东高等教育出版社 1996 年版，第 83—84 页。廖奔：《中国戏曲发展史》卷一，太原：山西教育出版社 2000 年版，第 302 页。

具去安排、调度整个杂剧演出（图 278）。

我们可以再看一下金代戏曲文物中的末泥色形象。

图 278–1
温县王村

图 278–2
偃师酒流沟

图 278–3
温县博物馆

图 278–4
温县西关

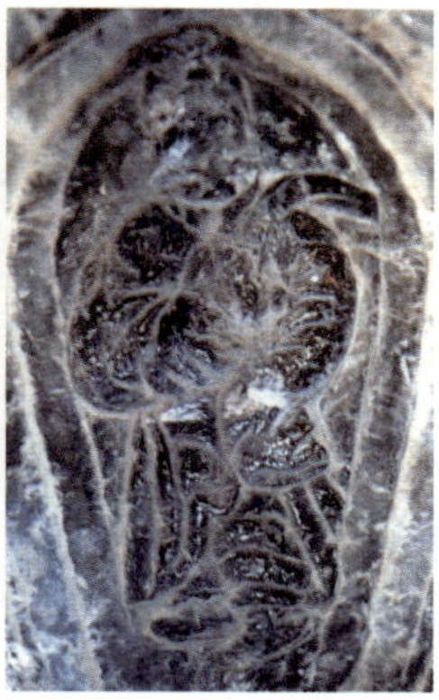

图 278–5
蒲县河西村

图 279 所列 16 例中，戴介帻者四人，东坡巾者两人，无脚幞头者五人，双耳幞头者两人，曲脚朝天幞头者一人，交脚朝天幞头者一人，牛耳幞头者一人。除一人为窄袖曲领长衫、另一人为束袖短衫之外，其余均为圆领束袖长袍。所持道具，有六人持细长木杖，一人持弯形板状物，三人似原来持有木杖之类。可以看到，金代末泥色的扮相与宋代相近，多戴介帻、无脚幞头或东坡巾，穿圆领窄袖长袍，腰束带，手执细长木杖。

图 278–6
荥阳槐西村

图 278–7
温县单人戏雕

为什么末泥色作如是装扮？戴介帻、东坡巾或其他幞头而不戴诨裹，一方面说明其在杂剧演员中的地位，另一方面与其最初多兼有其他职务有关。如前引《武林旧事》卷四“乾淳教坊乐部”所列之“杂剧三甲”中的“刘景长一甲八人”中的刘景长，本来就是德寿宫的“都管使臣”，而使臣一职在宋代，一个是指府属专管缉捕的官员，一个是指受皇帝派遣负有专门使命的官员。显然，刘景长是专门负责为皇帝献演杂剧的乐官，故其装扮就介于品官与仆吏之间，表情庄重而稍显呆板。手执细木杖，与其“末泥色主张”的具体职能相吻合，既要“主张”，又要“指点”，如一个乐队的指挥一样，手持“细木杖”或称“乐棒”就成为正常的事情。至于有学者将戴介帻或无脚幞头，手执细木杖者当作“节级”，就是

图 279-1
马村 M5

图 279-2
马村 M4

图 279-3
马村 M8

图 279-4
化峪 M3

图 279-5
化峪 M2

图 279-6
稷山苗圃

图 279-7
襄汾荆村沟

图 279-8
垣曲古城

图 279-9
垣曲后窑

图 279-10
侯马晋光

图 279-11
侯马董明墓

图 279-12
洛宁Ⅰ

图 279-13
洛宁Ⅱ

图 279-14
义马

图 279-15
稷山东段

图 279-16
新绛北王马

有杂剧演员由“节级”等兼演，而扮相又如同缉捕仆吏的缘故。

虽然搞清楚了其脚色扮相，但末泥色在杂剧表演中充当何种身份，无法确知。王国维认为：“末泥色以主张为职……不亲在搬演之列。”①景李虎也认为：“‘末泥色’的称谓，并不完全是表演中的戏剧脚色名称，而更加侧重于他作为戏班中伎艺最精湛者和戏班中组织、管理者的职责而言。”②两种说法均值得商榷。显然，作为宋金杂剧脚色中五人脚色之首的末泥，不可能脱离实际的“搬演之列”而存在。特别是在一个小型的戏班中，参加演出的演员本来就少，平白地多一个

① 王国维：《宋元戏曲史》，北京：东方出版社 1996 年版，第 63 页。
② 景李虎：《宋金杂剧概论》，广州：广东高等教育出版社 1996 年版。

只负责组织和管理而不参加实际演出的“悠闲”之人，是不可想象的。“末泥”既称为“色”，也表明了他是杂剧演出中的一员。作为演员，他应该是以优美的歌喉见长，所谓“末泥色歌喉撒一串珍珠”[①]，同时他又肩负着在杂剧中“为长”而加以“主张”的特别责任。

一般认为，元杂剧里主唱的正末当由宋金杂剧的末泥转化而来，随着研究的深入，笔者则更倾向于正末当由宋金杂剧的末泥和装孤二色共同转化而来。从元杂剧中正末以唱为主的特点看，宋金杂剧的末泥是一个歌唱脚色，也应该在杂剧戏班的诸多脚色中是歌唱技艺最精湛者。当然，这还需要通过文献资料加以进一步的证明。

第二节　引　戏

引戏色，其来历当与唐宋乐舞中的引舞有关。王国维在《宋元戏曲史》中认为：

> 引戏，实出古舞中之舞头引舞（唐王建宫词：舞头先拍第三声。又：每过舞头分两向，则舞头唐时已有之。《宋史·乐志》有引舞，亦谓之引舞头。《乐府杂录》“傀儡条”，有引歌舞者郭郎，则引舞亦始于唐也）。[②]

引舞是舞蹈演出中的舞队率领者和指挥者。据《宋史》记载，宋代宫廷的乐舞机构中有专设的引舞：“乐正、掌事、掌器，自六月一日教习；引舞、色长、文武舞头、舞师及诸乐工等，自八月一日教习。于是乐工渐集。”[③]又《宋会要辑稿》册七卷二：“引乐官二人押引二舞，引武舞乐工二十八人……舞师一人引二舞头二人，引文舞执纛，引武舞并执旌……”《文献通考》卷一四五“乐十八”：“龙池舞……舞者十有二人……四工执莲花以引舞。”[④]既然乐舞有引舞，那么，杂剧有引戏也就成为自然的事情。也就是说，引戏是受到唐宋大乐的影响而产生的。因为在两宋时期，杂剧色在宫中的演出在很大程度上受到大乐的影响，有的杂剧

①（明）汤舜民：《新建勾栏教坊求赞》，《全元散曲》下册，北京：中华书局1964年版，第1496页。

② 王国维：《宋元戏曲史》，北京：东方出版社1996年版，第63页。

③《宋史》卷一百三十，北京：中华书局1977年版，第3032页。

④（元）马端临：《文献通考》卷一百五十四，杭州：浙江古籍出版社1988年版，第4379页。

色其本身就兼有乐舞的脚色，于是舞蹈中的诸多形式会很方便地搬到杂剧演出中，原来以舞为主要特征的引舞到了杂剧中就变成了引戏，[1]但其传统的演出地位还存在着。

引戏的职司是“分付”，分付在宋元市语里有交付、委托、发落之意，这里大概主要有引导、介绍、指点之意。在演出时，引戏会首先出场，通过一定的程序把其他脚色引上来，就像竹竿子之“勾合大曲舞”“勾小儿队舞”“勾女童队入场”一样。所以才会有“引戏”之名。明初汤舜民《新建勾栏教坊求赞》散曲中“引戏每叶宫商解礼仪”[2]，点明了引戏具有“赞礼”与协调运作杂剧演出的功能。兹引明陈与郊《鹦鹉洲》传奇第六出串演楚襄王和宋玉故事的《傀儡梦》，其中有一则反映引戏作用的实例：

> （扮楚襄王、宋玉上）（引）楚王、宋大夫同游云梦者。（楚演科）（引）王问者。（宋应对科）（引）大夫回奏者。（楚问宋科）（引）王命大夫作赋者。（楚下）（引）王下。（宋正立隐几科）（引）大夫归帐中安宿者。（神女登场科）（引）神女上。（宋、女演科）（引）大夫梦中与神女若远若近，若密若疏。（旦下）（引）神女下。（宋俯伏科）（引）大夫奏梦者。（楚演科）（引）王又命作赋者。（俱下）（引）出场了也。荒唐云雨千年后，仿佛君臣两赋中。（下）[3]

可以看到，这里的引戏是一个既置身剧中又与剧情有间离的特殊脚色，其作用是介绍剧情、解说人物动作、指挥上下场等，与孙楷第所言之“院本中之引戏，盖在做院本场中为导引或赞相之人”[4]相吻合，也与《都城纪胜》和《梦粱录》中所记引戏之“分付”的职司相合。

那么，引戏的具体扮相是什么样的呢？在宋金戏曲文物图像中引戏色的扮相特征非常明显（图 280）。从以上 19 例引戏图像中，除了山西省稷山马村 8 号墓和稷山化峪 3 号墓为头梳高髻、稷山化峪 2 号墓戴介帻外，其余均戴幞头或簪花

① 胡忌：《宋金杂剧考》，上海：古典文学出版社 1957 年版，第 127—129 页。
② 隋树森：《全元散曲》下册，北京：中华书局 1964 年版，第 1495 页。
③ 转引自郭涤：《引戏考》，《戏剧学习》，1983 年第 1 期。
④ 孙楷第：《也是园古今杂剧考》“捷讥引戏”篇，上海：上杂出版社 1953 年版，第 403 页。

图 280-1 偃师酒流沟　图 280-2 温县王村　图 280-3 温县博物馆　图 280-4 洛宁 I　图 280-5 垣曲古城　图 280-6 稷山马村 M4

图 280-7 温县西关　图 280-8 侯马董明墓　图 280-9 垣曲后窑　图 280-10 侯马晋光　图 280-11 新绛北王马　图 280-12 洛宁 I

图 280-13 马村 M3　图 280-14 蒲显河西村　图 280-15 化峪 M2　图 280-16 稷山东段　图 280-17 襄汾荆村沟　图 280-18 化峪 M3　图 280-19 马村 M8

幞头；大多数穿圆领束袖长袍，腰束带，个别穿圆领束袖长衫或褙子；造型以手执扇子扭动腰肢之舞蹈身段为主，少数为手执扇子正面静态站立。如前两排之引戏除了河南省偃师市酒流沟之双手持画轴向观众展示外，全部是左手挥扇向右肩或右手挥扇向左肩朝左前方或右前方呈“丁”字舞步，扭动腰肢的典型动作。即使是静态站立者，也是执扇靠向左肩或右肩。《水浒全传》第八十二回有所谓“戏色”，当为引戏，其装扮的形状是“系离水犀角腰带，裹红花绿叶罗巾。黄衣襴长衬短鞠靴，彩袖襟密排山水样”，而犀角腰带——革带、长黄衣襕——圆领长袍、短鞠靴与戏曲文物图像基本一致。

引戏色所执道具应该主要是扇子，因为以上除了河南省偃师市酒流沟引戏色手执画轴外，其余无一例外的是手执扇子（稷山马村 4 号墓之引戏左手有孔，原本应有扇子在手）。扇子的种类也多种多样，有羽毛扇、纨扇、小方扇、梯形小扇和团扇等。引戏色之所以多执扇子，可以有助于其舞蹈身段的展示和表现，而古代本来就有歌舞执扇的传统，古诗词多有此类描写，如“歌还团扇后，舞出妓行前”①；“绿珠歌扇薄，飞燕舞衫长”②；“红树摇歌扇，绿珠飘舞衣”③；“早时歌扇薄，今日舞衫长”④；“池月怜歌扇，山云爱舞衣”⑤；“恩光随妙舞，团扇逐秋风”⑥；“镂月为歌扇，裁云作舞衣”⑦；“摇摇歌扇举，悄悄舞衣轻”⑧；“的的当歌扇，娟娟透舞衣”⑨；“玲珑绣扇花藏语，婉转香茵云衬步”⑩；“舞底杨柳楼心月，歌尽桃花扇底风”⑪；“微绽樱桃一颗红，断肠声里唱玲珑，清罗小扇掩酥胸”⑫，等等。由此可见，歌舞与扇子的密切关系，而引戏色执扇，则更加证明其与唐宋乐舞中的“引舞”有关。

前述引戏色的主要职司是介绍剧情、解说人物动作、指挥上下场等，然而其善舞的特性却没有多少改变。可以想见，无论是他上场介绍剧情，或在一旁解说人物动作，乃至指挥上下场，均会以娴熟的舞蹈身段出场，元代杜仁杰的《庄家不识勾栏》散曲中所谓“一个女孩儿转了几遭，不多时引出一伙”⑬，描写的正是引戏的表演。元院本承袭宋金杂剧而来，即引戏色在开演前首先要进行一段舞蹈表演，或谓“艳段”，随后引出其他脚色，开始演出“正杂剧”。

---

①（北齐）萧放：《冬夜对妓》诗，见宋吴曾《能改斋漫录》卷八，文渊阁《四库全书》册八百五十，第 640 页。
②（周）庾信：《和赵王看妓》诗，见宋吴曾《能改斋漫录》卷八，文渊阁《四库全书》册八百五十，第 640 页。
③（陈）李元操：《春园听妓》诗，见宋吴曾《能改斋漫录》卷八，文渊阁《四库全书》册八百五十，第 640 页。
④（唐）释法宣：《观妓》诗，见宋吴曾《能改斋漫录》卷八，文渊阁《四库全书》，册八百五十，第 640 页。
⑤（唐）刘希夷：《春日闺人》诗，见宋吴曾《能改斋漫录》卷八，文渊阁《四库全书》册八百五十，第 640 页。
⑥（梁）孔翁归：《班婕妤怨》诗，《艺文类聚》卷三十，文渊阁《四库全书》，册八百八十七，第 634 页。
⑦（唐）李商隐诗，见宋·洪迈：《容斋随笔》卷十四，文渊阁《四库全书》册八百五十一，第 645 页。
⑧（唐）张祜：《咏风》诗，见明·周婴《巵林》卷四，文渊阁《四库全书》卷八百五十八，第 73 页。
⑨（唐）元稹：《月》诗，见明·周婴《巵林》卷四，文渊阁《四库全书》卷八百五十八，第 73 页。
⑩（宋）柳永：“木兰花”词，见《全宋词》，北京：中华书局 1956 年版，第 34 页。
⑪（宋）晏几道：“鹧鸪天”词，中国社科院编《唐宋词选》，北京：人民文学出版社 1981 年版，第 121 页。
⑫（宋）吕渭老：“浣溪沙”，见《全宋词》册二，北京：中华书局 1965 年版，第 1129 页。
⑬ 隋树森编：《全元散曲》册上，北京：中华书局 1964 年版，第 31 页。

需要进一步说明的是“戏头”乃引戏，而不是末泥。引戏既然与唐宋大乐里的“引舞”有关，而“引舞”有“舞头”，那么，引戏之有“戏头”也就不足为奇了。《武林旧事》卷四“乾淳教坊乐部”所记之“杂剧三甲”中，标明为“戏头”的李泉现、孙子贵二人，其于“杂剧色”之名单下分别注为“引兼舞三台”和“引”，说明“戏头”往往是由引戏兼任的。“戏头”之所以由引戏兼任，一方面其熟悉舞台调度，对于演出之全局有所掌控；另一方面，其在舞蹈技艺方面非常精湛，无人能匹。特别是在舞蹈方面，可由“戏头”李泉现“引兼舞三台”和“引戏”吴兴祐“引兼舞三台”加以佐证。《东京梦华录》所记“三台舞旋”之雷中庆为“舞头”无疑，[①] 而李泉现和吴兴祐又都是引戏兼“三台舞旋”，足以说明其在舞蹈方面所具有的超凡技艺，故而才能在杂剧戏班中充当“戏头”。

另外还有一点值得注意，就是引戏孙子贵在“刘景长一甲”中还充当“装旦”，表明了随着时间的推移，脚色开始出现转化的迹象。引戏色本来具有赞导之功能，如孙楷第所言：“则院本、杂剧之有引戏、赞导，亦犹大曲、队舞诸伎之有参军色赞导也。”[②] 但是，随着北杂剧的勃兴和金院本的式微，“原来的引戏就逐渐淡化了其作为‘赞礼’的功能，转而强化其角色功能，向着纯粹的角色发展”，“这样，原来的‘引戏’，某种意义上就可以说融入了‘装旦’中，与‘旦’合二为一了”。[③]

① 胡忌：《宋金杂剧考》，上海：古典文学出版社1957年版，第129页。

② 孙楷第：《也是园古今杂剧考》，上海：上杂出版社1953年版，第240页。

③ 王宁：《宋元乐伎与戏剧》，北京：中国戏剧出版社2003年版，第111页。

第三节　副　末

副末由唐代参军戏中的苍鹘演化而来，是宋金杂剧最重要的脚色之一。在杂剧表演中其以“打诨”为主要特征，也就是《都城纪胜》和《梦粱录》所载之“副末色打诨”。打诨是以滑稽逗乐为表演特点的，亦即用谑闹嬉笑的言语、滑稽怪异的行为来引人发笑。王国维《宋元戏曲史》云：

凡宋滑稽剧中，与参军相对待者，虽不言其为何色，其实皆为副末。此出于唐代参军与苍鹘之关系，其来已古。而《梦粱录》所谓末泥色主张，引戏色分付，副净色发乔，副末色打诨，此四语实能道尽宋代脚色之职分也……发乔者，盖乔作愚谬之态，以供嘲讽；而打诨，则益发挥之以成一笑柄也……谓副净、副末二色，为古剧中最重之脚色，无不可也。[1]

借副净色的“乔作愚谬之态”，再“益发挥之以成一笑柄”，这就是副末色的表演特色。表演中，副末直承唐代参军戏苍鹘嘲讽并扑击参军的基本程序，对装疯卖傻的副净给以调侃，配之以磕瓜击打副净，从而使磕瓜成为副末最为典型的道具。

南宋陈善《扪虱新语》卷七引述黄庭坚的论作诗如作杂剧时曰：“山谷尝言：作诗正如作杂剧，初时布置，临了须打诨，方是出场。予谓杂剧出场，谁不打诨，只难得切题可笑也。”[2] 此言杂剧表演中前面的精心设计和细密布置，主要是为了后面的打诨，每一出杂剧均少不了打诨，但是否“切题可笑”，就成为打诨成败的关键。这就要求副末色能够及时恰当地掌握时机和火候，以幽默、机敏、聪慧之语言，制造出令人忍俊不禁的笑料，从而收到“难得”的演出效果。其实，宋人多有作诗如作杂剧之论。吕本中在《童蒙训》中即言：“老杜歌行，最见次第出入本末。而东坡长句波澜浩大，变化不测，如作杂剧，打猛诨入，却打猛诨出。”[3] 陈长方在《步里客谈》下卷中说：“退之传毛颖，以文滑稽耳。正如伶人作戏，

---

① 王国维：《宋元戏曲史》第七章“古剧之结构”。北京：东方出版社1996年版，第64页。

②《四库全书存目丛书》子部101册，济南：齐鲁书社1995年版，第296页。

③《历代诗话》本，北京：中华书局1981年版。

初出一诨语，满场皆笑。此语盖再出耶？”[1] 胡余学在《庆寿楼记》中表述更为直白：“大凡作文字，如装戏然。先自说一片冷语，又时时说一段可笑之语，使人笑。末说一段大可笑者，使人笑不休。”[2] 这一方面表明了宋杂剧的表演程序与表演特点已深入人心，另一方面，也表明对于打诨者——副末色的特殊要求：既要有很高的艺术修养，又要口齿伶俐，以达到“说前朝论后代演长篇歌短句江河口颊随机变”[3]的艺术水平。

在宋金戏曲文物图像中，副末色的扮相最为显眼，最为典型，也最好辨别。（图281）

副末色头上所戴多为诨裹簪花、独脚诨裹或牛耳幞头、尖脚幞头、普通幞头者。如河南偃师市酒流沟宋墓杂剧砖雕右起第一人、河南温县前东南王村宋墓杂

图 281-1
偃师酒流沟

图 281-2
温县王村

图 281-3
温县西关

图 281-4
洛宁Ⅰ

图 281-5
洛宁Ⅱ

图 281-6
荥阳东槐西村

图 281-7
新安

图 281-8
温县博物馆

图 281-9
义马

图 281-10
垣曲后窑

图 281-11
新绛北王马

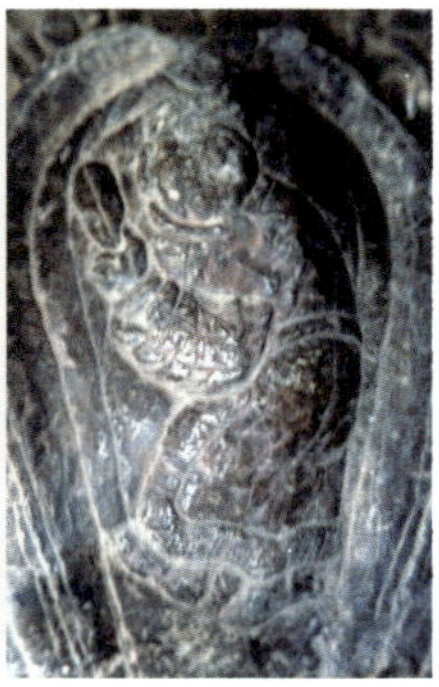

图 281-12
蒲县河西村

① 文渊阁《四库全书》册一千零三十九，上海：上海古籍出版社 1987 年版，第 404 页。

② 转引自（元）陈栎：《勤有堂随录》下，文渊阁《四库全书》册八百六十六，上海：上海古籍出版社 1987 年版，第 437 页。

③（明）汤舜民：《新建勾栏教坊求赞》，《全元散曲》下册，北京：中华书局 1964 年版，第 1494 页。

图 281-13
焦作西冯封村

图 281-14
马村 M8

图 281-15
侯马董明

图 281-16
稷山马村 M4

图 281-17
稷山马村 M3

图 281-18
稷山马村 M2

图 281-19
稷山化峪 M3

图 281-20
稷山化峪 M2

图 281-21
稷山东段

图 281-22
侯马晋光

图 281-23
温县博物馆单人

图 281-24
襄汾荆村沟

剧砖雕右起第二人、河南温县西关宋墓杂剧砖雕右起第一人、河南洛宁县金墓杂剧砖雕第一组右起第一人均为诨裹簪花；河南荥阳市东槐西村宋墓石棺线刻右起第三人、山西新绛县北王马村金墓杂剧砖雕右起第三人、山西侯马市董明墓杂剧砖俑右起第一人、山西侯马市晋光制药厂金墓杂剧砖雕左起第二人均为独脚诨裹；河南洛宁县金墓杂剧砖雕Ⅱ右起第一人、河南温县博物馆藏宋墓杂剧砖雕右起第三人、河南温县博物馆藏单人杂剧砖雕、山西稷山县马村 4 号金墓杂剧砖雕后排乐队之左起第一人、山西稷山县化峪 2 号金墓杂剧砖雕左起第二人、山西襄汾县荆村沟金墓杂剧砖雕左起第二人均戴牛耳幞头；山西稷山县化峪 3 号金墓杂剧砖雕左起第二人、山西稷山县东段金墓杂剧砖雕左起第二人则戴尖脚朝天幞头；余皆裹诨裹或戴幞头者。

副末色所穿多圆领小袖长衫，腰系巾带，足蹬长筒、短筒或靴帮外翻之乌靴。只有像河南温县西关宋墓杂剧砖雕右起第一人、山西稷山县马村 3 号金墓杂剧砖雕左起第二人之副末色足乘薄履；而山西省蒲县河西村娲皇庙杂剧石雕之副末色则着圆领窄袖万字边长袍，腰系革带，足蹬薄底绣花鞋，较为少见。

副末色所执明显为棒槌或皮棒槌者11例，分别是河南温县西关宋墓杂剧砖雕、河南温县博物馆藏单人宋杂剧砖雕、河南洛宁县金墓Ⅰ与Ⅱ杂剧砖雕、河南义马金墓杂剧砖雕、河南焦作市金墓杂剧砖雕、山西新绛县北王马村金墓杂剧砖雕、山西蒲县河西村娲皇庙宋代杂剧石雕、山西稷山县化峪镇3号金墓杂剧砖雕、山西侯马市金代董明墓杂剧砖俑、山西侯马市晋光制药厂金墓杂剧砖雕。其中河南洛宁县金墓Ⅰ杂剧砖雕之副末色左手执皮棒槌下垂置于左侧；而山西稷山县化峪镇金墓杂剧砖雕之副末色则将皮棒槌置于下垂之左袖筒中，有一半外露。副末色所执似为皮棒槌但体形略小者五例，分别为河南温县博物馆藏宋墓杂剧砖雕、山西垣曲县后窑金墓杂剧砖雕、山西稷山县马村3号金墓杂剧砖雕、山西稷山县马村4号金墓杂剧砖雕、山西稷山县东段金墓杂剧砖雕。其中，稷山县马村4号金墓之副末色所执，有学者认为是“扇子”，[①]其实是一个中间有缝合之缝的小型皮棒槌。除了皮棒槌之外，还有持木刀者一，如河南温县前东南王村宋墓杂剧砖雕；持梯形板刀者一，如河南新安县宋墓杂剧壁画；持中间分瓣之器物者一，如河南荥阳市槐西村宋墓杂剧线刻；持矩形大板者二，如山西稷山县马村8号金墓杂剧砖雕、山西襄汾县荆村沟金墓杂剧砖雕；持一头窄一头宽之弯形大板者一，如山西稷山县马村2号金墓杂剧砖雕。只有少数的几例手中未拿道具。

由此可以了解到，副末使用的典型道具是皮棒槌，又名“磕瓜”，它应该最初由大型板状物或一头大一头小的大木棒演变而来。元人李伯瑜【小桃红】曲中有一专题为《磕瓜》的曲文：

> 木胎毡观要柔和，用最软的皮儿裹。手内无他煞难过，得来呵，普天下好净也应难躲。兀的般砌末，守着个粉脸儿色末，诨广笑声多。[②]

说明磕瓜的制作方式是里面用木胎，上衬毡底，外裹皮面，与皮棒槌应为一物。磕瓜所裹皮面，并不是用一张皮制成，而是用几张皮对接缝制而成。元人高

---

① 廖奔：《宋元戏曲文物与民俗》第四章“道具”第二节“扇子”云：“金代稷山马村四号墓后排左一执扇者，相貌滑稽，横咧大口，盖为副末色。”北京：文化艺术出版社1989年版，第314页。

② 隋树森编：《全元散曲》下册，北京：中华书局1964年版，第1222页。

安道在《皮匠说谎》散套中提到制作皮靴有所谓的“四缝磕瓜头”，[①] 虽然不知此是否与副末所执之皮棒槌有联系，但在实际的戏曲文物图像中可以看到，像河南温县西关宋墓杂剧砖雕、山西蒲县河西村娲皇庙杂剧石雕、山西垣曲县后窑金墓杂剧砖雕、山西稷山县马村 4 号墓杂剧砖雕之副末色所执皮棒槌，均明显有分缝的痕迹。而河南荥阳市槐西村石棺杂剧线刻之副末手中所持之分作两瓣的器物，当为杜仁杰《庄家不识勾栏》散套【一煞】中所描绘的副末张太公击打副净小二哥时被打做两瓣的皮棒槌：

叫太公往前那（挪）不敢往后那，抬左脚不敢抬右脚，翻来复去由他一个。太公心下实焦躁，把一个皮棒槌则一下打做两半个。我则道脑袋天灵破，则道兴词告状，刬地大笑呵呵。[②]

由曲文可知，扮小二哥的副净刁难副末张太公，张太公则用皮棒槌击打副净的脑袋，以至于把皮棒槌打成了两半。正好河南义马金墓副末色所拿的棒槌中间有明显的一条缝，这就不禁让人想到在表演过程中，如果副末一使劲，恐怕也会造成“一下打做两半个”的效果。

副末色所扮演的多是社会下层的乡村贫民、市井细民等，显示出别具特色的舞台形象——动作夸张、衣冠别样、面目丑陋，除了手中拿一皮棒槌或腰间插一皮棒槌之类的道具外，做得最多的滑稽动作就是把手放在口中打口哨。在上引的戏曲文物图像中共有 11 例之多。其中十例全部是左手执皮棒槌（或木刀），右手置于口中打口哨，形成了较为固定的表演范式。手拿皮棒槌是为了通过击打副净来增加喜剧效果，如《太和正音谱》所说的“副末执磕瓜以扑靓”[③]。

① 隋树森编：《全元散曲》下册，北京：中华书局 1964 年版，第 1111 页。
② 隋树森编：《全元散曲》上册，北京：中华书局 1964 年版，第 31 页。
③《中国古典戏曲论著集成》册十，北京：中国戏剧出版社 1959 年版，第 11 页。

第四节 副 净

副净由唐代参军戏中的参军演变而来，在宋金杂剧中与副末形成比较固定的搭档关系，如王国维所言：“唐之参军、苍鹘，至宋而为副净、副末二色。”① 陶宗仪《南村辍耕录》云：“一曰副净，古谓之参军；一曰副末，古谓之苍鹘。鹘能击禽鸟，末可打副净。”②《都城纪胜》和《梦粱录》言其在表演中的主要特点是“发乔”。发者，表现、表演也；乔者，装假、势利、刁滑、古怪、狡黠也。发乔，即出乖弄丑、装疯卖傻。也就是说，副净色主要以形体语言的乖张与滑稽供人逗笑，如明朱权《太和正音谱》所称之“献笑供谄者”③；又如汤舜民《新建勾栏教坊求赞》散曲所描绘的“腆嚣庞，张怪脸，发乔科，呫冷诨，立木形骸与世违”④，即有时候显得很腼腆而面红耳赤，有时候显得很张狂而怪模怪样，有时候显得很虚假而装模作样，有时候显得很机警而冷言冷语，一副玩世不恭、放浪形骸的特异之态。

南戏《宦门子弟错立身》第十二出【调笑令】中有对于副净形象的自我描摹：

> 我这爨体，不查梨，格样全学贾校尉。趋抢嘴脸天生会，偏宜抹土搽灰。打一声哨子响半日，一会道牙牙小来来胡为。⑤

言自己的演出完全按照院本的格范来做，一点也不说谎，上场时脸敷粉墨，拿手的演技包括趋抢、做嘴脸、打口哨等。趋抢，即趋跄，跌跌撞撞、踉踉跄跄之意，状副净走路的姿态瘸瘸跛跛。证之以南宋周南《山房集》卷四《刘先生传》所记之民间杂剧班子的杂扮表演情形：“语言之乖戾者，中情之诡异者，步趋之伛偻者。兀者、跛者。”⑥ 与副净所扮颇为相合。有学者注意到了副净与宋杂剧演出之“杂扮”的密切关系，而杂扮又名“纽元子”，又名“技和”，“纽元子”

---

① 王国维：《宋元戏曲史》，北京：东方出版社 1996 年版，第 63 页。

②（元）陶宗仪著，刘颢点校：《南村辍耕录》，北京：文化艺术出版社 1998 年版，第 346 页。

③《中国古典戏曲论著集成》册三，北京：中国戏剧出版社 1959 年版，第 53 页。

④ 隋树森编：《全元散曲》册下，北京：中华书局 1964 年版，第 1496 页。

⑤ 钱南扬：《永乐大典戏文三种校注》，北京：中华书局 1979 年版，第 244 页。

⑥ 曾枣庄、刘琳主编：《全宋文》第 294 册，上海：上海辞书出版社 2006 年版，第 167 页。

即“扭元子”，“技和”乃“拔和”之误，既而认为“拔和”为行院市语，乃“跛”之反切，而“跛”又与“趋跄”之意暗合，“演杂扮的副净，既可称为‘纽元子’，强调其扭；又可名为‘拔和’，强调其跛，这扭与跛正是副净在表演时独具的姿势”，此说颇有见地。[①]

《水浒全传》第八十二回则进一步勾勒出副净的形象装扮：

忙中九伯，眼目张狂。队额角涂一道明戗，劈面门抹两色蛤粉。裹一顶油油腻腻旧头巾，穿一领邋邋遢遢泼戏袄。[②]

眼目张狂，与《新建勾栏教坊求赞》所写之“张怪脸”同。《宦门子弟错立身》所写的“偏宜抹土搽灰”在这里变得具体化，不仅在额角涂出一道伤疤，而且在面门上“抹两色蛤粉”，使“眼目张狂”之“怪脸”更加形象。而无论是裹诨裹，还是穿戏袄，均显示出油滑、邋遢之模样。

到了明代，院本中的副净仍然保留了前代副净的传统。李开先《词谑》十九【黄莺儿】曲咏“副净”：

粉嘴又胡腮，墨和朱脸上排，戏衫加上香罗带；破芦席慢躧，皮爬掌紧摆，磕瓜不离天灵盖，打歪歪，搀科撒诨，笑口一齐开。[③]

对照宋金戏曲文物图像中的副净（图 282），可以对文献记载有所补充。

图 282-1
偃师酒流沟

图 282-2
温县前东南王村

图 282-3
温县博物馆

图 282-4
温县西关

图 282-5
荥阳槐西村

图 282-6
义马

① 黄天骥：《论“丑”与“副净”》，《文学遗产》，2005 年第 6 期。

②（明）施耐庵、罗贯中著，林俊点校：《水浒全传》，上海：上海古籍出版社 1999 年版，第 716 页。

③《中国古典戏曲论著集成》册三，北京：中国戏剧出版社 1959 年版，第 282 页。

图 282-7
新安

图 282-8
《眼药酸》

图 282-9
洛宁Ⅰ

图 282-10
洛宁Ⅱ

图 282-11
垣曲后窑

图 282-12
新绛北王马

图 282-13
蒲县河西村

图 282-14
焦作西冯封

图 282-15
稷山吴城村

图 282-16
马村 M8

图 282-17
马村 M5

图 282-18
马村 M4

图 282-19
马村 M2

图 282-20
稷山苗圃

图 282-21
化峪 M2

图 282-22
化峪 M3

图 282-23
稷山东段

图 282-24
侯马董明墓

首先，从副净色的穿戴来看，上引 24 例中，有 17 例头戴牛耳幞头或短脚幞头，包括稷山马村 4 号金墓之副净和稷山东段金墓之副净，此二人现在虽然看起来仅戴幞头而无“牛耳”，但明显与稷山化峪 2 号金墓之副净同模。可知戴牛耳幞头为副净色之通例，另有戴无脚幞头及为强调其滑稽而戴尖顶冠（如荥阳市槐西村宋墓杂剧石棺、新安县宋墓杂剧壁画、宋杂剧《眼药酸》绢画之副净）、独脚诨裹（如蒲县河西村娲皇庙宋杂剧石雕之副净）者。有 16 例穿圆领小袖长袍或长衫，腰束带；有六例穿袒胸戏衣或披肩。戴幞头而加牛耳而非直脚或长脚、穿长袍或长衫以假装正经者，隐约可以看到副净由唐代参军戏之“参军”演变而来的痕迹，“若杂剧之参军以副净为之，本出于唐优戏之弄参军、弄假官，自始即为假官。其后遂为脚色之称，即不扮员吏亦可谓之参军”①。 换言之，副净即使不扮员吏，亦可戴牛耳幞头也。

其次，副净色的典型动作是双手相交于胸前。上引 24 例中，有 14 例均作胸前或侧前方交手状。有的是正面站立双手交于正中，如温县博物馆藏宋墓杂剧砖雕、洛宁县金墓杂剧砖雕Ⅰ、稷山县马村 4 号金墓杂剧砖雕、稷山县化峪镇 2 号金墓杂剧砖雕和稷山县东段金墓杂剧砖雕之副净色；有的则是在行进或趋跄中作叉手状，如温县前东南王村宋墓杂剧砖雕、温县西关宋墓杂剧砖雕、义马县金墓杂剧砖雕、洛宁县金墓杂剧砖雕Ⅱ、焦作市西冯封金墓杂剧砖俑之副净色；有的则一脚提起作单脚站立，双手朝一侧相交，如稷山县马村 8 号金墓杂剧砖雕、稷山县吴城村金墓杂剧砖雕、稷山县化峪镇 3 号金墓杂剧砖雕之副净色。稷山县马村 8 号金墓之副净与吴城村金墓之副净应该是同出一模。

第三，副净的又一个特点是趋跄、跛、扭。温县西关宋墓之副净即双膝弯曲，臀部后撅，右脚于前，左脚后抬，朝右前作趋跄奔突之姿。新安县宋墓壁画之副净右臂抬起于胸前，左手置于口中打口哨，左脚于前，右脚于后，亦作趋跄之态。焦作市西冯封村金墓砖俑之副净身朝左侧，双手抱拳，左脚前突，右脚后踮，右膝弯曲近于着地，趋跄之态更为典型。当然，像偃师酒流沟宋墓与温县前东南王村宋墓之副净色弯腰作“丁”字步应该是趋跄之姿的静态化。义马金墓之副净则身向左侧，右脚朝前，左脚在后，叉手涎脸，屈膝作扭动之状。蒲县河西村娲皇庙宋代石雕之副净戴簪花软巾单脚诨裹，肩胸袒露、裸腿，裹厚方格披肩宽衫，左脚在前，右脚提起，臀部后坐，头偏向右，左臂袖口上卷，左手拇指、食指置入口中作打口哨状，扭动之姿颇为柔韧。而稷山马村 8 号金墓、稷山化峪 3 号金墓、稷山吴城村金墓之副净以脚站立，一脚提起或一脚钩住另一脚，应该是副净色跛脚的舞台造型。

第四，做嘴脸与打口哨。偃师酒流沟宋墓与温县前东南王村宋墓之副净的怪异表情；荥阳市槐西村石棺线刻之副净的颧骨外突、圆口大张；义马金墓副净之

① 孙楷第：《也是园古今杂剧考》六“品题”，上海：上杂出版社 1953 年版，第 241 页。

弯眉嬉笑；焦作西冯封村金墓副净的憨笑；稷山马村8号墓与吴城村金墓副净之张目努嘴、扬头扯颈；稷山苗圃金墓副净之咧开大嘴，喜眉笑眼；稷山化峪3号金墓副净（图283）的愁眉之相，均为做嘴脸之不同表情。

图283 山西稷山县马村M8之副净

副净色打口哨，只有三例，即新安县宋墓杂剧壁画、蒲县河西村娲皇庙宋杂剧石雕和稷山马村5号墓之副净色，较副末色打口哨有11例要少得多，说明在宋金杂剧的表演中，打口哨的技艺副末色和副净色都比较擅长，但主要还是由副末来表演，副净则偶尔为之。从前引资料中可以看到，汤舜民《新建勾栏教坊求赞》散曲对于副净的歌咏，并没有咏及此种技艺，只是在南戏《宦门子弟错立身》中才言副净“打一声哨子响半日”。也许到了元代以后，打口哨才成为副净色的专利。

第五，面敷粉墨与点青。面敷粉墨，当时习称“抹土搽灰”。土指土黄，灰指白色。抹土搽灰主要为副净色与副末色的化装，如上一节温县博物馆藏单人杂剧砖雕之副末色就是白粉涂满整个面部，皮棒槌也涂成白色；侯马市董明金墓杂剧砖雕之副末色左眼有黑墨贯下，胡子也用黑墨涂抹。同样，在河南荥阳市槐西村宋墓石棺杂剧线刻之副净色左眼刻有一道线贯下；其后侧之净扮女子则刻有两道线呈“八”字形直贯双眼。稷山县马村1号金墓副净残俑头像也是敷粉之脸上涂抹有两道“八”字形的墨线。足见其为宋金杂剧副净色化装之固定样式。此种化装在北宋时又被称作“抹抢”，所谓“又用墨抹抢于眼下，如伶人杂剧之戏者”[①]。

①（宋）徐梦莘：《三朝北盟会编》“炎兴下秩”三十五，文渊阁《四库全书》册三百五十一，上海：上海古籍出版社1987年版，第251页。

另有稷山县马村 8 号金墓中副净色的面部化装更为特别，其眉毛、上眼皮、上下唇都被涂成鲜艳的红色，为目前所有的宋金杂剧文物图像仅见，对照前引李开先《词谑》【黄莺儿】曲咏“副净”为“粉嘴又胡腮，墨和朱脸上排”，说明副净色脸上涂“朱”、嘴上涂“粉”（粉红）应该是有其传统。

点青，即在皮肤上用针点刺以各种图案，然后填以青色。本为唐宋时一些狂徒恶少的骇俗之举，宋金杂剧的副净色有时也于胸前或臂上“点青”，为的是凸显其“怪赖”的别样形象，如侯马市董明金墓之副净色就是这样。

第六，袒胸露臂与裸腿。汤舜民《新建勾栏教坊求赞》散曲所描绘的副净色“立木形骸与世违”，一方面是说其“傻呆”貌，另一方面即言其衣衫不整，将人的本真形体暴露在外，如河南偃师市酒流沟宋墓之副净即左手托一鸟笼，穿“一领邋邋遢遢泼戏袄”，袒胸露臂，腿裹行缠，咧嘴嬉笑；河南温县前东南王村宋墓之副净袜筒外翻，小腿赤裸；河南焦作市西冯封村金墓之副净穿圆领小袖长衫，袖口捋至肘部，膝部以下赤裸；山西稷山马村 4 号金墓、稷山化峪 2 号金墓、稷山东段金墓之副净均穿圆领长衫至膝，长筒袜，整个膝部外裸；山西稷山马村 3 号金墓之副净穿短衫，长筒袜至膝，整个大腿外裸；山西新绛北王马村金墓和侯马市董明墓之副净均袒露前胸；山西蒲县河西村娲皇庙宋杂剧石雕之副净腰裹披肩，双肩外裸，穿长筒袜，双膝外裸；河南洛宁金墓Ⅱ之副净穿圆领小袖长衫，短筒靴，大腿以下全部赤裸。最为典型的是河南义马金墓杂剧砖雕和新安宋墓杂剧壁画之副净，后者仅穿枣色臂袖，上身其余部分赤裸，下身穿枣色短裤，大腿中部以下赤裸；前者穿圆领披风，腰系带，中部有一小块布将大腿中部遮住，看起来整个前侧部均为赤裸。这样大胆的暴露，显然在有些人看来有伤风化，故称“与世违”。

第五节　装　孤

装孤，即装扮官吏者。朱权《太和正音谱》曰：“孤，当场装官者。”唐代参军戏中有所谓的“扮假官”者，只不过在参军戏中，装扮“假官”者“参军”是一个被戏弄的脚色。到了宋金杂剧中，唐代的“弄假官”出现分途，被戏弄的“参军”沿着传统一脉逐渐演变为“副净”，成为以滑稽调笑为主要能事的宋金杂剧的重要脚色；而另一脉则在当时“崇尚富贵”社会风尚的浸淫中，衍化出了舞台上的正面官吏形象——装孤，如《新建勾栏教坊求赞》所描绘的“妆孤的貌堂堂雄赳赳口吐虹霓气”。装孤的出现，是在宋金戏剧的发展过程中出于“演故事”的需要而添设的，但由于宋杂剧的故事性不是十分突出，所以装孤对于宋杂剧来说并非显得不可或缺，因此《都城纪胜》言“或添一人装孤”。到了金代杂剧院本中，随着戏曲的综合性和故事性的加强，装孤这一脚色逐渐由“或添”变成了“常设”，进而在入元以后，慢慢又被“末泥”所取代。这一点，胡忌在他的《宋金杂剧考》中就已经注意到了：“因‘参军戏’中的参军为被嘲弄的物件，故传统由‘净’担任外，若戏剧的发展过程，其扮官者必有威严正直一类，势必与‘净’的地位不合，进而就自然以‘末’来代替。”①

装孤色在宋金戏曲文物图像中极为常见，也最鲜明，最好辨认。在图 284 所举 24 例中，18 例全部手抱笏板，只有六例手中没有笏板；而在这没有笏板的六例中，只有山西稷山马村 2 号金墓之装孤两手分开指向一个方向，另外的五例均正面站立，双手抱于前，似作抱笏状，而有的双手间还有孔，可能原有笏板。可

图 284-1
偃师酒流沟

图 284-2
温县王村

图 284-3
温县西关

图 284-4
温县博物馆

图 284-5
黄岩灵石寺

图 284-6
蒲县河西村

图 284-7
洛宁Ⅰ

图 284-8
洛宁Ⅱ

图 284-9
义马

图 284-10
垣曲后窑

图 284-11
新绛北王马

图 284-12
稷山苗圃

① 胡忌：《宋金杂剧考》第三章“角色名称”，上海：古典文学出版社 1957 年版，第 136 页。

图 284-13
化峪 M2

图 284-14
化峪 M3

图 284-15
马村 M2

图 284-16
马村 M3

图 284-17
马村 M4

图 284-18
马村 M5

图 284-19
马村 M8

图 284-20
侯马 M104

图 284-21
侯马晋光

图 284-22
侯马董明墓

图 284-23
修武大位

图 284-24 广元 401 医院

以看到，装孤色常见的扮相是头戴展脚或圆脚幞头，着圆领大袖或宽袖长袍，腰系革带，双手秉笏，正面或侧面站立，表情严肃，神态庄重，与装孤色所扮人物的身份相吻合。

在《武林旧事》卷二十所载的“官本杂剧段数”和陶宗仪《南村辍耕录》卷二十五所载的“院本名目”中，以“孤”为名的戏目颇多，如《乔托孤》《计算孤》《思乡早行孤》《睡孤》等，虽然与大量的世俗生活戏相比数量并不是特别多，也足见宋杂剧，特别是金院本中，以扮官为主体的戏剧演出相当流行，墓葬中大量出现装孤形象，应该是对于现实生活中戏剧演出状况的真实反映。

第六节　参军色（附）

严格地说，参军色并不是一个杂剧脚色名称，但它又与杂剧演出有着密切联系。

参军色，是宋代宫廷教坊重要的演出人员，两宋笔记野史多有记载。宋耐得翁《都城纪胜》“瓦舍众伎”条所记“教坊十三部”中即有“参军色”。宋吴自牧《梦粱录》卷二十“妓乐”条所记与此相同。考之《宋史·乐志十七》，宋代宫廷，沿唐旧制，设有教坊，“凡四部，其后平荆南，得乐工三十二人；平西川，得一百三十九人；平江南，得十六人；平太原，得十九人；余藩臣所贡者八十三人；又太宗藩邸有七十一人。由是，四方执艺之精者皆在籍中”[①]，用以岁时宴享。“乐用琵琶、筝、笙、觱篥、笛、方响、杖鼓、羯鼓、大鼓、拍板，杂剧用傀儡”[②]，与《都城纪胜》《梦粱录》所记大略相同，但没有提到参军色。除教坊外，《宋史·乐志》还记载宋代官方演出机构还有太常乐（雅乐）、云韶部、钧容直（军乐）、开封府衙前乐（南宋时为临安府衙前乐）、诸州又有州衙前乐，[③]用乐与乐工和教坊不完全相同，也没有提及参军色。

事实上，宋代教坊确有参军色，它在宫廷或官府大宴时诵念致语，进祝颂之词，导引乐舞杂剧演出，两宋笔记野史时有记载。宋孟元老《东京梦华录》卷九“宰执亲王宗室百官入内上寿”条即载：

> 第五盏御酒，独弹琵琶。……百官酒，乐部起《三台》舞。……参军色执竹竿子作语，勾小儿队舞。……乐部举乐，小儿舞步进前，直叩殿陛。参军色作语，问小儿班首近前，进口号，杂剧人皆打和毕，乐作，群舞合唱，且舞且唱。[④]

《梦粱录》卷三“宰执亲王南班百官入内上寿赐宴”条亦载：

---

①《宋史》册十，上海：中华书局 1977 年版，第 3347 页。

②《宋史》册十，上海：中华书局 1977 年版，第 3360 页。

③《宋史》册十，上海：中华书局 1977 年版，第 3339—3361 页。

④（宋）孟元老：《东京梦华录》（外四种），北京：文化艺术出版社 1998 年版，第 60 页。

> 第四盏进御酒，宰臣百官各送酒，歌舞并同前。教乐所伶人，以龙笛腰鼓发诨子，参军色执竹竿拂子，奏俳语口号，祝君寿。杂剧色打和毕，且谓："奏罢今年新口号，乐声惊裂一天云。"参军色再致语，勾合大曲舞。
>
> 第五盏进御酒。……百官酒，乐部起《三台》舞，参军色执竿奏数语，勾杂剧入场，一场两段。
>
> 第七盏进御酒。……百官酒，舞《三台》，参军色作语，勾杂剧入场，三段。①

南宋情况与北宋相类。南宋周密《武林旧事》卷一"圣节"条指出，"若锡宴节次，大率如《梦华》所载"，同时具引宴乐初坐乐奏第四盏时和（艺人）"进念致语"，导引乐奏《福寿永康》《庆寿新》，并随后吴师贤演出《君圣臣贤爨》等杂剧。②

不仅在宫中宴会演出时参军色作念致语，而且圣驾外出赐宴也有类似节次。《东京梦华录》卷七"驾幸临水殿观争标锡宴"条即载：

> 驾先幸池之临水殿锡燕群臣。……近殿水中，横列四彩舟，上有诸军百戏，如大旗、狮豹、棹刀、蛮牌、神鬼、杂剧之类。又列两船，皆乐部。又有一小船，上结小彩楼，下有三小门，如傀儡棚，正对水中。乐船上参军色进致语，乐作，彩棚中门开，出小木偶人。小船子上有一白衣人垂钓，后有小童举棹划船，辽绕数回，作语，乐作，钓出活小鱼一枚，又作乐，小船入棚。继有木偶筑球舞旋之类，亦各念致语，唱和，乐作而已。③

这里，参军色致语，引出水傀儡表演，其义与宫廷中赐宴演出乐舞杂剧相同。

参军色在诵念致语，导引乐舞杂剧演出外，有时还亲自参与表演。如前《武林旧事》卷一"圣节"条所述初坐乐奏第四盏时和念致语，其后在再坐乐奏第六盏时和又参与杂剧表演，搬演《四偌少年游》、断送《贺年丰》。又如宋史浩《鄮

---

①（宋）孟元老：《东京梦华录》（外四种），北京：文化艺术出版社 1998 年版，第 138—139 页。

②（宋）孟元老：《东京梦华录》（外四种），北京：文化艺术出版社 1998 年版，第 327—330 页。

③（宋）孟元老：《东京梦华录》（外四种），北京：文化艺术出版社 1998 年版，第 45 页。

峰真隐漫录》卷四六“剑舞”条所记，其内容主要是竹竿子（即参军色，因其手执竹竿子，故以物直称）引二舞者出场，竹竿子先念致语，乐部、舞者唱念描写剑器之词，为演出序幕。其后是正戏部分，为两段。先表演鸿门宴故事，二汉装者分别扮演刘邦和项羽，对坐。另二人一扮项庄，持剑欲刺刘邦，一扮项伯，进前翼蔽。其间竹竿子念词解说。第二部分表演公孙大娘舞剑之事。二人着唐装分别扮演杜甫和张旭，另有一男一女对舞，其间竹竿子念词叙述张旭观公孙大娘剑舞而草书大进及杜甫作诗事。最后由竹竿子致辞遣队。整个演出有人物，有故事，配合歌舞，而竹竿子一直处其中，为不可缺少的角色。

由于教坊隶属宫廷，因此宫中事务如驾出郊祀、游幸、燕（宴）射等，乐部皆随行侍候，导引动乐，这时参军色亦念致语口号，如《武林旧事》卷一“登门肆赦”条载：

其日，驾自文德殿，诣丽正门御楼，教坊作乐迎导，参军色念致语，杂剧色念口号。……至南宫门教坊迎驾，念致语口号如前。[①]

同书卷第一“恭谢”条载：

大礼后……第二日上乘辇，自后殿门出，教坊都管已下于祥曦殿南迎驾起居，参军色念致语，杂剧色念口号，乐作。……衙前乐都管已下三百人，自新桩桥西中道排立迎驾，念致语、口号如前，乐动《满路花》。[②]

同书卷第八“车驾幸学”条载：

驾至纯礼坊，随驾乐部参军色念致语，杂剧色念口号，起引子。……（驾）乘辇鸣鞭出学，百官诸生迎驾如前。随驾乐部，参军色迎驾，念致语，杂剧色念口号，曲子起《寿同天》引子，导驾还宫。[③]

①（宋）孟元老：《东京梦华录》（外四种），北京：文化艺术出版社 1998 年版，第 324—325 页。
②（宋）孟元老：《东京梦华录》（外四种），北京：文化艺术出版社 1998 年版，第 326 页。
③（宋）孟元老：《东京梦华录》（外四种），北京：文化艺术出版社 1998 年版，第 432—433 页。

参军色念致语，记载甚明。又如《梦粱录》卷一“车驾诣景灵宫孟飨”条：“驾出景灵宫，至回龙桥，教乐所人员拦驾奏致语，杂剧色打和和来。”[①] 又，同书卷五“驾宿明堂斋殿行禋祀礼”条：“（上）更服登辇，教乐所伶人在殿前排列，奏庆礼成曲……伶人进口号，乐复作。”[②] 又，《武林旧事》卷一“大礼”条：“上乘大安辇，从以五辂进发，教坊排立，奏念致语口号讫，乐作。……入丽正门，教坊排立，再奏致语、口号，舞毕。”[③] 同书卷二“燕射”条：“淳熙元年九月，孝宗幸玉津园讲燕射礼……教坊进念致语口号，作乐。……上乘逍遥辇出玉津园，教坊进念口号。”[④] 以上四条史料，虽然文中未记念致语者为谁，但从文意可以看出乃参军色。

概上所述，参军色乃宋代教坊中一个相当重要的角色，它在宫廷乐舞杂剧演出中有指挥、协调的职能，有时还直接参与演出，但不类一般宋杂剧演出中的参军（如宋岳珂《桯史》“二圣环”故事中扮演秦桧的滑稽角色），后者实为副净之古称，源于唐代的参军戏。同时，参军色在宫廷事务中作为教坊乐部的一员随驾出行，起导引动乐作用。但它又不同于协律郎，后者为官职，不属教坊，虽也指挥奏乐，但无导引演出之任，所执仪物为麾，而不是竹竿子，在《梦粱录》卷五“驾宿明堂斋殿行禋祀礼”条中与参军色同时被记载，可见二者并非一人。

参军色的服饰装扮为何，在两宋笔记中略有记载。宋代民俗，“士农工商诸行百户衣装各有本色，不敢越外”[⑤]，《宋史·舆服志》记之甚详。教坊艺人，其服色自然有严格规定。《都城纪胜》“瓦舍众伎”条在记教坊十三部名色后即载云：“其诸部分紫、绯、绿三等宽衫，两下各垂黄义襕，杂剧部又戴诨裹，其余只是帽子幞头。”[⑥]《梦粱录》卷二十“妓乐”条也有类似记载。这里的紫、绯、绿三色，是艺人服装的定色。三等宽衫，指诸部诸色艺人分为三等。《宋史·乐志十七》亦云：“（教坊）把色人分三等[⑦]”。那么，参军色属何等，具体服饰如何？可以肯定的是穿宽衫，垂黄义襕，戴幞头帽子。据《宋史·舆服志五》所载，宋

①（宋）孟元老：《东京梦华录》（外四种），北京：文化艺术出版社1998年版，第127页。

②（宋）孟元老：《东京梦华录》（外四种），北京：文化艺术出版社1998年版，第160—161页。

③（宋）孟元老：《东京梦华录》（外四种），北京：文化艺术出版社1998年版，第322页。

④（宋）孟元老：《东京梦华录》（外四种），北京：文化艺术出版社1998年版，第337—338页。

⑤（宋）孟元老：《东京梦华录》卷五“民俗”，见《东京梦华录》（外四种），北京：文化艺术出版社1998年版，第31页。

⑥（宋）孟元老：《东京梦华录》（外四种），北京：文化艺术出版社1998年版，第84页。

⑦《宋史》册十，上海：中华书局1977年版，第3358页。

代幞头以纱为表，涂以漆，平施两脚，即黑纱展脚幞头）。至于紫、绯、绿三色中，参军色服装属何种颜色，未能遽定。至今在山西省上党地区的赛社演出中还能看到有关“竹竿子”（前行）的扮相（图285），可以为我们了解“竹竿子”提供一个参考。

图285 山西上党地区赛社演出之“竹竿子”（前行）扮相

近年来，在山西南部发现了有关参军色形象的线刻和壁画，印证上述文献史料，使我们进一步明确了参军色的服饰装扮，解决了某些疑难问题。一是山西高平西李门二仙奶奶庙金代正隆二年（1157）露台基座东侧的杂剧线刻图。此图绘刻杂剧角色十人，正列队行进表演，右第一人头戴展脚幞头，身穿圆领宽袖长袍，双手执一竹竿，置于胸前，此当为参军色形象（其余诸角色为舞者二人、杖鼓二人、笛色一人、筚篥二人、拍板一人、羯鼓一人，与《都城纪胜》《梦粱录》所记略同）。由于此图为线刻，未着颜色，因而未能确定幞头和长袍的色彩。另一是山西省浮山县上东村宋墓壁画，上面亦绘有参军色形象。其形象也是头戴展脚幞头，身穿圆领宽袖长袍，双手执一竹竿，置于胸前，幞头为黑色，长袍为红色。至此，我们终于窥见了宋代参军色的服饰装扮。

参军色所执仪物为“竹竿子”（图286），或谓“竹竿拂子”，这在前引《东京梦华录》和《梦粱录》条文中已述及。但“竹竿子”（或“竹竿拂子”）形状如何，记载语焉不详。顾名思义，当为一长竹竿，而谓之“拂子”，其顶部似有细小分

图 286　宋代指挥社火演出之“竹竿子”（见董锡九《中国舞蹈史》）

岔饰物，如拂尘之类。但这只是猜测，亦难肯定。可喜的是，“竹竿子”这一仪物在朝鲜李朝成宗二十四年（相当于中国明朝弘治六年）柳子光编纂的《乐学轨范》卷八“唐乐呈才仪物图说”中却有记载，其文为：

竹竿子，柄以竹为之，朱漆，以片藤缠结，下端蜡染铁妆（凡仪物柄同），雕木头冒于上端，又用细竹一百个，插于木头上，并朱漆，以红丝束之。每竹端一寸许，裹以金箔纸。

该书又附有“竹竿子”线描图。凑巧的是，前面所引山西高平以及浮山的线刻和壁画所刻绘参军色手中所执竹竿形状，与此基本相类。高平线刻（图 95）中的竹竿，下部直而细长，上部顶端有一圆球状物，上插许多细竹条，呈分散状。浮山壁画（图 96）中的竹竿，主体亦为一细长竹竿，上端有二细条状物向上伸出，呈“V”字形，与前者相较，上端细竹条多少有差。似乎高平所刻为宋金时代“竹竿子”的典型形制，而浮山所绘是宋代“竹竿子”的变化形态。

第八章 戏曲文物中展现的服饰

戏曲服饰伴随着戏曲的产生而产生。从总体看，它“既有装饰华丽的一面，又有诣趣随意的一面”[①]，是在继承前代乐舞表演和俳优滑稽表演传统的基础上，吸收百姓日用常服，并受奢华铺饰之风影响，而形成的既带装饰性又有程式性的服饰类型。

第一节 戏曲服饰的产生

宋金杂剧服饰的出现，标志着戏曲服饰开始逐步形成。它一方面是对于前代服饰的继承，另一方面与宋代都市的奢华铺饰之风密切相关，当然重要的是从百姓的日常服饰和品官服饰中汲取营养。

首先是对于前代服饰的继承。古代乐舞服饰从一开始就特别注重装饰之美。《管子》卷二十三：“昔者，桀之时，女乐三万人端噪晨乐，闻于三衢，是无不服文绣衣裳。”[②]是为夏桀时乐伎穿有纹饰服装的记载。又据《北堂书钞》卷一百七十：“三帝俊始为舞，阴康教民舞，舞以导之，舞以宣情，舞以尽意。节八音而行八风，观其舞，知其德。隐公六佾以弓矢舞，持干戚舞，舞干羽。舞云门以祀天神，舞咸池以祭地祇。兵舞山川，帗舞社稷，羽舞四方。四时舞，五行舞，盛德之舞，昭德之舞，武始之舞，云翘之舞，咸熙之舞。持矛助生，持羽助养，持钺助杀，持干助藏。衣文衣，衣绣衣。”[③]“文”者，绘画之服，“绣”者，刺绣之服。可知上古三代，各种祭祀和庆祝活动中的参与者均穿带有文绣的服饰。春秋战国时期，据《史记·孔子世家》载，齐人惧孔子为政，“于是选齐国中女子好者八十人，皆衣文衣而舞康乐，文马三十驷遗鲁君”[④]。汉魏以降，舞服则

---

① 山西师范大学戏曲文物研究所：《宋金元戏曲文物图论》，太原：山西人民出版社 1987 年版，第 41 页。

②（春秋）管仲：《管子》卷二十三，杭州：浙江古籍出版社 1987 年版。

③（隋）虞世南：《北堂书钞》卷一百七十，天津：天津古籍出版社 1988 年版。

④《史记·孔子世家》卷四十七，北京：中华书局 1959 年版，第 1918 页。

更加华丽多彩。《后汉书·边让传》中的《章华赋》有云："于是招宓妃，命湘娥，齐倡列，郑女罗。扬激楚之清宫兮，展新声而长歌。繁手超于北里，妙舞丽于阳阿。金石类聚，丝竹群分，被轻袿，曳华文，罗衣飘摇，组绮缤纷。"[1]那"轻袿""华文""罗衣""组绮"，无不赏心悦目，美轮美奂。西晋时，石崇"常择美容姿相类者十人，装饰衣服，大小一等，使忽视不相分别，常侍于侧。使翔风调玉以付工人，为倒龙之佩，萦金为凤冠之钗，言刻玉为倒龙之势，铸金钗象凤皇之冠，结袖绕楹而舞，昼夜相接，谓之'恒舞'"[2]。所谓"装饰衣服"，不仅仅包括对于衣服本身的美化，还包括各种"金玉"之佩饰。

隋唐时期，是对于后世杂剧服饰有着重要影响的时期。据《隋书·音乐志》，隋炀帝大业二年（606），"总追四方散乐"，"每岁正月，万国来朝，留至十五日，于端门外，建国门内，绵亘八里，列为戏场。百官起棚夹路，从昏达旦，以纵观之。至晦而罢。伎人皆衣锦绣缯彩。其歌舞者，多为妇人服，鸣环佩，饰以花毦者，殆三万人。初课京兆、河南制此衣服，而两京缯锦，为之中虚"。[3]大业六年（610），"乃于天津街盛陈百戏，自海内凡有奇伎，无不总萃。崇侈器玩，盛饰衣服，皆用珠翠、金银、锦罽、絺绣，其营费巨亿万"。[4]衣服装饰之盛，排场之奢华，无与伦比。唐高祖登基之后，享宴因隋旧制。

据《旧唐书·音乐志》：

> 《庆善乐》，太宗所造也。太宗生于武功之庆善宫，既贵，宴宫中，赋诗，被以管弦。舞者六十四人，衣紫大袖裙襦，漆髻皮履。舞蹈安徐，以象文德洽而天下安乐也。《大定乐》，出自《破阵乐》。舞者百四十人，被五彩文甲，持槊。歌和云，八纮同轨乐，以象平辽东而边隅大定也。《上元乐》，高宗所造。舞者百八十人，画云衣，备五色，以象元气，故曰"上元"。《圣寿乐》，高宗武后所作也。舞者百八十人，金铜冠，五色画衣，舞之行列必成字，十六变而毕。有"圣超千古、道泰百王、皇帝万年、宝祚弥昌"字。《光圣乐》，玄宗所造也，舞者八十人，乌冠，五彩画衣，兼以上元、圣寿之容，

① 《后汉书·边让传》卷八十下，北京：中华书局1964年版，第2642页。

② （晋）王嘉：《拾遗记》卷九，北京：中华书局1981年版，第215页。

③ （唐）魏徵等撰：《隋书·音乐志》卷十五，北京：中华书局1973年版，第381页。

④ （唐）魏徵等撰：《隋书·音乐志》卷十五，北京：中华书局1973年版，第381页。

以歌王迹所兴。……《景云乐》，舞八人，花锦袍，五色绫袴，云冠，乌皮靴；《庆善乐》，舞四人，紫绫袍，大袖，丝布袴，假髻；《破阵乐》，舞四人，绯绫袍，锦衿褾，绯绫裤；《承天乐》，舞四人，紫袍，进德冠，并铜带。……《长寿乐》，武太后长寿年所造也。舞十有二人，画衣冠。《天授乐》，武太后天授年所造也。舞四人，画衣，五采凤冠。《鸟歌万岁乐》，武太后所造也。武太后时，宫中养鸟能人言，又常称"万岁"，为乐以象之。舞三人，绯大袖，并画鹳鹆，冠作鸟像。……《西凉乐》者……工人平巾帻，绯褶，白舞一人，方舞四人。白舞，今阙。方舞四人，假髻，玉支钗，紫丝布褶，白大口袴，五彩接袖，乌皮靴。……《高丽乐》，工人紫罗帽，饰以鸟羽，黄大袖，紫罗带，大口袴，赤皮靴，五色绦绳。舞者四人，椎髻于后，以绛抹额，饰以金珰。二人黄裙襦，赤黄袴，极长其袖，乌皮靴，双双并立而舞。……《百济乐》……舞二人，紫大袖裙襦，章甫冠，皮履。……《扶南乐》，舞二人，朝霞行缠，赤皮靴。……《天竺乐》，工人皂丝布头巾，白练襦，紫绫袴，绯帔。舞二人，辫发，朝霞袈裟，行缠，碧麻鞋。……《高昌乐》，舞二人，白袄锦袖，赤皮靴，赤皮带，红抹额。……《龟兹乐》，工人皂丝布头巾，绯丝布袍，锦袖，绯布袴。舞者四人，红抹额，绯袄，白袴帑，乌皮靴。……《疏勒乐》，工人皂丝布头巾，白丝布袴，锦襟褾。舞二人，白袄，锦袖，赤皮靴，赤皮带。……《康国乐》，工人皂丝布头巾，绯丝布袍，锦领。舞二人，绯袄，锦领袖，绿绫浑裆袴，赤皮靴，白袴帑。舞急转如风，俗谓之胡旋。……《安国乐》，工人皂丝布头巾，锦褾领，紫袖袴。舞二人，紫袄，白袴帑，赤皮靴。①

其中工人、舞人所穿戴帽饰、衣裤如"金铜冠""云冠""五采凤冠""平巾帻""紫罗帽""章甫冠""进德冠""皂丝布头巾""紫大袖裙襦""五彩文甲""画云衣""五彩画衣""花锦袍""紫绫袍""绯绫袍""绯丝布袍""绯大袖""紫大袖""朝霞行缠""白袄锦袖""抹额""乌皮靴""碧麻鞋"等50多种，这些都对宋金宫廷乐人和杂剧伶人的服饰产生重要影响。

宋代的奢华之风，刺激了杂剧服饰的产生。北宋时期，随着城市经济的进一

---

①（后晋）刘昫：《旧唐书·音乐二》卷二十九，北京：中华书局1957年版，第1060—1071页。

步繁荣，无论宫廷还是民间，崇尚奢华之风盛行。据《东京梦华录》记载，节庆期间，京城各类表演至为活跃，市民官吏盛装出行，游玩观看，如“正月一日年节，开封府放关扑三日。市庶自早互相庆贺”，城中重要路段“皆结彩棚，铺陈冠梳、珠翠、头面、衣着、花朵、领抹、靴鞋、玩好之类，间列舞场歌馆，车马交驰”。[①]“立春前一日，开封府进春牛入禁中鞭春”，“府前左右，百姓卖小春牛，往往花装栏坐，上列百戏人物，春幡雪柳，各相献遗”。[②]元宵节前后，不仅王府结彩棚，“家伎竞奏新声”，诸多地方“皆有乐棚，作乐燃灯”，“无乐棚去处，多设小影戏棚子”，而“别有深坊小巷，绣额珠帘，巧制新妆，竞夸华丽”。[③]清明节“禁中出车马……莫非金装绀幰，锦额珠帘，绣扇双遮，纱笼前导。市庶阗塞诸门……都城之歌儿舞女，遍满园亭，抵暮而归”。[④]七夕节前三五天，“车马盈市，罗绮满街”，“儿童辈特地新妆，竞夸鲜丽”。[⑤]中元节前，“市井卖冥器靴鞋、幞头帽子、金犀假带、五彩衣服”。[⑥]“立秋日，满街卖楸叶，妇女儿童辈，皆剪成花样戴之”。[⑦]中秋之夜，“贵家结饰台榭，民间争占酒楼玩月。丝篁鼎沸，近内庭居民，夜深遥闻笙竽之声，宛若云外”。[⑧]至于宫中朝会、百官庆寿、圣驾出巡、祀神浴佛，更是銮舆伞盖，声色奢华。

南宋都城临安亦然。聚天下各种工伎，各色诸行应有尽有。“其他工伎之人，或名为‘作’，如篦刃作、腰带作、金银镀作、钑作是也。……大抵都下万物所聚，如官巷之花行，所聚花朵、冠梳、钗环、领抹，极其工巧，古所无也”[⑨]。杭州大街，“铺席”众多，与服饰有关的铺面有刘家、吕家、陈家彩帛铺，保佑坊前孔家头巾铺，市南坊沈家白衣铺、徐官人幞头铺、钮家腰带铺，市西坊北钮家彩帛铺，水巷口徐家绒线铺、俞家冠子铺，清河坊顾家彩帛铺，升阳宫前季家云梯丝鞋铺，抱剑营街李家丝鞋铺，沙皮巷孔八郎头巾铺、陈家绦结铺，三桥街柴家绒线铺，

①（宋）孟元老：《东京梦华录》卷六“正月”条，北京：文化艺术出版社 1998 年版，第 36 页。
②（宋）孟元老：《东京梦华录》（外四种）卷六“正月”条，北京：文化艺术出版社 1998 年版，第 37 页。
③（宋）孟元老：《东京梦华录》（外四种）卷六“十六日”条，北京：文化艺术出版社 1998 年版，第 40 页。
④（宋）孟元老：《东京梦华录》（外四种）卷七“清明节”条，北京：文化艺术出版社 1998 年版，第 43 页。
⑤（宋）孟元老：《东京梦华录》（外四种）卷八“七夕”条，北京：文化艺术出版社 1998 年版，第 54 页。
⑥（宋）孟元老：《东京梦华录》（外四种）卷八“中元节”条，北京：文化艺术出版社 1998 年版，第 55 页。
⑦（宋）孟元老：《东京梦华录》（外四种）卷八“立秋”条，北京：文化艺术出版社 1998 年版，第 55 页。
⑧（宋）孟元老：《东京梦华录》（外四种）卷八“中秋”条，北京：文化艺术出版社 1998 年版，第 56 页。
⑨（宋）灌圃耐得翁：《都城纪胜》“诸行”条，《东京梦华录》（外四种），北京：文化艺术出版社 1998 年版，第 80 页。

三桥河下杨三郎头巾铺，清湖河下戚家犀皮铺，沿桥下生帛铺，平津桥沿河布铺，铁线巷生绢一红铺，官巷内盛家珠子铺、刘家翠铺、马家宋家领抹销金铺、沈家枕冠铺、小市里舒家体真头面铺等，“自大街及诸坊巷，大小铺席，连门俱是，即无虚空之屋”①。节庆繁华与汴京相类。正月初一，“士夫皆交相贺，细民男女亦皆鲜衣，往来拜节”②。元宵节“都民士女，罗绮如云，盖无夕不然也”，“妇人皆戴珠翠、闹蛾、玉梅、雪柳、菩提叶、灯球、销金合、蝉貂袖、项帕，而衣多尚白，盖月下所宜也。游手浮浪辈，则以白纸为大蝉，谓之‘夜蛾’”，月夜中，“翠帘销幕，绛烛笼纱，遍呈舞队，密拥歌姬，脆管清吭，新声交奏，戏具粉婴，鬻歌售艺者，纷然而集”，而跟随京尹小提轿的“诸舞队次第簇拥前后，连亘十余里，锦绣填委，萧鼓振作，耳目不暇给”。③

宋金杂剧的不少服饰来自于日常生活。如宋金杂剧常用的幞头，就来自于生活常服。《唐会要》卷三十一：“武德四年七月，敕折上巾，军旅所服，即今幞头是也。自后纱帽渐废，贵贱用之。故事，全复皂而向后幕发，俗谓之幞头。”④幞头形制至宋代花样越来越多。据沈括《梦溪笔谈》卷一：“幞头，一谓之四脚，乃四带也。二带系脑后垂之折，带反系头上，令曲折附顶，故亦谓之折上巾。唐制，唯人主得用硬脚，晚唐方镇擅命，始僭用硬脚，本朝幞头有直脚、局脚、交脚、朝天、顺风凡五等，唯直脚贵贱通服之。”⑤不仅市场上有卖幞头帽子之类，如《东京梦华录》卷三“相国寺内万姓交易”：“近佛殿，孟家道院王道人蜜煎、赵文秀笔及潘谷墨；占定两廊，皆诸寺师姑卖绣作、领抹、花朵、珠翠头面、生色销金花样幞头帽子、特髻冠子、绦线之类。”而且还有修幞头帽子之地，亦见《东京梦华录》卷三“诸色杂卖”条：“其锢路、钉铰、箍桶、修整动使、掌鞋、刷腰带、修幞头帽子、补洗魫角冠子。”⑥ 对于宋代都市的奢华铺饰之风，北宋

①（宋）吴自牧：《梦粱录》卷十三“铺席”条，《东京梦华录》（外四种），北京：文化艺术出版社 1998 年版，第 230—231 页。

②（宋）吴自牧：《梦粱录》卷一“正月”条，《东京梦华录》（外四种），北京：文化艺术出版社 1998 年版，第 123 页。

③（宋）周密：《武林旧事》卷二“元夕”条，《东京梦华录》（外四种），北京：文化艺术出版社 1998 年版，第 343—344 页。

④（宋）王溥：《唐会要》卷三十一，北京：中华书局 1955 年版，第 578 页。

⑤（宋）沈括著，侯真平校点：《梦溪笔谈》卷一，长沙：岳麓书社 2002 年版，第 3 页。

⑥（宋）孟元老：《东京梦华录》卷三，《东京梦华录》（外四种），北京：文化艺术出版社 1998 年版，第 20、24 页。

大观四年（1110）蔡薿曾上奏说：

臣观辇毂之下，士庶之间，侈靡之风，曾未少革。富民墙屋，得被文绣；倡优下贱，得为后饰。殆有甚于汉儒之所太息者。雕文纂组之日新，金珠奇巧之相胜，富者既以自夸，贫者耻其不若，则人欲何由而少定哉！愿明诏有司，因时立法，若衣服之所宜，若屋室之所制，械器之用，金玉之制，辨其等威以示制度，惟无骇于俗，无甚苛细而易以遵行者，具为品式而颁焉。[①]

蔡薿所忧心忡忡的正是在“侈靡之风”的影响下，服饰及相关制度逐渐废弛。那些本来只有皇家或士大夫所穿的“雕文纂组”的品服，正在为那些富民或倡优所“僭用”，显然非“衣服之所宜”。提举淮南东路学事丁瓘则说得更加直截了当：

衣服之制，尤不可缓。今闾阎之卑，倡优之贱，男子服带犀玉，妇人涂饰金珠，尚多僭侈，未合古制。臣恐礼官所议，止正大典，未遑及此。伏愿明诏有司，严立法度，酌古便今，以义起礼。俾闾阎之卑，不得与尊者同荣；倡优之贱，不得与贵者并丽。此法一正，名分自明。[②]

为了扭转这种“僭侈”的状况，有官员曾提出改制公服，但所改式样由于和优人所穿相近，只得作罢。据宋王得臣《麈史》载：

衣冠之制，上下混一。尝闻杜岐公欲令人吏、伎术等官少为差别。后韩康公又议改制，如人吏公袍襌加襈，俗所谓黄义襕者是也，幞头合戴牛耳者。然今之优人多为此服，大为群小所恶，浮谤腾溢，其议遂止。[③]

很明显，戏服的产生，有一个渐进的过程，也是一个富有争议而逐渐让人认同并慢慢定型的过程。戏服最初是杂剧艺人或倡优之人为追求时尚和奢华，借用

---

①《政和五礼新仪》卷首，文渊阁《四库全书》册六百四十七，上海：上海古籍出版社 1987 年版，第 20 页。
②《宋史》卷一百五十三“舆服志五”，缩印本《二十四史》册十四，北京：中华书局 1997 年版，第 938 页。
③ 文渊阁《四库全书》册八百六十二，上海：上海古籍出版社 1987 年版，第 603 页。

前代服装元素和品官服饰而创造的日用服饰，由开始的一人所穿到“优人多为此服”，再到朝廷下诏，严格厘定日常私服与演出戏服，最终为后世戏服的成熟和程式化奠定了基础。

其实，在北宋，什么人穿什么样的衣服，本来有着严格规定。所谓“其士农工商，诸行百户，衣装各有本色，不敢越外”[①]。除了杂剧伶人或倡优之人，对于普通百姓的日常服饰也有着严格的区别。据《宋史·舆服志五》记载：“端拱二年，诏县镇场务诸色公人并庶人、商贾、伎术、不系官伶人，只许服皂、白衣，铁、角带，不得服紫。”[②]这就自然地将伶人的日常服饰和表演服装区分开来。也就是说，伶人只有登台演出时才可以穿戴“雕文纂组”的戏服，下了台则没有了此项特权。这一点到了金代，规定就更为明确。《金史·舆服志》曰：“倡优遇迎接、公筵承应，许暂服绘画之服。其私服与庶人同。”[③]由最初的挞伐，到逐渐默认，再到细加区别，伶人服装的产生是有迹可循的。所谓“绘画之服”，正是在奢靡声色之风的影响下，从日用常服中独立出来的特制服装。

第二节 文献关于宋金杂剧服饰的记录

关于宋金杂剧的服饰，并没有文献对其作专门的记载，而一些优人演出和士大夫评论的零星记录又让我们对其有了部分的了解。岳珂《桯史》有四则相关的记载。一则见卷五“大小寒”条：

> 韩平原在庆元初，其弟仰胄为知閤门事，颇与密议，时人谓之“大小韩”，求捷径者争趋之。一日，内燕，优人有为衣冠到选者，自叙履历才艺，应得美官，而留滞铨曹，自春徂冬，未有所拟，方徘徊浩叹。又为日者，弊帽持扇过其旁，遂邀使谈庚甲，问以得禄之期，日者厉声曰：“君命甚高，但于五星局中，财帛宫若有所碍。目下若欲亨达。先见小寒，更望成事，必见大寒可也。”优盖以“寒”为“韩”。侍宴者皆缩颈匿笑。[④]

①（宋）孟元老：《东京梦华录》卷五“民俗”条，《东京梦华录》（外四种），北京：文化艺术出版社1998年版，第31页。

②《宋史》卷一百五十三，缩印本《二十四史》册十四，北京：中华书局1997年版，第937页。

③《金史》卷四十三，志第二十四，缩印本《二十四史》册十七，北京：中华书局1997年版，第261页。

④（宋）岳珂撰，吴敏霞校注：《桯史》，西安：三秦出版社2004年版，第138页。

所记二优人，一为衣冠者，一为日者，所穿服饰是“衣冠”和“弊帽”。第二则见卷七“优伶恢语”条：

有参军者前，褒桧功德，一伶以荷叶交倚从之。诙语杂至，宾欢既洽。参军方拱揖谢。将就倚，忽坠其幞头，乃总发为髻，如行伍之巾，后有大巾镮，为双叠胜。[1]

所记一伶为参军者，戴“幞头”，另戴“大巾镮”。第三则见卷十“万春伶语”条：

有儒服立于前者，一人旁揖之，相与咤博，洽辩古今，岸然不相下。因各求挑试所诵忆。其一问：“汉四百载名宰相凡几？”儒服以萧、曹而下枚数之无遗，群优咸赞其能。乃曰：“汉相吾言之矣，敢问唐三百载名将帅何人也？”旁揖者亦诎指英、卫以及季叶，曰：“张巡、许远、田万春。”儒服奋起争曰：“巡、远是也，万春之姓雷，历考史牒，未有以雷为田者。”揖者不服，撑拒滕口。俄以绿衣参军自称教授，前据几，二人敬质疑。曰：“是故雷姓。”揖者大诟，袒裼奋拳，教授遽作恐惧状，曰：“有雨头也得，无雨头也得。”坐中方失色，知其风已也。忽优有黄衣者，持令旗跃出稠人中，曰：“制置大学给事台旨，试官在坐，尔辈安得无礼！”群优亟敛容趋下。[2]

所记群优中，有儒服者、旁揖者、参军者和黄衣者。所穿服饰为“儒服”“裼”“绿衣”“黄衣”。第四则见卷十三“选人戏语”条：

蜀伶多能文，俳语率杂以经史，凡制帅幕府之燕集，多用之。嘉定初，吴畏斋帅成都，从行者多选人，类以京削系念，伶知其然。一日为古冠服数人游于庭，自称孔门弟子。交质以姓氏，或曰“常”，或曰“于”，或曰“吾”。问其所莅官，则合而应曰：“皆选人也。”[3]

---

①（宋）岳珂撰，吴敏霞校注：《桯史》，西安：三秦出版社2004年版，第177页。

②（宋）岳珂撰，吴敏霞校注：《桯史》，西安：三秦出版社2004年版，第263—264页。

③（宋）岳珂撰，吴敏霞校注：《桯史》，西安：三秦出版社2004年版，第333—334页。

所记伶人扮孔门弟子数人，所穿服饰为“古冠服”。

除了上述《桯史》四则外，另据《齐东野语》“优语”条：

近者己亥岁，史（巂）之为京尹，其弟以参政督兵于淮。一日内宴，伶人衣金紫，而幞头忽脱，乃红巾也。或惊问曰：“贼裹红巾，何为官亦如此？”傍一人答云：“如今做官底，都是如此。”于是褫其衣冠，则有万回佛自怀中坠地。其旁者云：“他虽做贼，且看他哥哥面。”[①]

其中一伶人“衣金紫”，戴“幞头”，内裹“红巾”。又宋曾敏行《独醒杂志》卷九云：

又大农告乏，时有献廪俸减半之议，优人乃为衣冠之士，自冠带衣裾被身之物辄除其半，众怪而问之，则曰：“减半。”而两足共穿半袴，蹩而来前，复问之，则又曰：“减半。”问者乃长叹曰：“但知减半，岂料难行！”语传禁中，亦遂罢议。[②]

优人所扮者乃一士人，所戴为“半冠”，所穿为“半衣裾”，所束为“半带”。又宋李荐《济南先生师友谈记》云：

近扈从燕醴泉观，优人以相与自夸文章为戏者。一优（丁仙现者）曰：“吾之文章汝辈不可及也。”众优曰：“何也？”曰：“汝不见吾头上子瞻乎？”[③]

众优之中，一优戴“东坡巾”。宋刘攽《中山诗话》云：

尝内宴，优人有为义山者，衣服败敝。告人曰：“吾为诸馆职，挦撦至此。”闻者欢笑。[④]

①（宋）周密：《齐东野语》卷十三，北京：中华书局出版社1983年版，第245页。
②（宋）曾敏行：《独醒杂志》卷九，上海：上海古籍出版社1986年版，第87页。
③（宋）李荐：《济南先生师友谈记》，北京：中华书局1985年版，第1页。
④（宋）刘攽：《中山诗话》，收入何文焕编《历代诗话》，北京：北京图书馆出版社2003年版，第173页。

一优所穿“败敝”之衣服。宋孙觌《鸿庆居士集》卷三十一“谷盈通说序”：

余观优人被衣冠而坐，指挥叱咤，旁若无人，忽然褫去为牛童马走，则慑而受笞，此一人之身耳，贵贱何以异此！①

优人所穿者“衣冠”。宋吴儆《竹洲集·附录》“识斋记”：

优人裹章服，据案叱使人，如令人识其戏也，以为笑，不为畏。②

优人所穿者“章服”，即“绘画”之服。《两朝纲目备要》卷二：

甚者奏杂戏乐，习斋郎舞，乃使幸臣嬖妾杂以优人聚之数十，饰以怪巾，拖之异服，备极丑恶，以致戏笑至亡谓也。③

优人所裹者“怪巾”，所穿者“异服”。明冯琦《宋史纪事本末》卷八十：

熹复奏疏，极言陛下即位，未能旬月，而进退宰臣，移易台谏，皆出陛下之独断，中外咸谓左右或窃其柄。臣恐主威下移，求治反乱矣。时韩侂胄方用事，熹意盖指侂胄也。侂胄由此大恨，使优人峨冠阔袖象大儒，戏于上前。因乘间言熹迂阔不可用，遂出内批，罢熹经筵，除宫观。熹去，侂胄益无忌惮矣。④

优人所戴者“峨冠”，所穿者“阔袖”。又元脱脱等《金史·后妃传》：

一日，章宗宴宫中。优人瑇瑁头者戏于前。或问：“上国有何符瑞？”

①（宋）孙觌：《鸿庆居士集》卷三十一，载文渊阁《四库全书》册一千一百三十五，上海：上海古籍出版社1987年版。

②文渊阁《四库全书》册一千一百四十二，上海：上海古籍出版社1987年版，第297页。

③《两朝纲目备要》卷二。

④（明）冯琦：《宋史纪事本末》册四，卷八十，北京：中华书局1955年版，第682页。

优曰："汝不闻凤皇见乎？"其人曰："知之，而未闻其详。"优曰："其飞有四，所应亦异。若向上飞，则风雨顺时；向下飞，则五谷丰登；向外飞，则四国来朝；向里飞，则加官进禄。"上笑而罢。[①]

从以上资料来看，优人所穿服饰包括几类：一类是总括类，即古冠服、衣冠、儒服之类；一类是帽饰类，即幞头、东坡巾、峨冠、半冠、敝帽、怪巾、大巾镮、红巾、玳瑁头等；一类是衣饰类，即章服、金紫、阔袖、绿衣、黄衣、异服、裼、半衣裾、半带等。

第一类所指模糊，但所称又似乎是时人所熟悉的特定的穿戴，如儒服，即读书人所穿之服。古冠服，因是孔门弟子所穿，当与儒服相类，但又有"古"意。《思辨录辑要》云："凡官皆当有品级，教官不当有品级，亦不得谓之官，盖教官者师也。……至于冠服，亦不可同于职官之制，当另制为古冠服，如深衣、幅巾及忠靖巾之类。仍以乡国天下为等庶，师道日尊，士气日昌，而圣人之徒出矣。"[②]深衣者，《礼记·玉藻篇》载："朝玄端，夕深衣。"又《礼记·深衣篇》注："名曰深衣者，谓连衣裳而纯之采者。"《中国古代服饰史》又进一步解释说："虽为连衣裳，而制作时犹上下分裁，中有缝连属为之。深衣之制，下裳用六幅，每幅又交解裁之为二，故计有十二幅。有上下之杀（杀谓削幅），裳旁有续衽钩边，郑注为若今曲裾也。"[③]衣冠，本指穿戴服饰，后专称公服或官服。据《朱子五经语类》卷六十六："中国衣冠之制，自晋刘石以后，遂相承袭。唐接隋，隋接周，周接元魏，大抵沿其制。问今公服起于何时？曰：隋炀帝游幸，令群臣皆以戍服，从三品以上服紫，五品以上服绯，六品以下服绿，只从此起，遂为不易之制。"[④]优人所服之衣冠，当为装孤所穿之幞头袍服也。

第二类，帽饰类，除了"半冠""大巾镮""玳瑁头""敝帽"等特定戏剧情景所特制的样式外，其他样式为杂剧伶人所常戴，且在戏曲文物中均能见到。

---

①（元）脱脱等：《金史·后妃传》，北京：中华书局1975年版，第1528页。

②陆世仪：《思辨录辑要》卷二十，文渊阁《四库全书》册七百二十四，上海：上海古籍出版社1987年版，第169页。

③周锡保：《中国古代服饰史》，北京：中国戏剧出版社1984年版，第49页。

④程川：《朱子五经语类》卷六十六"礼七"条，文渊阁《四库全书》卷一百九十三，上海：上海古籍出版社1987年版，第619页。

幞头，《封氏闻见记》卷五：“近古用幅巾，周武帝裁出脚后幞发，故俗谓之幞头。至尊、皇太子、诸王及仗内供奉以罗为之，其脚稍长，士庶多以绝缦而脚稍短，幞头之下别施巾，象古冠下之帻也。巾子制顶皆方平，仗内即头小而圆锐，谓之内样。开元中，燕公张说当朝，文伯冠服以儒者自处，玄宗嫌其异已，赐内样巾子长脚罗幞头，燕公服之入谢，玄宗大悦。因此令内外官僚百姓并依此服。自后，巾子虽时有高下，幞头罗厚薄，大体不变焉。”[①] 又《隋书·礼仪志七》：“故事，用全幅皂而后襆发，俗人谓之襆头。自周武帝裁为四脚，今通于贵贱矣。”[②]东坡巾，“又名乌角巾，此巾的式样有四墙，即墙外又有墙，外墙比内墙少杀，前后左右各有角（即墙面之角）相向着外墙之角而介在两眉之上”[③]。《东坡全集》有诗云：“父老争看乌角巾，应缘曾现宰官身。溪边古路三岔口，独立斜阳数过人。”[④] 故有“东坡巾”之名。如宋代李公麟画《维摩演教图》中着道士衣者，所戴即“东坡巾”（图 287）。又如明代李士达《西园雅集图》中绘苏东坡像所戴也是（图 288）。河南温县王村宋墓戏曲砖雕、河南偃师酒流沟宋墓戏曲雕塑和河南荥阳槐西村宋代石棺杂剧线刻中之末泥均戴东坡巾。峨冠者，高冠是也，如宋

图 287 《维摩演教图》《洛社耆英会图》《三才图会》中的东坡巾。转见周锡保《中国古代服饰史》

图 288 明代李士达作《西园雅集图》中的苏东坡像，所戴即东坡巾。画藏苏州市博物馆，转见周锡保《中国古代服饰史》

---

① （唐）封演：《封氏闻见记》卷五“巾幞”，文渊阁《四库全书》册八百六十二，上海：上海古籍出版社 1987 年版，第 439 页。

②《隋书·礼仪志七》，北京：中华书局点校本 1973 年版，第 272 页。

③ 周锡保：《中国古代服饰史》，北京：中国戏剧出版社 1984 年版，第 265 页。

④（宋）苏轼：《东坡全集》卷二十四《纵笔三首》之一，文渊阁《四库全书》册一千一百零七，上海：上海古籍出版社 1987 年版，第 355 页。

杂剧绢画《眼药酸》中的卖眼药者所戴之冠和宋代苏长公像所戴之高筒帽。怪巾，用一幅布以一种怪异的方式裹在头上之谓。通常的巾式，本以尺布裹头为巾，至五代及宋，巾之屋已加高，并有各种各样的名称，如云巾、软巾、唐巾、幅巾、葛巾、仙桃巾、双桃巾、华阳巾等，如《洛阳耆英会图》、李唐《炙艾图》、李嵩《货郎图》中的裹巾之式。但这里的怪巾，当与杂剧色所戴之诨裹相类，如河南荥阳槐西村宋墓石棺线刻右起第三人、山西新绛北王马村金墓杂剧砖雕右起第三人、山西侯马董明墓杂剧砖俑右起第一人、山西侯马晋光制药厂金墓杂剧砖雕左起第二人均为独脚诨裹。

第三类，衣饰类，除了半衣裾、半带为特定剧情的特制衣饰外，章服、金紫、阔袖、绿衣、黄衣、异服、裼等为伶人的常见衣饰。章服，本为以图文为等级标志的礼服。据《夏书》，"古人之象，日、月、星辰、山、龙、华虫，作会；宗彝、藻、火、粉米、黼、黻，絺绣"，此古天子冕服十二章，乃为章服之始。有九章（衣五章，裳四章）、七章（衣三章，裳四章）、五章（衣三章，裳二章）、三章（衣一章，裳二章）之别。① 后世官服制度即在此基础上演变而成。有趣的是，章服虽然不能为普通百姓所穿，但却为伶人服饰所吸收，并成为其中的一部分。金紫、绿衣、黄衣，皆彩色袍服。据《东京梦华录》："教坊乐人则皆裹长脚幞头，随逐步服紫、绯、绿三色宽衫，黄义襕，镀金凹面腰带。……诸杂剧色皆诨裹，各服本色紫绯绿宽衫，义篦，镀金带。"② 阔袖，大袖，代指大袖袍服。裼，外衣，具体式样不确。疑河南偃师酒流沟宋墓杂剧砖雕之副净、河南义马宋金墓杂剧砖雕之副净、河南新安宋墓杂剧壁画之副净、山西蒲县河西村宋杂剧石刻之副净所穿即是，所谓"袒裼"是也。异服，奇异之服饰，与时下流行之服相异。如前引宋杂剧绢画《眼药酸》中之卖眼药者所穿之缀满眼球之袍服、河南义马宋金杂剧砖雕之副净色所穿的圆领半截氅袍、河南新安宋墓杂剧壁画中副净所穿之红色露胸连臂短裤均是。而半冠、半衣裾、半带等也属于异服之类。

---

①（汉）孔安国传，（唐）孔颖达正义，黄怀信整理：《尚书正义》，上海：上海古籍出版社 2007 年版，第 166 页。

②（宋）孟元老：《东京梦华录》卷九"宰执亲王宗室百官入内上寿"条，《东京梦华录》（外四种），北京：文化艺术出版社 1998 年版，第 59 页。

第三节 文物图像中的宋金杂剧服饰

根据宋俊华对已发现的34种宋金杂剧文物所做的统计，[①] 宋金杂剧服饰共计约108种，有首服、体服、脚服三大类。

一、首服包括幞头、诨裹、巾、帽、髻及其他。

1. 幞头：展脚幞头、局脚幞头、交脚幞头、无脚幞头、短脚幞头、牛耳幞头、曲脚幞头、软脚幞头、黑色展脚幞头、黑色天脚幞头、黑色牛耳幞头、簪花软翅幞头、簪宫花无脚幞头、簪花展脚幞头、簪花幞头、曲脚簪花幞头、花边幞头、软巾幞头。共计18种。

2. 诨裹：诨裹、软巾诨裹、簪花诨裹。共计三种。

3. 巾：东坡巾、软巾、簪花软巾、簪花枝软巾、平顶巾、牛角平顶巾、软翅巾。共计七种。

4. 帽：高筒帽、尖顶圆帽、圆顶小帽、小圆帽、圆顶帽、簪花罗帽、瓦楞帽、尖筒帽、浅貂帽。共计九种。

5. 髻：花髻、高髻、束髻、同心髻、簪花高髻。共计五种。

6. 其他：软裹、无脚软裹、笠子、花冠、抹额、介帻。共计六种。

二、体服包括袍、衫、衣、裙、裤及其他。

1. 袍：长袍、圆领袍、圆领长袍、圆领加肩长袍、圆领宽袖长袍、圆领宽袖红袍、圆领窄袖长袍、圆领窄袖袍、圆领窄袖短袍、交领长袍、方领窄袖袍、方领窄袖长袍、方领宽袖长袍、高领长袍、左衽长袍、绿色宽袖长袍、黄色虎皮纹短袍、窄袍、左衽袍、红袍、窄袖袍。共计21种。

2. 衫：短衫、圆领长衫、圆领窄袖开衩衫、开衩长衫、长袖衫、宽袖衫、宽袖对襟长衫、白色圆领窄袖衫、开衩衫、白色交领开衩衫、圆领窄袖衫、左衽窄袖团花红衫、左衽衫。共计13种。

3. 衣：方领窄袖上衣、紧身宽袖长衣、彩绘绣衣、窄袖衣、左衽窄袖长衣、圆领宽袖长衣、黄衣。共计七种。

4. 裙：窄袖长裙、窄裙、黄褶裙。共计三种。

---

① 宋俊华：《中国古代戏剧服饰研究》，表2—2，广州：广东高等教育出版社2003年版，第42页。

5. 裤：长裤、窄口裤、短裤。共计三种。

6. 其他：左衽襦、直裰、带、假面、方领、飘带、斗篷、小褂、短袄、短褐。共计十种。

三、脚服，包括靴、腿裹吊敦。共计两种。

虽然从以上的统计看，宋金杂剧的服饰种类很多，但实际上，对于宋金杂剧的脚色而言，在服饰装扮上都有着较为固定的穿戴式样，人们也能从其穿戴上大致判断是什么脚色。这里可以从已发现的戏曲砖雕和戏曲壁画来大体了解末泥、引戏、副末、副净、装孤五个杂剧脚色所穿的服饰类型。

1. 末泥的服饰

末泥色在宋金杂剧脚色中是一个十分特殊的脚色类型，也是在戏曲文物中最难判断的一个类型，因而在服饰装扮上呈现出一定的复杂状况。兹列表如下：

文物名称	时间	末泥位次	首服	体服	脚服
偃师酒流沟宋墓杂剧砖雕	北宋	左 2	东坡巾	交领内衣，圆领窄袖长袍，腰系革带	云头履
荥阳槐西朱氏墓石棺杂剧线刻	宋绍圣三年（1096）	左 1	东坡巾	圆领窄袖长袍，腰系革带	不详
温县王村墓杂剧砖雕	北宋	左 1	东坡巾	交领内衣，圆领窄袖长袍，腰系革带	鞋
温县博物馆藏杂剧砖雕之一	北宋	左 1	介帻	圆领窄袖短袍，袍角前塞于腰带，布裤，双垂带	鞋
温县西关墓杂剧砖雕	北宋	左 4	东坡巾	交领内衣，局领窄袖短袍，袍角交叉系于前腰带	过膝长筒靴
洛宁上村墓杂剧砖雕之一	宋末金初	左 1	东坡巾	交领内衣，圆领窄袖长袍，腰系革带	尖靴
洛宁上村墓杂剧砖雕之二	宋末金初	左 2	无脚幞头	圆领窄袖长袍，腰系带	鞋
蒲县河西村娲皇庙杂剧石雕财盆	北宋	左 5	东坡巾	圆领窄袖长袍，腰系带	乌靴
垣曲坡底墓杂剧砖雕	金大定三年（1163）	左 1	东坡巾	交领内衣，圆领窄袖长袍，腰系革带	筒靴

文物名称	时间	末泥位次	首服	体服	脚服
稷山马村段氏M3杂剧砖雕	金初	左4	无脚幞头	圆领窄袖长袍，腰系带	靴
稷山马村段氏M4杂剧砖雕	金初	左1	无脚幞头	交领敞袖长袍，腰系革带	靴
稷山马村段氏M5杂剧砖雕	金初	左2	交脚朝天幞头	小袖短衫，腰系带，肥裤	鞋
稷山马村段氏M8杂剧砖雕	金初	左1	无脚幞头	交领内衣，圆领窄袖长袍，前部袍角上掖，腰带下垂	靴
稷山化峪M2杂剧砖雕	金代	左1	无脚花边幞头	交领内衣，圆领窄袖长袍，腰系革带，布裤	靴
稷山化峪M3杂剧砖雕	金代	左4	介帻	交领内衣，圆领窄袖长袍	云头履
稷山苗圃杂剧砖雕	金代	左1	无脚幞头	交领内衣，圆领窄袖长袍，腰系革带	鞋
侯马董明墓戏俑	金大安二年（1210）	左2	东坡巾	圆领窄袖黑色长袍，腰系革带	宽毛边乌靴
侯马晋光杂剧砖雕	金大安二年（1210）	左1	东坡巾	圆领窄袖长袍，腰系革带	靴
侯马104号金墓杂剧俑	金代	左1	东坡巾	圆领窄袖长袍，腰系革带	靴
义马墓杂剧砖雕	金代	左1	无脚幞头	圆领窄袖短袍，前部袍角左右掖起系于带，下裳	靴
垣曲古城墓杂剧砖雕	金代	左3	花脚朝天幞头	局领窄袖中长袍，腰系革带，着裤	鞋
修武大位墓杂剧砖雕	金代	左2	无脚幞头	圆领窄袖带三角前后摆短袍，腰系带，内着裤	靴
新绛北王马村墓杂剧砖雕	金代	左4	东坡巾	交领内衣，圆领窄袖长袍，胸前及下摆均有圆形图案，腰系革带，着裤	靴
襄汾荆村沟墓杂剧砖雕	金代	左2	圆脚幞头	交领内衣，圆领窄袖长袍，腰系革带	鞋
稷山东段墓杂剧砖雕	金代	左1	无脚花边幞头	圆领窄袖长袍，腰系革带	筒靴

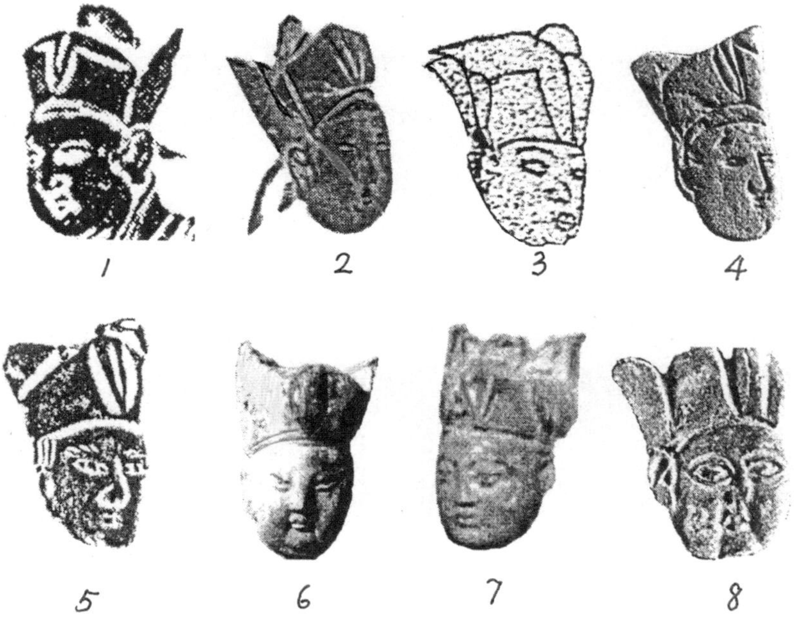

图 289 东坡巾
1. 温县王村
2. 偃师酒流沟
3. 荥阳槐西村
4. 温县西关
5. 温县博物馆单人
6. 新绛北王马
7. 洛宁 I
8. 垣曲后窑

从上表所列 25 种文物中的末泥脚色可知，其首服以东坡巾最多，计 11 种；其次是无脚幞头，计七种；其他，无脚花边幞头两种，介帻两种，交脚朝天幞头一种，花脚朝天幞头一种，圆脚幞头一种。体服以窄袖长袍者最多，计 20 种，其中圆领者 17 种，局领者两种，交领者一种；短袍四种，其中圆领三种，局领一种；小袖短衫一种。均系腰带。脚服以靴居多，另有云头履、乌靴、筒靴和鞋等。

末泥的常服应该是头裹东坡巾（图 289）或幞头，身穿圆领窄袖长袍，腰系革带，脚蹬乌靴。从末泥的职司来看，“末泥为长”，其具有“主张”之职能，因此，他的服饰必然要有不同于其他脚色的特点。作为杂剧色长，他的服饰要正式，不能太过随意，所以要戴东坡巾和幞头，穿革带袍服。但又要与其他脚色服色有所区别，主要区别就来自于帽饰。东坡巾虽然来自生活常服，但由苏东坡创制，正像他所言，“父老争看乌角巾，应缘曾现宰官身”[①]，附着在特殊人物身上的特异之处，就通过东坡巾显现出来了。末泥之所以选择东坡巾为首服，大概就是因为东坡巾背后所叠加的“宰官”身份和其独特的外形，自然地，东坡巾也就成了辨别是不是末泥的依据之一。而幞头则是俳优之常服。圆领窄袖长袍，腰系革带，也是俳优之常服。

---

①《东坡全集》卷二十四《纵笔三首》之一，文渊阁《四库全书》册一千一百零七，上海：上海古籍出版社 1987 年版，第 355 页。

这里需要注意的是，上举文物图像中有少部分服短袍和短衫者，曾有学者认为他们是“捷讥”，他们所穿为祗从、军士的服装。捷讥之名，在宋代文献中无法检索到。最早见到此名是在朱权的《太和正音谱》，文曰：“杂剧院本，皆有‘正末’‘付末’‘狚’‘孤’‘靓’‘鸨’‘猱’‘捷讥’‘引戏’九色之名。”又进一步解释说：“捷讥，古谓之‘滑稽’，院本中便捷讥谑者是也。”[①]《御定曲谱》卷首也说：“捷讥，古谓之滑稽，杂剧中取其便捷讥谑，故名。”[②]可见，捷讥专门以滑稽调笑为务。而在已经发现的戏曲文物中，副末、副净两个脚色几乎不可或缺，副末、副净又专司滑稽调笑，之外再添置一个捷讥，在五人制的脚色中显得多余。当然，如果不是五人脚色的展示，而是在具体的演出场景中，倒是有可能设多个调笑脚色，如河南新安北李村宋墓杂剧壁画和山西平定西关金墓杂剧壁画中，除了副末之外，还有两个滑稽调笑的脚色，那么一个是副净，一个是捷讥就不难理解了。对此加以讨论的目的，是为了说明上举穿短袍和短衫者并非捷讥，其所穿服装亦非祗从和军士服，只是较长袍看起来不那么正式，当与他兼任事务性的工作有着密切的关系。

2. 引戏的服饰

引戏在宋金杂剧脚色中是一个特点十分鲜明的脚色类型，也是在戏曲文物中很好判断的一个类型，在服饰装扮上呈现出较为统一的状况。兹列表如下：

文物名称	时间	引戏位次	首服	体服	脚服
禹州白沙墓杂剧砖雕	北宋	左 1	簪花幞头	圆领长袖长袍，腰系革带	平头鞋
偃师酒流沟墓杂剧砖雕	北宋	左 1	簪花幞头	交领内衣，圆领窄袖长袍，腰系革带	云头履
温县王村墓杂剧砖雕	北宋	左 3	簪花幞头	交领内衣，圆领窄袖长袍，两侧开缝，腰系带，看带下垂	云头履
温县博物馆藏杂剧砖雕之一	北宋	左 4	短脚幞头	交领内衣，圆领窄袖短袍，腰系革带，紧身裤	平头履

①《中国古典戏曲论著集成》册三，北京：中国戏剧出版社 1959 年版，第 53—54 页。

②《御定曲谱》卷首“诸家论说”，文渊阁《四库全书》册一千四百九十六，上海：上海古籍出版社 1987 年版，第 403 页。

文物名称	时间	引戏位次	首服	体服	脚服
温县西关墓杂剧砖雕	北宋	左 5	短脚幞头	交领内衣，圆领窄袖长袍，左袖长过手臂，腰系革带	鞋
洛宁上村墓杂剧砖雕之一	宋末金初	左 2	翘脚朝天幞头	交领内衣，圆领窄袖长袍，腰系带交结于前	鞋
洛宁上村墓杂剧砖雕之二	宋末金初	左 4	花脚幞头	交领内衣，圆领窄袖长袍，腰系带	鞋
蒲县河西村娲皇庙杂剧石雕财盆	北宋	左 4	牛耳朝天幞头	圆领窄袖长袍，腰系带	鞋
垣曲坡底墓杂剧砖雕	金大定三年（1163）	左 2	短脚幞头	交领内衣，局领窄袖长袍，裤边折起，腰系革带	鞋
稷山马村段氏M3杂剧砖雕	金初	左 3	无脚幞头	圆领窄袖长袍，内着裤	靴
稷山马村段氏M4杂剧砖雕	金初	左 3	无脚幞头	圆领窄袖紧腰长袍，腰系革带	靴
稷山马村段氏M8杂剧砖雕	金初	左 5	高髻	左衽窄袖长袍	鞋
稷山化峪M2杂剧砖雕	金代	左 4	无脚幞头	圆领窄袖短袍，袍角前掖，布裤	鞋
稷山化峪M3杂剧砖雕	金代	左 1	簪花高髻	交领左衽束袖长袍，外着褙子	鞋
侯马董明墓戏俑	金大安二年（1210）	左 4	短脚黑漆幞头	圆领束袖左开衩紧身红长袍，腰系看带	乌靴
侯马晋光杂剧砖雕	金大安二年（1210）	左 3	短脚幞头	圆领束袖左开衩紧身长袍，腰系看带	靴
垣曲古城墓杂剧砖雕	金代	左 2	花脚朝天幞头	局领窄袖长袍，腰系革带，着裤	鞋
修武大位墓杂剧砖雕	金代	左 5	介帻	局领窄袖细腰长袍，腰系革带，着裤	鞋
新绛北王马村墓杂剧砖雕	金代	左 1	短脚花边幞头	交领内衣，圆领窄袖左开衩带边及花纹紧身长袍，腰系看带，着裤	靴
襄汾荆村沟墓杂剧砖雕	金代	左 3	髻	左衽敞袖衫，百褶裙	靴
稷山东段墓杂剧砖雕	金代	左 4	无脚幞头	圆领窄袖开衩长袍，腰系革带，着裤	靴

从上表所列的21种戏曲文物的引戏脚色可知，戴幞头者17种，其中短脚幞头者六种，无脚幞头者四种，簪花幞头者三种，翘脚朝天幞头者一种，花脚幞头者一种，牛耳朝天幞头者一种，花脚朝天幞头者一种；梳髻者三种，其中簪花高髻者一种，高髻者一种，髻者一种；介帻者一种。体服穿窄袖长袍者共18种，其中圆领者14种，局领者三种，交领者一种；圆领窄袖短袍者两种；左衽敞袖衫一种。脚服以鞋为多，另有靴和云头履。

图290 幞头

1. 温县王村 2. 偃师酒流沟 3. 稷山苗圃 4. 垣曲后窑 5. 洛宁Ⅱ 6. 垣曲古城 7. 侯马董明墓 8. 修武大位 9. 温县西关

与其他脚色相比，引戏所戴的幞头式样是最多的。前引《梦溪笔谈》言宋代的幞头式样"有直脚、局脚、交脚、朝天、顺风凡五等"，如把短脚作为直脚之一种，那么引戏所戴就占了其中的三种，除此之外还有无脚幞头、花脚幞头和簪花幞头等（图290）。簪花幞头和花脚幞头是引戏作为善舞者的外在标志。簪花幞头，乃是在幞头上簪花，来源于宋代的簪花风俗。据《能改斋漫录》卷十三：

真宗东封，命枢密使陈公尧叟为东京留守，马公知节为大内都巡检使。驾未行，宣入后苑亭中赐宴，出宫人为侍，真宗与二公皆戴牡丹而行。续有旨，令陈尽去所戴者，召近御座，真宗亲取头上一朵为陈簪之，陈跪受拜舞谢。宴罢，二公出，风吹陈花，一叶堕地，陈急呼："从者拾来，此乃官家所赐，不可弃置。"怀袖中。马乃戏陈云："今日之宴，本为大内都巡检使。"陈云："若为大内都巡检使，则上何不亲为太尉戴花也？"二公各大笑。寇莱公为参政，侍宴，上赐异花。上曰：“寇准年少，正是戴花饮酒时。”众皆荣之。[1]

朝廷在祭祀、上寿完毕和圣节、赐宴、赐新进士闻喜宴时，臣僚、宫官、新进士均要在幞头上簪花。据《宋史·舆服志五》载：

簪戴。幞头簪花，谓之簪戴。中兴、郊祀，明堂礼毕回銮，臣僚及扈从并簪花，恭谢日亦如之。大罗花以红、黄、银红三色，栾枝以杂色罗，大绢花以红、银红二色。罗花以赐百官，栾枝，卿监以上有之；绢花以赐将校以下。太上两宫上寿毕，及圣节、及锡宴、及赐新进士闻喜宴，并如之。[2]

这种在特殊场合由特殊人群穿戴的首服式样，一般百姓是不敢仿而效之的，但其恰恰为伶人服饰所吸收，成为宋金杂剧服饰的重要组成部分。

引戏所穿袍服，几乎都是曲领（包括圆领和局领）窄袖长袍，从有的做工精致的杂剧砖雕看，袍服上还绣有漂亮的纹饰图案，可以看出其从章服演进而来并成为具有自身特点的俳优常服。引戏所穿袍服还有不同于其他脚色袍服的特异之处，即均比较瘦，腰部也比较细，能表现出引戏善舞的形体特点。

3. 副末的服饰

副末在戏曲文物图像中，无论从人物造型还是服饰装扮，都有着类型化的特点。兹列表如下：

文物名称	时间	副末位次	首服	体服	脚服
禹州白沙墓杂剧砖雕	北宋	左 4	独角诨裹	圆领窄袖短袍，腰系革带，着裤	靴
荥阳槐西朱氏墓石棺杂剧线刻	宋绍圣三年(1096)	左 2	独角诨裹	圆领窄袖短袍，腰系带	筒靴
偃师酒流沟墓杂剧砖雕	北宋	左 4	牛耳幞头	中袖开襟长衫，腰系看带，行缠	草鞋

①（宋）吴曾：《能改斋漫录》卷十三“记事·御亲赐带花”条，上海：上海古籍出版社 1979 年版，第 395 页。

②《宋史·舆服志五》卷一百五十三，文渊阁《四库全书》册二百八十二，上海：上海古籍出版社 1987 年版，第 686 页。

文物名称	时间	副末位次	首服	体服	脚服
温县王村墓杂剧砖雕	北宋	左 4	簪竹枝诨裹	圆领肩补子窄袖开衩短袍，腰系带，看带下垂	尖头履
温县博物馆藏杂剧砖雕之一	北宋	左 4	短脚幞头	局领窄袖短袍，腰系革带	长筒靴
温县西关墓杂剧砖雕	北宋	左 1	簪花诨裹	交领内衣，圆领窄袖短袍，下沿与右裤相连，左腿内裤外露	鞋子
新安北李村墓杂剧壁画	北宋	左 2	方罗帽	圆领窄袖黑色长袍	鞋
洛宁上村墓杂剧砖雕之一	宋末金初	左 4	短脚幞头	交领内衣，圆领窄袖长袍，腰系绦带	短靴
洛宁上村墓杂剧砖雕之二	宋末金初	左 5	牛耳幞头	交领内衣，圆领窄袖短袍带前摆，着裤	长筒靴
蒲县河西村娲皇庙杂剧石雕财盆	北宋	左 2	簪花牛耳幞头	圆领窄袖绣宽边长袍，腰系革带	乌靴
垣曲坡底墓杂剧砖雕	金大定三年（1163）	左 4	牛耳幞头	圆领敞袖短袍，腰系革带	短筒靴
稷山马村段氏 M3 杂剧砖雕	金初	左 2	无脚幞头	圆领窄袖长袍，着裤	鞋
稷山马村段氏 M4 杂剧砖雕	金初	乐队左 1（兼职）	牛耳幞头	窄袖袍服	隐于鼓后
稷山马村段氏 M5 杂剧砖雕	金初	左 3	簪花诨裹	圆领窄袖长衫，腰系革带，着裤	靴
稷山马村段氏 M8 杂剧砖雕	金初	左 2	尖顶幞头	圆领窄袖带宽边中长袍	短筒靴
稷山化峪 M2 杂剧砖雕	金代	左 2	诨裹	圆领敞袖中长袍，腰系革带	短靴
稷山化峪 M3 杂剧砖雕	金代	左 2	尖顶幞头	交领内衣，圆领窄袖中长袍，腰系革带，着裤	靴
稷山苗圃杂剧砖雕	金代	左 3	无脚幞头	交领内衣，圆领窄袖长袍，腰系革带	鞋
侯马董明墓戏俑	金大安二年（1210）	左 5	独角诨裹	左衽绣花黑边带圆形图纹敞袖紫黄中长袍，紫红裤	紫黄高筒乌靴
侯马晋光杂剧砖雕	金大安二年（1210）	左 2	独角诨裹	左衽绣花边敞袖长袍，着裤	高筒靴
侯马 104 号金墓杂剧俑	金代	左 2 左 4	独角诨裹	左衽绣花边敞袖长袍，着裤	高筒靴

文物名称	时间	副末位次	首服	体服	脚服
义马墓杂剧砖雕	金代	左 2	簪花诨裹	窄袖长袍，腰系看带，双带头垂于前	靴
修武大位墓杂剧砖雕	金代	左 4	圆环脚幞头	局领窄袖中长袍，腰系革带，着裤	靴
新绛北王马村墓杂剧砖雕	金代	左 3	独角诨裹	左衽绣花边敞袖带圆形图纹长袍，着裤	高筒靴
襄汾荆村沟墓杂剧砖雕	金代	左 1	独角诨裹	袒胸敞袖长袍，腰系看带	靴
稷山东段墓杂剧砖雕	金代	左 2	尖顶幞头	窄袖长袍，腰系宽腰带	筒靴
平定西关墓杂剧壁画	金代	左 2	圆顶花脚幞头	交领内衣，圆领肩补子窄袖短袍，腰系带，着裤	蝴蝶结鞋

上列 27 种副末之文物图像中，首服戴诨裹者 12 种，其中独角诨裹者七种，簪花（竹枝）诨裹者四种，诨裹者一种；戴幞头者 14 种，其中牛耳幞头者五种（簪花牛耳幞头者一种），尖顶幞头者三种，无脚幞头者两种，短脚幞头者两种，圆顶花脚幞头者一种，圆环脚幞头者一种；方罗帽者一种。体服中，穿长袍者十一种，穿短袍者八种，穿中长袍者五种，穿长衫者两种，袍服者一种。脚服中，以穿筒靴者居多，占到十种以上。

从总体看，副末的服饰装扮表现出较为随意化的特点。就首服而言，除了无脚幞头和短脚幞头外，其他的帽饰如诨裹、牛耳幞头、尖顶幞头、圆顶花脚幞头、圆环脚幞头、方罗帽等都是末泥、引戏、装孤诸色所未见的特殊式样。也就是说，像诨裹这样的首服，只是副末、副净所专有。据《梦粱录》卷三“宰执亲王南班百官入内上寿赐宴”条：“上公称寿……诸杂剧色皆诨裹，各服本色紫、绯、绿宽衫、义襕、镀金带。”① 这里虽然载杂剧色“皆诨裹”，但这是对于宫廷庆宴时杂剧色首服的记录，即杂剧演员可以戴诨裹，其他演员则不能戴。在民间的实际演出中，诨裹则又成了副末、副净区别于其他脚色的一个标志。诨裹是用头巾一类的东西在头上裹扎而成的一种巾式，由于裹法不同形成不同的滑稽式样。像河南温县王村宋墓杂剧砖雕中副末的诨裹是用头巾在头上圆裹，裹头向左作偏坠

① （宋）吴自牧：《梦粱录》卷三“宰执亲王南班百官入内上寿赐宴”条，见《东京梦华录》（外四种），北京：文化艺术出版社 1998 年版，第 138 页。

图 291 诨裹

1. 新绛北王马 2. 温县博物馆 3. 稷山马村 2 号墓 4. 荥阳槐西村 5. 侯马董明墓 6. 洛宁Ⅰ 7. 偃师酒流沟 8. 义马 9. 温县王村

式；河南温县西关宋墓杂剧砖雕中副末的诨裹是用头巾在头上圆裹，裹头上挑作高髻式；河南荥阳宋石棺杂剧线刻中副末的诨裹是将裹头用细绳一圈一圈缠绕成独角向左前方斜挑；河南偃师酒流沟宋墓杂剧砖雕中副末也是将裹巾裹头用绳子紧紧缠绕成独角向后挑起，且簪有花枝；山西侯马董氏墓金代杂剧戏俑中的副末则是将裹巾裹扎，端头成圆形偏髻式（图 291）。这种对巾子变形、夸张而制作的诨裹样式，正契合了“副末色打诨”的脚色特点。其他如尖顶幞头、牛耳幞头、方罗帽等与诨裹一样，都具有相似的滑稽特点。

诨裹之来源，应该起于宫廷伶人的服饰，后转化成生活常服。在南宋临安的“诸行市”中，就有“丝锦市”“生帛市”“衣绢市”“幞头笼”“腰带匣”“做诨裹”等行市。[①]在民间，南宋“自淳祐年来，衣冠更易，有一等晚年后生，不体旧规，裹奇巾异服，三五成群，斗美夸丽，殊令人厌见，非复旧时纯朴矣”[②]。奇巾者，当指诨裹的各种特异样式。既然到了南宋，诨裹还是作为“奇巾异服”来对待，那么，其首先来源于伶人的表演服装就不难理解了。

从副末的体服来看，穿长袍者只有 11 种，穿短袍、中短袍和长衫者有 15 种，

---

①（宋）西湖老人：《西湖老人繁盛录》“诸行市”条，见《东京梦华录》（外四种），北京：文化艺术出版社 1998 年版，第 110—111 页。

②（宋）吴自牧：《梦粱录》卷十八“民俗”条，见《东京梦华录》（外四种），北京：文化艺术出版社 1998 年版，第 274 页。

特别是随意化和生活化的特点非常明显，如《水浒传》第八十二回描写宋代的副末形象为："裹结络球头帽子，着蔴役叠胜罗衫。"① 这种装扮既与其多扮演社会底层的市井细民有关，又与副末这一脚色本身被赋予的内在特质有关。

4. 副净的服饰

副净与副末一样，在戏曲文物图像中，无论从人物造型还是服饰装扮，同样有着类型化的特点。兹列表如下：

文物名称	时间	副净位次	首服	体服	脚服
禹州白沙墓杂剧砖雕	北宋	左 3	诨裹	交领窄袖短袍，腰系革带，着布裤	靴
荥阳槐西朱氏墓石棺杂剧线刻	宋绍圣三年（1096）	左 3	尖顶幞头	圆领中袖肩补子长袍，腰系革带	不详
偃师酒流沟墓杂剧砖雕	北宋	左 5	簪花独角诨裹	圆领中袖短袍，腰系看带结于前	绣边鞋，袜口外翻
温县王村墓杂剧砖雕	北宋	左 5	簪花牛耳幞头	交领内衣，圆领窄袖长袍，腰系革带，下绣宽边	圆口鞋，袜口外翻
温县博物馆藏杂剧砖雕之一	北宋	左 5	独角诨裹	八字袒胸窄袖短袍，腰系革带	长筒靴
温县西关墓杂剧砖雕	北宋	左 2	软巾短脚幞头	交领内衣，圆领肩补子窄袖长袍，腰系看带	靴
新安李村墓杂剧壁画	北宋	左 3	尖角云巾	袒胸红色双袖后连衣短裤	黑丝鞋
		左 4	黑色诨裹	交领内衣，圆领窄袖红缘黄袍衫，系黑带	不详
洛宁上村墓杂剧砖雕之一	宋末金初	左 5	簪花独角诨裹	裸右膀敞袖长袍，腰系绦带	短靴
洛宁上村墓杂剧砖雕之二	宋末金初	左 1	诨裹	交领内衣，圆领窄袖短袍，腰系绦带	短筒靴
蒲县河西村娲皇庙杂剧石雕财盆	北宋	左 3	簪花独角诨裹	厚方格披肩宽衫，棉裤，长筒袜至膝	带毛边乌靴

① （明）施耐庵、罗贯中著，林俊点校：《水浒传》，上海：上海古籍出版社 1975 年版，第 1010 页。

文物名称	时间	副净位次	首服	体服	脚服
垣曲坡底墓杂剧砖雕	金大定三年（1163）	左 5	牛耳幞头	圆领敞袖窄边短袍，腰系革带	长筒靴
稷山马村段氏 M3 杂剧砖雕	金初	左 1	无脚幞头	圆领窄袖长袍，下露裳，腰系带	靴
稷山马村段氏 M4 杂剧砖雕	金初	左 2	平顶桃形小帽	圆领敞袖下带宽边短袍，腰系带	长筒靴
稷山马村段氏 M5 杂剧砖雕	金初	左 4	簪花无脚幞头	圆领窄袖长袍，袍角掖起，义襕，腰系革带	靴
稷山马村段氏 M8 杂剧砖雕	金初	左 3	牛耳幞头	圆领肥袖带边短袍，腰系看带打结于前，双带下垂	长筒靴
稷山化峪 M2 杂剧砖雕	金代	左 3	平顶桃形牛耳幞头	圆领敞袖短袍，腰系看带结于前，双带下垂，长筒袜	靴
稷山化峪 M3 杂剧砖雕	金代	左 3	牛耳幞头	左衽肥袖衫，着裤头	长筒靴
稷山苗圃杂剧砖雕	金代	左 2	牛耳幞头	袒胸左衽长衫，腰系带	长筒靴
侯马董明墓戏俑	金大安二年（1210）	左 1	黑漆短脚幞头	袒胸对襟宽边带花纹棕色敞袖衫，百褶裙	带毛边乌头靴
侯马晋光杂剧砖雕	金大安二年（1210）	左 4	短脚幞头	袒胸对襟宽边带花纹敞袖衫，百褶裙	带毛边靴
义马墓杂剧砖雕	金代	左 1	牛耳幞头	梅花圆翻领残缺大氅，内系带	赤脚
垣曲古城墓杂剧砖雕	金代	左 4	局脚幞头	局领小袖长袍，腰系革带，下露裤	尖头小鞋
修武大位墓杂剧砖雕	金代	左 3	独角诨裹	袒胸窄袖长衫，着内裤头	长筒靴
新绛北王马村墓杂剧砖雕	金代	左 2	短脚幞头	袒胸对襟三角纹宽边敞袖衫，百褶裙	带毛边靴
稷山东段墓杂剧砖雕	金代	左 3	平顶桃形小帽	左衽长衫，腰系看带	长筒靴
平定西关墓杂剧壁画	金代	左 1	独角诨裹	交领内衣，圆领窄袖肩补子白色短袍，腰系革带，着裤	鞋
		左 3	独角诨裹	圆领肩补子白色短袍，腰系革带，着裤，黄色筒袜	鞋

在上列 26 种戏曲文物之 28 个副净脚色中，首服戴诨裹者十种，其中簪花独角诨裹三种，独角诨裹四种，诨裹三种；戴幞头者 15 种，其中短脚幞头四种，牛耳幞头五种，簪花牛耳幞头一种，平顶桃形牛耳幞头一种，无脚幞头一种，簪花无脚幞头一种，局脚幞头一种，尖顶幞头一种；平顶桃形小帽两种；尖角云巾一种。体服中，穿长袍者七种，穿短袍者十种，穿各种衫者九种，穿氅者一种，袒胸连衣短裤者一种。脚服中穿筒靴者有 14 种，其中长筒靴八种。

通过以上统计可知，副净的服饰同样显示出随意化和生活化的倾向，具有夸张和滑稽的特点。与副末对比看，首服颇为相近，如副净戴诨裹者十种，占到 28 个副净脚色的 35.7%，而副末戴诨裹者 12 种，占到 27 个副末脚色的 44.4%。其中戴独角诨裹者各为七种。簪花者也是各为五种。只是副净的首服种类更加丰富，增加了平顶桃形牛耳幞头、平顶桃形小帽、尖角云巾等。体服中变化较为明显的是，穿长袍者大为减少，穿各种衫者大大增加。也就是说，副末中只有两个穿长衫者，而副净中则有九个穿衫者，且副净中还有两个穿氅和袒胸连衣短裤的“奇装异服”者。明汤舜民《新建勾栏教坊求赞》散曲所描绘的“副净色腆嚣庞，张怪脸，发乔科，啮冷诨，立木形骸与世违”[①] 的滑稽外形，除了演员的种种作态之外，其奇特的服饰装扮功不可没。“立木形骸”这一副净外在形象的凸现，除了要戴上上举之各种各样的诸如尖顶幞头、独角诨裹、牛耳幞头、平顶桃形小帽、尖角云巾等异形冠饰外（图 292），还要以全裸之躯

图 292 异型冠

1. 新安宋墓 2. 稷山东段金墓 3.《眼药酸》 4. 稷山马村 M4 5. 洛宁Ⅱ 6. 稷山化峪 M2 7. 稷山马村 M5 8. 稷山化峪 M2 9. 稷山化峪 M3 10. 新安宋墓 11. 稷山马村 M4 12. 稷山马村 M3

① （明）汤舜民：《新建勾栏教坊求赞》，参见隋树森《全元散曲》册下，北京：中华书局 1964 年版，第 1496 页。

穿上“梅花圆翻领残缺大氅”，或者是半裸之躯穿上袒胸露腿之“红色双袖后连衣短裤”，抑或是穿上袒胸露肩裸腿之“厚方格披肩宽衫”才能够完成。也就是说，一定程度上，身体裸露成为副净色的一个重要标志之一。裸露的程度多少不一，或肩，或臂，或胸，或腿，或身体的前部。裸露多少主要依靠衣服的式样、大小。即使是穿袍服，为了露腿，穿短袍或者是长衫就可以达到目的。就已经发现的戏曲文物图像来看，身体有裸露的副净形象大概占到一半左右，多少透露出这样的信息。

副净由唐代的参军演变而来。唐赵璘《因话录》载女优弄假官，“绿衣秉简”者为“参军桩”，在此类弄参军的滑稽表演里，参军通常穿绿袍。按照唐代的官服制度，六品、七品穿绿，绿衣乃低级官吏的官服。所以由参军穿绿衣被人戏弄才在宫廷演出中流行开来。到了宋金杂剧中，副净虽然没有沿袭参军穿绿袍的传统，但戴幞头者和穿袍服者仍然占多数，也可看作是对于参军扮官传统的一种延续。随着宋金杂剧表现内容的扩大，表现市井生活的题材越来越多，副净所扮不再局限于官员，而是社会中形形色色的各类人等，服饰也随之开始出现分化，更多在生活常服的基础上提炼改做而成的戏服出现在杂剧演出中，突出了副净本身具有的内在的诙谐特质（图 293）。《水浒传》第八十二回描写的副净“裹一顶

图 293 牛耳幞头

1. 稷山苗圃金墓 2. 偃师酒流沟宋墓 3. 义马宋金墓 4. 温县王村 5. 稷山马村 M8 6. 稷山化峪 M3

油油腻腻旧头巾，穿一领邋邋遢遢泼戏袄”[①]，便是对于副净这一脚色在服饰装扮上更具生活化和民俗化特点的绝妙反映。

5. 装孤的服饰

装孤在宋金杂剧的五个脚色中，在服饰装扮上是最为一致和统一的一个脚色，也是最好区分和辨认的一个脚色。兹列表如下：

文物名称	时间	装孤位次	首服	体服	脚服
禹州白沙墓杂剧砖雕	北宋	左 2	展脚幞头	圆领大袖长袍，腰系革带	云头履
偃师酒流沟墓杂剧砖雕	北宋	左 3	展脚幞头	交领内衣，圆领大袖长袍，腰系革带	云头履
温县王村墓杂剧砖雕	北宋	左 2	展脚幞头	交领内衣，圆领大袖长袍，腰系革带	云头履
温县博物馆藏杂剧砖雕之一	北宋	左 2	展脚幞头	圆领大袖长袍，腰系看带	云头履
温县西关墓杂剧砖雕	北宋	左 3	展脚簪花幞头	交领内衣，局领大袖长袍，腰系革带	靴
洛宁上村墓杂剧砖雕之一	宋末金初	左 3	残缺	交领内衣，圆领大袖长袍，腰系革带	靴
洛宁上村墓杂剧砖雕之二	宋末金初	左 3	展脚幞头	交领内衣，圆领大袖长袍，腰系革带	靴
蒲县河西村娲皇庙杂剧石雕财盆	北宋	左 6	展脚幞头	圆领大袖长袍，腰系革带	乌靴
垣曲坡底墓杂剧砖雕	金大定三年（1163）	左 3	展脚幞头	交领内衣，圆领敞袖长袍，腰系革带	鞋
稷山马村段氏 M2 杂剧砖雕	金初	左 2	展脚幞头	圆领大袖长袍，腰系革带	靴

①（明）施耐庵、罗贯中著，林俊点校：《水浒传》，上海：上海古籍出版社 1975 年版，第 1010 页。

文物名称	时间	装孤位次	首服	体服	脚服
稷山马村段氏 M3 杂剧砖雕	金初	左 5	展脚幞头（已缺）	圆领敞袖长袍，腰系革带	靴
稷山马村段氏 M4 杂剧砖雕	金初	左 4	展脚幞头（已缺）	圆领大袖长袍，腰系革带	云头履
稷山马村段氏 M5 杂剧砖雕	金初	左 1	展脚幞头	圆领大袖长袍，腰系革带	靴
稷山马村段氏 M8 杂剧砖雕	金初	左 4	展脚幞头	圆领敞袖长袍，腰系革带	靴
稷山化峪 M2 杂剧砖雕	金代	左 5	展脚幞头	交领内衣，圆领大袖长袍，腰系革带	靴
稷山化峪 M3 杂剧砖雕	金代	左 5	展脚幞头	交领内衣，圆领大袖中长袍	云头履
稷山苗圃杂剧砖雕	金代	左 4	展脚幞头	交领内衣，圆领大袖长袍，腰系革带	靴
侯马董明墓戏俑	金大安二年（1210）	左 3	黑漆短脚幞头	圆领大袖紫红长袍，腰系革带	乌靴
侯马晋光杂剧砖雕	金大安二年（1210）	左 5	短脚幞头	圆领大袖长袍，腰系革带	靴
侯马 104 号金墓杂剧俑	金代	左 3	短脚幞头	交领内衣，圆领大袖长袍，腰系革带	靴
义马墓杂剧砖雕	金代	左 4	无脚幞头	交领内衣，圆领窄袖带竖条花纹及纹边长袍，印花革带，着裤	靴
修武大位墓杂剧砖雕	金代	左 1	无脚幞头	圆领大袖紫红长袍，腰系革带	靴
新绛北王马村墓杂剧砖雕	金代	左 5	短脚幞头	交领内衣，圆领大袖长袍，腰系革带	靴
襄汾荆村沟墓杂剧砖雕	金代	左 4	展脚幞头	交领内衣，圆领大袖长袍，腰系革带	云头履
平定西关墓杂剧壁画	金代	左 4	展脚幞头	交领内衣，圆领大袖紫红长袍，系黑色革带，加裳	乌靴

上面25种装孤文物图像中，首服戴展脚幞头者19种，短脚幞头者四种，无脚幞头者两种。体服全部着长袍，其中圆领大袖长袍者20种，局领大袖长袍者一种，圆领敞袖长袍者三种，圆领窄袖长袍者一种。脚服为靴或云头履。装孤所戴幞头虽然从文物图像中展示的并非全部是展脚幞头（图294），但这应该与受到雕塑的材料限制有关，特别是戏俑，做太长的直脚是不现实的。而无脚幞头则可能是泥塑直脚脱落所致。装孤所穿长袍，除了有一例是窄袖长袍外，其他全部是大袖或敞袖长袍。这与其扮官的固定范式密切相关。

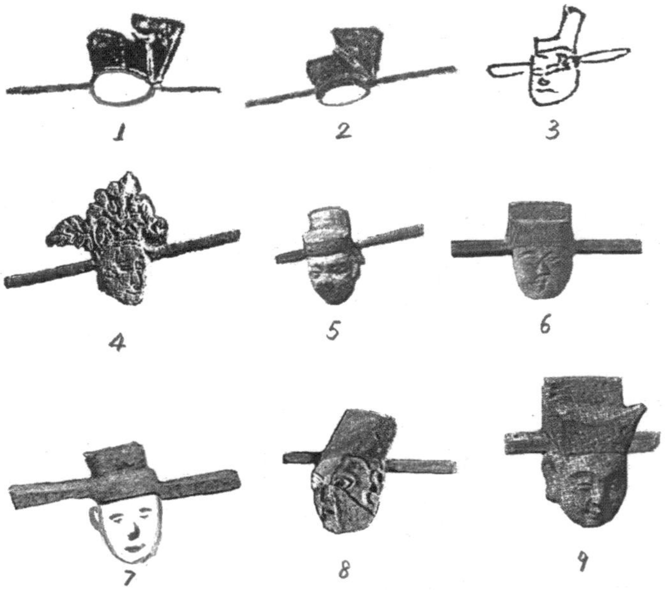

图294 展脚幞头

1. 温县王村宋墓 2. 偃师酒流沟宋墓 3. 黄岩灵石寺塔 4. 温县西关宋墓 5. 广元401宋墓 6. 稷山马村M5 7. 稷山马村M8 8. 垣曲后窑金墓 9. 稷山化峪M3

朱权《太和正音谱》谓："孤，当场装官者。"①既然要扮演官员，就要穿官服，戴官帽。而宋金杂剧装孤所穿的基本式样，应该和宋代的官服即公服大体一致。《宋史·舆服志五》载：

> 公服。凡朝服谓之具服，公服从省，今谓之常服。宋因唐制，三品以上服紫，五品以上服朱，七品以上服绿，九品以上服青。其制，曲领大袖，下施横襕，束以革带，幞头，乌皮靴。自王公至一命之士通服之。②

> 幞头，一名折上巾，起自后周，然止以软帛垂脚。隋始以桐木为之，唐始以罗代缯，惟帝服则脚上曲，人臣下垂。五代渐变平直。国朝之制，君臣

①《中国古典戏曲论著集成》册三，北京：中国戏剧出版社1959年版，第53页。

②《宋史》卷一百五十三，文渊阁《四库全书》册二百八十二，上海：上海古籍出版社1987年版，第681页。

通服平脚，乘舆或服上曲焉。[1]

看来，宋代不同品级公服的款式是一样的，幞头款式也相同，只是不同品级有不同的颜色。装孤的服饰正是沿用了唐宋公服的款式。不仅如此，在杂剧演出中，装孤同样依据所扮官员的品级而穿不同颜色的袍服。在北宋的相当一段时间内，杂剧中的装官者多扮演下级官员，故仍以“参军”称之。因为宋代参军的品级在七品至九品，按例服绿、青色，故又称“绿衣参军”。据《优语录》记载，宋杂剧中扮参军的剧目为数还不少，虽然不知道具体的名目，但从一麟半爪的记述中可知，有“元来也只好钱”中的“推一参军作宰相”，“此镮掉脑后可”中的参军“但坐太师交椅，请取钕绢例物”，“被爨簗坏了”中的“参军肆宴张乐，胥辈请签文书”，“第二场更不敢”中的“一绿衣参军，自称教授”等。但装官者并非只扮参军，也有像前引《齐东野语》卷十三记载的内宴杂剧中“衣金紫”的官员，此一官员按例其当在三品以上。随着时间的推移，杂剧中的装官者不再喜欢扮演下级官员，而是开始扮演高品级的官员。特别是到了南宋，此种情形更加明显，且渐为趋势。据《云麓漫抄》卷五：

优人杂剧，必装官人，号为参军色。……本朝景德三年，张景以交通曹人，赵谏，斥为房州参军。景为《屋壁记》曰：近到州，知参军无员数无职守，悉以旷官、败事、违戾改教者为之，凡朔望飨宴使预焉，人一见必指曰参军也。倡优为戏，亦假为之，以资玩戏。今人多装状元进士，失之远矣。[2]

以往杂剧中装官者以扮参军为能事，到南宋中期为之一变，状元、进士取代了参军。这种变化自然引起服饰装扮上的变化，即由绿衣变成了红袍。如南宋廖莹中《江行杂录》之所记：优戏扮官，“古穿绿衣，今则改穿红袍，即执象笏上场者是也”。[3] 此记载正好和《云麓漫抄》所记互为参证。

---

①《宋史》卷一百五十三，文渊阁《四库全书》册二百八十二，上海：上海古籍出版社 1987 年版，第 683 页。

②（宋）赵彦卫：《云麓漫抄》卷五，文渊阁《四库全书》册八百六十四，上海：上海古籍出版社 1987 年版，第 313 页。

③ 转引自廖奔、刘彦君：《中国戏曲发展史》册一，太原：山西教育出版社 2000 年版，第 315 页。

从已发现的戏曲砖雕和戏曲壁画看，由于大多数戏曲砖雕未着色，戏曲壁画又少之又少，所以这种变化的轨迹不是十分明晰。已知的装孤穿紫红袍者有三，分别是河南修武大位金墓杂剧砖雕之装孤、山西平定西关金墓杂剧壁画之装孤和山西侯马董氏墓金大安二年戏俑中之装孤，他们均穿圆领大袖紫红长袍、乌靴、革带，双手秉笏。三者无一例外的都是金代，金代与南宋同时，这恐怕不单单是一种巧合吧！

第九章 戏曲文物中展现的化装

在中国古代戏曲中，独特的面部化装有着自身完整的表现体系。溯其渊源，当与早期人类的“雕题文身”“点涅其面”等习俗有关。据《山海经》卷五“海内南经”：“伯虑国、离耳国、雕题国、北朐国皆在郁水南。”郭璞注“雕题国”：“点涅其面，画体为鳞彩。”[①]《淮南子》卷一“原道训”：“九疑之南，陆事寡而水事众，于是民人断发文身，以像鳞虫。”汉时匈奴尚存此“雕题”之风。《汉书·匈奴传》：“匈奴法，汉使不去节，不以墨黥其面，不得入穹庐。王乌，北地人，习胡俗，去其节，黥面入庐。”[②]影响所及，晋人亦然。《汉书·贾谊传》亦载：“赵灭智伯，豫让衅面吞炭。”[③]与“雕题文身”“点涅其面”“黥面”“衅面”等相联系，以脂粉涂面的生活习俗亦由来已久。在战国时期，已有“五彩涂面”的做法，只不过是与战争有关罢了。《史记·田单列传》：“田单乃收城中得千余牛，为绛缯衣，画以五彩龙文，束兵刃于其角，而灌脂束苇于尾，烧其端。凿城数十穴，夜纵牛，壮士五千人随其后。牛尾热，怒而奔燕军，燕军夜大惊。牛尾炬火光明炫耀，燕军视之皆龙文，所触尽死伤。”[④]楚国有用白色的蛤粉“涂面”之习俗，所涂之面如“蝇翼”。其事见《庄子·杂篇·徐无鬼》：“郢人垩慢（漫）其鼻端，若蝇翼。”[⑤]用脂粉涂面更多地用于女子日常生活的化妆。《中华古今注》云：“自三代以铅为粉。秦穆公女弄玉，有容德，感仙人，萧史为烧水银作粉与涂，亦名飞云丹。”又胭脂亦称“燕脂”，“盖起自纣，以红蓝花汁凝作燕脂，以燕国所生，故曰燕脂”。[⑥]《太平御览》云：“《墨子》

---

① 袁珂校注：《山海经校注》卷五，成都：巴蜀书社 1993 年版，第 563 页。

②《汉书·匈奴传》卷九十四下，北京：中华书局 1962 年版。

③《汉书·贾谊传》卷四十八，北京：中华书局 1962 年版，第 2256 页。

④《史记·田单列传》卷八十二，上海：上海古籍出版社 1986 年版，第 277 页。

⑤《庄子·杂篇·徐无鬼》，参见《庄子译注》，哈尔滨：黑龙江人民出版社 2003 年版。

⑥（清）马缟：《中华古今注》卷中“燕脂”条，文渊阁《四库全书》，册八百五十，上海：上海古籍出版社 1987 年版，第 127 页。

曰禹造粉，《博物志》曰纣烧铅锡作粉。”[①]《疑耀》云：“《古今实录》曰：萧史与秦穆公炼飞雪丹，其第一转与弄玉涂之，即今铅粉也。妇人傅粉自秦始。余按：《墨子》：禹作粉。张华《博物志》：纣烧铅作粉，谓之胡粉。或曰：周文王时妇人已傅粉矣，未知然否？但妇人傅粉断非始于秦也。”[②]以上资料至少说明在先秦时期就有了敷粉抹脂之妆。古代女性的面部化妆多种多样，如画眉就有后周天元帝时的黄眉墨妆、[③]汉武帝时的螺子黛翠眉、司马相如妻文君的远山眉、魏武帝时的仙蛾妆、[④]唐贞元中的青黛画蛾眉等。[⑤]“唐明皇令画工画十眉图：一曰鸳鸯眉，又名八字眉；二曰小山眉，又名远山眉；三曰五岳眉；四曰三峰眉；五曰垂珠眉；六曰月棱眉，又名却月眉；七曰分稍眉；八曰涵烟眉；九曰拂云眉，又名横烟眉；十曰倒晕眉。”[⑥]涂面则有“桃花妆”或曰“飞霞妆”[⑦]“五星云妆”[⑧]“梅花妆”[⑨]“北苑妆”[⑩]“晓霞妆”[⑪]等。说明汉唐以来的妇女化妆已经非常细密且种类繁多。妇女的日常化妆自然影响到表演化装。山东章丘女郎山齐墓出土乐舞陶俑，面部均施粉红彩，樱唇涂朱，说明早在春秋战国时期，乐伎就已经开始在面部化妆了。[⑫]东汉傅毅《舞赋》有云：“姣服极丽，姁媮致

---

①（宋）李昉等：《太平御览》卷七百十九“服用部二十一·粉”，文渊阁《四库全书》册八百九十九，上海：上海古籍出版社1987年版，第415页。

②（明）张萱：《疑耀》卷三，文渊阁《四库全书》册八百五十六，上海：上海古籍出版社1987年版，第223页。

③（明）冯维讷：《古诗纪》卷一百五十四：“后周天元帝令宫人黄眉墨妆，其风流于后世。”文渊阁《四库全书》册一千三百八十，第663页。

④（明）顾起元：《说略》卷二十一：“《实录》：汉武帝令宫人扫八字眉，汉又给宫人螺子黛翠眉。魏武帝令宫人扫青黛眉、连头眉，一画连心细长，谓之仙蛾妆。齐梁间多效之。……《西京杂记》云：司马相如妻文君，眉色如望远山时，人效画‘远山眉’。”文渊阁《四库全书》册九百六十四，第732页。

⑤（清）沈自南：《艺林汇考·装饰类》卷四，文渊阁《四库全书》册八百五十九，上海：上海古籍出版社1987年版，第135页。

⑥（明）杨慎：《丹铅馀录·续录》卷六，文渊阁《四库全书》册八百五十五，第192页。

⑦（元）陶宗仪：《说郛》卷七十七：“美人妆面，既傅粉，复以胭脂调匀掌中，施之两颊。浓者为‘酒晕妆’，浅者为‘桃花妆’。薄薄施朱以粉罩之，为‘飞霞妆’。”文渊阁《四库全书》册八百八十，第338页。

⑧（清）陈元龙：《格致镜原》卷五十五：“《梁溪漫志》：老泉赞吴道子画‘五星云妆’，非今人唇傅黑膏子，尝疑霄汉星辰之尊而妆饰。”文渊阁《四库全书》册一千零三十二，第123页。

⑨（宋）高承：《事物纪原》卷三：“《五行书》曰，宋武帝女寿阳公主，人日卧于含章殿檐下，梅花落额上，成五出花，拂之不去，经三日洗之乃落。宫女奇其异，竞效之。”文渊阁《四库全书》册九百二十，第78页。

⑩（元）陶宗仪：《说郛》卷六十六：“建阳进茶，油花子大小，形制各别，极可爱。宫嫔缕金于面，皆以淡妆，以此花饼施于鬓上，时号‘北苑妆’”。《四库全书》本。

⑪（明）董斯张：《广博物志》卷十一：“夜来初入魏宫，一夕，文帝在灯下咏，以水晶七尺屏风障之，夜来至，不觉面触屏上，伤处如晓霞将散。自是，宫人俱用胭脂效画，名‘晓霞妆’。（《采兰杂志》）”《四库全书》本。

⑫李白训：《山东章丘女郎山战国墓出土乐舞俑及有关问题》，《文物》，1993年第3期。

态。貌嫽妙以妖蛊兮，红颜晔其扬华。眉连娟以增绕兮，目流睇而横波。珠翠的皪而照耀兮，华袿飞髾而杂纤罗。顾形影，自整装，顺□风，挥若芳。动朱唇，纡清阳，亢音高歌为乐之方。”[①]张衡《观舞赋》亦云：“美人兴而将舞，乃修容而改服，袭罗縠之杂错，申绸缪以自饰。拊者啾其齐列，盘鼓焕以骈罗。抗修袖以翳面，展清声而长歌。……裾似飞燕，袖如回雪。……于是粉黛施兮玉质粲，珠簪挺兮缁发乱。”[②]无论是前者的“红颜”“眉连娟以增绕”“朱唇”，还是后者的“修容”“自饰”“粉黛”，均是对于舞女化妆的形象描绘。山东济南市无影山汉墓乐舞杂技俑中，可以看到有红面、白面、黄面等多种面妆和黛眉、朱唇等（见图 6）。魏晋南北朝以降，相关描绘在诗文中俯拾即是。如鲍照《代朗月行》：“窗中多佳人，被服妖且妍。靓妆坐帐里，当户弄清弦。”[③]江洪《咏歌姬》：“宝镊间珠花，分明靓妆点。薄鬓约微黄，轻红淡铅脸。”[④]梁简文帝《东飞伯劳歌》之二：“西飞迷雀东羁雉，倡楼秦女乍相随。谁家妖丽邻中止，轻妆薄粉光闾里。”[⑤]张正见《怨诗》：“艳粉惊飞蝶，红妆映落花。舞衫飘冶袖，歌扇掩团纱。”[⑥]隋江总《和衡阳殿下高楼看妓诗》：“起楼侵碧汉，初日照红妆。弦心艳卓女，曲误动周郎。并歌时转黛，息舞暂分香。”[⑦]隋释法宣《和赵郡王观妓应教》诗：“城中画眉黛，宫内束纤腰。舞袖风前举，歌声扇后骄。”[⑧]隋李德林《夏日诗》：“才人下铜雀，侍妓出明光。歌声越齐市，舞曲冠平阳。微风动罗带，薄汗染红妆。”[⑨]隋卢肇《湖南观双柘枝舞赋》：“登妆台而鸾凤比翼，对宝镜而菡萏争春。桂裳馥以彩翠，玉指皓以璘珣。互饰铅华，畏浓淡之。”[⑩]唐代大量的“观妓”和“咏妓”诗对于乐妓的化妆多有描绘，如

①（东汉）傅毅：《舞赋》，《文选注》卷十七，文渊阁《四库全书》册一千三百二十九，第 300 页。

②（宋）章樵：《古文苑》卷五，文渊阁《四库全书》册一千三百三十二，第 616 页。

③《乐府诗集》卷六十五，北京：中华书局 1979 年版，第 942 页。另见《先秦汉魏晋南北朝诗·宋诗卷七》。

④《玉台新咏》卷五，成都古籍书店，第 114 页。另见《先秦汉魏晋南北朝诗·梁诗卷二十六》。

⑤《乐府诗集》卷六十八，北京：中华书局 1979 年版，第 978 页。

⑥《文苑英华》卷二百十一，《乐府诗集》卷四十一，北京：中华书局 1979 年版，第 613 页。

⑦《初学记》卷十五“乐部上”，北京：中华书局 1962 年版，第 374 页。

⑧《古今禅藻集》卷一，文渊阁《四库全书》册一千四百一十六，上海：上海古籍出版社 1987 年版，第 305 页。

⑨（明）曹学佺：《石仓历代诗选》卷十一，文渊阁《四库全书》册一千三百八十七，上海：上海古籍出版社 1987 年版，第 190 页。

⑩（宋）李昉等：《文苑英华》卷七十九，文渊阁《四库全书》册一千三百三十三，上海：上海古籍出版社 1987 年版，第 617 页。

王绩《咏妓》：“妖姬饰靓妆，窈窕出兰房。”[①]张说《温泉冯刘二监客舍观妓》：“秀色然红黛，娇香发绮罗。”[②] 沈佺期《李员外秦援宅观妓》：“玉钗翠羽饰，罗袖郁金香。拂黛随时广，挑鬟出意长。啭歌遥合态，度舞暗成行。巧落梅庭里，斜光映晓妆。”[③]万楚《五日观妓》：“眉黛夺将萱草色，红裙妒杀石榴花。”[④]张谓《扬州雨中张十宅观妓》：“残妆添石黛，艳舞落金钿。”[⑤]孟浩然《宴崔明府宅夜观妓》：“烛吐莲花艳，妆成桃李春。髻鬟低舞席，衫袖掩歌唇。汗湿偏宜粉，罗轻讵著身。”[⑥]李白《邯郸南亭观妓》：“粉色艳日彩，舞袖拂花枝。”[⑦]杨巨源《观妓人入道》之一：“荀令歌钟北里亭，翠娥红粉敞云屏。”[⑧]薛逢《夜宴观妓》：“愁傍翠蛾深八字，笑回丹脸利双刀。”[⑨]刘希夷《代秦女赠行人》：“鸾镜晓含春，蛾眉向影嚬。开箱衣裳破，那堪粉黛新。”[⑩]嘉峪关魏晋1号墓宴饮奏乐壁画和宴乐画像砖（图295）以及酒泉丁家闸后凉—北凉宴居壁画

图295　甘肃嘉峪关魏晋M1宴饮奏乐图

①《全唐诗》卷三十七，文渊阁《四库全书》册一千四百二十三，上海：上海古籍出版社1987年版，第449页。

②《全唐诗》卷八十八，文渊阁《四库全书》册一千四百二十三，上海：上海古籍出版社1987年版，第771页。

③《全唐诗》卷九十七，文渊阁《四库全书》册一千四百二十四，上海：上海古籍出版社1987年版，第44页。

④《全唐诗》卷一百四十五，文渊阁《四库全书》册一千四百二十四，上海：上海古籍出版社1987年版，第332页。

⑤《全唐诗》卷一百九十七，文渊阁《四库全书》册一千四百二十四，上海：上海古籍出版社1987年版，第719页。

⑥《全唐诗》卷一百六十，文渊阁《四库全书》册一千四百二十四，上海：上海古籍出版社1987年版，第465页。

⑦《全唐诗》卷一百七十九，文渊阁《四库全书》册一千四百二十四，上海：上海古籍出版社1987年版，第588页。

⑧《全唐诗》卷三百三十三，《四库全书》本。

⑨《全唐诗》卷五百四十八，文渊阁《四库全书》册一千四百二十八，上海：上海古籍出版社1987年版，第462页。

⑩（明）曹学佺：《石仓历代诗选》卷二十三，文渊阁《四库全书》册一千三百八十七，上海：上海古籍出版社1987年版，第318页。

图 296　后凉—北凉酒泉丁家闸宴居行乐图局部

图 297 陕西礼泉唐李绩墓歌舞壁画

（图 296）中，可以看到无论是女乐伎还是男乐伎，均在嘴唇上涂有红色的胭脂。西安唐苏思勖墓伎乐壁画中的男乐伎则在脸颊均涂以红面（图 15）。陕西礼泉唐李勣墓歌舞壁画中的单人舞伎正是观妓诗中所描绘的盛伎舞伎形象。（图 297）而宁夏唐石刻墓门胡旋舞中的男舞者之粉底红面、剑眉、红唇、额涂红道之化装与后世戏曲武生的化装颇为相类（图 298）。至于敦煌莫高窟乐舞壁画如第 112 窟《金刚经变》（图 299）、《报恩经变》（图 300）、《观无量寿经变》（图 301）、《药师经变》（图 302）等可以综合了解唐代乐舞伎浓艳妩媚的化装概貌，和上举唐诗互为参证。辽代散乐伶人的化装可通过张家口1号辽墓散乐壁画（图30）、张家口6号辽墓散乐壁画（图303）以及山西朔州城区辽墓大曲壁画（图304）加以了解。像山西朔州城区辽墓散乐壁画中的乐伎均在脸部敷以白色底粉，然后再在脸颊上涂以土红。张家口1号辽墓大曲壁画中的乐舞伎全部敷以土红，只是深浅不同而已。张家口6号辽墓散乐壁画中的乐伎乐舞伎则全部敷以白面红唇。

与一般的乐舞伎化装有所不同，俳优的化装有着自己的独特传统，即粉墨涂面。据说，三国时，曹植曾“傅粉，遂科头拍袒胡舞，五椎鍜，跳丸击剑，诵俳优小说数千言”。[1]南北朝时期，北齐文宣帝高洋“或躬自鼓舞，歌讴不息，从旦

图298 宁夏唐石刻墓门胡旋舞中的男舞者

图299 莫112窟《金刚经变》（局部）

①《通志》卷一百七十五，册三“志二”，杭州：浙江古籍出版社1988年版，第809页。

图 300　莫 112 窟《报恩经变》（局部）

图 301　莫 112 窟《观无量寿经变》（局部）

图 302　莫 112 窟《药师经变》（局部）

图 303 河北张家口下八里村 6 号辽墓大曲壁画

通宵，以夜继昼；或袒露形体，涂敷粉黛，散发胡服，杂衣锦彩”[①]。五代时，后唐“庄宗自为俳优，名曰李天下，杂于涂粉优杂之间”[②]，“或时自傅粉墨，与优人共戏于庭”[③]。明显地，这已是优戏中的化装。由于俳优的表演以滑稽调笑为主，如何使面部化装与形体表演相得益彰，就成为宋金元杂剧化装的重要旨归。

关于宋金元时期杂剧化装，文字记录一鳞半爪。徐梦莘《三朝北盟会编》卷三十一：

> ……黼又同蔡攸每罢朝出省，时时乘宫中小舆召入禁中为谈笑，或涂抹粉墨作优戏，多道市井淫言媟语，以媚惑上听，时因谑浪中以谮人，辄无不中。[④]

①《北齐书》卷四，文渊阁《四库全书》册二百六十三，上海：上海古籍出版社 1987 年版，第 47 页。

②《旧五代史》卷四十九“庄宗神闵敬皇后刘氏”之“案语”，缩印本《二十四史》册十三，北京：中华书局 1997 年版，第 180 页。

③《资治通鉴》卷二百七十二，文渊阁《四库全书》册三百一十，上海：上海古籍出版社 1987 年版，第 342 页。

④（宋）徐梦莘：《三朝北盟会编》卷三十一，文渊阁《四库全书》册三百五十，上海：上海古籍出版社 1998 年版，第 241 页。

图 304 山西朔州城区辽墓散乐壁画

《大宋宣和遗事·元集》：

蔡攸进见无时，便辟趋走，或涂抹青红，优杂侏儒，多道市井淫媟谑浪之语，以蛊上心。①

《宋史》卷四百七十二：

（蔡）攸历开府仪同三司、镇海军节度使、少保，进见无时，益用事，与王黼得预宫中秘戏，或侍曲宴，则短衫窄裤，涂抹青红，杂倡优侏儒，多道市井淫媟谑浪语，以蛊帝心。②

此三条均与北宋时期的奸相蔡攸有关，其中提到的“涂抹粉墨”或“涂抹青红”虽然不能让人清楚地了解具体的化装样式，但毕竟提供了“青”与“红”，“粉”与“墨”的颜色类型，给人以自由想象的空间。另据《鹤林玉露·乙编》卷六：“绍兴中，王铁帅番禺，有狼藉声。朝廷除司谏韩璜为广东提刑，令往廉按。”王铁为对付韩璜的检查，抓住其“好欢”的弱点，令其妾侍饮，“酒半，

① 《新刊大宋宣和遗事·元集》，北京：中国古典文学出版社 1954 年版，第 32 页。
② 文渊阁《四库全书》册二百八十八，上海：上海古籍出版社 1998 年版，第 599 页。

妾于帘内歌韩昔日所赠之词，韩闻之心动，狂不自制，曰：‘汝乃在此耶！’即欲见之，妾隔帘故邀其满引，至再至三，终不肯出，韩心益急。妾曰：‘司谏曩在妾家，最善舞，今日能为妾舞一曲，即当出也。’韩醉甚，不知所以，即索舞衫，涂抹粉墨，踉跄而起。忽跌于地，王亟命索轿，诸娼扶掖而登，归船昏然酣寝。”① 此一则虽然不是杂剧演出的记录，但也能为我们了解当时的化装提供参照。

《三朝北盟会编》卷一百三十五云：

李成之党有周虎者，据芜湖县。邵青以舟船至芜湖县，乃遣人与战，一日七败。参议魏曦以小舟观战江中，既而告青曰：“吾知所以败，亦知所以胜矣。彼以红布软缠与我之号一同，故与战则不能分彼我，所以必败。宜易其号则胜矣。”青然之。乃令其众皆作钻风角子，各衔墨而行，遇战则去其红布，唯见钻风角子。又用墨抹抢于眼下，如伶人杂剧之戏者。②

这里“用墨抹抢于眼下”虽然是兵士在战争中为便于识别而化装，但“如伶人杂剧之戏者”却透露了“抹抢”已然是北宋杂剧伶人已经定型的重要化装形式之一。所谓“抹抢”即涂面化装，又称“抹跄”。宋孟元老《东京梦华录》卷七有云：

有一击小铜锣，引百余人，或巾裹，或双髻，各着杂色半臂，围肚看带，以黄白粉涂其面，谓之抹跄。③

既然“抹跄”是以“黄白粉涂其面”，黄者土也，白者灰也，那么，“抹跄”正是当时习称的“搽灰抹土”或“抹土搽灰”。宋元南戏《张协状元》开场【水调歌头】：“苦会插科使砌，何吝搽灰抹土，歌笑满堂中。”宋元南戏《宦门子弟错立身》第五出【六幺序】：“情愿为路歧，管甚么抹土搽灰。”又第十二

①《鹤林玉露·乙编》卷六，上海：上海书店 1990 年版。

②（宋）徐梦莘：《三朝北盟会编》卷一百三十五“炎兴下帙”，文渊阁《四库全书》，册三百五十一，上海：上海古籍出版社 1998 年版，第 251 页。

③（宋）孟元老：《东京梦华录》卷七“驾登宝津楼诸军呈百戏”条，《东京梦华录》（外四种），北京：文化艺术出版社 1998 年版，第 48 页。

出【调笑令】："趋跄嘴脸天生会，偏宜抹土搽灰。"[①] 由此可知，"抹跄"或"抹土搽灰"是当时杂剧伶人的基本化装形式。而在此基础上再往脸上涂以黑道则是副净或副末的特有化装。所以《庄家不识勾栏》【四煞】云副净"裹着枚皂头巾，顶门上插一管笔，满脸石灰更着些黑道儿抹"[②]。元明之际成书的《水浒全传》第八十二回写宋徽宗时宫廷杂剧表演中"第五个贴净的，忙中九伯，眼目张狂，队额角涂一道明戗，劈面门抹两色蛤粉"[③]，亦可证之。当然，"白者灰也"，并非普通观众认为的石灰，而是蛤粉，这一点廖奔先生在他的《宋元戏曲文物与民俗》中有所考证。[④] 副净或副末抹土搽灰且涂以黑道的扮饰，在宋代戏曲文物中可以得到印证。如河南荥阳市槐西村北宋石棺杂剧线刻图中的左起第四人，两条斜线沿眼睛中部呈"八"字形直贯而下，显得非常明显。南宋朱玉《灯戏图》中，为首者戴簪花弯形高冠，穿圆领长袍加横襕，腰系革袋，双手持"庆赏上元美景"之牌，右眼也是以一道墨线斜贯眼部。河南新安宋墓杂剧壁画中所显示的几个人中，面部均为"抹土"化装，即土黄，中间的副净眉毛为"八"字形，嘴部虽然漫漶，但右脸有清楚的墨道和黑块。河南温县博物馆藏单人戏雕则是面部"搽灰"，即白面，在白面之上用墨涂以黑眉毛、黑眼圈、黑嘴唇，右脸颊还涂一黑道。从其腰间插一根白色的棒槌可知乃副末之化装。（图 305）

图 305 宋代涂墨化装

1. 荥阳槐西村宋代石棺 2.《灯戏图》人物
3. 温县博物馆藏单人戏雕 4. 新安宋代壁画

---

① 钱南扬：《永乐大典戏文三种校注》，北京：中华书局 1979 年版，第 1、244 页。

②（元）杜人杰：《庄家不识勾栏》，《全元散曲》册上，北京：中华书局 1964 年版，第 31 页。

③（明）施耐庵、罗贯中著，林俊校点：《水浒全传》，上海：上海古籍出版社 1999 年版，第 716 页。

④ 廖奔：《宋元戏曲文物与民俗》，北京：文化艺术出版社 1989 年版，第 302 页。

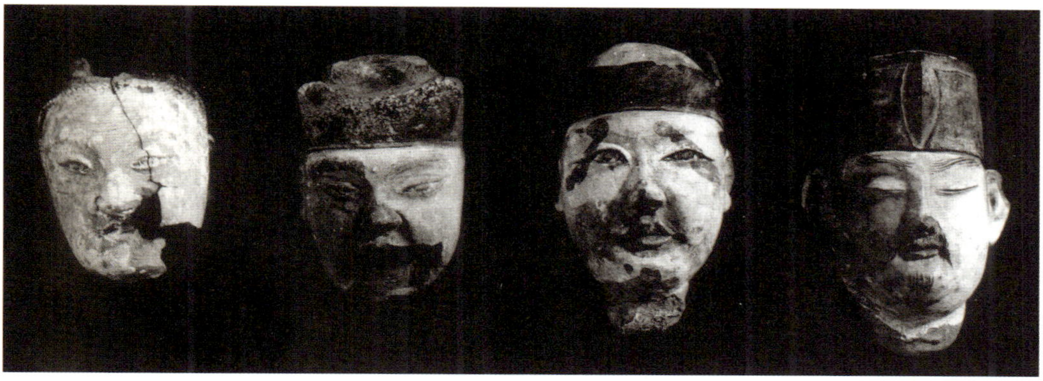

图 306 山西稷山马村 M1 戏俑头像正视

金代杂剧伶人的化装虽不见文献记载，但从已发现的戏曲文物中可以看到，副净或副末的化装直承宋代而来，并有所变化。

山西稷山马村金代段氏墓 1 号墓中，共有砖雕 11 人（图 306、307），后排六人为乐队伴奏，前排五人为杂剧演员，五个杂剧演员均着色。惜前排五个杂剧演员在发掘时被打碎，仅存留四个头像。其中一人头戴抹额似的黑色圈帽，面部所敷底色为淡黄色，两道粗线条的黑墨自额部呈“八”字形贯两眉眼而下，绛色嘴唇，嘴周围涂黑色，上部呈“八”字须，也是所谓的乌嘴。下颚也涂以黑色，左太阳穴亦涂以墨点。另一人头戴东坡帽，土黄底色敷面，左脸颜色淡，右脸颜色深，用墨线将眉毛、八字须和下巴胡子画出。第三个头像面部有破损，但面部化装纯粹为“灰面”。8 号墓五人杂剧砖雕中，左起第三人特别将嘴唇、眉与上眼皮间涂成红色，（见前图 283）此种样式的化装仅见此一例。

图 307 山西稷山马村 M1 戏俑

山西新绛南范庄金墓伎乐砖雕之一扮相为：头戴弯脚朝天黑漆幞头，上身赤裸，仅在左肩和右臂下斜系一布带，带头打结后垂，腰系短裙，裸腿，脚蹬乌鞋。脸上涂以土黄底色，墨眉，乌眼，墨线从上额呈“八”字形从双眼直贯到腮部，乌嘴，两嘴角还各有一团墨迹。此扮相显然受到副净化装的影响。特别是嘴部化装，与朱玉《灯戏图》中的第三人的

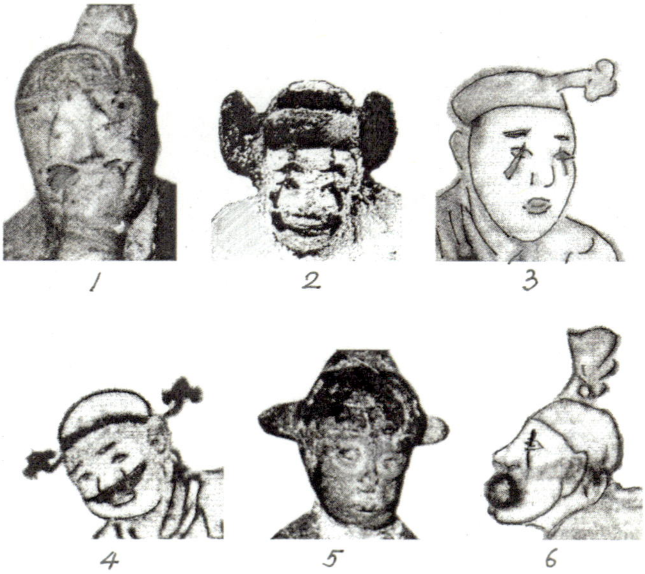

图 308 金代涂墨化装
1. 侯马董明墓 2. 新绛南范庄 3. 平定西关
4. 平定西关 5. 侯马董明墓 6. 平定西关

嘴部化装如出一辙。

山西侯马董明墓右起第一人为副末色，其嘴两侧涂以黑块，墨线从额部向两眼呈“八”字形贯下，左眼墨线粗，右眼墨线依稀可辨。左起一人为副净色，其胸部画大黑蝴蝶图案，勾白眼圈（图 308）。

山西平定西关金墓杂剧壁画是迄今为止发现的唯一的一幅典型的金杂剧演出场图景（图 309），也是了解金代杂剧演员化装的珍贵资料。壁画左第一个头戴独角诨裹，身穿交领内衣、圆领束袖长衫者，亦有“八”字墨线从眉眼直贯而下，形象更显滑稽。左第三个戴诨裹、穿长衫者嘴部有一圆形墨圈，非常突出。此一形象与朱玉《灯戏图》中的第五人、第八

图 309 山西平定西关金墓杂剧壁画

人、第九人、第十人的嘴部化装很相似（图310），均为嘴部有一大大的墨圈，乃乌嘴或圆形假须是也。

图 310《灯戏图》中的乌嘴与圈须

可见，副净色的面部化装除了眼部涂有“八”字形墨线之外，嘴部涂黑，或涂以非常夸张的圆形墨圈，或挂以圆形假须也是其重要特点之一。将嘴部涂黑或涂成圆形墨圈又称“乌嘴”。有《张协状元》中的丑角扮演为证。如第十一出，丑曰：“我恁地白白净净底……”末曰：“只是嘴乌。”又第二十七出，丑曰：“原我捉得一盝粉、一铤墨，把墨来画乌嘴，把粉去（面）门上画个白鹿。”①

元杂剧的化装在总体上仍然保持了与宋金杂剧一致的风格。相关的文献资料仅见于元代散曲与剧曲中。马致远散曲【南吕·一枝花】《咏庄宗行乐》：

内藏院本三千段，抹土搽炭数百般，愿求在坐一席欢。天子龙袍扇面儿也待团圞，贯金线细沿伴。它那里颤颤巍巍带着一顶爨巾，知它是何代衣冠。②

此虽为咏后唐庄宗，但所谓“内藏院本三千段，抹土搽炭数百般”实为由元杂剧而推想之。故“抹土搽炭”即可概括元院本或杂剧化装的基本手段。特别是“搽炭”，与《庄家不识勾栏》中“满脸石灰更着些黑道儿抹”互证。高安道散曲【般涉调·哨遍】《嗓淡行院》同样提到杂剧演员的化装为“搽灰抹土”：

打散的队子排，待将回数收，搽灰抹土胡僝僽。淡翻东瓦来西瓦，却甚放走南州共北州。凹了也难收救，四边厢土糁，八下里砖彪。③

① 钱南扬：《永乐大典戏文三种校注》，北京：中华书局 1979 年版，第 63 页。

②《马致远集》，太原：山西古籍出版社 1993 年版，第 233 页。

③ 隋树森编：《全元散曲》册下，北京：中华书局 1995 年版，第 1111 页。

李寿卿《伍员吹箫》杂剧第一折：

（净扮费得雄上，诗云）我做将军只会掩，兵书战策没半点。我家不开粉铺行，怎么爷儿两个尽搽脸。[①]

此言副净以白粉涂面。杨显之《酷寒亭》杂剧第二折中正末赵用骂搽旦萧娥云：

这妇人搽的青处青，紫处紫，白处白，黑处黑，恰便似成精的五色花花鬼。[②]

此言搽旦的化装非俊扮，而是青紫白黑相间，一付滑稽化装。无名氏《蓝采和》杂剧第二折正末蓝采和唱【梁州】曲：

俺俺俺做场处见景生情，你你你上高处舍身拚命，咱咱咱但去处夺利争名。若逢，对棚，怎生来妆点的排场盛，倚仗着粉鼻凹五七并，依着这书会社恩官求些好本令，那的愁甚么前程。[③]

这里更是强调“化装”，对于一个元代冲州撞府的戏班在实际演出中具有非常重要的意义。

与文献资料相对应，元代戏曲文物可以使我们对元杂剧化装的了解更为直接和形象。山西芮城永乐宫潘德冲石棺杂剧线刻图中，有四人正在做场，左第一个戴软巾诨裹，穿小袖长衫，左手提衫巾，右手置口中打呼哨者的面部化装即采用“八”字形墨线从眉眼贯下的传统手法。同样的化装还见于山西运城西里庄元墓《风雪奇》壁画。[④] 该墓发现于1986年，长方形墓室四周都有壁画，其中西壁为

① （明）臧晋叔：《元曲选》册二，北京：中华书局1996年版，第647页。
② （明）臧晋叔：《元曲选》册三，北京：中华书局1996年版，第1007页。
③ 隋树森编：《元曲选外编》册三，北京：中华书局1992年版，第974页。
④ 杨富斗：《运城西里庄元墓戏剧壁画刍议》；王泽庆《元代戏剧壁画〈风雪奇〉》；张之中、窦楷《元杂剧演出的实例——运城西里庄元墓壁画〈风雪奇〉考释》。三文均见《中华戏曲》第5辑，太原：山西人民出版社1988年版。

杂剧图，东壁为乐队伴奏图。杂剧图中，右起第二人戴软巾独脚诨裹，穿黑方格长袍，腰系紫红帛带，袒胸，腹部及两肩胛露三处云状点青图案，裸腿，粉鞋。面部化装为：乌眉、“八”字黑须，一道弯弯的墨线从上额贯左眉眼而下直至右腮部。由于是右侧身，脸部亦为右侧，所以，估计左眉眼也有一根对称的墨线因侧身而未能画出（图 311）。山西新绛吴岭庄元至元十六年（1279）杂剧砖雕中，

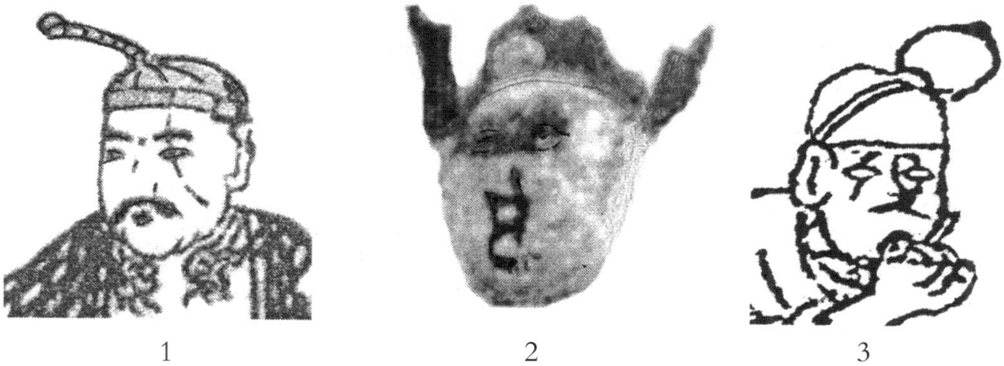

图 311　元代涂墨化装　1. 运城西里庄元墓　2. 新绛吴岭庄元墓　3. 芮城永乐宫潘德冲石棺

左起第二个戴黑色曲脚幞头、穿黄色圆领窄袖长衫、足蹬乌靴、双手抱拳作揖者，虽然面部损毁严重，但仍然可以清晰地看到其面部用墨线勾勒出一个不小的蝴蝶图案，蝴蝶的黑色触角正好贯穿眉眼的上下，是副净面部化装的创造性发挥。

山西洪洞广胜寺明应王殿戏曲壁画（图 312）是了解元代北杂剧化装的全貌的珍贵资料。画面共 11 人，均有不同程度的化装。前排为五名杂剧演员，左起第一人为女扮，面敷脂粉妆，樱桃小唇，娥眉细长而婉转。左起第二人面部化装尤为突出，淡粉敷底，眼圈涂以白色，红唇，宽宽的“山”状眉形用墨涂染，戴连鬓圆口假髯。此假髯如把连鬓去掉，则颇像前举山西平定西关金墓壁画中左一人的“乌嘴”和《灯戏图》中第五、第八、第九、第十人的嘴部化装，或疑所谓的“乌嘴”有两种化装方式，一种是涂墨，一种就是挂髯口。其涂以红唇，又与山西稷山马村 8 号墓左起第三人相类。左起第三人乃挑班主角忠都秀，女扮，脂粉妆，黛眉短而细，樱桃红唇。左起第四人面敷土黄底色，眉眼之间略施白粉，两眉各勾三笔墨色，新颖而别致。面部挂三绺假髯，挂髯口之细线清晰可辨。左起第五人亦为女扮，脂粉妆，一弯细眉涂于原眉之上，看起来眉眼之间距离较宽，略显夸张。此五人与宋金杂剧中的副末、副净、装孤、引戏、末泥相似，但从名称与职能上已经有所变化。后排五人也有简单的化装。右侧二人为女伎，一人持扇，一人持拍板，均面敷白粉，弯弯线眉，红唇。左起第一人击鼓者，粉面，“八”字须带连鬓胡，卧蚕眉，左眉上面又有一道墨线。左起第二人吹笛者粉面红唇，

图 312 山西洪洞广胜寺明应王殿元代壁画中之假髯

画细叶空心眉。第三人击杖鼓者挂连鬓满髯，画倒“八”字卧蚕墨眉，与后世净行脸谱更为接近。即使是左侧掀起守旧向外窥视者，也是脂粉妆，细娥眉。由此可知，元杂剧的化装已经到了非常细密的程度，能够根据不同脚色进行富有特点的面部塑造，为后世的戏曲化装提供了良好的基础和可资借鉴的经验。

从已发现的现有文物图像资料来看，宋金元杂剧的化装有以下几点值得注意：

一、由副净较为固定的化装模式，表明化装已形成一定的程式，“脸谱化”的化装业已出现。副净色的脸部化装，文物图像中见得最多的是墨线呈“八”字形从眉眼直贯而下。此种化装式样在两宋戏曲文物中有两例，在金代戏曲文物中有四例，元代戏曲文物中有两例。也就是说，副净的这种化装式样肇始于宋，流行于金，至元代出现分化。于是，我们看到山西芮城永乐宫潘德冲石棺线刻中的副净和现存的两幅元杂剧壁画之一的山西运城西里庄元墓壁画中的副净，采用的是传统的化装式样，而山西洪洞广胜寺明应王殿壁画中的副净则采用戴髯口的做法。这种分化是戏剧演进过程中由宋杂剧到院本再到元杂剧的必然结果。副净面部化装除了采用常见的“八”字形墨线直贯眉眼的做法外，还在面部不同的位置涂以墨团或墨线，诸如在接近太阳穴处，或在两嘴角处，抑或在两腮处等。而在眼鼻之间涂以白色或将眼圈涂以白色，又与后世戏曲中丑角的面部化装十分接近。面部画以黑蝴蝶的极富想象力的化装，何尝不是对后世戏曲脸谱出现的最初启迪呢！

二、除了副净或副末有花扮之外，其他演员大都是俊扮。尽管多数砖雕不设色，以至于难以清楚其是本色脸或是脂粉妆，但还是有一部分砖雕设色，如山西侯马金代董氏墓戏俑、山西新绛寨里村元墓杂剧砖雕、山西新绛吴岭庄元墓杂剧砖雕等，再加上已发现的金元杂剧壁画，可了解其总体的化装情况。所谓大都是俊扮，即多数演员只是在脸上敷以简单的脂粉色，或者是土黄色、土红色、黄白色、灰白色，再画以不同形状的黛眉、红唇，化装即告完成。像洪洞广胜寺明应王殿元代戏曲壁画“后排左第三人用重墨画双眉，眉作卧蚕式，眉与眼之间又用白粉明显隔开，则是第一次出现的正面人物加强性的俊扮化装，增添了人物的英武之气。它标志着中国戏曲的面部化装从此进入一个崭新的阶段”①。种种迹象表明，宋金元杂剧演员的化装经历了一个由简单到复杂、由粗陋到精致的过程。为什么宋金墓葬杂剧砖雕设色的很少，而发掘不多的元代墓葬杂剧砖雕多着色？至少说明，到了元代，无论是戏班，还是普通的观众，均已意识到“色彩—化装”对于表演的重要性。

三、“假髯”的使用对于古代戏曲化装的意义。北宋杂剧砖雕已经可以见到杂剧人物有髯的实例。如河南温县前东南王村宋墓杂剧砖雕右一人，其下巴有一团胡须。金代杂剧砖雕中，稷山马村 3 号墓左起第二人颔下明显为倒三角胡

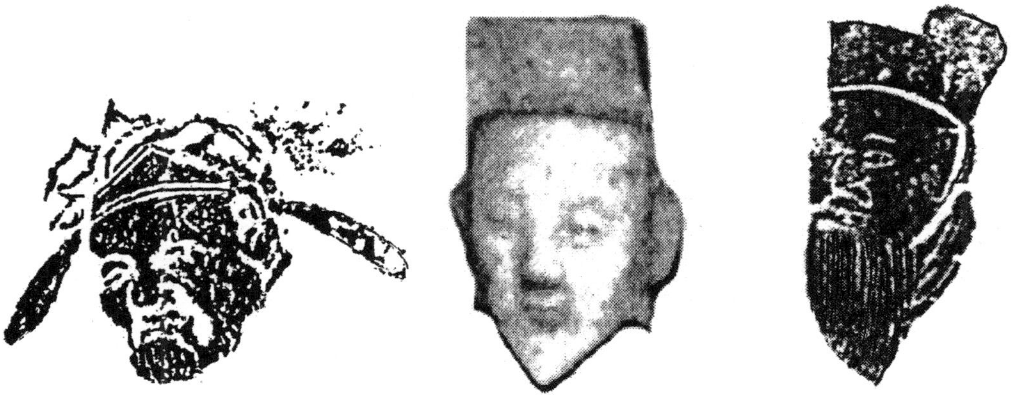

图 313 宋金髯与假髯（温县王村宋墓、稷山马村三号金墓、垣曲古城金墓）

须。如果说从上述两例难以判定其是否是假髯，那么，垣曲古城金墓杂剧砖雕中的右起第一人持拍板者，从其长而有序的胡须外形来看，明显是假髯无疑（图 313）。到元代忠都秀壁画中，不仅能看到假髯、假眉的化装，还能看到四种不同的假髯类型：满髯、三髯、连鬓圆口髯、连鬓八字髯等。证明在元代杂剧演出中，假髯的使用已经相当普遍且成为戏曲化装的重要组成部分。《南村辍耕录》有一

① 廖奔：《宋元戏曲文物与民俗》，北京：文化艺术出版社 1989 年版，第 304 页。

则材料也可以进一步佐证之：

> 后至元间，盗入浙省丞相府。是夕，月色微明，相于纱帷中窥见之，美髭髯，身长七尺余。时一侍姬亦见之，大呼有贼，相急止之。曰："此相府，何贼敢来？"盖虞其有所伤犯故也。纵其自取七宝系腰、金玉器皿，席卷而去。翼旦，责令有司官兵肖形掩捕，刻期获解。沿门搜索，终不可得。越明年，才于绍兴诸暨州败露。掠问其情，乃云，初至杭，寓相府之东，相去三十余家。是夜，自外大醉归，倒于门外。主人扶掖登楼而卧，须臾，呕吐，狼藉满地。至二更，开楼窗，缘房檐，进府内。脚履尺余木级，面带优人假髯。既得物，直携至江头，置于白塔上，复回寓所。侵晨，逻者至，察其人，酒尚未醒，酣睡正熟，且身材侏儒，略无髭髯，竟不之疑。①

此则材料看似滑稽，盗贼竟然借用优人的假髯去行窃并获得成功，但元代优人化装用假髯却是不争的事实。而戴假髯既可以"美化装"又可以"丑容貌"的独特功用的发现，正是戏曲走向成熟过程中逐步探索的结果。

①《南村辍耕录》卷二十三"盗有道"条，北京：中华书局1959年版，第282—283页。

第十章 戏曲文物中展示的道具

道具，本是佛家应用器物的通称，今天戏剧演出中，把表演时所用的设备、器具都叫作道具。但在古代，戏剧演出中所用的物品，并不叫道具，而称之为“砌末”。

“砌末”一词，在金元时已出现，是戏班中所用行话，指的是戏剧演出中所用的小物品，包括生活用具如锅、勺、灯笼、扇子、手绢、茶具、酒杯、文房四宝等，交通工具如轿旗、车伞、船桨、马鞭等，武器如刀、枪、剑、戟、盾、斧、棍、棒等，甚至包括表现环境的舞台装置，如帐额、靠背、神幛等。而且有时还包括服饰、面具、仪物。

宋元时期戏曲中的砌末，源于戏曲形成前各种表演艺术所用的器物。

中国的戏曲，其产生是多元的，既可从祭祀活动中衍生，也可从歌舞、说唱发展而成。歌舞表演时，一般都执持舞具，以渲染表演的气氛，或增加舞蹈的美感。如《诗经·宛丘》描写初民在宛丘这个地方跳舞，“坎其击鼓，宛丘之下；无冬无夏，值其鹭羽”[①]，舞者手持羽毛饰物舞动，也就是说，这时歌舞已使用羽毛做舞具。歌舞中有表现战争生活的，战争要用武器，表现战争生活的歌舞自然也用武器做舞具，如《山海经·海外西经》记载，刑天与天帝争神被杀，乃“以乳为目，以脐为口，操干戚以舞”[②]。陶渊明《读〈山海经〉》诗也说：“刑天舞干戚，猛志固常在。”[③]这“干”和“戚”就是盾和斧，这个舞蹈便是以这两种武器做舞具。周代的《大武》之舞，表现周武王伐纣，其舞具也有干、戈。汉魏南北朝时，各种泛戏剧形态都有舞具，如《公莫舞》和《礼毕》。关于《公莫舞》，《宋书·乐志》记载：

《公莫舞》，今之巾舞也。相传云项庄剑舞，项伯以袖隔之，使不得害

①《诗经·宛丘》，见《十三经注疏》，北京：中华书局1979年版，第376页。
② 袁珂：《山海经校释》，上海：上海古籍出版社1985年版，第193页。
③《陶渊明集》，北京：人民文学出版社1956年版，第103页。

汉高祖。且语庄云："公莫"。古人相呼曰"公"，云莫害汉王也。今之用巾，盖象项伯衣袖之遗式。[①]

《礼毕》又称《文康乐》，是扮演东晋大臣庾亮的歌舞。《隋书·音乐志》记载：

《礼毕》者，本出自晋太尉庾亮家。亮卒，其伎追思亮，因假为其面，执翳以舞，象其容，取其谥以号之，谓之为《文康乐》。[②]

以上二剧中表演者分别持剑、持巾和持翳（一种用羽毛制成的遮蔽物），展示特定的人物和特定的故事情节。而这些"剑""巾""翳"，都是表演道具。

祭祀活动的仪式和表演，也会使用器物。《周礼·夏官·方相氏》载，初民时期宫中驱傩，由方相氏"掌蒙熊皮，黄金四目，玄衣朱裳，执戈扬盾，帅百隶而时难（傩）"[③]。这里的"戈"和"盾"，同样也是武器，用以驱除墓室中的鬼物。其后，《荆楚岁时记》所记江淮地区驱傩："戴胡公头，及作金刚、力士以逐除。"[④]所戴"胡公头"，既是面具，在一定意义上说也是表演时需用的器物。而金刚、力士之所以能驱傩，当有器物。这些驱傩中的器物，也是表演道具。祭祀活动中的假面装扮，发展为后世的角抵戏，其中有一个剧目叫《东海黄公》，据东晋葛洪《西京杂记》记载，表演时艺人装扮的黄公"佩赤金刀"，以御蛇虎。[⑤]这"赤金刀"当然是表演的器具。

在戏曲孕育时期的演艺文物中，我们发现这一时期以歌舞为主和以假面表演为主的泛戏剧形态也都采用了表演器物。

四川省彭州市白祥村东汉墓乐舞百戏画像砖。砖的左方刻绘一杂技伎，倒立于相叠12层的案上，身躯弯曲成弧形。砖的右方刻绘一跳丸伎，正抛弄数丸（圆球）。砖的中间刻绘一盘舞伎，头梳双髻，手持长巾，踏鼓而舞。脚旁放置大盘，两两相对，分为三组，中间用两鼓隔开。画像砖上所刻绘的案、丸、鼓和盘，都是百戏表演所用的器物。

---

①《宋书·乐志》，北京：中华书局点校本1974年版，第551页。

②《隋书·音乐志》，北京：中华书局点校本1973年版，第380页。

③《十三经注疏》上册，北京：中华书局1980年版，第851页。

④《说郛》册一，上海：上海古籍出版社1988年版，第446页。

⑤《笔记小说大观》册一，扬州：江苏广陵古籍出版社1983年版，第5页。

内蒙古自治区和林格尔汉墓乐舞百戏壁画（图 9）。画面刻绘艺人作飞剑、跳丸表演。在一艺人头顶上方，三剑腾空飞舞；在弄剑艺人下方，另一艺人作弄丸表演：11 个圆球轮回从艺人手中和足下抛出。这剑和丸也是百戏表演的器物。

山东省沂南县北寨汉乐舞百戏画像石（图 18）。画面所绘从右至左可分为四组。第四组为七盘舞和杂技表演。建鼓左侧一人，额顶十字杆，杆上横木两端及杆顶有三女伎翻杆和旋转；另一人做手抛四刀并足踢四丸表演；其下一人舞动长袖作马步状，左脚前有七个倒覆的盘，前四后三。刀、丸、盆都是表演时所用器具。

唐代的乐舞，发展到较高阶段，部分已有戏剧情节，其所用器具更为丰富，而且带有装饰性，并有助于表演。段安节《乐府杂录》载：

> 雅乐部："八佾舞"则六十四人，文武各半，皆著画帻，俱在乐悬之北。文舞居东，手执翟，状如凤毛；武舞居西，手执戚。
>
> 云韶乐：舞童五人，衣绣衣，各执金莲花引舞者。金莲，如仙家行道者也。
>
> 鼓架部：戏有"代面"，始自北齐神武弟，有胆勇，善斗战，以其颜貌无威，每入阵，即著面具，后乃百战百胜。戏者衣紫、腰金、执鞭也。
>
> 龟兹部：戏有"五方狮子"，高丈余，各衣五色。每一狮子有十二人，戴红抹额，衣画衣，执红拂子，谓之"狮子郎"。[①]

"八佾舞"所用舞具为"翟"与"戚"，显然是从前代乐舞表演中的羽毛和盾继承而来。《云韶乐》中的金莲花，有寓意作用，表示"仙家得道"。鼓架部中的"执鞭"，表示兰陵王临阵作战之状。龟兹部的"五方狮子"舞，其红拂子和五色狮子衣皆为舞具，以色彩显示装饰效果。

宋代的乐舞继承唐代，种类更为繁多，尤其是队舞，如柘枝队、剑器队、采莲队、菩萨队、婆罗门队等。这时的乐舞融入更多的故事情节，所用舞具衍变为戏具，也就成了砌末。以宋史浩《鄮峰真隐漫录》卷第四十六《剑舞》为例，可见演出所用戏具。此舞是截取大曲中的"曲破"来表演鸿门宴故事和唐代诗人杜甫、书法家张旭观看公孙大娘舞蹈场面。先是二舞者上场，对舞，对厅立茵上。竹竿子上场，勾念致语，二舞者亦念。竹竿子与二舞者问答，乐部唱《剑器》曲破，二

① 《中国古典戏曲论著集成》册一，北京：中国戏剧出版社 1959 年版，第 42、44、45 页。

舞者同唱【霜天晓角】。其后，二舞者又作舞，舞罢，二汉装者出，对坐。一人舞上，欲刺右汉装者，又一人舞进前翼蔽之，舞罢，四人并退（此段表演鸿门宴故事）。复有二唐装者出，对坐，桌上设笔、砚、纸，舞者一人换妇人装，立茵上。竹竿子上，念致语，乐部唱曲子，舞《剑器》曲破一段。二唐装者起，二舞者一男一女对舞，竹竿子念致语，念了，二舞者出队（此段表演杜甫与张旭观看公孙大娘舞蹈）。《剑舞》以舞蹈的形式表演故事，已接近戏剧，所用的器物如剑、桌、笔、砚、纸等，均为剧情所需，显然是戏曲中的砌末了。

在戏曲形成时期的演剧文物中，我们可以看到与戏剧表演关联的各种仪物、砌末，这主要有竹竿子、引人杖、棍杖、磕瓜、团扇、笏、印、灯笼、朴刀、布袋、斗笠、扁担等。下面我们分别述说。

（一）竹竿子

竹竿子，又称“竹竿拂子”，是宋代教坊中“参军色”所持的仪物。参军色在宫廷或官府大宴时诵念致语，进祝颂之词，导引乐舞杂剧演出。他所持的竹竿拂子，用以“勾队”“放队”，亦即指挥艺人上、下场。宋孟元老《东京梦华录》卷九“宰执亲王宗室百官入内上寿”条载：

> 第五盏御酒……参军色执竹竿子作语，勾小儿队舞。……乐部举乐，小儿舞步进前，直叩殿陛。参军色作语，问小儿班首近前，进口号，杂剧人皆打和毕，乐作，群舞合唱，且舞且唱，又唱破子毕，小儿班首入进致语，勾杂剧入场，一场两段。……杂戏毕，参军色作语，放小儿队。①

宋吴自牧《梦粱录》卷三“宰执亲王南班百官入内上寿赐宴”条亦载：

> 第四盏进御酒，宰臣百官各送酒，歌舞并同前。教乐所伶人，以龙笛腰鼓发诨子。参军色执竹竿拂子，奏俳语口号，祝君寿。杂剧色打和毕，且谓“奏罢今年新口号，乐声惊裂一天云”。参军色再致语，勾合大曲舞。……
>
> 第五盏进御酒。……百官酒，乐部起《三台》舞。参军色执竿奏数语，勾杂剧入场，一场两段。

①（宋）孟元老：《东京梦华录》（外四种），北京：文化艺术出版社1998年版，第60页。

……

第七盏进御酒。……百官酒，舞《三台》。参军色作语，勾杂剧入场，三段。①

上述笔记，对竹竿拂子的作用记载明白无误，但竹竿拂子的形状如何，则未提及。顾名思义，当是一长竹竿，顶部似有细小分叉饰物，如拂尘之类，故称“竹竿拂子”。但这只是猜测，难以肯定。可喜的是，竹竿子这一仪物，在朝鲜李朝成宗二十四年（约为中国明朝孝宗弘治六年，即公元 1493 年）柳子光编纂的《乐学轨范》卷八“唐乐呈才仪物图说”中却有记载，其文为：

竹竿子，柄以竹为之，朱漆，以片藤缠结，下端蜡染铁妆（凡仪物柄同），雕木头冒于上端，又用细竹一百个，插于木头上，并朱漆，以红丝束之。每竹端一寸许，裹以金箔纸，贯水晶珠。

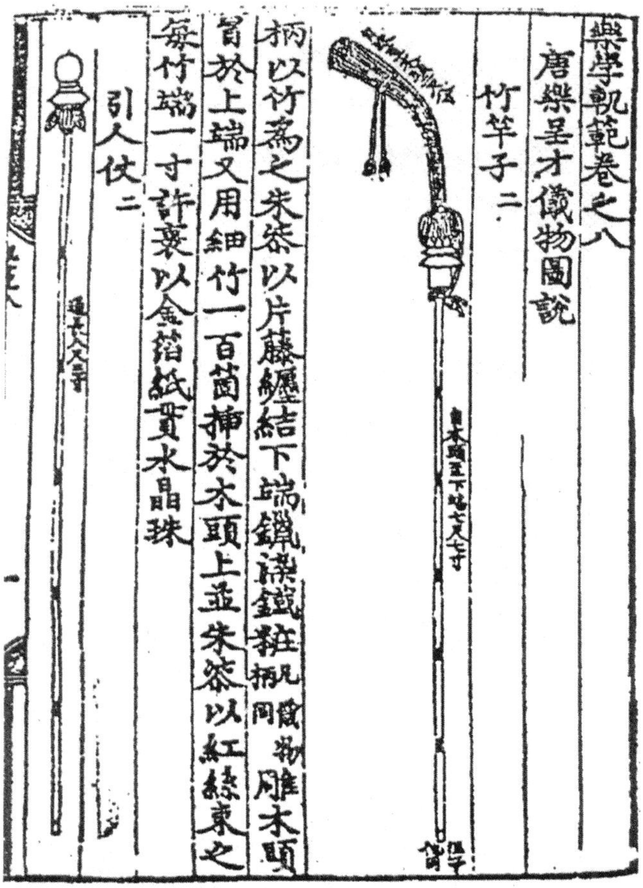
樂學軌範卷之八
唐樂呈才儀物圖說
竹竿子二
柄以竹爲之朱漆以片藤纏結下端鑞染鐵粧（凡儀物柄同）雕木頭冒於上端又用細竹一百箇插於木頭上並朱漆以紅絲束之每竹端一寸許裹以金箔紙貫水晶珠
引人仗二

图 314　朝鲜《乐学轨范》竹竿子和引人杖线描图

该书又附有竹竿子线描图。（图 314）董锡九《中国舞蹈史》（图 286）中，也载宋代指挥社火演出的竹竿子。

更可喜的是，在戏曲形成时期的演剧文物中，

①（宋）孟元老：《东京梦华录》（外四种），北京：文化艺术出版社 1998 年版，第 138—139 页。

图 315　河南温县宋杂剧砖雕中的“竹竿子”

我们看到竹竿子的具体形象。

一是河南省温县宋杂剧砖雕（图 315）。该砖雕共刻绘六人，其中前排右起第一人戴展脚幞头，穿圆领宽袖长袍，手持竹竿子，当为参军色的具体形象。而所持竹竿子，则为仪物竹竿拂子。

二是山西省浮山县上东村宋墓参军色壁画（图 96）。该壁画所绘参军色，头戴展脚幞头，身穿圆领宽袖长袍，足蹬皂靴，手持一长竹竿，竿顶分叉，呈“V”字形。此分叉的竹竿子，当为竹竿拂子。

三是山西省高平市西李门二仙庙金代露台东面基座上的乐舞线刻图（图 95）。此图刻绘十人，其中第一人戴展脚幞头，穿圆领宽袖长袍，足蹬靴，手持一长竹竿，竿顶分叉，状如笤帚。这也是参军色和他所持的仪物——竹竿拂子。

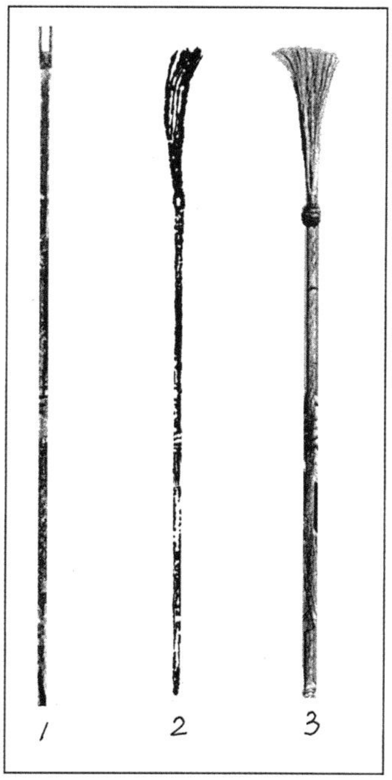

图 316　竹竿子

1. 浮山上东村宋墓　2. 高平西李门二仙庙金代线刻　3. 晋东南赛社演出中“前行”所执

河南温县的竹竿子和山西浮山、高平的竹竿子形象相似，它们与朝鲜《乐学轨范》所绘竹竿子略有不同，其区别只在竹竿顶端分叉有异。因为河南和山西的三组竹竿子是绘刻在砖石上的，不可能把竹竿冒头上 100 个细竹枝全部刻上，故简而略之，但它们都是竹竿拂子无疑。更可喜的是，今天山西上党地区赛社演出中，有一个角色叫“前行”，他就宋代的参军色，他手中所持的仪物“戏竹”，也就是宋金时期的竹竿子（图 316）。

（二）引人杖

宋金时期的杂剧演出中常见杆杖。杆杖有两种，一种叫作引人杖，另一种是一般的棍杖。

引人杖的作用类似竹竿子，在宫廷宴集或皇室成员外出游幸时起导引作用。《东京梦华录》卷十“车驾宿大庆殿”条记载：

> 冬至前三日，驾宿大庆殿。……内殿仪卫之外，又有裹锦缘小帽、锦络缝宽衫兵士，各执银裹头黑漆杖子，谓之“喝探”。①

由此可知该杖为长杆，顶端有裹头，但不分叉。朝鲜柳子光编纂的《乐学轨范》卷八“唐乐呈才仪物图说”中，也有引人杖的图像和说明（图314）。该图旁还有小字说明：“通长八尺三寸。”图像左方，还有一段文字，其文为：“柄以竹为之，漆以朱，顶子以木为之，付贴金。”②这与《东京梦华录》所载略同，只是杆与裹头颜色不一。

演剧文物中有引人杖的形象（图317）。一为河南省温县前东南王村宋墓杂剧砖雕。此砖绘雕五人，第一人戴东坡巾，耳后插翎毛，穿圆领窄袖长袍，腰束带，左手执头涂赭黄色引人杖。

图317 河南省温县前东南王村宋墓杂剧砖雕中的引人杖

二为河南省温县西关宋墓杂剧砖雕（图74—2）。砖雕共五块，每砖雕一人。其中右起第二砖雕一人，戴东坡巾，穿方领窄袖上衣，着窄口长裤，右手持杆站立。此杆细长，疑亦为引人杖。

① （宋）孟元老《东京梦华录》（外四种），北京：文化艺术出版社1998年版，第63—64页。

② ［朝鲜］成伣等编：《乐学轨范》，朝鲜京城古典刊行会影印1933年版，第三册第一页。

图 318 山西襄汾金墓杂剧砖雕中的引人杖

三为山西师范大学戏曲文物研究所博物馆藏山西襄汾金墓杂剧砖雕（图 318）。其中一块刻绘一人，戴幞头，穿圆领窄袖长袍，束带，左手执带有冒头的杆杖，与河南省温县前东南王村宋墓杂剧砖雕所刻绘的引人杖完全相同。这是最近发现的引人杖文物图像，堪称珍贵。

引人杖在以往戏曲史专著和文章中介绍不多，以上资料可弥补宋金杂剧研究的空白。

（三）棍杖

戏曲形成时期的另一种杆杖为副末专用的砌末。在宋金杂剧中，有副净和副末两个角色，副净比较痴呆，副末则较机灵。演出时副净常常出错，副末则以棍杖击打之。宋洪迈《夷坚志》记载："崇宁初……伶者对御为戏，推一参军（此指副净）作宰相……副者（此指副末）举所梃杖击其背。"[①]南宋周密《齐东野语》也载："内宴日，参军四筵张乐，胥辈请佥文书，参军怒曰：'我方听觱栗，可少缓。'请至三四，其答如前。胥击其首曰：'甚事不被觱栗坏了。'"[②]

这类棍杖，在戏曲形成时期的演剧文物中多有发现。如浙江省黄岩市灵石寺佛塔宋杂剧砖雕（图 63）。这组砖雕共六块，第一砖雕二人，正在演出：一人戴展脚幞头，穿交领长袍，腰束带，双手叠于腹部；另一人戴翘脚幞头，穿右衽长衫，腰束带，双手执一细长棍杖。

故宫博物院藏宋杂剧绢画《眼药酸》绘有二人，右一人裹幞头，穿圆领灰短袍，袍角系腰部，中有黑衫露出，着黄裤，蹬布鞋，背后插一开缝破扇，左肩扛一一头宽一头窄之木杖（图 319）。

山西稷山马村段氏墓群宋金杂剧砖雕。其中 2 号墓雕杂剧俑四人，正在做场。

① （宋）洪迈：《夷坚志》卷七"优伶箴戏"条，见《笔记小说大观》第 2 册，扬州：广陵古籍刻印社 1983 年版，第 132 页上。

② （宋）周密：《齐东野语》卷十三"优语"条，见《宋元笔记小说大观》第 5 册，上海：上海古籍出版社 2001 年版，第 5596 页。

图 319　故宫博物院藏宋杂剧绢画《眼药酸》中的棍杖

图 320　山西稷山马村段氏 2 号墓杂剧砖雕之木杖

图 321　山西稷山马村段氏 8 号金墓杂剧砖雕之木板

第三人戴无脚幞头，穿圆领窄袖长袍，右手执长木杖置肩（图 320）。8 号墓左二人软巾诨裹，穿圆领长衫，双手插于袖管，怀抱一大木板（图 321）。

这些棍杖有长有短，有的细长，有的作管状，有的作板状，它们一般是由副末执握用以击打副净的砌末（有时末泥也执以细杖），在宋金杂剧演出中具有重要作用。

（四）磕瓜

这是宋金杂剧中一种重要砌末。它也是副末用以击打副净的，作用如同棍杖。元杜善夫散曲套数【般涉调】《庄家不识勾栏》之【四煞】【一煞】云：

中间里一个央人货，裹着枚皂头巾，顶门上插一管笔，满脸石灰，更着些黑道儿抹。……他改做小二哥……教太公往前那（挪）不敢往后那（挪），

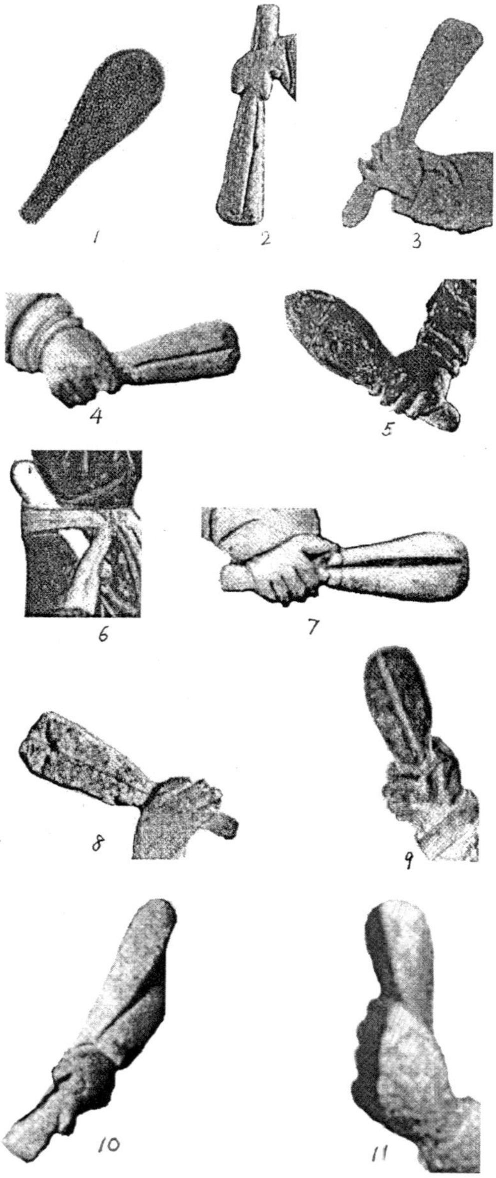

图 322 磕瓜式样

1. 温县博物馆藏 2. 温县西关宋墓 3. 洛宁宋金墓Ⅱ 4. 新绛北王马金墓 5. 焦作西冯封村金墓 6. 温县博物馆藏单人雕 7. 义马宋金墓 8. 垣曲后窑金墓 9. 蒲县河西村宋代财盆 10. 新绛北王马金墓 11. 稷山东段金墓

抬左脚不敢抬右脚，翻来复去由他一个。太公心下实焦躁，把一个皮棒槌，则一下打做两半个。[①]

这“皮棒槌”就是磕瓜。它的具体形状，元散曲中也有描写。请看元李伯瑜小令【越调·小桃红】《磕瓜》：

木胎毡观要柔和，用最软的皮儿裹。手内无他煞难过，得来呵，普天下好净也应难躲。兀的般砌末，守着个粉脸儿色末，诨广笑声多。[②]

它先说磕瓜的制作，是用木槌做内胎，外面包裹软皮，故又称“皮棒槌”。之所以外裹软皮，是因为以此击打副净，不至于造成伤害。然后说它是色末（即副末，因脸上涂抹粉墨，故称“粉脸儿色末”）的砌末，用以击打好净（即副净，因其形象滑稽、动作诙谐、言辞不经，故反言之为“好净”）。

在宋元时期的戏曲砖雕、壁画中，我们多次看到磕瓜的文物展示（图 322）：河南省温县博物馆藏宋杂剧脚色砖雕。左起第二人，头戴软脚幞头，身穿曲领窄袖长袍，足蹬靴，两脚宽短，作八字步，双手执一皮棒槌（图 73）。河南省温县西关宋墓杂剧砖雕。共五块，第四块雕一人，裹高髻软巾，簪花，穿圆领窄袖衫，下着裤，右手执一棒槌，

① 隋树森编：《全元散曲》上册，北京：中华书局 1964 年版，第 31 页。

② 隋树森编：《全元散曲》下册，北京：中华书局 1964 年版，第 1222 页。

左手二指伸入口中作打呼哨状（图74）。山西省垣曲县后窑（一说坡底村）金墓杂剧砖雕。共四块，第四块雕二人，一人软巾诨裹，长袍束带，足蹬靴，右手执羽扇，正听身后一人说白；后一人亦软巾诨裹，长袍束带，右手执磕瓜，双手搭于前一人肩上耳语（图78）。山西省侯马市董明墓金代杂剧俑。计五件，其中第五俑头梳偏髻，软巾诨裹，穿黄色虎皮纹黑边衣服，黑裤红靴，左手执磕瓜，右手二指置于口中打口哨，面部用白粉将鼻眼涂成三角形，两颊各有不规则的墨迹，一道黑墨自额贯左眼而下，形象非常滑稽（图80）。山西省稷山县马村段氏墓群宋金杂剧砖雕。其中3号墓墓室南壁门楼上排列模制杂剧俑五人，自左至右第二人胡须涂成三角形，戴无脚幞头，穿长袍，双手执一短木棒，疑为磕瓜（图84）。北京故宫博物院馆藏南宋杂剧绢画（图323）。其中第二幅绘二人，右一人戴簪花罗帽，穿白色对襟旋袄，内束抹胸，腰间系一小围裙，前插磕瓜。

图323　宋杂剧绢画之副末腰间所插磕瓜

山西省侯马市晋光金墓杂剧砖雕（图92）。第二人软巾诨裹，穿窄袖长衫，右手食指、拇指置口中作吹口哨状，左手执磕瓜。元代的戏剧壁画中，也有磕瓜的图像：山西省洪洞县霍山水神庙明应王殿元代戏剧壁画（图324）。画面上绘一舞台，上有11个艺人。前台十人，为演出和乐奏人员，后台一人，为杂役，正揭帘外张。前台艺人分两排站立，前排左起第四人，头戴吏帽，身穿淡青滚边蓝底红花大袍，束彩色腰带，腰间斜插一黄色棒状物，疑为磕瓜。这些文物中的磕瓜，形状不完

图 324 山西洪洞县水神庙明应王殿元代戏剧壁画之嗑瓜

全一样，有大有小，有长有短，有的上细下粗，状如棒槌，有的浑圆一体，状似长瓜，有的甚至变化为木棒形状。不管形制如何，其为副末所执，用以击打副净，则是一致的。一般来说，宋金杂剧中的脚色戏雕戏俑，副末所执多为磕瓜，有时则执棍杖，大概这二者有着一致的功用。

（五）笏板

笏是古代朝会时大臣等所执的手板，又称“笏板”。有要事则书于笏上，以备遗忘。古代天子、诸侯、大夫、士都用笏板，天子的笏用玉制成，诸侯用象牙，大夫用竹。后世只有品官才执笏。戏曲孕育时期的泛戏剧形态，有一类以说白为主的，即由艺人装扮成官员，予以戏弄。唐代，这类演出称为“弄假官”，其中有一些剧目就使用了砌末“笏”，如唐代崔铉家童表演官员怕老婆，装扮官员的艺人便“执简束带”；唐代女优“弄假官”，其装扮为“绿衣秉简”，[1]这“简”，就是笏板。执笏就成为官员的象征。到宋金时期，杂剧院本中有一类脚色叫“装孤”，即专门装扮官员，这是唐代“弄假官”戏的延续。装孤者几乎都持笏（图 325）。演艺文物中笏出现的频率颇高，以下略举数例：

河南省禹州市白沙宋墓杂剧砖雕（图 69）。左起第二人，戴展脚幞头，穿圆

① （唐）元稹：《赠刘采春》诗，参见《全唐诗》册十二，北京：中华书局 1960 年版，第 4651 页。

领长袍，手执笏。

河南省偃师市酒流沟水库宋墓杂剧砖雕（图70）。共三块，第二砖雕二人，左一人戴软脚幞头，长袍束带，袍之前襟掖起，露出双膝，右手持官印，左手指对面一人，正在说话；右一人戴展脚幞头，着圆领宽袖长袍，腰束革带，左手执笏，右手搭于笏上。

河南省温县前东南王村宋墓杂剧砖雕（图71）。共雕五人，左起第二人戴展脚幞头，穿圆领宽袖长袍，腰束带，双手执笏。

河南省温县博物馆藏宋杂剧脚色砖雕（图73）。共三块，其中第二块左起第五人戴展脚幞头，大袖长袍束带，侧身，双手持笏。

山西省侯马市董明墓金代杂剧俑（图80）。左起第三人，戴黑色展脚幞头，穿圆领宽袖红袍，双手执笏拱于胸前。

图325 笏板式样

1. 广元401医院宋墓之一 2. 广元027医院宋墓之二 3. 稷山化峪三号墓 4. 稷山苗圃金墓 5. 稷山马村二号墓 6. 平定西关金墓 7. 洪洞明应王殿壁画 8. 温县前东南王村宋墓 9. 新绛北王马金墓 10. 义马宋金墓 11. 垣曲后窑金墓 12. 偃师酒流沟宋墓

山西稷山县马村段氏墓群宋金杂剧砖雕（图83）。其中2号墓左起第四人，戴展脚幞头，穿圆领窄袖长袍，左手执笏托膝，右手前指，作表演状。3号墓左起第五人，戴无脚幞头，穿长袍，双手执笏于胸前（图84）。4号墓墓室南壁门楼上嵌杂剧雕砖雕九块，以台阶为界，分两排。前排雕杂剧脚色四人，左起第四人戴展脚幞头，展脚已毁坏，两侧留有孔，穿圆领窄袖长袍，双手合于胸前，中有扁孔，原当执笏（图85）。5号墓墓室南壁门楼上置杂剧雕砖两排，前一排位置偏下，雕四人，左起第一人戴展脚幞头，穿圆领宽袖长袍，腰束带，双手执笏（图86）。

图 326 笏板式样

山西省稷山县化峪 2 号金墓杂剧砖雕。左起第五人，戴展脚幞头，穿圆领宽袖长袍，双手执笏于胸前，笏已残毁（图 89）。3 号金墓杂剧砖雕，左起第五人，戴展脚幞头，穿圆领宽袖长袍，双手执笏于胸前（图 90）。

山西省稷山县苗圃金墓杂剧砖雕。共四块，每块雕一人，第四人戴无脚幞头，穿圆领宽袖长袍，双手执笏（图 91）。

（六）团扇

宋金杂剧中，团扇一般由引戏这一脚色执持。引戏由女性装扮即为“装旦”，由泛戏剧形态中的“弄假妇人”发展而来。因为古代女子多持团扇。为了表示她们特定的身份，故以手执团扇表示之。宋杂剧中，有《扑蝴蝶爨》之类的剧目，[①] 大概是持扇扑蝴蝶的小歌舞。宋元时期的戏曲文物中，引戏持扇的形象也很多（图 326），下面也举数例说明：

河南省温县前东南王村

① （宋）周密：《武林旧事》，北京：中华书局 2007 年版，第 248 页。

宋墓杂剧砖雕（图 71）。共雕五人，左起第三人戴无脚幞头，上簪宫花，长袍束带，右手持衣带，左手执羽扇置右肩上。

宋杂剧艺人丁都赛画像砖（图 72）。此砖雕一人，头裹软巾，上簪花枝，身穿圆领窄袖加肩补子开衩衫，腰系帛带，足蹬筒靴，腰后插团扇，上身微前倾，双手拱于胸前，作打揖状，面部丰腴。砖之右上角阴刻正楷“丁都赛”三字。丁都赛是北宋政和、宣和年间（1111—1125）汴京勾栏著名杂剧女艺人，宋孟元老《东京梦华录》卷七著录。

河南省温县博物馆藏宋杂剧脚色砖雕（图 73）。左起第三人，头戴软脚幞头，身穿圆领窄袖短袍，左手执一纨扇置右肩上，右手执一竹篾子置腹部。

河南省温县西关宋墓杂剧砖雕（图 74）。共五块，每块雕一人。第一人裹软巾，穿圆领长袍，身左倾，头右扭，右手持扇置右肩上，作舞蹈状。

北京故宫博物院藏南宋杂剧绢画（图 50、51），共两幅。第一幅（学术界一般认为它描绘的是宋杂剧《眼药酸》）上绘二人，右一人戴软巾诨裹，着青色圆领衫，衣袖卷至肘，露出双臂，有点青图案。衫前襟掖于腰间衣带中，下穿白裤，练鞋。身后插一团扇，上书一“诨”字，左手执一木杖置肩，右手食指指向自己左眼。第二幅亦绘二人，右一人戴簪花罗帽，穿白色对襟旋袄，内束抹胸，腰间系一小围裙，前插磕瓜，后插团扇，扇上书“末色”二字，腰微弓，正与左一人对揖说白。

南宋朱玉《灯戏图》（图 36）。表演者 13 人，一字排开，其中第三、第四、第七、第十三人手中均持团扇。

山西省侯马市董明墓金代杂剧俑（图 80）。该墓墓室北壁上方嵌有一座仿木戏台，台上置彩绘戏俑五个，左起第四人梳高髻，插红簪，穿窄袖团花红袄，系黄带，右手执纨扇置左肩上，左手握腰带，右脚尖点地，挥扇作舞蹈状。

山西省稷山县马村段氏墓群宋金杂剧砖雕（图 84）。其中 3 号墓墓室南壁门楼上排列模制杂剧俑五个，左起第三人戴无脚幞头，穿圆领长袍，双手交叉置胸前，右手执扇。4 号墓墓室南壁门楼上嵌有杂剧砖雕（图 85），共雕九人，以台阶为界，分两排。前排雕杂剧脚色四人，上半身为圆雕，下半身连于后壁砖墙上。左起第三人软巾诨裹，穿圆领窄袖长袍，腰带打结于前，左手执扇。

山西省稷山县化峪金墓杂剧砖雕（二处）（图 90）。二墓均为仿木构砖墓，与马村金墓形制略同。3 号墓墓室南壁嵌杂剧砖雕五块，每砖雕一人。自左至右：第一人扎同心髻，穿左衽衫，外套不制衿，双手执扇。

以上诸戏曲文物雕绘的扇子，除河南省温县前东南王村宋墓杂剧砖雕左起第三人所持为羽扇外，其余全都是团扇。这些团扇，大都精巧美观，适合舞台演出。只有两幅宋杂剧绢画中副末腰后所插的团扇略显破旧，大概是因为它不是装旦所用，而是副末用以打诨的缘故，扇上所书“诨”字，足可证明。

除了上述竹竿子、引人杖、棍杖、磕瓜、笏板、团扇等宋元时期戏曲脚色专用、具有特殊标志的仪物砌末以外，当时的戏曲和各种技艺演出，艺人根据演出环境和情节需要，还使用各种道具。比如北京故宫博物院藏南宋杂剧绢画《眼药酸》（图 50、51），左方一人右腋下挂饰有云形花边布囊，上画一特大眼睛，表示这是一个卖眼药的郎中。这就是特定剧情需要而使用的砌末。第二幅绢画所绘，左一人软巾诨裹，内穿红色对襟旋袄，外罩黄色宽衫，腰系布巾，腿有袜裤，腰微弯，双手作揖，身后地上放扁担、绳索、斗笠。这些砌末也是剧情所需而设。

又如宋苏汉臣《五瑞图》（图 48）。图中所绘砌末有葫芦、招子、笏板、竹、石、牡丹、栏杆等。

南宋无名氏《大傩图》（图 49）。图中所绘农夫头戴有畚箕、柳条斗、量斗、量升、竹笠形的帽子，头饰还有蝴蝶、翎毛、梅枝、松枝、柳枝。另有扫帚、棒槌等。

南宋朱玉《灯戏图》（图 36）。图中绘一屏风，檐额上书“按京师格范舞院体诙谐”，乐奏处有灯檠二架，上各燃一烛。参加表演的艺人手持砌末甚多，计有影牌、木杖、罗伞、长筒、交椅等。

河南省偃师市酒流沟水库宋墓杂剧砖雕（图 70）。墓室北壁嵌有砖雕六块，其中三块为宋杂剧脚色。第一砖雕一人，戴花脚幞头，穿圆领窄袖长袍。腰束革带，身微前倾，正在展示一幅立轴画。第二砖雕二人，左一人戴软脚幞头，长袍束带，袍之前襟掖起，露出双膝，右手持鸟笼。

山西稷山县马村段氏 2 号金墓杂剧砖雕（图 83）。左起第一人软巾诨裹，穿圆领窄袖长袍，腰束带，左手举一长竿，竿头垂线悬一椭圆形物，上有菱形花纹，疑为灯笼。

河南省温县前东南王村宋墓杂剧砖雕（图 71）。左起第四人头戴蓝色软巾诨裹，上插竹枝，穿赭黄色短褐，衣襟掖于腰间带中，皂鞋白袜，左手执朴刀，右手拇指、食指置口中打口哨，面部一道黑墨自额贯右眼而下，眼圈及眉皆墨染，右脸颊有一团墨迹。

山西省洪洞县霍山水神庙明应王殿元代戏剧壁画（图 178）。画面绘一戏台，设绣花帐额，把戏台区分为前台和后台。前台用方砖铺砌，分站十人，前排五人为演员，左起第五人戴吏帽，穿黄色圆领窄袖宫衣，两肩及胸腹绣有图案，左手执长柄刀置右肩上，右手掩于袖内。

山西省右玉县宝宁寺藏元代水陆画（图 185）“右第五十八：一切巫师神女散乐伶官横亡魂诸鬼众”，下层所绘赶路艺人，所带行头有拍板、手鼓、令箭、画轴、扇袋、短刀、长钺、大扇等，分属乐器和砌末。

戏曲演出中的布景装置，在当时人们的认识中，也属砌末一类。这在戏曲文物中也有展现。如上面列举过的南宋《灯戏图》（图 36），画面上绘画的舞队表演，是在平地空场上进行的。舞队旁的屏风，就是演出场所的装置，它的作用是区分场前演出区和场后准备区，相当于舞台的前后台。屏风门额上书“按京师格范舞院体诙谐”，是一种帐额，也属砌末。

山西省洪洞县霍山水神庙明应王殿元代戏剧壁画（图 178），也有场上装置，如帐额、靠背、神帧、旗牌等物，它们用以装饰舞台。画面上的舞台，其上方挂有布额横标，上书“尧都见爱大行散乐忠都秀在此作场泰定元年四月”，这就是“帐额”。帐额下方，挂有花幔，是为“靠背”。花幔前挂有两幅布画，绘画道士作法、飞龙行雨，这就是“神帧”。这些舞台装饰物，也都属砌末。

戏剧是艺人根据现实生活创作的，现实生活中的人们常用的小物件，有一些会在戏剧表演中使用，并有助戏剧演出，这就成为砌末。宋金杂剧中的笏板、官印、棍杖、灯笼、朴刀、长钺、令箭、画轴、扁担、斗笠、布袋、罗伞、交椅等，就是直接从现实生活中搬用的，或者是根据现实生活中的物件制成。当然，由于符合戏剧演出的需要，这些砌末会艺术化，并不与现实生活中的物件完全相同。宋金时期的戏剧是从其前期的泛戏剧形态发展而来，前代的歌舞、说白、假面演出中使用的舞具、兵器，也可衍变成宋金杂剧中的道具，如扇、巾、刀、剑等。引人杖、磕瓜也是源于唐代的歌舞戏、说白戏。唐代的歌舞演出，勾队所用器物，当为引人杖的前身。而副末用以敲击副净的磕瓜，亦从唐代参军戏苍鹘打参军发展而来。宋金杂剧中还有一类砌末，是从祭祀活动中的仪物演化而来。如竹竿子，本是民间祭祀扫坛之器物，后来衍化为用以导引神灵下降，最后演变成宋金宴乐中引导杂剧演出的道具。由此可以看出，戏剧形成时期的砌末，其渊源是多方面的，它和戏剧产生、形成的多元性是一致的。

宋金时期的砌末，在戏剧演出中的作用是多方面的。首先是引导戏剧的演出。参军色手持竹竿子，勾出艺人，使之参与杂剧演出。引人杖亦属此类。其次是用以表示脚色类型。如笏板，所执者表示其为“装孤”，而执持团扇者为“装旦”，拿磕瓜、棍杖者为“副末”，持官印者则为官府杂役，虽不是脚色，也与之有关。

再次是推动剧情发展，或调剂演出气氛。如磕瓜、棍杖，副末用以击扑副净，起调谑、逗乐效果，引起观众观剧兴趣。更多的是，各种各样的砌末，如画轴、刀剑、扁担、斗笠、布袋、罗伞、灯笼等，展示了戏剧所反映生活的广泛性、丰富性。这都说明，宋金时期杂剧广泛使用道具，戏剧已进入形成阶段。

元代以后，戏曲演出更为繁荣，舞台上砌末更多，戏班中专设戏箱，用以分类存放，在这里便不赘述了。

第十一章 戏曲文物中展示的乐器

我国传统的戏剧——戏曲，是一种综合性艺术，它包含有诗歌、音乐、舞蹈、表演、说唱、杂技、美术等因素。这些艺术因素可以追溯到远古时代。戏曲就是这些艺术因素不断丰富发展并逐渐融合才形成的，就其发展过程来看，大体经历了孕育、萌芽、形成等几个大的阶段。在戏曲形成之前，曾有过泛戏剧形态的演出。这些泛戏剧形态，大致可分为以歌舞为主、以说白为主和以假面表演为主几类。即便到了宋金时期戏曲形成，当时的宋杂剧、金院本，也并非所有演出都是真正的戏曲，称得上接近今天戏曲的演出只是其中一小部分，而大多数杂剧、院本仍是前一时期泛戏剧形态的延续，或偏重于歌舞，或偏重于说白，或偏重于假面装扮表演。不过，这些表演都或多或少与音乐伴奏有关，也就是说，它们都使用了乐器。

比如汉代的叙事性歌舞，已有装扮成分，可以说是以歌舞为主的泛戏剧形态，它们的演出，已有乐器伴奏。汉乐府《相和歌辞》中部分歌舞即属此类。《宋书·乐志》记载：“相和，汉旧歌也。丝竹更相和，执节者歌。”[①] 其表演为一人弹弦，一人吹竹，一人执节而曲。这“弦”乃弦乐，“竹”为管乐，“节”为打击乐。又如张衡《西京赋》所记汉武帝时平乐观上宫廷大型乐舞“总会仙倡”的表演：

> 华岳峨峨，冈峦参差；神木灵草，朱实离离。总会仙倡，戏豹舞罴，白虎鼓瑟，苍龙吹篪；女娥坐而长歌，声清畅而逶迤；洪涯立而指麾，被毛羽之襳襹；度曲未终，云起雪飞，初若飘飘，后若霏霏。[②]

这里，艺人除饰扮女娥“长歌”和洪涯“指麾”表演外，还装扮成白虎、苍龙“鼓瑟”“吹篪”，其表演同样有弦乐和管乐伴奏。

说白类的泛戏剧形态也有乐器伴奏。汉代的说书，使用鼓作为伴奏乐器。唐

---

①《宋书·乐志三》，北京：中华书局点校本1974年版，第603页。

②《文选》册上，北京：中华书局1977年版，第48页上。

代的参军戏是典型的以说白为主的表演形态，但在后来，它加入了歌唱，这样，其表演就增加了乐器。如唐薛能《吴姬》诗云：“楼台重迭满天云，殷殷鸣鼍世上闻。此日杨花初似雪，女儿弦管弄参军。”[1] 说明参军戏演出时，女艺人以弦乐和管乐伴奏。

在现今已发现的演艺文物中，我们可以看到戏曲发展的不同阶段使用乐器的情况。戏曲孕育时期的演艺文物中的乐器，下面举数例说明：

河南省邓州市学庄南朝墓横吹画像砖（图 10、11），画像砖共两块，其一刻绘乐伎四人，前二人横吹胡角，后二人腰后侧挂扁鼓，右手执桴敲击，左手执鼗振摇。另一块刻绘乐伎五人，前一人吹横笛，第二人吹排箫，第三、四人吹胡角，胡角横弯转向身体右下侧，角头饰以飘带，第五人吹筚篥。这两组徒步横吹图所绘乐器不尽相同，前一组吹奏乐与打击乐共存，后一组纯为吹奏乐，为南朝后期所盛行。

山东省沂南北寨汉乐舞百戏画像石（图 18）。第一组为马戏与鼓乐表演，一架三马大鼓车，车上竖一建鼓，鼓幢上有羽葆，一伎倒立其上，车内坐吹排箫、笛及击鼓者四人。鼓车后立有三执长槌之击拊人。第三组为乐舞表演。有三排乐伎共 17 人，乐器有磬、钮中、建鼓、短节、拊、铙、排箫、埙、筝及葫芦笙。

四川省成都市天回山东汉墓说唱陶俑（图 20）。说唱者为一老年男子，坐于墩上，头扎方巾，上身赤裸，臂部戴环，下着长裤，左臂环抱一鼓，挟于腋下，右手平举鼓槌，横于额际，作击鼓状。

甘肃省敦煌市莫高窟唐张义潮夫妇出行图，计二幅。第一幅为《张义潮出行图》，画面上绘鼓乐仪仗，八骑二排，每排二骑吹画角，二骑击鼓，面朝队后主帅方向奏乐；所持乐器为大鼓、琵琶、箜篌、箫、笛、腰鼓、钹等。第二幅为《宋国夫人出行图》，北壁为散乐及戴竿人物：乐伎四人，分别持横笛、拍板、大鼓、腰鼓；东壁绘乐舞伎，乐伎七人，所持乐器为竖笛、琵琶、腰鼓等。

相较而言，以歌舞为主的泛戏剧形态，伴奏乐器较多，计有吹奏乐（胡角、筚篥、排箫、笛、埙、笙等）、打击乐（建鼓、磬、钮中、短节、拊、铙等）、弹拨乐（筝）。而以说白为主的泛戏剧形态，伴奏乐器较少，大概只有大鼓一种。而唐代的行进中乐器演奏，则属军乐中的鼓吹乐，它以鼓和吹为主要特征。鼓包括大鼓、腰鼓，

①《全唐诗》册十七，北京：中华书局 1960 年版，第 6520 页。

图 327 《信西古乐图》中的乐器

图 328 《信西古乐图》中之“林邑乐”中描绘的乐器

吹包括箫、笛，笛又包括横笛、竖笛。由于它属于“骑吹”，配合行进的步伐，所以它的节奏性强；由于它在道路行进中演奏，所以乐声要求高亢、嘹亮。

现存于日本的《信西古乐图》收有唐代伎乐所用的乐器，计有箜篌、琵琶、五弦、筝、奚娄、揭鼓、腰鼓、方启、答笙、尺八、横笛、箫、筚篥、揩鼓等（图 327）。同书“林邑乐”中还描绘了自汉至唐歌舞表演中常用的建鼓、揩鼓、腰鼓、铙钹等形象（图 328）。

宋金时期，戏曲开始形成。宋金杂剧演出采用“散乐”。当时散乐的乐器配置主要继承汉唐时期的鼓吹乐和唐代的立部伎，以打击乐、鼓吹乐为主，或加琵琶。

宋吴自牧《梦粱录》卷二十“妓乐”条载：

> 散乐传学教坊十三部，唯以杂剧为正色。旧教坊有筚篥部、大鼓部、拍板部。色有歌板色、琵琶色、筝色、方响色、笙色、龙笛色、头管色、舞旋色、杂剧色、参军等色。色有色长，部有部头。[1]

① （宋）孟元老：《东京梦华录》（外四种），北京：文化艺术出版社 1998 年版，第 301 页。

南宋耐得翁《都城纪胜》“瓦舍众伎”条所载略同。它们都说明宋代教坊所用乐器为：

打击乐——大鼓、杖鼓、方响、拍板。

吹管乐——筚篥、笛、笙。

弦乐——琵琶、筝。

这些乐器除了筝以外，其余都是唐代立部伎常用的乐器，可知宋代教坊散乐的特点是站立演奏，乐声高亢、热闹。

宋孟元老《东京梦华录》卷九“宰执亲王宗室百官入内上寿”条，也记载宫廷庆寿时教坊演出所用乐器：

> 教坊乐部，列于山楼下彩棚中，皆裹长脚幞头，随逐部服紫、绯、绿三色宽衫，黄义襕，镀金凹面腰带，前列拍板，十串一行，次一色画面琵琶五十面，次列箜篌两座，箜篌高三尺许，形如半边木梳，黑漆镂花金装画。下有台座，张二十五弦，一人跪而交手擘之。以次高架大鼓二面，彩画花地金龙，击鼓人背结宽袖，别套黄窄袖，垂结带金裹鼓棒，两手高举互击，宛若流星。后有羯鼓两座，如寻常番鼓子，置之小桌子上，两手皆执杖击之，杖鼓应焉。次列铁石方响明金，彩画架子，双垂流苏。次列箫、笙、埙、篪、觱篥、龙笛之类。两旁对列杖鼓二百面，皆长脚幞头，紫绣抹额，背系紫宽衫，黄窄袖，结带黄义襕。①

乐器的分类也很明显：

打击乐——大鼓、杖鼓、羯鼓、方响、拍板。

吹管乐——筚篥、龙笛、笙、箫、埙、篪。

弦乐——琵琶、箜篌。

当然，具体到某一杂剧演出，并不完全使用所有乐器。

戏曲形成时期的戏剧文物也展现有乐器，现举数例说明：

河南省安阳市天禧镇宋墓伎乐壁画（图27）。壁画计三幅，其中两幅为伎乐图。

① （宋）孟元老：《东京梦华录》（外四种），北京：文化艺术出版社1998年版，第301页。

一幅绘一人，戴展脚幞头，穿长袍，吹笛，并作舞蹈状；另一幅绘四人，前一人似裹巾，穿长袍，双手相交于胸前，后三人戴东坡巾，穿圆领开衩衫，一人击鼓，一人击拍板，一人吹筚篥。

河南省禹州市白沙宋墓乐舞壁画（图 28）。壁画绘 11 人，中间一人右臂上举，左臂前伸，绞袖作舞，其余十人于其后列为半圆形，执乐器伴奏。所用乐器有笙一、筚篥三、排箫一、琵琶一、拍板一、笛一、杖鼓一、大鼓一。

河北省宣化辽墓乐舞壁画（图 30）。其中奏乐者 11 人，分列两排，前排五人，吹筚篥者二、吹笙者一，击杖鼓者一，击大鼓者一。后排六人，击拍板者一，弹琵琶者一，吹笛者一，击杖鼓者一，吹十二管排箫者一。击大鼓、杖鼓者均戴臂鞲。舞者一人，双臂绞袖，作舞蹈状。

四川省广元市罗家桥宋墓大曲石刻。大曲石刻Ⅰ（图 31），雕八人，全为女伎。其中一人舞旋，其余七人奏乐，所用乐器自左至右为拍板、笛子、腰鼓、手鼓、杖鼓、笛子、拍板。大曲石刻Ⅱ（图 32），雕八人，亦全为女伎。其中一人扭腰扬手作舞。另外七人正手执乐器表演。所持乐器为三弦琴二、拍板二、笛二（一左吹，一右吹）、托鼓一。大曲石刻Ⅲ（图 33），雕八人，皆男伎。五人站立演奏，所执乐器为笛子、拍板、筚篥、手鼓、腰鼓。

山西省高平市西李门二仙庙金代乐舞杂剧线刻（图 37、38）。该庙正殿前有一露台，露台南面台阶东侧，嵌有一幅金人巾舞图，所刻六人，身材粗壮彪悍，皆女真人形象。右起第一人正面站立，双手持笛吹奏。第五人戴耳环，左腋下夹一腰鼓，右手击拍伴奏。露台东侧左方嵌有一幅杂剧演出图。图中共刻十人，皆汉装，除右起第一人及第十人外，其余八人并排而立，成两纵队，且均左脚在前，右脚在后，步伐一致，边行进边表演。其中第四、五人为乐奏艺人，腰系杖鼓，正击拍伴奏。第六至第十人为女性，云髻花冠，长裙束带，一吹笛，一吹箫，一吹筚篥，一击拍板，一击手鼓。这幅线刻图展示的是金代早期偏重于歌舞的杂剧演出。

河南省修武县史平陵墓金代石棺乐舞线刻（图 46）。此图共刻 12 人，中间二人表演舞蹈，其余两边为伴奏乐人，左四右六。左边艺人所执乐器分别为杖鼓二、筚篥二；右边艺人所执乐器分别为锣二、拍板一、筚篥二、教坊大鼓一。图之中部竖刻六个大字：“小石调嘉庆乐”。说明所表演者为宋金杂剧中偏重于歌舞一类。

北京故宫博物院藏南宋杂剧绢画（图 50、51），共两幅。第一幅，周贻白《南宋杂剧的舞台人物形象》认为是宋杂剧剧目《眼药酸》，画面上卖眼药的郎中正与人对白，有眼疾者用右手指左眼，身后有一用木杆支撑的单皮鼓。第二幅皆女性装扮，右方一人身后有一用三支木杆支撑的单皮鼓，上放鼓箭一支，拍板一串。

南宋朱玉《灯戏图》（图 36）。图中所绘为南宋临安城中元宵夜舞队表演场景，共 25 人，其中表演者 13 人，乐奏者六人，祗应执事四人，另有儿童二人。图中绘一屏风，檐额上书“按京师格范舞院体诙谐”。乐奏处有灯檠二架，上各燃一烛。伴奏乐器有锣一、大鼓一、笛三、拍板一。

山西省闻喜县侯村乡寺底村金墓发现有一批乐伎砖雕，所持乐器有排箫、笙、拍板、腰鼓、横笛、方响、筚篥、琵琶、筝、手鼓等。（图 329—339）

山西省新绛县北苏村金墓中发现了一批乐伎砖雕，所持乐器有拍板、笙、琵琶、杖鼓、大鼓、筚篥、方响、横笛、排箫等。（图 340—348）

图 329 山西闻喜寺底村金墓西壁乐伎之排箫

图 330 山西闻喜寺底村金墓西壁乐伎之笙

图 331 山西闻喜寺底村金墓西壁乐伎之拍板

图 332 山西闻喜寺底村金墓西壁乐伎之杖鼓

图 333 山西闻喜寺底村金墓西壁乐伎之横笛

图 334 山西闻喜寺底村金墓西壁乐伎之方响

图 335　山西闻喜寺底村金墓西壁乐伎之笙

图 336　山西闻喜寺底村金墓西壁乐伎之筚篥

图 337　山西闻喜寺底村金墓西壁乐伎之琵琶

戏曲形成时期的宋金杂剧，无论是偏重于歌舞类，还是偏重于说白类，其伴奏乐器分类为：

打击乐——大鼓、杖鼓、腰鼓、手鼓、拍板、锣。

吹管乐——筚篥、笛、笙、箫。

弦乐——琵琶、箜篌、三弦琴。

这与《东京梦华录》和《梦粱录》等文献记载宋代教坊所用乐器基本相同。戏曲文物中显示的宋金时期的乐器，相比较而言，北宋时种类较多，金、革、丝、竹、木制成的乐器一应俱全，而金代则去金、丝不用，只剩下革、竹、木三类了。

图 338　山西闻喜寺底村金墓西壁乐伎之筝

图 339　山西闻喜寺底村金墓西壁乐伎之手鼓

戏曲形成后，其音乐有了一些变化。在南方，南戏演唱用南曲。明代徐渭《南词叙录》载："南戏始于宋光宗朝……其曲，则宋人词而益以里巷歌谣，不叶宫调。"[①]在北方，杂剧演唱则用北曲。北曲源于最初是北宋都城汴京以及中原一带各种小唱、说唱曲调，

① （明）徐渭：《南词叙录》，见《中国古典戏曲论著集成》册三，北京：中国戏剧出版社 1959 年版，第 239 页。

图 340
山西省新绛北苏村金墓乐伎之拍板

图 341
山西省新绛北苏村金墓乐伎之笙

图 342
山西省新绛北苏村金墓乐伎之琵琶

图 343
山西省新绛北苏村金墓乐伎之杖鼓

图 344
山西省新绛北苏村金墓乐伎之大鼓

图 345
山西省新绛北苏村金墓乐伎之筚篥

图 346
山西省新绛北苏村金墓乐伎之方响

图 347
新绛北苏村金墓乐伎之横笛

图 348
山西省新绛北苏村金墓乐伎之排箫

后来吸收了女真族、蒙古族等北方民族的曲调，逐渐演变而成。它们演出时所用的乐器，与宋金杂剧基本相同，在金代乐器的基础上，又重新增加了丝弦乐器琵琶。

文艺作品中描写南戏演出，有关于乐器伴奏的信息。如《张协状元》第二出，生踏场数调，吟《望江南》词后说白：“适来听得一派乐声，不知谁家调弄。”①所谓“调弄”，当然不是吹奏，剧中说白既有此词，乐队中应有琵琶之类的弹拨乐器。又如《宦门子弟错立身》第五出，剧中官家子弟延寿马爱恋艺人王金榜，他在【六么序】曲唱道：

一意随它去，情愿为路歧。管甚么抹土搽灰，折莫擂鼓吹笛，点拗收拾。②

第十二出延寿马投奔路歧作场，又唱【么篇】：

我舞得，弹得唱得，折莫大擂鼓吹笛，折莫大装神弄鬼，折莫特调当扑旗。③

说明南戏伴奏乐器有鼓和笛，同时“弹得”一词，又透露出南戏有弹拨类乐器的信息。

文艺作品描写北杂剧的演出，也有关于乐器的。如元杜善夫散曲【般涉调·耍孩儿】《庄家不识勾栏》套数，其中有句云：“又不是迎神赛社，不住的擂鼓筛锣。”④说明元代戏曲演出，伴奏乐器有锣和鼓。

元明杂剧《汉钟离度脱蓝采和》第四折描写路歧人撂地作场：

（净动鼓乐科，正末唱）

【庆东园】那里每人烟闹。（云）是乐声响哩。（唱）是一伙村路歧，料应在那公科地。持着些枪刀剑戟，锣板和鼓笛，更有那帐额牌旗。行院每是谁家，多管是无名器。

……

---

① 钱南扬：《永乐大典戏文三种校注》，北京：中华书局 1973 年版，第 13 页。

② 钱南扬：《永乐大典戏文三种校注》，北京：中华书局 1973 年版，第 232 页。

③ 钱南扬：《永乐大典戏文三种校注》，北京，中华书局 1973 年版，第 245 页。

④ 隋树森编：《全元散曲》册上，北京：中华书局 1964 年版，第 31 页。

【川拨棹】你待着我做杂剧，扮兴亡贪是非。待着我擂鼓吹笛，打拍收拾。莫消停殷勤在意，快疾忙莫迟疑。[1]

这明白无误地说明，杂剧演出所用的乐器是锣鼓、笛子和拍板。这都是属于"鼓吹"乐器。这里，没有提到弦乐，连宋金杂剧中常见的琵琶也没有。后人据此认为，北杂剧伴奏乐器只有锣鼓、笛子和拍板等三四种。这一时期的戏曲文物基本反映了北杂剧伴奏乐器的状况，但也有一些变化。元代的戏曲文物，除了遗存的十三座神庙戏台（含遗址）外，还有一些戏雕、戏俑和戏曲壁画。现存的元代戏台，难以窥见北杂剧演出所用的伴奏乐器，而戏剧壁画所绘，则给我们以有关乐器的可靠信息。

先看山西省洪洞县霍山水神庙明应王殿戏曲壁画（图178）。此画绘于元泰定元年（1324），在殿内南壁东侧。画面上部横额正书"大行散乐忠都秀在此作场"，上款直书"尧都见爱"，下款直书"泰定元年四月□日"。画面绘一戏台，后部设绣花帐额，把戏台区分为前台和后台两部分。前台用方砖铺砌，分站十人，前排五人为演员。后排五人，为奏乐艺人及杂役。左起第一人着元代常服，面前置一大鼓，正在敲击，第二人服饰同第一人，戴鞑帽，双手持笛，举于口中作吹奏状，第四人女扮，双手持拍板于右肩拍击。值得注意的是，后排中间第三人穿元代常服，戴鞑帽，却作涂面化装，挂髯。他的身躯虽有一部分被前排艺人遮挡，但仍可以看出腹前持有一物。此物有两根弦，弦上有机构，似乎是弦乐器。但也可能是杖鼓，其两端鼓面被遮挡，只留出中间联结的弦索。因器物图像不全，未能遽断。但因持物人位于后排，左右三人都拿乐器，所以此物当为乐器无疑。

山西省洪洞县英山舜庙北宋乐舞杂剧碑趺线刻（图62）。右起第一人戴牛耳幞头，着圆领窄袖长袍，腰束带，足蹬丝靴，双手握横笛作吹奏状。右二人装束同右一人，双手执五节拍板作击拍状。第三人为舞者。第四人戴冲天交脚幞头，着圆领长衫，足蹬丝靴，正面站立，腰挎毛员鼓，右手执鼓槌作击鼓状。第五人衣装类第四人，正敲击教坊鼓。如果我们把英山舜庙乐舞碑趺绘刻的乐器与霍山水神庙明应王殿戏曲壁画描绘的乐器作比较的话，当会发现它们都有大鼓、拍板、笛子，而另一种乐器则略有不同，一为毛员鼓，一为杖鼓。英山舜庙与水神庙相

① 隋树森编：《元曲选外编》册三，北京：中华书局1959年版，第979—980页。

距不远，同属洪洞县，所用乐器与之相类是不奇怪的。

另一幅是山西省运城市西里庄元墓戏曲壁画（图 179）。此墓四壁皆彩绘壁画，东壁为乐队演奏图，上绘三男二女，右起第一人女扮，持拍板，作敲击状。第二人男装，胸前挂一平圆鼓，亦作敲击状。第三人男装，双手持笛，举于口中吹奏。第四人女扮，背向，露出脑后长辫，手抱琵琶弹奏。第五人男装，侧向，手执类似作指挥用的竹杖。这幅壁画最值得注意的是，乐器中出现琵琶，这是以前文献史料中没有提到的。据随葬器物及壁画人物服饰考订，此墓为元中后期之物，壁画反映的是元中后期杂剧演出状况，所用伴奏乐器增加了弦乐。

元代以后记载戏曲演出的史料较多，关于所用伴奏乐器述说较详，这部分我们便不赘述了。

参考文献

一、史志类

春秋・左丘明传，晋・杜预集解，春秋左传集解，上海：上海人民出版社 1977 年版。

汉・司马迁，史记，上海：中华书局，据乾隆四年殿版校刊本。

汉・班固，汉书，北京：中华书局点校本 1962 年版。

晋・陈寿，三国志，北京：中华书局点校本 1959 年版。

梁・沈约，宋书，北京：中华书局点校本 1974 年版。

唐・李百药，北齐书，北京：中华书局点校本 1973 年版。

唐・令狐德棻等，隋书，北京：中华书局点校本 1973 年版。

后晋・刘昫，旧唐书，北京：中华书局点校本 1962 年版。

宋・郑樵，通志，北京：中华书局 1987 年版。

宋・郑樵，通志，杭州：浙江古籍出版社 1988 年版。

宋・郑居中，政和五礼新仪，四库全书本，上海：上海古籍出版社 1987 年版。

宋・江少虞辑，宋朝事实类苑，上海：上海古籍出版社 1981 年版。

宋・徐梦莘，三朝北盟会编，四库全书本，上海：上海古籍出版社 1987 年版。

宋・宇文懋昭，大金国志，四库全书本，上海：上海古籍出版社 1987 年版。

元・脱脱等，宋史，北京：中华书局点校本 1977 年版。

元・脱脱等，辽史，北京：中华书局点校本 1994 年版。

元・脱脱等，金史，北京：中华书局点校本 1975 年版。

元・马端临，文献通考，北京：中华书局 1986 年版。

明・宋濂等，元史，北京：中华书局点校本 1976 年版。

明・陈邦瞻，宋史纪事本末，北京：中华书局 1977 年版。

清・徐松辑，宋会要辑稿，北京：中华书局 1957 年影印本。

无名氏，两朝纲目备要，四库全书本，上海：上海古籍出版社 1987 年版。

二十四史（缩印本），北京：中华书局 1997 年版。

二十五史，上海：上海古籍出版社 1986 年版。
山西通志（光绪本），北京：中华书局 1990 年版。
赵城县志，道光七年刻本。

二、笔记类

晋・葛洪，西京杂记，北京：中华书局古小说丛刊本。
晋・王嘉，拾遗记，北京：中华书局 1981 年版。
梁・宗懔，京楚岁时记，长沙：岳麓书社 1986 年版。
唐・封演，封氏见闻录，北京：学苑出版社 2001 年版。
宋・李昉等，太平御览，北京：中华书局 1960 年版。
宋・孟元老，东京梦华录（外四种），北京：文化艺术出版社 1998 年版。
宋・吴曾，能改斋漫录 4，上海：上海古籍出版社 1979 年版。
宋・岳珂，桯史，北京：中华书局 1997 年版。
宋・洪迈，夷坚志，北京：中华书局 1981 年版。
宋・洪迈，容斋随笔，四库全书本，上海：上海古籍出版社 1987 年版。
宋・赵彦卫，云麓漫抄，四库全书本，上海：上海古籍出版社 1987 年版。
宋・无名氏，靖康朝野佥言，古今说海丛书本清道光元年刻本。
宋・周密，齐东野语，北京：中华书局 1997 年版。
宋・曾敏行，独醒杂志，四库全书本，上海：上海古籍出版社 1987 年版。
宋・郑思肖，铁函心史，四库全书存目丛书本。
宋・郭彖，睽车志，北京：中华书局 1985 年版。
宋・胡仔，苕溪渔隐丛话，北京：人民文学出版社 1962 年版。
宋・耐庵辑，靖康稗史七种，上海：上海书店出版社 1994 年版。
宋・王得臣，麈史，四库全书本，上海：上海古籍出版社 1987 年版。
宋・李荐，师友谈记，四库全书本，上海：上海古籍出版社 1987 年版。
宋・陈善，扪虱新语，民国丛书集成初编本，上海：商务印书馆 1939 年版。
金・刘祁，归潜志，北京：中华书局 1983 年版。
元・陈栎，勤有堂随录，四库全书本，上海：上海古籍出版社 1987 年版。
元・陶宗仪，南村辍耕录，北京：中华书局 1959 年版。
元・陶宗仪，说郛，上海：上海古籍出版社 1988 年版。

明·胡侍，珍珠船，丛书集成初稿本，北京：商务印书馆 1985 年版。
清·顾燮光，河朔访古新录，杭州：西泠印社 1930 年版。
笔记小说大观，扬州：江苏广陵古籍出版社 1983 年版。

三、哲学、文学、神话类

十三经注疏，北京：中华书局 1980 年版。
朱子集成，长沙：岳麓书社 1996 年版。
西汉·刘安，淮南子，北京：中华书局，据武进庄氏本校刊袖珍本。
南朝·梁·萧统编著，文选，北京：中华书局 1977 年版。
唐·徐坚，初学记，四库全书本，上海：上海古籍出版社 1987 年版。
宋·苏轼，东坡全集，四库全书本，上海：上海古籍出版社 1987 年版。
宋·李昉等编纂，文苑英华，北京：中华书局 1966 年版。
宋·郭茂倩，乐府诗集，四库全书本，上海：上海古籍出版社 1987 年版。
宋·宋兴求，龟溪集，四库全书本，上海：上海古籍出版社 1987 年版。
宋·黄庭坚，山谷集，四库全书本，上海：上海古籍出版社 1987 年版。
宋·章樵，古文苑，四库全书本，上海：上海古籍出版社 1987 年版。
宋·周南，山房集，四库全书本，上海：上海古籍出版社 1987 年版。
宋·张端义，贵耳集，四库全书本，上海：上海古籍出版社 1987 年版。
宋·孙觌，鸿庆居士集，四库全书本，上海：上海古籍出版社 1987 年版。
宋·吴儆，竹州集，四库全书本，上海：上海古籍出版社 1987 年版。
宋·魏庆之，诗人玉屑，四库全书本，上海：上海古籍出版社 1987 年版。
元·谢枋得，迭山集，四库全书本，上海：上海古籍出版社 1987 年版。
明·施耐庵、罗贯中，水浒全传，上海：上海人民出版社 1975 年版。
清·程川，朱子五经语类，四库全书本，上海：上海古籍出版社 1987 年版。
清·陆世仪，思辨录辑要，四库全书本，上海：上海古籍出版社 1987 年版。
清·蒋士铨著、邵海清校、李梦生笺，忠雅堂集校笺，上海：上海古籍出版社 1993 年版。
清·何文焕辑，历代诗话，北京：中华书局 1981 年版。
清·曹寅等编纂，全唐诗，北京：中华书局 1960 年、1980 年版。
韩菼慕等，批注春秋左传句解，上海：广益书局 1848 年版。

袁珂，山海经校注，上海：上海古籍出版社 1980 年版。
郑振铎，中国俗文学史，北京：东方出版社 1996 年版。
傅璇琮主编，唐才子校笺，北京：中华书局 1987 年版。
王瑶编注，陶渊明集，北京：人民文学出版社 1956 年版。
余冠英，乐府诗选，北京：人民文学出版社 1953 年版。
孟庆祥等，庄子译注，哈尔滨：黑龙江人民出版社 2003 年版。

四、金石、绘画、服饰、考古类

陈垣，道家金石略，北京：文物出版社 1998 年版。
郑振铎编，中国古代版画丛刊，上海：中华书局上海编辑所 1960 年版，上海古籍出版社 1988 年 8 月重刊。
阿英，中国年画发展史略，北京：朝花美术出版社 1954 年版。
［日］久志卓真，支那明初陶瓷图鉴，宝云舍刊 1943 年版。
周锡保，中国古代服饰史，北京：中国戏剧出版社 1984 年版。
宿白，白沙宋墓，北京：文物出版社 1957 年版。
刘见，中国杨柳青年画线版选，天津：杨柳青画社 1999 年版。
王树村，京剧版画，北京：北京出版社 1959 年版。
柴泽俊、张丑良，繁峙岩山寺，北京：文物出版社 1990 年版。
王树村，中国民间年画史图录，上海：上海人民美术出版社 1991 年版。
王树村，杨柳青年画资料集，北京：人民美术出版社 1959 年版。
江苏省博物馆，江苏省明清以来碑刻资料选集，北京：三联书店 1959 年版。
桂林市文管会，桂林石刻，南宁：广西人民出版社 1980 年版。
张珩编著，两宋名画册，北京：文物出版社 1963 年版。
中国历史博物馆，北京：文物出版社 1984 年版。
桃花坞木版年画，上海：上海人民美术出版社 1961 年版。
苏州桃花坞木版年画，南京：江苏古籍出版社 1991 年版。
宝宁寺明代水陆画，北京：文物出版社 1985 年版。
桃花坞年画，北京：文物出版社 1985 年版。
中国美术全集·绘画篇·隋唐五代绘画，北京：人民美术出版社 1986 年版。
北京图书馆藏升平署戏曲人物画册，北京：北京图书馆出版社 1997 年版。

五、戏剧、音乐、舞蹈类

中国音乐文物大系·四川卷，郑州：大象出版社 1996 年版。

中国艺术研究院音乐研究所，中国音乐史图鉴，北京：人民音乐出版社 1988 年版。

董锡玖、刘峻骧，中国舞蹈艺术史图鉴，长沙：湖南教育出版社 1997 年版。

明·朱权，太和正音谱，北京：中国戏剧出版社 1959 年版。

明·臧晋叔，元曲选，北京：中华书局 1996 年版。

清·王奕清等，御定曲谱，四库全书本，上海：上海古籍出版社 1987 年版。

徐沁君校点，新校元刊杂剧三十种，北京：中华书局 1980 年版。

脉望馆钞校本古今杂剧，古本戏曲丛刊四集，上海：商务印书馆 1958 年版。

［朝鲜］成伣、申末平、柳子光等，乐学轨范，日本影印明万历重刊本。

王国维，宋元戏曲史， 北京：东方出版社 1996 年版。

王国维，王国维戏曲论文集，北京：中国戏剧出版社 1984 年版。

张次溪，清代燕都梨园史料，北京：中国戏剧出版社 1988 年版。

张次溪，清代燕都梨园史料·北京梨园金石文字录，北京：北平邃雅斋书店 1934 年版。

孙楷第，也是园古今杂剧考，上海：上杂出版社 1953 年版。

钱南扬，永乐大典戏文三种校注，北京：中华书局 1973 年、1979 年版。

隋树森编，全元散曲，北京：中华书局 1964 年版。

隋树森编，元曲选外编，北京：中华书局 1959 年版。

清华大学土木建筑系，中国会堂剧场建筑·中国剧场发展简史，北京：北京外文印刷厂 1960 年版。

张庚、郭汉城主编，中国戏曲通史，北京：中国戏剧出版社 1981 年版。

刘念兹，戏曲文物丛考，北京：中国戏剧出版社 1986 年版。

山西师范大学戏曲文物研究所，宋金元戏曲文物图论，太原：山西人民出版社 1987 年版。

中国戏曲研究院编，中国古典戏曲论著集成，北京：中国戏剧出版社 1959 年版。

［日］田仲一成，中国祭祀戏剧研究，北京：北京大学出版社 2008 年版。

胡忌，宋金杂剧考， 上海：古典文学出版社 1957 年版。

刘念兹，戏曲文物丛考，北京：中国戏剧出版社 1986 年版。
周华斌，京都古戏楼，北京：海洋出版社 1993 年版。
廖奔，中国戏剧图史，郑州：河南教育出版社 1996 年版。
廖奔，宋元戏曲文物与民俗，北京：文化艺术出版社 1989 年版。
廖奔，中国古代剧场史，郑州：中州古籍出版社 1997 年版。
廖奔、刘彦君，中国戏曲发展史，太原：山西教育出版社 2000 年版。
傅仁杰、行乐贤主编，河东戏曲文物研究，北京：中国戏剧出版社 1992 年版。
刘文峰，山陕商人与梆子戏，北京：文化艺术出版社 1996 年版。
景李虎，宋金杂剧概论，广州：广东高等教育出版社 1996 年版。
黄竹三，戏曲文物研究散论，北京：文化艺术出版社 1998 年版。
周华斌，京都古戏楼，北京：海洋出版社 1993 年版。
黄竹三、王福才、景李虎，山西省曲沃县任庄村《扇鼓神谱》调查报告，中国台北：财团法人施合郑民俗文化基金会《民俗曲艺》丛书 1994 年版。
冯俊杰主编，太行神庙及赛社演剧研究，中国台北：财团法人施合郑民俗文化基金会《民俗曲艺》丛书 2000 年版。
冯俊杰，戏曲与考古，北京：文化艺术出版社 2002 年版。
冯俊杰等，山西戏曲碑刻辑考，北京：中华书局 2002 年版。
冯俊杰、王志峰，平遥纱阁戏人，太原：山西古籍出版社 2005 年版。
冯俊杰，山西神庙剧场考，北京：中华书局 2006 年版。
车文明，二十世纪戏曲文物的发现与曲学研究，北京：文化艺术出版社 2001 年版。
车文明，中国神庙剧场，北京：文化艺术出版社 2005 年版。
车文明、三福才、延保全主编，平阳宋金戏曲文物研究，延吉：延边人民出版社 2005 年版。
寒声、栗守田、原双喜主编，上党傩文化与祭祀戏剧，北京：中国戏剧出版社 1999 年版。
寒声等主编，上党傩文化与祭祀戏剧，北京：中国戏剧出版社 1999 年版。
杨健民，中州戏剧历史文物考，北京：文物出版社 1992 年版。
李近义，泽州戏曲史稿，太原：山西人民出版社 1989 年版。
杜学德，燕赵傩文化初探，兰州：甘肃人民出版社 1998 年版。
王宁，宋元乐伎与戏剧，北京：文化艺术出版社 2003 年版。

宋俊华，中国古代戏剧服饰研究，广州：广东高等教育出版社 2003 年版。
日本古典全集，北京：音乐出版社 1959 年影印本。
中国大百科全书·戏曲曲艺卷，北京：中国大百科全书出版社 1983 年版。
中国戏曲剧种大辞典，北京：上海辞书出版社 1995 年版。
中国曲学大辞典，杭州：浙江教育出版社 1997 年版。
元明清戏曲研究论文集，北京：人民文学出版社 1959 年版。
中国戏曲志·山西卷，北京：文化艺术出版社 1990 年版。
中国戏曲志·陕西卷，北京：中国 ISBN 中心 1995 年版。
中国戏曲志·浙江卷，北京：中国 ISBN 中心 1997 年版。
中国戏曲志·江西卷，北京：中国 ISBN 中心 1998 年版。
中国戏曲志·河南卷，北京：文化艺术出版社 1992 年版。
中国戏曲志·湖南卷，北京：文化艺术出版社 1990 年版。
中国戏曲志·四川卷，北京：中国 ISBN 中心 1995 年版。
中国戏曲志·江苏卷，北京：中国 ISBN 中心 1992 年版。
中国戏曲志·甘肃卷，北京：中国 ISBN 中心 1995 年版。
中国戏曲志·广东卷，北京：中国 ISBN 中心 1993 年版。
中国戏曲志·河北卷，北京：中国 ISBN 中心 1993 年版。
中国戏曲志·广西卷，北京：中国 ISBN 中心 1995 年版。
中国戏曲志·上海卷，北京：中国 ISBN 中心 1996 年版。
中国戏曲志·山东卷，北京：中国 ISBN 中心 1994 年版。
中国戏曲志·云南卷，北京：中国 ISBN 中心 1995 年版。
中国戏曲志·天津卷，北京：文化艺术出版社 1990 年版。
中国戏曲志·安徽卷，北京：中国 ISBN 中心 1993 年版。
中国戏曲志·福建卷，北京：中国 ISBN 中心 1992 年版。
中国戏曲志·江苏卷，北京：文化艺术出版社 1993 年版。
中国戏曲志·湖北卷，北京：文化艺术出版社 1993 年版。
中国戏曲志·辽宁卷，北京：中国 ISBN 中心 1994 年版。

后 记

《中国戏曲文物通论》即将出版，我们由衷地感到高兴。20 多年来对戏曲文物的搜集、整理与探索，努力与辛劳总算没有白费，我们轻轻地舒了一口气。

研究戏曲文物，是我们的夙愿，多年来我们对这棵幼苗的培育与浇灌，终于结出了一个小小的果实。

这本书，我们分若干章节，试图较系统地述说戏曲文物的内涵和研究价值、戏曲文物的发现和研究分期、中国戏曲发展不同时期戏曲文物的种类及有代表性的个案，并在此基础上对戏曲文物所展示的演出场所、脚色行当、服饰、化装、道具、乐器作进一步的探究。这些述说和探究虽然是初步的、不够深入的，但毕竟为戏曲文物的总体研究作了有益的尝试。

资料是研究的基础。目前戏曲文物的发现虽然众多，一些介绍文物发现的文章散见于各报刊杂志上，而报刊杂志的种类和数量又浩如烟海，这就为戏曲文物的总体研究造成困难。为了进一步深入探索，必须先对已发现的戏曲文物作全面的、系统的收集与整理。因此，当务之急是编撰《中国戏曲文物志》，为戏曲文物研究乃至戏曲史研究提供必要的资料准备。可喜的是，山西师范大学戏曲文物研究所的研究人员正开始着手此事，我们盼望这部重要的著作能早日面世。

戏曲文物是被不断发现的，因而对它的研究也是一个不断发展的过程。当初，在 20 世纪 50 年代，我们较早发现宋金墓室中的个别戏曲砖雕时，以为这只是墓主人生前对戏曲的喜好，死后让人把其喜好制成砖雕，嵌入墓室中供其享用；其后，在七八十年代，大量宋金墓葬中发现戏曲砖雕，而且为同模烧制，这才使我们认识到墓葬中镶嵌戏曲砖雕，乃是当时社会风尚使然，而这一风尚的形成，却是当时戏曲繁盛演出所导致。同样，我们今天对戏曲文物的总体研究，是在今天已发现的文物基础上进行的，随着日后戏曲文物的更多发现，对它的总体研究也会不断发展，不断更新。

这本书对戏曲文物中所展示的演出场所、脚色行当、服饰、化装、道具、乐器分别作了一定深度的探索，并力图揭示它们在不同历史阶段中的文化价值，这是因为文物中这几方面的资料较为丰富的缘故。除此以外，戏曲文物中所展示的戏曲演出形态及其演变状况，也是值得探究的，由于所掌握的资料未够丰实，有待更多戏曲文物发现后再进一步补充。

戏曲艺术是时代、社会的产物，它的孕育、形成和繁荣发展，都与一定时期的经济、政治和宗教、民俗、审美风尚有着密切联系，戏曲艺术的历史遗留，当然也与它们紧密相关。因此，戏曲文物研究除了从社会学的角度进行探索外，还有必要从宗教学、民俗学、美学角度阐述，这是有待于日后增补的。

随着戏曲文物发现的不断增多，随着戏曲文物研究的不断深入，一门新的学科——戏曲文物学必将诞生。

该书是延保全国家艺术科学“九五”规划课题之结项成果，成果名为“戏曲文物通论”，黄竹三也参与了这项工作。这个项目业已完成，并受到专家好评。《中国戏曲文物通论》是在这个研究的基础上扩充写成的，其中“戏曲形成时期”和“戏曲繁盛时期”部分戏曲文物的文字描述，我们参考了车文明先生的《20世纪戏曲文物的发现与曲学研究》一书，在此特致谢意！

黄竹三　延保全

2010年10月于山西师范大学